東アジア高度成長の歴史的起源

The Historical Origins
of The High Economic Growth
in East Asia

堀 和生 編
Kazuo Hori

京都大学学術出版会

序　論

　現代世界は小さな経済変動を含みながらも，巨視的に見れば大規模な経済成長の時代を迎えていることは疑いがない．そして，その中心が中国をはじめとする東アジアであることも周知の事実であろう．本書は，この高度成長という世界史的な現象を深く探るために，それが最初に起こった時代まで遡り，地域をしぼって取り組んだ国際共同研究の成果である．まず，本書がめざした研究の課題，および本書の構成について明らかにしよう．

研究の課題

　本書は書名に東アジアを掲げているが，直接その全域を扱うものではない．第二次大戦後の東アジア地域は，日本を中心とする西側と中国を中心とする東側とに分断された．19 世紀半ば以後の東アジア近現代史のなかで，この東西冷戦による対立は，地域内の経済交流を極限まで希薄にした．本書は，その中で西側とよばれた地域を対象とする．この地域は，戦前すべて日本に編入され日本帝国により一体として統治された．戦後日本帝国が解体され植民地が独立した後には，米国を中心とした政治経済体制，パクス・アメリカーナによる国際秩序が大きな意味を持つようになった．本書が扱う東アジアとは，そのような地域，具体的には日本，台湾，韓国であり，一部香港や東南アジアにも言及する．

　どの時代のいかなる現象を研究課題とするのかに関しては，あらかじめ表題の「成長」という概念について説明しておく必要がある．経済成長とはある社会で生産された財・サービスの産出高の増加を指すものであり，国民経済を一つの単位として，そこでおこなわれる経済活動の総産出量を付加価値によって計る経済統計が整備されることによって，初めて把握できる．このような国民経済計算は 1930 年代から大恐慌対策と戦争動員の

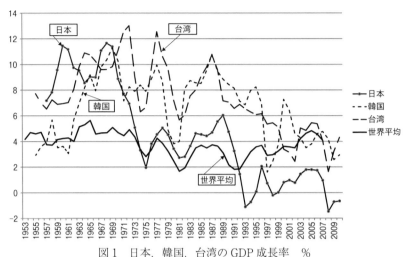

図1 日本，韓国，台湾のGDP成長率 %
出典：各国政府経済統計より算出．

ために開発が進められ，1950年代から国連の主導のもと各国政府が作成を始め今日に至っている．先進国については研究者による歴史的遡及推計が進められ，国内総生産（GDP）をつかった歴史研究も活発になった．

代表的なアンガス・マディソンの推計によれば，1820-1870年，1870-1913年，1913-1950年の各期間中に，先進国のGDPの年平均成長率は2.2％，2.5％，1.9％であり，一人当たりGDP成長率は同じく1.0％，1.4％，1.2％という漸次的な成長趨勢であった．戦後になると先進国は「資本主義の黄金時代」とよばれたように，1950-1973年間にGDP成長率4.9％，一人当たりGDP成長率3.8％という，近代史上もっとも高い成長期をむかえた[1]．そして，このような先進国の急成長期に，東アジアの日本，台湾，韓国は全く新しい現象を見せることになった．

図1は日本，台湾，韓国と世界のGDP成長率をしめしたものである．周知のように，日本は1950年代半ばから73年まで年平均10％をこえる

---

1 S・マーグリンほか『資本主義の黄金時代』東洋経済新報社 1993年，アンガス・マディソン『世界経済の成長史 1920～1992年』東洋経済新報社，2000年．

成長を遂げた．台湾は50年代からすでに7％前後の高い成長率をみせており，62年から世界の倍の成長率を維持するにいたった．韓国はやや遅れて62年から急成長に転じ，67年からは世界の倍の高い成長率を持続するようになった．このように，東アジア3国はその起点の時期が少しずつずれたが，50年代半ばから70年代にかけて，いずれも10％をこえる経済規模の拡大，特異な高度成長現象をみせた．日本は石油危機以後に世界平均レベルの安定成長に低下したが，台湾と韓国は80年代まで世界平均の倍ほどの成長率を維持し続けた．日本は「東洋の奇跡」，台湾と韓国はそれぞれ「台湾の奇跡」「漢江の奇跡」とよばれ，同時代の世界の関心を集めた．この3国の高度成長は，次の諸点で歴史的な特徴をもっている．まず，先に述べたように19世紀から続いてきた経済成長とは明らかに異なる急成長であり，世界平均のみならず急膨張しつつあった先進国に倍する高い成長率であったこと．そして，この3国の急成長は，ほぼ同時代に起こったこと．そして，この経済規模の拡大趨勢は，やがて1980年代後半から東南アジアの一部の国，1990年代から中国における高度成長へと続いていったこと，である[2]．今日では，日本，台湾，韓国の高度成長は，東アジア全域の変動の先駆けだという認識が広まりつつある．

　本書が対象とする時代において，日本，台湾，韓国の社会経済状態が同じであったわけではなく，日本と他の2国には対照的なほどの違いもあった．にもかかわらず，そのように社会経済がそれぞれ異なる3国が，巨視的には同時期に急速な経済成長をはじめたことが重要である．本書中で明らかにされるように，この高度成長をもたらしたものは，当該社会の内的構造の変化と世界的な条件の転換とが結びついて進行した急激な生産の発展であり，また社会構造の根本的な変革であった．そして，この日本，台湾，韓国の生産発展と社会再編成こそは，現代につながる非欧米社会における本格的な経済発展の起点であった．この3国の経済発展の研究は，現

---

[2] 香港，東南アジア諸国を合わせて東アジアの奇跡とよばれた（世界銀行，白鳥正喜監訳『東アジアの奇跡―経済成長と政府の役割―』東洋経済新報社，1994年）．

在目前で展開している東アジアの地殻変動を認識するための準備作業ともいえる．このように，東アジアの一郭ではじまった最初の経済成長を解明するという本書の課題は，非欧米地域における後発経済の発展理論を構築するという世界史的な研究課題の一端をになうものである[3]．

本書の特徴

日本，台湾，韓国でおこった高度成長をとらえるために，本書では次の3つの視点から分析をおこなう．

第1は，時間的に長いスパンと世界的な視野から，3国の高度成長の関連性を総合的に明らかにすることである．

高度成長に関する経済史研究は，近年資料の発掘とあわせて集団的な共同研究が進行している[4]．それらの研究成果を十分に評価・尊重したうえで，なおそれらの研究はほとんどが一国史的な認識に止まっている点を指摘しなければならない．書名にある通り，各国の政策や企業，産業がそれぞれ国単位で分析されている．もちろん，外資の導入や直接投資，技術導入や貿易等は扱われているが，それらは基本的に国民経済の対外関係という次元に止まっている．しかし，先に強調したように，東アジアの高度成長は，国内的事情の異なる日本，台湾，韓国において国境を越えて継起的におこった経済現象であったことが重要である．とすれば，この現象をトータルに把握するためには，単なる国民経済の関係史ではない，より広域の変動を同時に分析する必要がある．本書では，各国経済と世界との関係を

---

3 今なお60年前のヨーロッパの経験に依拠した研究によって，後進国の経済発展を論じるのは，時代遅れといわざるをえない(アレクサンダー・ガーシェンクロン，絵所秀紀ほか訳『後発工業国の経済史』ミネルヴァ書房，2005年)．

4 原朗編著『高度成長始動期の日本経済』日本経済評論社　2010年，原朗編著『高度成長展開期の日本経済』日本経済評論社，2012年；武田晴人『高度成長期の日本経済』有斐閣，2011年；趙利済・渡辺利夫・C. J. エッカート編『朴正煕の時代』東京大学出版会　2009年；原朗・宣在源編著『韓国経済発展への経路』日本経済評論社　2013年，佐藤幸人編『台湾の企業と産業』アジア経済研究所，2008年；渡辺利夫・朝元照雄編著『台湾経済読本』勁草書房，2010年．

検討するのではなく，東アジア地域という単位を世界の中に位置づけ分析することで空間的な視野をひろげていく．

　この東アジア地域は，戦前日本帝国という単一主権のもとに統合されており，戦後に日本，韓国，台湾という国民国家に分かれていった歴史がある．さらに，1945年以後も日本からの単純な分離独立ではなく，朝鮮は南北に分断され1950年には国際的な東西熱戦である朝鮮戦争が勃発した．台湾は一度中国に編入されたが，国共内戦と国民政府の台湾移転により，大陸中国から分離され小さな国民国家に再編成された．そのような政治的な激変を経たために，韓国と台湾では日本の場合以上に，1945-1949年の連続と断絶に関心が集中した[5]．しかし，どのような大変革であっても，歴史的には連続面と断絶面が有るので，そこだけに焦点を絞るのは生産的ではない．さらに，高度成長に影響を与えた歴史的な条件とは，1940年代の政治的再編成のみならず，同時代の世界的関連も含まれる．そのため本書では，1930年代から1970年代までの長いスパンを対象としてとりあげる．本書の編者はかつて，戦前期の日本と朝鮮・台湾について共同研究をとりまとめたが[6]，本書は戦後に視点を移した続編ということができる．

　第2に，東アジアにおける米国の役割，あるいは東アジアと米国との関係の解明に注力した．これに関して，政治史の領域では早くから取り組まれているが，経済史においては相対的に立ち後れている．まず，第二次世界大戦をはさんだ戦前・戦後を通した米国の東アジアへの経済的なコミットメントを追跡する．一般的に戦後東アジアにおいて米国のプレゼンスが格段に高まったと認識されているが，戦前のほとんどの時期においても米国は輸出入ともに日本にとって最大の相手国であった．戦前と戦後は，その量的な重要性は一貫しているものの，その国際分業のあり方は大きく変わっていった．この転換の意味を考えたい．

5　安秉直・金洛年「韓国における経済成長とその歴史的諸条件」『鹿兒島経大論集』38 (2)，1997年；許粋烈著　保坂祐二訳『植民地朝鮮の開発と民衆』明石書店，2008年．
6　堀和生・中村哲編『日本資本主義と朝鮮・台湾』京都大学学術出版会，2004年．

つぎに，米国の東アジア戦略に関する歴史的な分析である．米国の戦後構想が冷戦勃発によって大きく転換したことは広く知られている．しかし，その転換は一度であったわけではなく，またその要因がソ連や中国との対峙だけであったわけでもない．米国の戦略はめまぐるしく変わるアジアの情勢と米本国の情勢変化に規定されて修正され，米国が当初は予想もしていなかった事態になっていった．このような米国の役割を軸に，それに影響を与えた国際情勢，東アジア各国や米国の事情，その相互関連を経済史の脈絡で検討する．

　さらに，第二次大戦後に東アジア各国において決定的に重要な役割を果たした経済援助・借款の運用をめぐる政策決定過程の解明を試みた．本書では，とりわけ台湾をとりあげて，この問題をめぐる供与米国側と受け入れ台湾側との機関担当者，官僚，政治家による構想の立案，対立と葛藤，妥協と決着等の過程を具体的に追求した．これによって，被援助地域のなかで何故にこの地域のみが60年代に輸出を伴った工業発展を遂げたのかについて，ステレオタイプ化した「従属的な発展」ではなく，具体的要因を的確に抽出できるであろう．

　第3は，東アジアの経済発展を明らかにするために，韓国と台湾の個別産業に対する実証研究にとりくんだ．先の第1と第2での視角による体制移行や覇権国の戦略分析や，巨視的な枠組みやトレンドを明らかにするが，その発展のメカニズムを解明するには，さらに個別産業レベルにおける具体的動向を把握しなければならない．このことはすでに指摘されており，韓国と台湾においては先駆的な研究もある．本共同研究の新しさは，これら個別産業研究に国際的な視点を導入することである．本書では具体的な産業として，韓国と台湾の繊維・衣料産業，機械産業，造船業を取り上げる．

　この3業種を取り上げる意義は，もちろん1960・70年代韓国と台湾の経済発展を理解するために最適な産業であったからである．繊維・衣料産業は韓国と台湾で早期に復興したのみならず，国民経済の中心的な工業と

なり，また最大の輸出産業であった．機械工業はそれを支える基盤的産業であった．そしてこれらの産業は，国民経済的に重要であったのみなく，日本や米国と深い関係を持っており，その発展を解明するためには，広い国際的関連を合わせて分析する必要がある．

さらに，その産業の研究において，同時進行的な台湾と韓国を比較分析する視点が重要である．この3つの産業研究において，筆者らはいずれも両国産業のあり方の比較を念頭に置いているが，とりわけ比較研究が重要な意義を持つのは造船業である．韓国と台湾の造船業は同じように日本植民地時代の戦時重工業に起源をもち，50・60年代はともに政府は基幹重工業として育成しようとしていた．しかし，結果的には次の時代，韓国造船業は日本を凌駕する世界最大の規模に発展していくのに対して，台湾では自国軍事用以外は衰退してしまった．同じような歴史的条件を持ちながら，主体的な選択によってまったく逆の道に進んだ事例として，重要な検討対象である．

このように，本書では3つの産業の発展を，国内的な条件と東アジア相互と対米国という国際的条件のなかで分析するとともに，韓国と台湾の比較分析によって，その発展メカニズムを具体的に明らかにすることを意図した．

最後に本書のアピールポイントとして，この共同研究が資料的にも新しい次元を切り開いたことを強調したい．日本国内の研究機関はいうまでもなく，韓国の国家記録院や国史編纂委員会，台湾の中央研究院や国史館，米国の国立公文書館や議会図書館等において，資料調査をおこない多くの新資料を発掘した．それらの新資料は，新しい視角・発想による本共同研究を進めるうえで大きな力になった．

本書の構成は，つぎのようである．

序章「東アジアの高度成長の歴史的条件」（堀和生）は，本書の総論として，東アジア地域における第二次世界大戦を挟んだ歴史的な変化を，主

に国際分業の視点から分析した．両大戦間期は，19世紀来の英国主導の国際分業が衰退する一方で，新しく台頭してきた米国の対アジア政策と日本の帝国拡大戦略が調和できずに対立にむかう．そして，東アジア地域内では日本帝国下に資本主義を組み込んだ広域的な分業の形成が進み，工業化に応じた産業や階層が生まれていた．戦後は日本帝国の解体に続く混乱の後，1950年代後半から姿をあらわしたのは，従前の関係の復活再編でもなく，米国の世界戦略の実現でもなかった．東アジアが戦前から引き継いだ歴史的な条件の下，先進資本主義国の膨張と世界規模の市場条件が形成されるなかで，東アジア各国・企業が模索・選択を重ねた結果として，一つの構造と特徴をもった資本主義の原理に基づく国際経済関係が成立したのだと主張する．

第1章「アメリカの戦後構想と東アジア」(林采成)は，米国の東アジアでの経済政策とその展開過程について検討する．米国はこの地域で大規模な援助をおこない，各国の経済運営に深く関与したうえ，さらに諸国間の経済関係の再編をはかっていった．本章は，米国の当初の戦後構想が中国の内戦によって実現されなくなり，日本を中心とした新しい政策に転換されたことを明らかにし，朝鮮戦争が米国の東アジア政策に与えた影響や個別のローカル経済への米国の介入について検討する．米国の対東アジア政策は，共産圏の「平和攻勢」という世界戦略に対抗して，試行錯誤を繰り返し，やがてローカル経済の開発戦略という新しい経済政策を生み出していったことを明らかにする．

第2章「台湾電力業と米国援助―ECA援助からMSA援助へ―」(湊照宏)は，台湾に対する米国援助について，最大の被援助企業であった台湾電力公司（以下，台電公司）を分析対象として検討する．1940年代末から1950年代中頃にかけての援助資金を利用した台電公司の電源開発計画と債務償還計画・方法が検討される．検討の結果，電気料金値上げによる増収は減債基金に預け入れる制度や，台湾政府が台電公司から徴収する法人税と受け取る配当金は全て，援助資金の債務償還用として「封鎖」される

仕組みが構築されたことが強調される．このことが以後の台電公司による新規援助資金の調達を可能とし，さらなる電源開発が 1960 年代以降の台湾経済の高成長を支えることになる．

第 3 章「米国援助と台湾経済官僚による第一期経済建設四年計画の作成」（趙祐志）は，第一期経済建設四年計画（1953～56 年）の立案作成過程を分析する．アメリカ援助運用委員会顧問である JG ホワイト社の原案を，台湾経済官僚がアメリカ援助機関の指導を受けながら修正していく過程で，次第に計画立案能力を高めていったことが明らかにされる．経済建設計画は台湾経済の自立を目的としたものであったが，計画立案能力自体が自立した意味は大きかった．計画立案能力を習得した台湾の経済官僚は，やがて資本主義的市場経済化を推し進める政策を立案し，公営企業中心の経済構造から民営企業中心のそれへと転換させていくことになる．

第 4 章「終戦前後の台日貿易（1941-1961 年）」（許世融）は，終戦による断絶を挟む 1941 年から 1961 年までの統制状態にあった台湾・日本間貿易について，連続と断絶という観点から考察する．時期ごとに貿易統制のあり方と貿易内容を検討し，最後に貿易の変動要因をまとめる．連続性は，米糖中心の貿易品目，戦争を背景とする貿易統制，日本統治期に由来する台日の経済的相互依存関係などに見られる．断絶は，貿易相手国としての米国の地位上昇，対日本輸出超過から輸入超過への転換，輸入品目における工業用機械の重要性の高まり，統制の性格などに見られる．また，台湾政府の政治的配慮が台日貿易に不利に働いた一方で，台日貿易関係の維持に米国が重要な役割を果たしたことも指摘する．

第 5 章「韓国衣類産業の輸出産業化」（福岡正章）では，台湾と比較しながら，1960 年代における韓国の衣類産業の輸出産業化過程を検討する．韓国，台湾ともに 60 年代後半に衣類産業の輸出産業化が進行したのと同時に化合繊産業の生産設備の急速な拡張が見られる．これは，米国における化合繊製衣類の消費増加という国際的条件を背景にしたものである．さらに，韓国の場合，60 年代後半から衣類産業への日系企業の直接投資が

進んだことも重要である．この直接投資は，生産拠点の移転だけでなく，日系商社が韓国製品を第三国へ輸出する契機ともなったのである．

第6章「台湾の高度経済成長と資本財供給」(堀内義隆)は，東アジア全体の高度経済成長という視角から，日米の経済構造との関係に注目しながら，台湾の経済成長の過程でどのように資本財供給がなされていったのかを分析する．資本財供給において日米への決定的依存構造が持続したにもかかわらず，台湾内部で資本財産業が持続的に発展したことを示したうえで，機械産業が輸入代替のプロセスを通じて発展したことや，その担い手として中小零細企業が重要であったことを明らかにする．さらに，植民地期から1970年代に至る長期的な発展の過程を検討し，資本財供給や機械産業の発展のあり方が植民地期の初期工業化に由来する構造的特質に強く規定されていたことを主張する．

第7章「戦後韓国・台湾の造船業」(裴錫満)は，1970年代までを中心に韓国と台湾の造船産業の展開過程を比較する．戦後の両国造船産業の発展は，海外の技術や市場に依存して行われており，特に日本の造船業界との再結合が重要な役割を果たしたことを明らかにする．また，韓国造船業が日本を凌駕する世界最大の規模に発展していくのに対して，台湾では軍事関係以外は衰退してしまったことについて，政府による強力な支援と財閥が主体となった民営体制の優越性を韓国の成功要因として指摘する一方，台湾の造船業の官僚経営の非効率性が指摘される．本章では，より綿密な歴史的実証を通じたこうした理解の見直しを求めている．

目　次

序　論 ……………………………………………………………… i

第Ⅰ部　総　　論

序　章　東アジアの高度成長の歴史的条件
　　　　　──国際分業の視点から── ………………… 堀　和生…3

はじめに ………………………………………………………………3
第1節　両大戦間期の東アジアと日本 ……………………………5
第2節　世界経済との断絶と日本帝国圏 …………………………16
第3節　日本帝国の解体と新生国民国家の形成 …………………26
第4節　東アジア地域の再結合と高度成長 ………………………36
おわりに ………………………………………………………………51

第Ⅱ部　戦後の地域再編成と米国

第1章　アメリカの戦後構想と東アジア ……………… 林　采成…59

はじめに ………………………………………………………………59
第1節　戦後東アジア構想と中国内戦 ……………………………62
第2節　朝鮮戦争と東アジアへの介入拡大 ………………………73
第3節　「平和攻勢」と開発構想の登場 …………………………88
おわりに ………………………………………………………………103

第2章　台湾電力業と米国援助——ECA 援助から MSA 援助へ——
　　　　　　　　　　　　　　　　　　　　　　　　　湊　照宏…105

　　はじめに……………………………………………………………105
　　第1節　ECA 援助……………………………………………………108
　　第2節　MSA 援助……………………………………………………121
　　おわりに……………………………………………………………143

第3章　米国援助と台湾経済官僚による第一期経済建設四年
　　　　計画の作成………………………趙　祐志（湊　照宏訳）…147

　　はじめに……………………………………………………………147
　　第1節　「第一期四年計画」の編成及び修正………………………152
　　第2節　「第一期四年計画」の宣伝…………………………………156
　　第3節　「第一期四年計画」の改訂…………………………………158
　　第4節　JG ホワイト社の「第一期四年計画」に対する貢献………163
　　第5節　米国が参与した「第一期四年計画」の背後にある戦略……171
　　第6節　「第一期四年計画」に対する社会世論……………………173
　　第7節　商工業者による「第一期四年計画」への関与……………177
　　おわりに……………………………………………………………180

第4章　終戦前後の台日貿易（1941-1961 年）
　　　　　　　　　　　　　　　　　　　許　世融（堀内義隆訳）…189

　　はじめに……………………………………………………………189
　　第1節　各段階の貿易統制…………………………………………191
　　第2節　各時期の台日貿易の発展概況……………………………211
　　第3節　戦前から戦後にいたる台日貿易の変動要因………………228
　　おわりに……………………………………………………………238

第Ⅲ部　東アジアの産業発展

第5章　韓国衣類産業の輸出産業化 ……………………福岡正章…243
　はじめに …………………………………………………………………243
　第1節　繊維製品輸出の動向 …………………………………………245
　第2節　衣類生産の国内的連関 ………………………………………253
　第3節　衣類輸出の国際的連関 ………………………………………267
　おわりに …………………………………………………………………270

第6章　台湾の高度経済成長と資本財供給 ……………堀内義隆…273
　はじめに …………………………………………………………………273
　第1節　戦後世界経済と東アジアの高度経済成長 …………………277
　第2節　台湾の工業化過程における資本財供給 ……………………283
　第3節　資本財供給からみた高度経済成長の起源 …………………292
　おわりに …………………………………………………………………310

第7章　韓国・台湾の造船業 ……………………………裵　錫滿…313
　はじめに …………………………………………………………………313
　第1節　戦後両国造船産業の初期条件──植民地遺産の比較 ………317
　第2節　1950年代の展開──植民地遺産の国営化と輸入代替 ………320
　第3節　1960年代国営復帰と日本造船企業の協力 …………………330
　第4節　1970年代における輸出産業化の試み ………………………337
　おわりに …………………………………………………………………345

結論と展望 …………………………………………………………………351
年　　表 ……………………………………………………………………357
あとがき ……………………………………………………………………363
索　　引 ……………………………………………………………………369

第Ⅰ部

総論

序章

東アジアの高度成長の歴史的条件
――国際分業の視点から――

堀　和生

はじめに

　日本，中国，韓国，台湾から東南アジアまでを含めた広義の東アジア地域は，現在世界最大の工業中心地になっている．そして，BRICs や新興国の台頭が注目されるように，いわゆる後進地域においても広範に資本主義（他人労働の雇用にもとづく大経営）の形成が急速に進んでいる[1]．伝統的な経済史研究において，資本主義の成立はきわめて困難なものであり，厳格な条件を備えた社会においてだけ成立し得ると認識されてきた．しかし，現在の後進国における急速な資本主義化の進展は，このような古典的な認識に再考を促している．先進資本主義側との共時的な条件に規定されて，後進地域において様々な類型の資本主義が生まれてきている．20世紀前半までの経験をモデル化した既存の理論には時代的な制約があるので[2]，より多くの歴史的事例を組み込みこんで，資本主義の成立と発展に関する

---

[1] 全経済における資本主義が占める量的な指標として，資本が直接に包摂している労働者の比率を考えることができよう．つまり，全労働者数中における賃労働者数の比率である．これまでは全世界における賃労働者の比率の小ささが繰り返し指摘されてきた．I. ウォーラーステイン「万物の商品化」（同著，川北稔訳『史的システムとしての資本主義』岩波書店，2007年）．20世紀末からの資本主義の拡大によって，世界総労働者の過半が賃労働者化するという新しい事態が生じている．

新しい理論の構築に取り組む必要がある．現在求められている歴史的な認識は，一国単位の内因だけでははかれない，当該社会内の条件と世界的な条件との組み合わせの中で，資本主義が生まれ発展していくメカニズムを広い視野で明らかにしていく必要がある．

　このような巨視的な視点から見ると，現在急速に進んでいる狭義の東アジアの各国経済史の研究には問題がある．当該社会の歴史を内的因果関係によって分析する作業は非常に精緻化しており，それらは確かに一定の研究の発展だといえる．しかし，それら内因分析的な研究は，その結果を世界的な構造変化と結びつけることには関心が薄い．1945年の日本の敗戦と日本帝国の解体，それに続く中国の内戦と革命，新中国の成立，米ソによる朝鮮分割占領，朝鮮戦争，朝鮮南北分断の固定等の出来事は，20世紀東アジア地域におけるラジカルな構造変化，大変革であった．だが，今日までのところ，それらの大変動についても，その要因と結果は一国単位において研究され，国ごとに前後の時代の関連性を分析する域を出ていない．

　我々の共同研究は，冒頭で述べた経済史の課題認識のもと，近年蓄積されてきた一国ごとの実証研究の成果を吸収したうえで，さらに世界史における東アジア地域という次元で，資本主義経済の発展を捉えようと試みている．東アジアにおいて日本帝国主義が膨張する中で形成された社会経済のあり方は，日中戦争，太平洋戦争，中国の内戦と革命，朝鮮戦争等の大変動を経るなかで，新たにどのような要素を持つようになったのか．そして，戦後の冷戦やIMF・GATT体制の下で，東アジア諸国が自国経済を再建していくなかで，各社会と地域全体はどのような構造と特徴を持つようになったのか等，多角的な視点から解明しようと試みた．さらに，欧米から「奇跡」と呼ばれた戦後の高度成長までの過程を総合的に研究することによって，19世紀に世界経済に組み込まれたアジアにおいて，資本主

2　アレクサンダー・ガーシェンクロン著（絵所秀紀・雨宮昭彦・峯陽一・鈴木義一訳）『後発工業国の経済史』ミネルヴァ書房，2005年．

義が長期的にどのように形成，定着したのかを明らかにしようとした．東アジア地域は非欧米の周辺・後進地域のなかで最初に本格的に資本主義化したので，その過程の解明によって既存の経済史の発展理論が持っている欧米の経験によるバイアスを補完・是正することができる．

　この序章は，後の各章の前提となる総論として，両大戦間期から戦後高度成長期までについて，中国本土を除く東アジア地域の国際的経済分業の変遷を分析することによって，この地域における資本主義の形成過程を解明していこうとするものである[3]．

第1節　両大戦間期の東アジアと日本

　本書が対象とする時代の位置付けの検討から始めよう．近代世界経済は巨視的に見ると一貫して膨張してきたといえるが，その趨勢によっていくつかの時代に分けられる．図1のように，傾向的な拡大が読み取れるのは，世界貿易がほぼ把握できるようになる1870・80年代から第一次大戦まで，1950年代から1970年代半ばまで，1980年代末から現在までの3つの時期であり，それらの間に世界貿易が停滞ないし縮小した時代があった．本書が対象とする時代の世界貿易は，第二次大戦以前が停滞縮小し，以後が拡大した対照的な趨勢であった．

　両大戦間期は，さらに第一次大戦から漸次的に回復した1920年代と，大恐慌勃発とその後列強のブロック政策によって貿易が劇的に縮小停滞した1930年代に分けられる．後者の特徴を，各国のブロック政策とそれによる多角的決済網の解体，世界貿易の縮小と捉えることは古くからの通説である[4]．しかし，近年両大戦間期を単なる経済の停滞・崩壊過程と捉え

---

[3]　この共同研究は堀和生が代表であり，その主導のもとにおこなわれた．本書は共同研究の成果であるが，メンバー全員の考えが細部に至るまで完全に一致しているわけではない．ゆえに，この序章は総論的な役割を持っているとはいえ，文責は筆者個人にある．

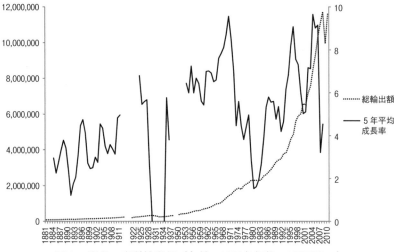

図1　世界の実質輸出額（左軸：1990年価格　100万ドル）
と成長率（右軸：5年平均　％）

出典：A. Maddison, "Growth and Fluctuation in the World Economy 1870-1960", *Banca Nazionale del Lavoro Quarterly Review*, Volume XV, 1962. Michael Graff, A.G. Kenwood and A.L. Lougheed.*Growth of the international economy, 1820-2015*. Routledge：2014. United Nations, Statistical Office. *Yearbook of international trade statistics*. Various issue.

るのではなく，19世紀来の世界経済秩序から第二次大戦後の世界秩序への移行過程，あるいは世界経済のヘゲモニーが英国から米国に移行する過程と捉えるようになってきた[5]．米国を中心とした経済の新しさとしては，鉄鋼・化学・電気を基盤とした大量生産・販売システムの成立，アメリカの直接投資を中心とした資本移動，先進国相互の工業的な水平分業による貿易の増加，その結果としての一次産品貿易の相対的な比重低下，等が指

4　代表的なものとして，Folke Hilgerdt, *Industrialization and Foreign Trade*, Geneva:League of Nations,1945（邦訳　山口和男ほか訳『工業化の世界史』ミネルヴァ書房，1979年）．藤瀬浩司「国際連盟における大不況認識と資本主義の構造変化」（同編『世界大不況と国際連盟』名古屋大学出版会，1994年）．
5　新保博彦『世界経済システムの展開と多国籍企業』ミネルヴァ書房　1998年，石見徹『世界経済史―覇権国と経済体制―』東洋経済新報社，1999年．

摘されている．そして，世界経済に関しては，1930年代における戦後のIMFやGATT体制につながる国際的なシステム構築の過程[6]や，それらを主導した，米国内の政治プロセスについての解明も進んでいる[7]．このような両大戦間期をパクス・アメリカーナの前史として位置づけようとする研究から学ぶところは多い．ただ，それらの研究は全世界的なレベルで論じられており，両大戦間期東アジア経済における変化を，それらの変化のなかに位置付けようという研究はまだ見られない．

　ここでは，両大戦間期の東アジア経済の変化を，先進国側と日本側からみておこう．先進国側について簡潔に言えば，この地域の貿易において，英国の優位性が急速に衰退し米国がとって替わった．周知のように，アジア地域を世界貿易に組み込んだのは英国であり，1870年代米国の対アジア輸出は英国のわずか50分の1にすぎなかった．その後，英国の対アジア輸出とりわけ対東アジア輸出は大きく伸張して，第一次大戦前に英国が世界的には巨額の貿易赤字を抱える中で，アジア全般とりわけ日本と中国は同国最大の黒字獲得地域であった[8]．米国は対ヨーロッパ貿易で巨額の出超によって収支は常に黒字基調にあったが，対アジア貿易では19世紀末から輸入が急激に増加したため，英国とは逆に大幅赤字となっていた．

　以上のような趨勢は，第一次大戦後に大きく変化していく．図2は，英国の日本，中国，東南アジアに対する実質輸出である．大戦期までアジア貿易内部で首位を占めていた英国の対アジア輸出は，大戦を転機に急激に減少していった．日本と中国への輸出はこの間一貫して減少しており，英

6　山本和人『多国間通商協定GATTの誕生プロセス』ミネルヴァ書房，2012年；伊藤正直・浅井良夫『戦後IMF史』名古屋大学出版会，2014年．

7　1934年からの米国国務省グルーの主導した互恵通商協定法の成立とその後の展開を重視する研究である．鹿野忠生『アメリカによる現代世界経済秩序の形成』南窓社，2004年．

8　19世紀後半から20世紀初頭，パクス・ブリタニカのもと英国は世界に対して貿易入超であったが，唯一アジアに対してのみ出超という特徴があった．F. Hilgerdt前掲書，およびS. B. Saul, Studies in British overseas trade, 1870–1914（邦訳　S.B. ソウル著，堀晋作・西村閑也訳『世界貿易の構造とイギリス経済：1870–1914』法政大学出版局，1974年，久保田英夫訳『イギリス海外貿易の研究：1870–1914』文眞堂，1980年）．

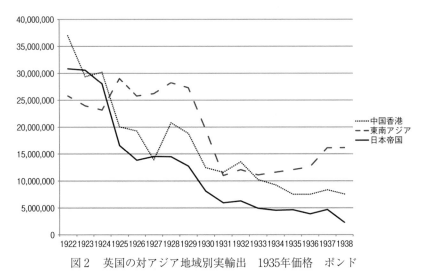

図2　英国の対アジア地域別実輸出　1935年価格　ポンド

出典：Houses of Parliament by Command of His Majesty. *Annual statement of the trade of the United Kingdom with foreign countries and British possessions.* Various issues.

註：貿易物価指数は，Kindleberger, Charles P. *The terms of trade : a European case study.* New York : Technology Press of Massachusetts Institute of Technology. 1956.

　領マレーのある東南アジアのみが1930年代に下げ止まっている[9]．図3のように米国はまったく逆で，第一次大戦を経て20年代実質輸出はいずれの地域へも格段に増加した．大恐慌以後，3地域には違いが出ている．中国のみが恐慌後の減少からの回復が緩やかで，第二次大戦勃発前に20年代の水準に回復していない．米国の対東南アジア輸出は恐慌後一時大きな縮小を見たが，30年代に同地域から資源輸入が激増したために，輸出も20年代の水準を超えて増大した．そして，最も注目すべきは米国の対日本輸出が急増したことで，大恐慌期をはさんで1937年まで伸び続けた．これ

9　輸入においては，英国が1932年オタワ会議後にブロック依存を強めるので，30年代に植民地インドと英領マレーとの貿易が増加した．

8　｜　第Ⅰ部　総論

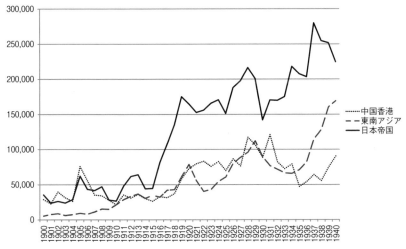

図3 米国の対アジア地域別実質輸出 1935年価格 1,000ドル
出典：U.S. Department of Commerce, Bureau of Foreign and Domestic Commerce. *Foreign commerce and navigation of the United States for the calendar year*. Various issues.
註：貿易物価指数は，U.S. Department of Commerce. *Historical statistics of the United States, colonial times to 1970*. Washington：U.S. Department of Commerce. 1975.

は，後に述べるように，日本帝国圏の特異な工業発展と結びついたためであり，この米国の対日本輸出の一貫した増加は，同時期米国輸出の中で特異な趨勢であった．英国輸出の衰退と米国輸出の興隆という対比は実に明瞭である．

このような大戦後の英国と米国の対アジア輸出の対照的な趨勢は，図4のように，両国の貿易収支にもあらわれる．先述のように，英国にとってアジア地域は唯一恒常的に貿易黒字を稼げる地域であったが，その対アジア黒字額は21年の3億8000万ドルのピークから一貫して減少し続け，30年代末には3億6000万ドルもの赤字に達した．米国はアジアのいずれの地域に対しても輸入超過が拡大しており，大戦後の26年にその貿易赤字額は8億4000万ドルを記録した．ところが，米国はその後対アジア輸出の急増によって貿易収支を急速に改善させ，30年代半ばに一度収支均衡

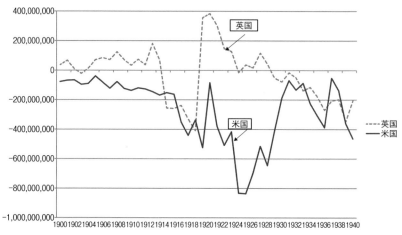

図4　英国・米国の対アジア地域別貿易収支，3箇年平均　米ドル
出典：図2，図3と同じ．

までに近づいていく．

　第一次大戦前アジアの貿易市場でドミナントであった英国輸出の顕著な後退は，それを代替するアジア地域における近代工業の勃興発展と米国の輸出増加とによって引き起こされたのである．英国の対アジア輸出の大宗であった綿製品を代表とする消費財は，日本，中国[10]，そしてインド[11]における繊維産業の台頭によってほとんど代替された．そして，英国の副次的な輸出品であった生産財（機械類や中間財）は，米国製品と日本製品によって代替されていった．

　戦前期英国と米国の対外投資には，大きな違いがある．英国はシティ・マーチャントバンクによる証券投資が中心であった．そして，世界的レベルで見ると，英国の対東アジア投資は相対的に小さなものであった．1913年現在英国の投資残高において，日本と中国は1.5％と1.0％にすぎな

10　中国については，森時彦『中国近代綿業史の研究』京都大学学術出版会，2001年；久保亨『戦間期中国の綿業と企業経営』汲古書院，2005年．
11　澤田貴之『アジア綿業史論』八朔社，2003年．

かった.そして,重要なことは,両大戦間期東アジアで工業化が進行しても,英国の投資額は増加も減少もしなかった[12].つまり,貿易の減少に代替して,英国は対アジア投資を増加させたわけではない.米国は第一次大戦後に最大の金融市場を持つことになったが,対外投資は必ずしも積極的とはいえず,それさえも大恐慌後には大きく減退した.米国の投資形態は英国と異なり直接投資が多かったが,日本への直接投資は1920〜30年代を通じて5％前後にとどまっており,米国の対日輸出額の比率より低かった[13].つまり,戦間期東アジアの工業発展や貿易拡大は,先進国による資本投資とは比較的希薄な関係であった[14].近年の東アジア経済史研究では,開かれた帝国としての英国の経済的な影響力,とりわけ金融支配力の強さを強調する見解がだされているが[15],実態にそぐわない誤った理解である.

このように,東アジアは第一次大戦期以前に,英国が主導した世界経済の一角に組み込まれていた.それが,第一次大戦後の,1920〜30年代に,その英国の支配力の衰退と米国の影響力の強化という対照的な趨勢が急速に進んだ.こうして,東アジアにおける経済的な主導権は,戦後に先駆けて英国から米国に移行していた.世界的には第二次大戦後に一般化する経済的な主導者の交代は,東アジアにおいて大戦間期にすでに進行していたといえる[16].

このように両大戦間期東アジア地域は,米国との関係が緊密化していた

---

12 ハーバート・ファイス著 柴田匡平訳『帝国主義外交と国際金融』筑摩書房,1992年,p. 15;西村閑也『国際銀行とアジア 1870〜1913』慶應義塾大学出版会,2014年;宮崎犀一ほか編『近代国際経済要覧』東京大学出版会,1981年,p. 124.
13 これは単なる時代的な特徴ではなく,米国と東アジアの経済関係にみられる通時的な特徴である.
14 宮崎犀一ほか,前掲書,p. 122-124.
15 杉原薫「東アジアにおける工業化型通貨秩序の形成」(秋田茂・籠谷直人編『1930年代のアジア国際秩序』渓水社 2001年),秋田茂『イギリス帝国とアジア国際秩序』名古屋大学出版会,2003年.
16 貿易結合度でみると,1936年日本の対英国輸出は0.2％,輸入は0.2％,対米国輸出は1.6％,対米輸入は2.0％であった.同年中国の対英国輸出は1.0％,輸入は1.2％,対米国輸出は3.4％,対米輸入は1.8％であった.

が，なかでもその結合をもっとも強めたのは日本であった．先進欧米諸国の工業生産は，1929年をピークに大きく落ち込み，両大戦間期の工業生産指数は1913年を基準にして180を越えることはなかった．そのなかで，日本の工業生産のみは500を越えており，きわめて例外的な趨勢であったことはよく知られている[17]．この日本の工業発展は，対外貿易の膨張と結びついていた．その趨勢を見るために貿易実質輸出の指数をとると，1913年を起点に1938年に，世界全体は115（成長率0.60％），米国は126（0.97％），英国は71（-1.43％），フランスは82（-0.84％），ドイツは61（-2.05％）と大幅に縮小していたのに，日本は400（5.95％）と特異な膨張を示していた[18]．このような日本の輸出の増加には，日本帝国内の分業の拡大によるものと[19]，広く世界へむけた最終消費財である軽工業品の輸出の2方向があったことを，筆者が明らかにしている[20]．

このような両大戦間期日本の工業発展と輸出膨張は，先に見たアジアにおける英国の後退と米国の台頭という趨勢とどのような関連があるであろうか．これを説明するのは，日本の対外貿易の方向性と内実である．図5は日本の輸出入を，帝国圏と米国，その他の一般と分けている．1922年から1930年代末にかけて大きく伸びているが，唯一対米国輸出のみが大恐慌から減少停滞し，30年代に回復することはなかった．このことこそ，帝国内分業の拡大と世界市場への集中豪雨的な輸出として理解されてきた，30年代日本経済のひとつの重要な特徴である．この意味をさらに検討しよう．図6は日本の地域別の貿易収支を示している．第1次大戦による幸運な出超期を終え，日本は1920年代初頭には従前の入超構造に戻ること

---

17 武田晴人「景気循環と経済政策」（石井寛治ほか編『日本経済史』第3巻　東京大学出版会，2002年．
18 同時期中の日本植民地の輸出増加指数は，台湾は703（8.46％），朝鮮は1888（13.02％），満洲は1936年までで331（5.23％）とさらに増加の趨勢が強く，その90％以上が日本帝国内（日本本国と植民地相互間）への輸出であった．
19 堀和生「東アジアにおける資本主義の形成」（『社会経済史学』76巻3号　2010年11月）．
20 堀和生『東アジア資本主義史論』（第1巻　ミネルヴァ書房，2009年）第5，7章．

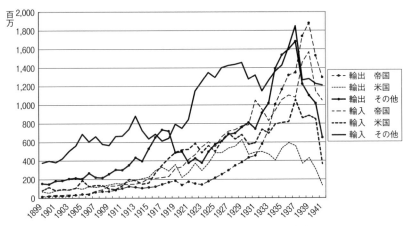

図5 日本の地域別実質輸出入 1935年不変価格 円

出典：大蔵省『大日本外国貿易年表』各年版，同『日本外国貿易年表』各年版，朝鮮総督府『朝鮮貿易年表』各年版，朝鮮総督府『朝鮮内地貿易月表』各月号，台湾総督府『台湾外国貿易年表』各年版，同『台湾貿易年表』各年版，台湾総督府『台湾貿易月表』各月号．なお，以下日本貿易関係の諸図表では，特に断らない限り出典は同じなので省略．

註：貿易物価指数は堀和生，木越義則作成（堀和生『東アジア資本主義史論Ⅰ』ミネルヴァ書房 2009年 巻末付表参照．）

になった．この日本の貿易の苦境を支えたものこそ米国への生糸輸出であった．ところが，1922年から日本の工業製品の一貫した輸出増加は，事態をしだいに変えていく．日本の帝国内はいうまでもなく，後進地域や欧州に対しても，日本は軽工業品の輸出によって，入超状況から脱していく．すなわち，日本は先進国からの資本財輸入に依存しながら，他方で後進地域に工業製品を輸出する，まさしく中進資本主義国の性格を有していた[21]．そして1930年代半ばにおいては，日本は帝国内，後進地域，欧州をあわせて，ほぼ貿易収支が均衡する状況に達した．このことに照らせば，1935年時点で日本の大英帝国への宿命的な依存性を強調したアトリーの

---

21 中進資本主義国のあり方については，中村哲「世界近代史像の再検討」（『歴史評論』399号，1983年7月）のち，同著『近代世界史像の再構成：東アジアの視点から』（青木書店，1991年）に収録．

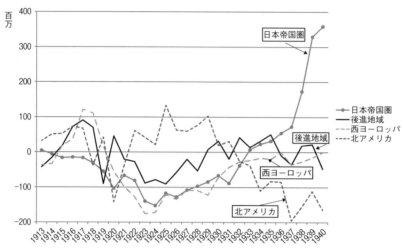

図6 日本の地域別貿易収支　ドル

出典：図5と同じ.

見解は，重要な変化を見落としていたといわざるを得ない[22]．日本にとっての問題は，対英帝国圏の資源輸入と製品輸出ではなく，日本帝国の膨張と工業化の進展が，対米収支不均衡を極端に拡大していく矛盾であった．大恐慌後に日本の対米国輸出の大宗であった生糸需要が急減したため，日本の対米国輸出全体が大きく減少した．生糸価格下落を補填しようとした量的投入はさらなる価格の下落を引き起こし，ついに輸出の大幅な萎縮と貿易収支の急激な悪化をもたらしたのであった．

　重要な点は，先に見た20年代初頭からの米国からの輸入増加が，日本の帝国内と後進地域への輸出と深く結びついていたことである．次節で詳細に検討するように，日本はこの時期の工業発展に必要な主要原料，中間財，生産手段の多くを米国から輸入していた．米国からのそのような輸入品のいずれが欠けても，日本の日本帝国圏と世界市場への工業品輸出は不

22　Freda Utley, *Japan's Feet of Clay*, London:Faber and Faber, 1936. フリーダ・アトリー著（石坂昭雄・西川博史・沢井実訳）『日本の粘土の足——迫りくる戦争と破局への道』日本経済評論社，1998年．

表1　日本の地域別工業製品実質輸出額と指数　1935年価格　100万円

	アジア	ヨーロッパ	北アメリカ	南アメリカ	アフリカ	オセアニア	総計
1922	253	14	17	1	3	9	298
1924	305	40	49	8	19	22	443
1926	392	40	70	9	24	29	564
1928	427	50	69	13	29	29	616
1930	492	86	68	14	50	24	734
1932	600	87	67	14	93	41	903
1934	1,014	121	141	61	181	69	1,588
1936	1,148	177	203	66	190	80	1,865
1938	1,191	103	99	49	112	67	1,621
1940	1,062	29	95	64	66	40	1,356
増加指数 1922=100							
1936	454	1,246	1,200	5,438	5,632	846	626

出典：図5と同じ．

可能であった．図6に示された対米国赤字の一方的な増加は，戦前期日本経済の構造的な弱点を象徴するものであった．日本は生糸輸出の限界に直面して，手をこまねいていたわけではない．政府も商社・民間業者も，生糸に替わる工業製品輸出の開拓に努めた．表1で工業製品（SITC 5～8部門，生糸を含まない）輸出額を地域別にみると，北米欧州への増加率は帝国内や対アジア地域への増加率を上まわっていた．この時期対米国輸出が大きく進んだ電球，玩具，雑貨品等については，米国市場の開拓も進んでいた[23]．しかし，米国は1922年マッカンバー関税法，29年には史上最高の保護関税とよばれるスムート・ホーレイ法により，工業製品輸入を厳しく遮断した[24]．その高関税をのりこえて，なおも進出しようとした綿製品輸出には，米国政府は外交ルートで日本政府に自主規制をする圧力を加えて，事実上阻止した[25]．日本は工業発展をはかるために米国からの輸入依

---

[23] 平沢照雄『大恐慌期日本の経済統制』（日本経済評論社　2001年）第4章，第6章，谷本雅之「戦間期日本の中小工業と国際市場——玩具輸出を事例として」（『大阪大学経済学』63巻1号，2013年6月）．
[24] 佐々木隆雄『アメリカの通商政策』（岩波書店，1997年）第1章．

存を強めていたが，それに均衡する輸出を構築できない矛盾を強めていた．

　小括すれば，両大戦間期東アジアでは英国の経済的影響力が顕著に衰退した．その要因は，アジア各地域における工業の輸入代替化の進展であったが，それをさらに加速させたのは太平洋の両側における米国と日本における工業発展であった．一方において米国は新しい生産システムが巨大な生産力を生み出しており，他方において日本は中進資本主義国として米国の生産力に依存しつつ自己の帝国圏と後進国市場に軽工業品を輸出することによって，国内工業を急速に拡大する条件を得ていた．しかし，日本は米国と強く結びついてはいたが，それは一方的な依存であって不均衡は拡大しており，安定化とは逆の方向に進んでいった．

第2節　世界経済との断絶と日本帝国圏

　両大戦間期に，世界市場への軽工業品輸出と植民地帝国の膨張をともに推進してきた日本帝国は，1937年に重大な転機に直面した．同年7月7日に勃発した盧溝橋事件はそのまま日中全面戦争に発展し，それに伴う緊急物資の輸入と一般民生用の輸入が，外貨の使途をめぐって直接的に対立することになった．前節で見たように，1935年にようやく貿易収支の均衡に到達したばかりの日本は，これ以後急激に増大する軍需生産・軍事支出が貿易収支の入超を拡大させたため，綿花を中心とした輸出工業用原料の輸入を抑制削減せざるをえなくなった．同時期に，貿易外収支は欧州大戦で海運・保険収支の受取が激減したうえに，外資への配当利子と返還額は減じずに大幅入超に転じたために，事態はさらに悪化した．ここに，世界市場への軽工業品輸出と植民地帝国の拡大を同時並行的に追求してきた日本の路線は大きな転換を強いられることになった[26]．

25　高村直助「日米綿業協定とその延長」（上山和雄・阪田安雄編『対立と妥協』第一法規出版，1994年）．

このような戦争勃発後の輸入急増に対する対応として，不急物資の輸入抑制や選別的な輸出入リンク制や外国為替基金制度による外国為替の国家統制等があげられる．しかしより大きな転換は，「自給圏構想」とよばれる日本・満洲・華北を一体とした閉鎖的ブロックを作ろうとする国家政策である[27]．そのことは，日本で最初に立案された「1938年度物資動員計画」に，日本・満洲国のみならず中国華北の物資と外貨までを組み込んでいたことによく表れている．一方で自由通商の路線が狭められていくことを，他方の帝国内の自給を拡大することで代替しようという政策転換であった．しかし，日本のこの転換には根本的な矛盾があった．確かに，前掲図6でみたように，日本の帝国内輸出と貿易黒字は，1938年より劇的に増大した．しかし，この帝国内はすべて日本円圏であるので，その輸出超過は外貨獲得にまったく貢献しない．にもかかわらず，戦争の遂行は対先進国輸入，とりわけ米国からの輸入を急速に増大させた[28]．そして，何よりも深刻なことは，帝国圏からの物資輸入が対米国輸入を質的に代替できないだけでなく，日本が戦争を遂行し帝国内開発を推し進めることが，いっそう日本の対米国輸入を促進するという構造であったことである．

　1930年代後半から開戦までの対米国輸入の内訳は表2のようである．36年，綿花，石油，屑鉄・鉄鋼金属，機械類だけで米国輸入の81.8％を占めていた．石油と屑鉄はその全輸入の9割が米国からのものであり，全輸入機械中の半分以上は米国製であった．これらのほとんど他国では代替できないもので，日本は工業の基盤である原料と生産財を米国からの輸入に依存していた．日中戦争の勃発後に綿花輸入は減少するが，石油，屑鉄，

26　原朗によれば，戦時統制経済への転換は1937年7月7日盧溝橋での軍事的衝突ではなく，1937年1月の貿易統制だという．同「戦時統制経済の開始」(同著『日本戦時経済研究』東京大学出版会，2013年)．
27　山崎志郎『物資動員計画と共栄圏構想の形成』日本経済評論社，2012年，第3～5章．
28　この日中戦争期の日本の対外関係を「円ブロック」と「第三国」とに峻別して，その矛盾を摘出したのは，原朗「日中戦争期の国際収支」(『社会経済史学』34巻6号，1969年3月)のち，同著『日本戦時経済研究』東京大学出版会，2013年，に収録．

表2　日本の対米国輸入構成（主要品）　単位：1000円

		1936	1937	1938	1939	1940	1941
0	食料品及動物	5,027	6,057	1,683	1,370	2,282	8,302
1	飲料及たばこ	7,517	3,329	1,452	1	3	1
2	非食料原材料	510,273	883,684	474,568	403,881	430,065	96,112
	26 織物用繊維	375,273	309,965	167,911	148,178	179,418	34,420
	28 金属鉱及金属屑	58,595	472,566	262,813	201,943	163,837	20,607
3	鉱物性燃料，潤滑油	119,296	1,010	1,441	204,851	278,589	268,180
4	動物性・植物性油脂	1,364	183,635	239,466	246	515	3,982
5	化学工業生産品	35,147	36,993	22,418	33,820	55,334	29,529
6	原料別製品	73,867	13,200	8,764	188,540	309,078	106,921
	67 鉄鋼	21,686	51	—	46,609	114,956	40,845
	68 非鉄金属	41,646	—	—	134,828	180,258	48,443
7	機械類及輸送機器	77,149	122,806	156,146	162,784	154,672	52,126
8	雑製品	15,729	18,389	6,845	6,335	8,577	5,364
R	再輸出入品	2,201	588	2,519	471	1,453	1,625
	総計	847,575	1,269,691	915,302	1,002,403	1,240,569	572,143

出典：図5と同じ。

註：（1）1937・38年軍需関係物資は数量が伏せられている。
　　（2）鉱物性燃料は油脂類に統合され，金属製品は金額のみ表示。

重機械・工作機械の輸入はさらに増加した．米国製機械は欧州製を代替して 3 分の 2 を占めるようになり，工作機械では 70 ％に達した[29]．同じく戦争勃発以後，満洲国と朝鮮でも米国から機械と石油の輸入が急増した．このように，日本が外貨不足の行き詰まりから舵を切った「自給圏」拡大という政策転換自体が，皮肉にもさらなる対米国依存と外貨不足をもたらした．この時点においても，日本の財界と官僚の主流は自由通商論者が多かったが[30]，対米為替の不均衡は，結局米国に金を現送することよって処理せざるを得なかった[31]．日本帝国は最も依存を強めていた米国との戦争に突き進んでいく．

閉鎖的自給圏から「大東亜共栄圏」へとむかう日本帝国の性格として重要な点は，その経済内部構造が均質ではないことである．従来，日本の帝国は内地を中心とした同心円的な構造，放射状の構造と表現されてきた[32]．その側面は認められるが，日本内地との結合関係を軸にみると，別の構造が見える．原朗の古典的研究[33]によれば，各地域の通貨発行高とそれによる物価騰貴の趨勢を指標として，日本帝国は大きく対照的な 2 つの地域にわけられる．一つは，円系植民地通貨の発行高が厳格に管理され，1944 年まで日本内地と同じく極端な通貨膨張や激しいインフレがほとんどない植民地台湾，朝鮮，満洲である．いま一つは，無制限的な通貨発行によって早くからハイパー・インフレが進行した南方（東南アジア地域）である．華北，華中地域は両者の中間であり，やや南方型に近い．この 2 つの地域

---

29 工作機械が，如何に米国に依存していたかについては，沢井実「日本工作機械工業とアメリカ」（同著『マザーマシンの夢――日本工作機械工業史』名古屋大学出版会，2013 年），および同書補論参照．

30 白木沢旭児「日中戦争期の東亜経済懇談会」（『北海道大学文学研究科紀要』120 号，2006 年 11 月），同「日中戦争期の貿易構想」（『道歴研年報』6 号，2006 年 3 月）．

31 日中戦争勃発から対米開戦まで，日本は決済代金として米国に 600 噸もの金を現送した．原朗「日中戦期の外貨決済」（『経済学論集』38 巻 1・2・3 号　1972 年 4・7・10 月），後同著　前掲『日本戦時経済研究』所収．

32 山本有造「植民地統治の枠組」（同『日本植民地経済史研究』名古屋大学出版会，1992 年）．

33 原朗「大東亜共栄圏の経済的実態」（『土地制度史学』71 号，1976 年，後同　前掲『日本戦時経済研究』所収）．

の違いについては，原朗が早くに注意を喚起していた．南方占領地域の研究については，近年山本有造によって，その物資略奪のメカニズムが明らかにされた[34]．ここで重要なことは，日本と植民地地域との関係である．この地域は，日本による物資略奪が強調される中で，1942 年まで日本の輸出超過であった．つまり，日本からの物資輸入額が，日本への物資輸出額より多かった．これは，日本帝国の戦時期ないし統治末期における注目すべき特徴である．この時期日本の対植民地輸出において，特に増加した物資は機械を中心とする資本財である．図 7 に見るように，1930 年代，とりわけ日中戦争勃発後における満洲と朝鮮への機械類の輸出量は突出していた．輸出中の資本財が占める比率は，1940 年満洲が 30 ％，朝鮮が 20 ％に達しており，台湾は金額ベースではめだたないが，比率は 15 ％になった[35]．その他の地域への機械類輸出の比率が 1，2 ％にすぎなかったことと対比して，日本にとって植民地が特別な役割を持っていたことを示している．その要因は，世界経済の中で閉鎖空間においこめられた日本が，戦争遂行に必須の資源・中間財を，植民地で採掘・生産して日本に搬出するために，現地に生産財を投入して鉱工業の開発を強力に推し進めたことである．これは，戦時期における植民地工業化[36]の膨張と変質であったといえる．戦時の物資動員計画の中で植民地工業化は，きわめて優先度が高く位置づけられた[37]．戦時日本にとって植民地工業化の成果は大きなものであり，このような事態は欧米帝国主義国の植民地では全く見られなかった．そのような植民地における典型的な大規模開発として，埋蔵資源に規定される石炭・製鉄業と大規模水系を活用した水力発電をあげることができる．後者の例では，大規模電源開発が始まった 1930 年代以降，日本の水力発

34 山本有造「『大東亜金融圏』論」，同「『南方圏』交易論」（ともに，同著『「大東亜共栄圏」経済史研究』名古屋大学出版会，2011 年に収録）．
35 堀和生「大戦間期東アジアにおける工業的分業」（中村哲編『東アジア近代経済の形成と発展』日本評論社，2005 年）．
36 堀和生『朝鮮工業化の史的分析』有斐閣，1995 年，第 2 部参照．
37 山崎志郎　前掲『物資動員計画と共栄圏構想の形成』第 3 章〜第 5 章．

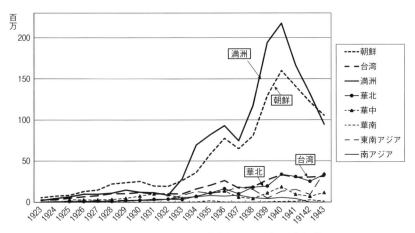

図7　日本の地域別機械実質輸出　1935年不変価格　円
出典：図5と同じ．

電施設の約半分は朝鮮，台湾，満洲の植民地において建設された[38]．植民地における石炭・銑鉄・電力生産を同年の日本内地の生産と比較したのが図8である．いずれも30年代から戦争末期まで伸び続け，電力は30％，銑鉄は55％，石炭に至っては67％に達した．日本帝国という閉鎖的経済圏において，これら基礎的物資の生産は決定的であり，植民地の鉱工業がなかったならば日本の戦争遂行はより早くに挫折していたであろう．

　日本による経済再編成が，各社会をどれほど変革したのかについて，センサス類の分析によって統治末期の到達点を明らかにしよう．日本は帝国内で同じ基準で統計を作成したので比較分析が可能である．1940年国勢調査によって，産業別に男子有業者数[39]とその比率を示したのが表3である．農業有業者の占める比率は，日本333‰，台湾573‰，朝鮮691‰である．台湾を工業の発展が遅れた農業地域だとする理解があるが[40]，台湾

38　日本電機工業会編『日本電機工業史』第1巻，1956年．
39　植民地の国勢調査においては，明らかに女子労働者数の調査に大きな脱落がある．植民地統治末期のセンサス類の性格については，堀和生「世界経済史における植民地支配の意義―日本帝国の性格と特徴―」（国際歴史学韓国委員会『第15回韓日歴史家会議　植民主義と脱植民主義』日韓文化交流協会，2016年）参照．

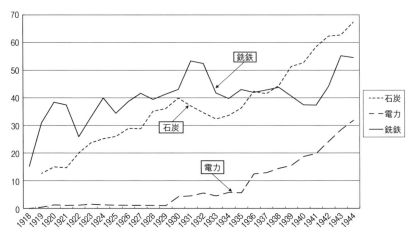

図 8 植民地（台湾・朝鮮・満洲）の基礎物資生産の対日本内地生産比率
出典：商工省鉱山局『製鉄業参考資料』各年版；松本俊郎『「満洲国」から新中国へ』名古屋大学出版会，2000年；東洋経済新報社編『昭和産業史』統計編 1950年．編集委員会『満洲電業史』満洲電業会，1976年；通商産業省『工業統計50年史』資料編第2巻，1962年；朝鮮銀行『朝鮮経済年報』1948年版；台湾銀行経済研究室『日拠時代台湾研究史』第1・2巻，1958年；大連商工会議所『満洲経済統計年報』各年版；山本有造『「満洲国」経済史研究』名古屋大学出版会，2003年．

　農業の高い生産力とその輸出競争力，表中の工業，商業，交通業の比率からみて，それは一面的である．市場経済の発展度と農工間分業の展開度では，日本＞台湾＞朝鮮の順序であり，台湾はつねに日本と朝鮮の中間にあった．同表で，有業者中の其の他の産業が，日本にくらべて台湾と朝鮮で格段に多いことが注目される．台湾人の場合，「其他の産業」有業男子 90,978 人中で職業が「其他の労働者」が 90,789 人（99.8％），朝鮮人の場合，「其他の産業」有業男子 471,177 人のうち職業が「其他の作業者」が 466,187 人（99.9％）を占めている．つまり，産業と職業のいずれから見ても「其他」としか把握できない労働者が，台湾と朝鮮において多数存在していた．

40　山本有造『日本植民地経済史研究』名古屋大学出版会，1992年，第4章．

表3　日本，朝鮮，台湾の産業別従業者数と比率

	男子数　人			比率　‰		
	日本	台湾	朝鮮	日本	台湾	朝鮮
農業	6,523,331	921,231	4,553,876	333	573	691
水産業	471,167	32,378	119,466	24	20	18
鉱業	526,543	41,437	170,150	27	26	26
工業	6,168,675	174,658	439,186	315	109	67
商業	2,999,457	185,559	431,908	153	115	66
交通業	1,209,526	59,665	146,202	62	37	22
公務自由業	1,507,876	99,161	215,601	77	62	33
家事	38,520	2,201	36,967	2	1	6
其他の産業	153,580	92,071	472,464	8	57	72
有業者計	19,598,675	1,608,361	6,585,820	1000	1000	1000
無業者	16,671,252	1,362,294	5,627,486			
総人口	36,269,927	2,797,655	12,213,306			

出典：総理府統計局（1961.62.73）『昭和15年国勢調査報告』全2巻，1962年
　　　朝鮮総督府『朝鮮昭和十五年國勢調査結果要約』1944年
　　　台湾省政府主計處『台湾第七次人口普査結果表』1953年
註：網かけは100‰以上のもの．

おそらく特定の産業や組織に固定されていない人夫や日雇労働者であり，台湾と朝鮮ではそのような実質的な過剰労働力人口が多数蓄積されていた．

　この調査では職業構成を比較すると，日本では経営者，事務員，技術者，公務員自由業で144‰であり，台湾と朝鮮では48‰と54‰である[41]．そのため，日本の作業者比率は856‰，台湾と朝鮮は952‰と946‰となり，植民地側の方が1割ほど高くなる．農業はほとんどが小経営であるために，農業作業者の比率は，先の産業別の農業とほとんど同じである．作業者の内，工業的職業全体の比率は，日本，台湾，朝鮮の順に，239‰，86‰，54‰となり，そのうち消費財工業的職業は102‰，47‰，21‰である．

　植民地工業化の進展により工場労働者は急速に増加した．1942年の労

41　台湾職業構成には日本人が含まれていないので，この比率は若干低くなっている．

表4 1942年朝鮮と台湾の工場労務者数・技術者数（男女とも）とその比率 1942年

	労務者			‰			技術者			‰		
	日本	台湾	朝鮮	日本	台湾	朝鮮	日本	台湾	朝鮮	日本	台湾	朝鮮
金属工業	520,316	6,457	36,415	100	47	70	17,106	265	1,214	98	66	143
機械器具工業	2,277,681	10,241	27,261	437	75	52	90,383	408	609	515	101	72
化学工業	477,605	10,736	60,678	92	78	117	23,557	407	2,004	134	101	236
ガス電気水道	37,059	3,634	6,266	7	26	12	7,557	645	991	43	160	117
窯業土石工業	139,905	10,338	31,327	27	75	60	3,194	94	245	18	23	29
紡織工業	875,349	8,697	75,562	168	63	145	13,291	73	484	76	18	57
製材木製品工業	192,161	8,600	28,814	37	63	55	831	41	99	5	10	12
食料品工業	193,821	34,380	43,080	37	250	83	4,369	1,550	336	25	383	40
印刷製本業	79,532	4,285	9,695	15	31	19	1,846	6	56	11	1	7
その他工業	144,993	15,937	12,083	28	116	23	1,260	29	91	7	7	11
土木建築工業	277,034	23,976	188,846	53	175	363	11,985	524	2,347	68	130	277
合　計	5,215,456	137,281	520,027	1,000	1,000	1,000	175,379	4,042	8,476	1,000	1,000	1,000
対全有業者率 ％	16.2	6.1	5.7				0.5	0.2	0.1			
対工業有業者率%	64.3	62.2	105.1				2.2	1.8	1.7			

出典：表3と同じ。
内閣統計局『昭和十七年労働技術統計調査結果表　内地』1943年
朝鮮総督府『朝鮮労務技術統計調査結果報告　第2回昭和17年』1943年
台湾総督府企畫部『労働技術統計調査結果表　昭和17年第1編』1942年6月調査.
註：（1）総人口は1940年10月。工場労働力は1942年6月以上のもの。
　　（2）網掛けは100‰以上のもの。

務者・技術者（ともに男女合計）を同じ基準で調査した結果が表4である．工業分野の中で，日本は圧倒的に金属工業と機械器具工業に特化していること，台湾が食料品工業，朝鮮が化学工業の比率が高いことが特徴である．また，日本の紡績企業の朝鮮進出と朝鮮人企業の勃興によって，朝鮮の紡織工業が日本とほぼ同じ比率である点は注目される．1930年代後半朝鮮綿工業は朝鮮内において自給を達成した．また，日本と台湾の工場労働者は全工業有業者の60％ほどであり，両者がほぼ一致している朝鮮とは大きな相違があった．これは，日本と台湾において工場と把握されない従業者4人以下の零細工業が広範に存在していたことを意味する．このような台湾工業における零細経営の広範な存在は，解放後自立的経済の建設過程において小規模商工業を勃興させる条件となった．同表中で，土木建築工業の労務者は日本＜台湾＜朝鮮の順で格段に大きくなり，植民地において「開発」が大規模に推進されたことを示している．技術者の比率を見れば，朝鮮と台湾は日本の比率よりかなり低いので，日本の植民地「開発」では技術的高度化はさほど求められていなかったと思われる．これらの労働力のあり方がどのような歴史的な意味を持つのかは，解放後の時代の中で明らかになる．

　小括すれば，日中戦争の勃発は，先進国とりわけ米国の資本財・原材料に依存しながら，後進地域市場への軽工業品輸出と帝国植民地の拡大を並行して進めてきた日本に，決定的な転換をもたらした．日本は世界貿易から排除されながら，もっぱら自給圏・「大東亜共栄圏」の拡大に向かったが，そのプロセス自体が，さらなる米国との対立と依存を強めていった．そして，日本資本主義の最大の工業基盤であった米国と開戦せざるをえなくなったことにより，日本帝国は破綻の道を突き進んだ．ただし，その過程で閉鎖的帝国内の空間では植民地も含めて，資本主義がいっそう拡大したことは，戦後各社会に重大な影響を与えることになった．

第3節　日本帝国の解体と新生国民国家の形成

　1945年8月の日本の敗戦は帝国の解体をもたらし，軍需と軍需関連産業は消滅し，その特徴であった強い帝国内分業もくずれさった．日本では連合国（GHQ）占領のもと明治憲法体制が解体され，新憲法制定を含め財閥解体，農地改革，労働改革等の巨大な戦後改革がおこなわれた．朝鮮は米国ソ連の分割占領から南北分裂国家設立と朝鮮戦争へという激変をへた．台湾は一時期中国に統一されながら，国共内戦と国民政府の台湾移転によって，再度単独国家の形成へと転じた．これら東アジアの巨大な変革を，各国経済の復興と相互の繋がりにそくしてみていこう．

　日本の戦後変革と復興に関する経済史研究は，近年急速に進んでいる[42]．そこで，日本の復興の方向を規定した連合国の圧力と，それを主導した米国の役割が浮かび上がっている．本章の主題と関係した，ポーレー報告に代表される厳しい日本の戦時賠償計画の樹立と，その早い時期での放棄という事実がある[43]．終戦直後の米国の構想は，日本の在外資産のみならず，日本の工場や鉱工業設備を日本の占領地域・植民地に戦時賠償として移転させ，日本の軍事産業基盤を解体させるのみならず，東アジアの復興を図ろうとするものであった．日本人の生活水準を戦争前の1936年水準に留めるとともに，それぞれの東アジア地域の経済復興をはかることで，占領負担を軽減しようとした[44]．そして，そのごく一部は実際に中国や台湾に移転された事実が確認された．しかし，周知のように東西冷戦による逆コースによって，連合国の厳しい賠償措置は中断・放棄され，むしろ米国は日

---

[42] 原朗編『復興期の日本経済』東京大学出版会，2002年；武田晴人編『日本経済の戦後復興　―未完の構造転換―』有斐閣，2007年；同編『戦後復興期の企業行動―立ちはだかった障害とその克服―』有斐閣，2008年，等参照．
[43] 西川博史『戦中戦後の中国とアメリカ・日本』北海学園北東アジア研究交流センター，2014年，第2章参照．
[44] 浅野豊美編『戦後日本の賠償問題と東アジア地域再編』慈学社，2013年．

本をアジアの工場に据える方針に転換した[45]．この後の日本の復興過程については，近年の研究成果にゆずり，日本帝国から分離された，韓国と台湾について検討しよう．

45年8月日本の敗戦によって，台湾では国民政府が直接に権力を受取り，朝鮮では38度線以北地域をソ連が，以南地域を米国が統治することになった．これは日本帝国の解体消滅を意味し，朝鮮と台湾では大きな変革が引き起こされた．台湾は大陸中国に編入され，朝鮮南部（以後，韓国と呼ぶ）は米軍政の過渡期をへて独立へと向かった．すでに本章1，2節で明らかにしたように，日本帝国に深く組み込まれていた朝鮮と台湾では，日本との分離の衝撃はきわめて大きく，経済面でも新しい事態が続出した．

韓国史研究では，この日本との断絶を契機とし，従前の植民地工業は崩壊したという認識が多数意見である[46]．その根拠として次のような事実があげられている．米軍政によって一時対日本貿易が極端に制限され，日本との分業は停止されたので，対日供給部門の存立基盤はおおきく崩された[47]．そして，鉱工業の生産は大幅に低下し，その部門の労働者が大量に帰農した．また，鉱工業部門で圧倒的な比率を占めていた日本の帰属財産[48]は，韓国人にうまく引き継がれることなく，物的資産としては損耗した．さらに，朝鮮戦争により残っていた施設さえ破壊されてしまった．植民地工業総崩壊論の最も中心的な根拠は，解放後の工業生産の低下である．1940年と47年の工業生産価格を比較して，その低下ぶりを例証する方法はよく使われる．しかし，最近の実証研究は，生産の萎縮と生産の崩壊とを区

---

45 李鍾元『東アジア冷戦と韓米日関係』東京大学出版会，1996年，および本書第1章（林采成論文）参照．

46 許粋烈著；保坂祐二訳『植民地朝鮮の開発と民衆―植民地近代化論，収奪論の超克―』明石書店，2008年．

47 李正熙「米軍政期における韓日貿易関係の形成およびその性格」（『京都創成大学紀要』第2巻 2002号）参照．ただし，この論文の趣旨は軍政期日韓貿易の意義を強調したものである．

48 帰属財産とは日本政府・法人・民間人の財産で，戦後各地の政権に引き継がれたもの．日産，敵産等の名称もあるが，ここでは帰属財産に統一する．

別すべきことを示している．朝鮮における工業生産の減少はすでに日本統治末期から現れており，敗戦後さらに甚だしく低下した．戦後の生産は，全体的にみれば46年後半期から回復に転じた．当時の調査によれば，日本の軍需向け生産部門は別にして，それ以外の工業生産低下の主要な要因はもっぱら原材料の不足であった．予想されがちな技術力や熟練労働力の不足が生産阻害の原因である事例は少なかった．故に，原材料輸入が増加するにつれて，韓国の工業生産は急速に回復しており，朝鮮戦争勃発前に植民地期のピーク水準に近づいていた．帰属財産については後に述べるように，消滅したものはわずかで，実際は50年代工業生産の中心になっていた．韓国において植民地工業の全面的な崩壊は起こっていない．台湾では戦前との断絶を強調する主張は強くはない．むしろ，個別の産業や企業の実証分析によって，連続面に注目する研究が現れている．台湾では朝鮮・韓国のような外国軍政がなく，国民政府が台湾総督府から直接に権力を引継いだこと，その政府はすでに大陸で20余年間国家運営の経験をもっていたこと，台湾を戦場とする戦争がなかったこと，等が連続性を意識する条件となっている．事実，台湾の経済や産業では，韓国よりも連続的側面が明らかに強く，生産もより早く回復していた．

　1948年8月の韓国建国後の李承晩政権，49年の台湾移転後の蒋介石政権は，政治的には強烈な反共主義を掲げつつ，経済的には強いナショナリズムにもとづく自国産業保護の政策を推進した．両政権による植民地体制の清算と国内資本創設のための代表的な政策が，土地改革と帰属財産処分である．韓国の農地改革は1950年代朝鮮戦争の直前に開始され，休戦後に本格的に実施され[49]，台湾の農地改革は1949年から53年にかけて実施された[50]．両改革とも地主の小作地を国家が買収し年賦で農民に分配する，

49　谷浦孝雄「南朝鮮の農地改革」(『朝鮮史研究会論文集』第3巻，1967年)，鶴嶋雪嶺「南朝鮮においてアメリカ軍政庁が行った土地改革に関する評価について」(関西大学『経済論集』27巻2号，1977年6月)，桜井浩「韓国農地改革の研究をめぐって」(久留米大学『産業経済研究』39巻2号，1998年9月)．
50　劉進慶『戦後台湾経済分析』東京大学出版会，1975年，第1章．

いわゆる有償分配方式である．韓国と台湾が同時期に共通する政策をとったことは，両社会が同様な社会経済的な課題に直面していたことを示している．古い研究では両改革の不徹底性を強調していたが，近年の実証によれば，農民にとって地価償還の負担は重かったものの，植民地期に発展していた地主制はほぼ完全に解体された．地主制はすでに新しい時代の社会経済に不適合になっていた[51]．さらに視野を広めれば，この両国の土地改革は，日本の農地改革も含めて，大土地所有の徹底した解体と同時に小農経営の安定化をはかるという「東アジア型」土地改革の一環に位置づけられる[52]．

　帰属財産処分は，韓国では米軍政期の末から1950年にかけて，台湾では52年から54年にかけておこなわれた．帰属財産の規模について工業部門を例にみれば，韓国では48年以前の工業従業員数の2分の1，生産額で3分の1を占めており，台湾では47年鉱工業全生産額の70％に達していた[53]．この帰属財産処理については，韓国と台湾でやや異なる政策がとられた．韓国では帰属財産は公共インフラ部門をのぞいて基本的にすべて民間に払い下げられたのに対し[54]，台湾では民間に払い下げられたのはその一部に止まり，過半は公営企業として政府の管理下におかれた．この差異をもたらしたのは，国民政府がすでに大陸で広範な企業を国営にしていたからである[55]．ただし，第7章論文にあるように，両国の造船部門がともに公社として国営企業であったことは興味深い．

51　朴錫斗「農地改革과 植民地地主制의 解體」(經濟史學會『經濟史學』第11号，1987年)．

52　「東欧型」土地変革と対比されるこの特徴については，野田公夫「戦後土地改革と現代」（赤澤史朗ほか編『アジアの激変と戦後日本』現代史料出版，1998年）参照．

53　金基元『美軍政期의 經濟構造』평은산，1990年．劉進慶前掲『戦後台湾経済分析』．

54　李大根「解放後帰属事業体の実態とその処理過程」（中村哲ほか編『朝鮮近代の経済構造』日本評論社　1990年)，李大根「政府樹立後帰属事業体の実態とその処理過程」（中村哲ほか編『近代朝鮮工業化の研究』日本評論社，1993年)．

55　近年，国民政府下における中国各省での土地・農地政策についての研究が進んでいる．陳淑銖『浙江省土地問題与二五減租—1927-1937』国史館，1996年，および「近代東アジア土地調査事業研究グループ」〈科研代表者：片山剛〉の一連の研究が参照される．

そして重要な点は，両国でこの土地改革と帰属財産処分が密接に関連づけて実施されたことである．韓国では，帰属財産払い下げに地主の地価証券での納入を認めたので，全発行地価証券の54.6％が帰属財産の引き受けに充てられた．台湾では地主に対する地価補償の3割が旧帰属財産である公営4大公司（セメント，紙業，鉱工業，農林）の株式の交換によっておこなわれた．これの政策目的には，旧地主資金を流動的な産業資金に誘導しようという意図があった．韓国では，これによって従前の地主が直接に資本家に転化したわけではない．韓国では，激しいインフレーションによって価格が低落した地価証券もしくは株式を，廉価で大量に買収した者たちが旧帰属財産の経営支配権を掌握することになり，彼らが新興資本家となった[56]．台湾の場合は，地価証券の3割は韓国と類似の性格を持ったが，台湾では地価証券が農産品現物で支払われたので旧地主の資産損耗は少なかったと思われる[57]．この政策で土地を失った旧地主は，一部は旧日本企業の株主になり，一部は自ら中小資産家として新事業に乗り出したと思われる．これは，台湾の中小零細経営の多さとつながっている．このように，韓国と台湾では，この土地改革と帰属財産処理が関連づけられ並行して進められたために，植民地期地主制のもとで蓄積されていた資金は流動的な商工業資本へと転化した．1950年代に両国において新しい資本家の台頭が顕著になった．

　また直接的な国内産業の保護措置として，関税政策をあげることができる．図9は台湾・韓国（朝鮮）の関税率である．国民政府は対日戦争に勝利した後，1934年に実施した国内産業保護的な関税を復活させており[58]，

　56　李大根の前掲論文，韓国農村経済研究院編『農地改革史研究』1989年，第5章，第7章，金聖昊『韓国の農地改革と農業制度に関する研究』京都大学学位論文，1989年．
　57　劉進慶　前掲『戦後台湾経済分析』第1，2章．張宗漢『光復前台湾之工業化』聯経出版事業公司　1980年，劉士永『光復初期台湾経済政策的研究』稲郷出版社　1996年，袁穎生『光復前後之台湾経済』聯経出版事業公司，1998年．
　58　国民政府の関税政策と戦後の再編成については，久保亨『戦間期中国「自立への模索」』東京大学出版会，1999年；同「対外経済政策の理念と決定過程」（姫田光義編著『戦後中国国民政府史の研究―1945-1949年』中央大学出版会，2001年）参照．

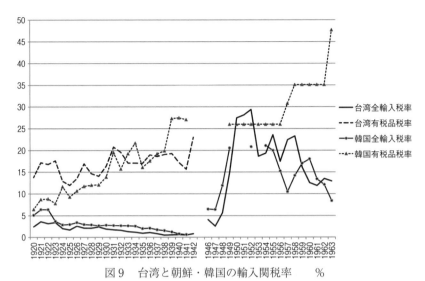

図9　台湾と朝鮮・韓国の輸入関税率　　　%

出典：台湾総督府『台湾外国貿易年表』各年版，台湾省政府主計處『台湾省統計要覧』各年版，朝鮮総督府『朝鮮貿易年表』各年版，韓国企画院『韓国経済統計』，韓国税関庁『韓国税関史』(1969年)

権力を掌握した台湾においても導入した．同図にみるように，韓国政府も建国直後から国内産業と競合する輸入品については禁止的高関税を設定するか，あるいは輸入自体を禁止した．この輸入抑制の対象となったのは，かつて自由に輸入されていた消費財であり，特に日本品を標的に高関税を設定したとされる[59]．以前の税率と比較すれば，この新関税の役割は歴然としている．朝鮮・台湾ともに植民地末期には日本帝国内からの輸入が95％を越え，それらは無税か軽微な課税に過ぎなかった．日本帝国内における両地域は実質的には対外関税のない社会であった．それが，独立国家になった1950年代初頭に全関税率が20～30％になっており，データを得ることができる韓国の例で見ると，有税品税率はさらに大幅に引き上げられている．国内市場を確保し国内産業の勃興を刺激することは，政権自体の

59　韓国関税協会『韓國関税史』韓国関税協会，1969年，第3篇．

存立基盤を維持強化するために重要な施策である．台湾と韓国が日本内地の周辺部工業にすぎなかった状態から脱して，体系的な工業発展をはかるためには，関税に代表される国内産業の保護政策が必要であった．日本帝国主義の桎梏をときはなち，新しい国民経済を創り上げるためには，何よりもナショナルな制度・政策的な枠組みが不可欠であった．1950・60年代の台湾と韓国の政府は，その非民主的権威的な性格のために歴史的な評価は低いが，基盤が不安定な独裁政権にとって，国内産業を保護育成することは，政権自体の存立基盤を維持強化するための重要な施策原理であった[60]．

このような政策の下，独立後の台湾・韓国の経済は，実際にどのような経過を遂げたのだろうか．以前はほとんど実態が不明であったこの時代の鉱工業について，近年は急速に個別産業の事例発掘が進んでいる．台湾においては，石炭，セメント，肥料工業，ソーダ工業，食品加工工業，機械工業，韓国においては，繊維産業，石炭，化学工業，鉄道業等について，具体的な姿が明らかにされてきた[61]．また，本書の第Ⅲ部において繊維，機械，造船部門に対する事例研究を加えている．それぞれ特性を持つ産業ごとの趨勢は叙述しきれないので，それら広義の鉱工業生産と社会消費水準を総括する指標として，両国のエネルギー消費の動向を見てみよう．

図10は，台湾と朝鮮南部・韓国の石炭生産と消費の動向を示している．台湾の石炭生産は戦前では1941年がピークで，敗戦時に激減したが，46年から生産と消費は多少の波はあってもほぼ順調に上昇していった．国内消費は52年に，そして輸出と船舶消費用が減少したため，生産の回復はやや遅れて57年にそれぞれ植民地期のピークを凌駕した[62]．植民地期朝鮮

---

60 金鐘元『東アジア冷戦と韓米日関係』東京大学出版会 1996年．
61 解放から高度成長期への台湾・韓国経済ついて，近年の概括的な成果のみあげると，台湾では，北波道子『後発工業国の経済発展と電力事業』晃洋書房，2003年；渡辺利夫・朝元照雄編著『台湾経済読本』勁草書房，2010年；陳慈玉『近代台湾における貿易と産業』御茶の水書房 2014年．韓国では朴永九『韓国의重化学工業化』第1・2・3巻 해남，2008，2012，2015年等；原朗・宣在源編『韓国経済発展への経路』日本経済評論社，2013年等．

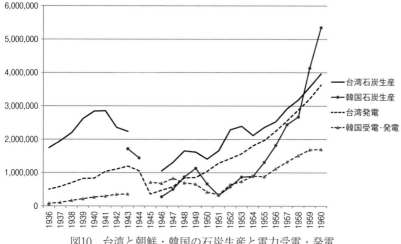

図10 台湾と朝鮮・韓国の石炭生産と電力受電・発電
石炭 単位：トン，電力 単位1,000kwh

出典：朝鮮（韓国）『経済年鑑』各年版，韓国産業銀行『産業総覧』，韓国企画院『韓国統計年鑑』，太完善編『朝鮮電力株式会社十年史』1955年，台湾銀行経済調査室『台湾之煤礦』，同『日拠時代台湾経済史』第2冊 1958年，台湾省政府建設庁『台湾経済統計』各年版，台湾銀行経済研究室『台湾之電力問題』1952年

注：韓国発電・受電の1943年のみは，南朝鮮配電株式会社の配電量．

　南部地域のみの石炭生産はデータがわずかしか得られない．その生産は36年に5万トンであったが，その後生産力拡大政策によって急増して，おそらく植民地期のピークである43年には171万トンに達した．しかし，その当時でも満洲炭や九州炭の輸入が相当あったので，消費量はより高かった[63]．解放後，米軍政当局および韓国政府は緊急輸入をはかるとともに，石炭生産に特別資材を優先的に集中してその回復をはかろうとした．その結果，石炭は他の鉱工業製品の生産に先駆けて回復の道をあゆみ，49年

62　台湾石炭業については，陳慈玉，前掲書，第5・6章参照．
63　1943年朝鮮全体では，659万トンの生産にたいし，輸移出が78万トン，輸移入が116万トンであった．堀和生「1930年代朝鮮工業化の再生産条件」（中村哲ほか編『朝鮮近代の経済構造』日本評論社，1990年）．朴基炷著「植民地期　朝鮮의　石炭　需給構造와　政策」（成均館大學校『大東文化研究』67輯，2009年）参照．

には44年実績の78.5％まで回復した．朝鮮戦争のために再度大きく低下したが，その後の伸長はめざましく，56年には植民地期のピークを突破し，その後はさらに急速に伸びていった[64]．戦後日本経済の復興を支えたといわれる日本の石炭業が，50年代，60年代についに一度も戦前のピークの生産実績を回復しなかったことを考えれば，両国の石炭産業の発展ぶりは極めて大きな意味をもっていたと考えられる．

　電力業は，前節で述べたように両植民地でともに大開発がすすめられていた．ただし，解放後への電力施設の継承については大きな違いがあった．図10のように，台湾では水力発電を中心として植民地期43年まで一貫して生産を伸ばしたが，その後米軍の空襲，洪水被害，需要工場側の被弾破壊等で激減した．解放後に台湾の発電量は，需要産業の発展と並行し一貫して伸びつづけた．1951年には植民地期のピークを凌駕し，60年にはその3倍以上に達した[65]．韓国の場合，植民地期に38度線以南地域は，すべてコストの低い北部地域から受電していた．1944年の実績では，38度線以南での発電は朝鮮全体のわずか4.3％にすぎず，それは南部での使用量の49.3％であり，半分以上を北部からの送電に依存していた．それが，政治的な対立による48年5月の北側の送電停止措置（断電）と，朝鮮戦争による破壊によって，韓国の電力業は深刻な危機に陥った．しかし，その後火力発電所を急遽建設することによって，次第に発電力を回復してくる[66]．図10のように，韓国は51年をボトムとし次第に増加し，台湾にくらべると緩やかではあるが，54年には植民地期のピークをこえ，60年に

64　韓国の石炭産業については，林采成「石炭市場と大韓石炭公社」（原朗・宣在源編，前掲書所収）参照．
65　解放前後の台湾電力業に関しては，台湾銀行経済研究室編『台湾之電力問題』（1952年）参照．植民地期台湾の電力需要は圧倒的にアルミ精錬にかたよっていたが，独立後米国の援助を受けながら化学肥料を主とし，アルミ精錬を副とする公営事業の需要構造に転換したことについては，北波道子　前掲書，湊照宏『近代台湾の電力産業』（御茶の水書房，2011年），および本書第2章参照．
66　植民地期については，堀和生「植民地朝鮮の電力業と統制政策」（『日本史研究』265号，1984年），解放後については，韓国電力公社『韓国電力百年史』（上下巻，1989年）参照．

はその2.4倍ほどになった．日本の3.1倍，台湾の3.0倍には及ばないが，50年代韓国の電力業が停滞していたわけではなかった．

　以上の石炭と電力の生産の趨勢をみれば，1945年日本との切断によって台湾と韓国が一時的に大きな打撃を受けたことはまちがいない．ただし，日本の敗戦が両国工業を決定的に破壊したとか停滞させたという事態は検出できない．台湾と朝鮮南部の産業で直接に日本の軍需工業とかかわる部門は比較的少なかったので，台湾・韓国の鉱業と台湾のアルミ精錬を除けば，その断絶性を過度に強調することはできない．エネルギー需給というマクロな次元でみれば，植民地期の鉱工業生産の基礎的な水準は，ほぼ50年代半ばに回復したとみられる．近年の韓国の研究では，1957年に国内的な産業復興が完了し，新しい発展軌道に転じたと評価されている[67]

　1950年代の韓国，台湾を論じる場合，援助の評価はきわめて重要である．台湾の輸出が大きく落ち込み，韓国の輸出が壊滅的に減少する中で，膨大な貿易赤字が常態化しており，それを埋めたのは米国の援助であったからである．このため，台湾と韓国を経済発展させたのは，東西対決戦略にもとづく米国の援助政策であったという短絡的な見解がよくくだされる[68]．しかし，本節で見たように，援助で導入された資金と物資は，台湾と韓国においては工業生産・設備導入に結びついていた．50年代東アジアに対する米国援助の特徴はその金額の多さにあるのではなく，それらの援助の実質的な経済機能のあり方にあった[69]．米国の援助政策の戦略については本書第1章で，援助資金の実質的な役割については第2章と第3章で具体的に分析する．台湾と韓国の経済的な復興は，米国援助供与という条件を活用しながら，両国政府官僚や企業の主体的な選択と経済活動によって成し遂げられた．両国における国民経済建設というナショナルな要

67　原朗・宣在源編，前掲書．
68　小林英夫「1950年代におけるアメリカの対アジア援助政策の転換——NICs形成の前提として　上・下」(『世界経済評論』30巻7号，8号，1986年7月，9月)．
69　一人当たり援助額では，1960年代の東南アジア諸国への米国援助は，1950年代の台湾や韓国よりも多い．

素が大きかった．

　小括すれば，よく知られている戦後日本の早期の経済復興のみでなく，日本帝国から切り離された韓国と台湾においても，成立したばかりの新政府が主導したナショナルな政策のもと，マクロ的な経済は比較的早期に復興した．これは一面において，次節で述べる米国の経済援助が大きな役割を果たしたことは確かである．いま一つ重要な要因として，台湾と韓国においては国家建設直後から鉱工業と商業を担う新興企業家が簇生する条件があり，彼らが活躍できる経済的条件が既に存在していたことが重要である．このことが，世界的にどのような意味を持つことになるのかを次節で検討しよう．

第4節　東アジア地域の再結合と高度成長

　日本の敗戦を契機とする東アジアの再編成は，連合国軍が日本帝国を解体して占領した戦争終結の形態に規定されて始まった．中国大陸の主要地域と台湾は国民政府が日本軍から接収し，満洲と朝鮮北部はソ連が占領したが，日本と朝鮮南部は米国が単独占領した．そして，日本帝国の主要地域を米国が政治的軍事的に掌握したことが，東アジアの経済関係を一挙に米国を中心としたものにつくり変えた．図11は日本，韓国，台湾輸入中の米国の比率を示している．日本の対米国輸入は，1940年の太平洋戦争開戦直前に25％であったが，民間貿易が再開した50年には30％になっていた．戦前の朝鮮・台湾の対米国輸入はわずか1〜3％にすぎなかったが，戦後55年には台湾と韓国の対米国輸入は30％という突出した比率になった．つまり，この地域における米国の政治的プレゼンスの急上昇が，輸入構造を一変させる．図12の対米国輸出の方は，輸出品の競争力の問題があるので，一挙に急増することはない．しかし，日本の対米国輸出は，開戦直前には10％を下回るまで減少していたが，戦後はまったく反転し

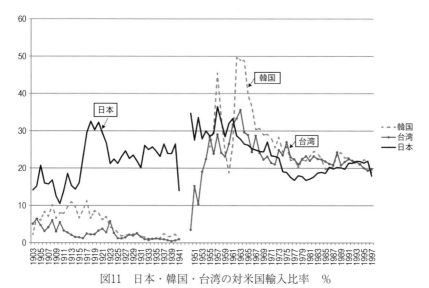

図11　日本・韓国・台湾の対米国輸入比率　％
出典：図5と同じ．財務部税関局『大韓民国輸出入品三年対照表』，財政部『貿易統計年報』各年版，韓国銀行調査部『対外貿易統計』各年版，海関総税務司『中国進出口貿易統計年刊』各年版

て15％からスタートして，86年の39％まで増加し続けた．この一貫した対米国輸出の増加こそが，戦後日本の対外関係における最大の経済紐帯となることは順次見ていく．そして，韓国と台湾でも波動はあったが，50年代末から80年代半ばまで，この米国輸出が伸び続けたことが重要である．

　米国の強い直接的な影響力のもと，韓国と台湾における経済復興の模索の過程については前節で見た．戦後日本にとって，戦争被害からの復興だけではなく，帝国植民地を喪失したもとで，自国産業と国際的分業を如何に再構築していくのかは決定的に重要な課題であった．一つの条件として，米国の戦後東アジア戦略において，日本の鉱工業施設を賠償としてアジア諸国に移転させる政策を放棄し，日本工業を再建させてアジア経済復興の役割を担わせるように転換したことがきわめて重要であった[70]．これは，米国の冷戦政策と米国自身の援助負担の削減を目的とした転換であったこ

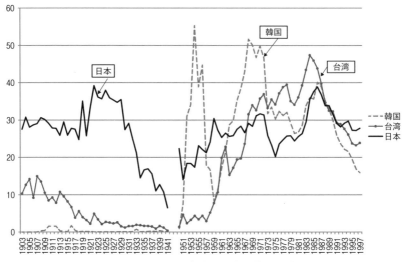

図12　日本・韓国・台湾の対米国輸出比率　％
出典：図11と同じ．

とはよく知られている．しかし，米国によって「アジアの工場」と位置づけられたとはいえ，それでただちに日本の産業と企業，政府の国際戦略が決まったわけではない．日本の政府官僚や企業による様々な模索と対立，試行錯誤があった．

　日本帝国の解体と連合国の占領下，貿易は完全に GHQ の管理のもとにおかれ，貿易規模は一時劇的に縮小した．民間貿易の再開後，日本国内の勢力のなかにおいて，大陸中国との関係を改善し通商を拡大しようとする志向は，米国の強い牽制にもかかわらず，根強いものがあった．この動きは，大陸との通商関係が強かった大阪系企業に強かったが[71]．日米軍事同盟（日米相互防衛援助協定，MSA 協定）にもとづく強い対中国禁輸が強制

70　原朗「戦争賠償問題とアジア」（大江志乃夫ほか編『アジアの冷戦と脱植民地化』岩波書店，1993年）．
71　古田和子「大阪財界の中国貿易論―50年代初期」（中村隆英・宮崎正康編『過渡期としての1950年代』東京大学出版会，1997年）．

されるなかで,政府に許容される方向性ではなかった.

1950年代日本国内で主流となったのは,「東南アジア」地域を対象とした戦前型貿易を再建する戦略であった.米国のアジア戦略においても,日本の工業と東南アジアの資源を結合することは中核的な構図として描かれていた.「東南アジア」という言葉は1940年代から戦後に普及した用語であった[72].こうして,この日本と米国のアジア戦略と経済構想のなかで,東南アジアが圧倒的な比重を占めるようになった.吉田茂内閣の講和後の国際経済構想[73],賠償を梃子とした東南アジアへの再進出構想[74],1957年の岸信介内閣「東アジア開発基金構想」(1957)[75]等,すべて日本経済の発展策として,日本の工業製品と東南アジアの一次産品との分業による発展を想定の軸としていた[76].50年代半ばに英国が主導した南アジア・東南アジアの国際開発計画であるコロンボ・プラン[77]に対して,日本が期待をかけて参加した事実もその脈略のなかで捉えることができる.

しかしながら,このような東南アジアを主軸とする日本の経済発展戦略は,結果的にはめざましい成果を生まなかった.それは,東南アジア地域が一次産品地帯であって,その購買力がその一次産品輸出額そのものにより限定されていたからである.もちろん,日本の対東南アジア輸出は一定伸びたが,それに対応する当該地域からの資源輸入によって,貿易収支はおおむね赤字であった.賠償やODAによって日本から東南アジアに資金が投入されても,その資金額分しか輸出額は増えなかった.戦前の「大東

---

72 東南アジア地域は近代日本では南方とよばれていたが,戦時期英語文献の翻訳のなかで東南アジアという用語が使われだし,戦後に地域名称として定着した.
73 浅井良夫「1950年代前半期の外資導入問題(上)(中)(下)」(『成城大學經濟研究』153,154,156号,2001年7月,10月,2002年3月).
74 原朗 注70の論文.
75 末廣昭「経済再進出への道—日本の対東南アジア政策と開発体制」(中村政則他編『戦後改革とその遺産』岩波書店,1995年).
76 金子文夫「資本輸出の展開—対アジア進出を中心に」(原朗『高度成長始動期の日本経済』日本経済評論社,2010年).
77 渡辺昭一編著『コロンボ・プラン—戦後アジア国際秩序の形成』法政大学出版局,2014年.

亜共栄圏」の場合と同じく，日本の工業品と東南アジアの一次産品との分業によっては，完結した循環構造は作れなかった．つまり，高度成長期における外貨不足の天井を押し上げることは，一次産品地域である東南アジアへの輸出ではかなわなかったのである．

このような，米国の対東アジア戦略と日本，韓国，台湾政府の経済政策の不調和や摩擦はその後も継続しており，各国が協調して政策の体系的調整がはかられることはなかった．しかし，世界的な事態の転換が，この地域の経済にも新しい局面をもたらすことになった．日本の IMF 加盟(1952)，GATT 加盟（1955）につづき，世界の通貨圏の分裂状態から 1957 年に主要国の交換性が回復されドル一元化が進み，国際金融市場の互換性が進んで国際貿易の障害が取り除かれたことにより，IMF・GATT が実際に機能するようになった[78]．これらのことにより，東側諸国は排除されていたが，第二次大戦後における世界的規模での自由通商の条件が開かれた[79]．この世界的な展開を物資輸送の面で確認しよう．図 13 は，主要国における海上貨物積下量である．資本主義国の黄金時代とよばれた 1950 年代から 70 年代にかけて，先進国の貿易は大きく増加するが，とりわけ原材料中に重量物が多い輸入では，貨物重量が確実に増加した．そのなかで，日本はその傾向が顕著で，50 年代末から西欧諸国の水準を超越離脱し，67 年には米国の貨物積下量を凌駕して世界最大となった．この図は，日本の高度成長が海外資源国からの原材料輸入と強く結びついていたことを端的に示している．そして，図示はしていないが台湾では 59 年，朝鮮では 64 年から，貨物積下量の急増が始まっている．そして，日本に台湾・韓国を加えた貨物積下量は，1970 年代西ヨーロッパ主要 4 ヶ国合計を凌駕した．東アジアの高度成長は，なによりもこの世界的規模での貿易拡大が前提か

78 　山本栄治『国際通貨システム』岩波書店，1997 年；上川孝夫・矢後和彦『国際金融史』有斐閣，2007 年．
79 　この世界的な通商自由化の進展という条件に，日本がどのように主体的な対応をしたかについて，最新の研究成果として，浅井良夫『IMF8 条国移行』日本経済評論社，2015 年，参照．

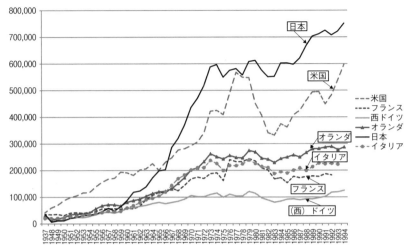

図13 各国の海上貿易量（貨物積下量） 1,000メトリックトン
出典：運輸省『海運統計年報』，日本船主協会『海運統計要覧』

つ須要な条件であった．

　日本は1955年から旺盛な技術革新と「投資が投資を呼ぶ」といわれた拡大再生産で国内市場が拡大することで，高度成長の過程に入ったと理解されている．その市場の拡大循環が成立するためには，エネルギー・資源の輸入とその対外支払いを可能とするために外貨獲得市場の確保が必須であった[80]．そして，そのような世界的分業の枠組みを，日本と東アジア諸国が主体的につくっていったことが重要である[81]．その転換は，1950年代前半期には，日本，米国，韓国，台湾のいずれの国の政府官僚と企業家ら

80　日本の投資の拡大循環の重要性を強調した中村隆英は，加工貿易型である日本の経済規模が，結局原材料の輸入量によって決められている点に注意を喚起している．中村隆英『昭和経済史』岩波書店，1986年，p. 275.
81　パクス・アメリカーナのもと，米国から資本・技術を導入して日本が重化学工業を発展させた高度経済成長期については，近年研究成果が多い．原朗『高度成長展開期の日本経済』日本経済評論社，2012年，原朗『高度成長始動期の日本経済』日本経済評論社，2010年，武田晴人『高度成長期の日本経済―高成長実現の条件は何か』有斐閣　2011年．

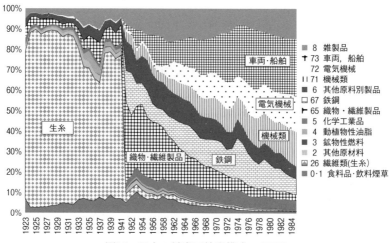

図14　日本の対米国輸出構成　SITC
出典：図5と同じ，および国連 Comtrade

も予想していなかったことから始まった．日本は輸出額で1957年，輸出貨物量で1959年に戦前期のピークを凌駕した．そして，輸入では，まず石油・鉄鉱石，やがて石炭の輸入が，中東諸国やオーストラリア，インド，ブラジル，南アフリカ等の資源大国から大々的にはじまった[82]．ついで，戦前からの課題であった米国への輸出が，その内容を変えながら急増していく．図14のように，その転換は鮮明である．戦前生糸が圧倒的であった状態は，戦後米国の市場開放によって一変する．まず伸びたのは繊維製品，ついで陶器，玩具，電球のような雑貨品，50年代半ばからはカメラ，トランジスターといった「軽機械」が伸び始める．そして60年代から家電製品，機械，最後に自動車，鉄鋼製品の輸出が続いた[83]．日本の高度経済成長期における産業構造の変化につれて，その輸出品の構成は変わっていくが，戦前日本が実現できなかった先進国市場に高付加価値工業製品を

82　杉野幹夫『総合商社の市場支配』大月書店，1990年．田中彰『戦後日本の資源ビジネス―原料調達システムと総合商社の比較経営史』名古屋大学出版会，2012年．

輸出するという課題を，短期間に達成したことになる．ここで強調したいことは，このような日本の対米国輸出の急増と並行して，日本の東アジア諸国への輸出伸張も著しいことである．1950年代半ばから，日本の香港，台湾，韓国への輸出は急増しており，その伸び率は対米国輸出よりさらに高い．そして，表5のように，これらの国への輸出は日本の外貨獲得において最も重要なものであった．1980年までの貿易収支累積で見ると，巨大な米国市場への直接的輸出による黒字額よりも，この小さな3国への黒字額が桁外れに大きかった．高度成長期の日本の経済規模を規定した外貨の天井（上限）を支えたものとしては，よく知られている対米国輸出だけでなく，外貨獲得率がきわめて高い香港・台湾・韓国への輸出も決定的に重要な意味を持っていた．日本にとって東アジア地域への輸出は，端的に迂回的な対米国輸出であった．

同時に台湾と韓国にとっても，これは重要な国際関係の転換であった[84]．前節で述べたように，台湾と韓国の国内工業生産は1950年代半ばで既に戦前水準をほぼ回復していたが，輸出は振るわず貿易収支の大幅な赤字で苦しんでいた．韓国はタングステンのような特殊鉱産物しか目立った輸出品がなく，台湾は繊維・雑貨品を東南アジア向けに輸出していたが，激しい市場競争のために有利な外貨獲得源にはならなかった．それが，米国の市場開放と日本の重化学工業の本格的な復興という2つの条件を活かすことで，台湾と韓国は対外経済のありかたを一挙に転換していくことになる．

83　渡辺純子『産業発展・衰退の経済史―「10大紡」の形成と産業調整―』有斐閣，2010年；平沢照雄「戦後日本における輸出電球工業の展開と輸出規制：1950～60年代のクリスマス電球工業を中心として」（『歴史と経済』55巻2号，2013年1月）；寺村泰「戦後北米向け陶磁器輸出における輸出カルテルの実態」（『静岡大学経済研究』15巻4号，2011年2月）；谷本雅之「戦間期日本の中小工業と国際市場：玩具輸出を事例として」（『大阪大学経済学』63巻1号，2013年6月），沢井実「1950・60年代の軽機械工業――構造と役割」（『経営史学』41巻4号，2007年）．

84　香港は韓国，台湾と同様な東アジアNICsという性格と，戦前中国上海の工業を移植したという両面を持っているので，本章では具体的な検討をひかえる．久保亨「戦後東アジア綿業の複合的発展」（秋田茂編『アジアからみたグローバルヒストリー――「長期の18世紀」から「東アジアの経済的再興」へ―』ミネルヴァ書房，2013年）参照．

表5　日本の地域別貿易収支　　　　　　　　　　　　　　　　　　　　　　　　　　　単位：100万ドル

	合衆国	ヨーロッパ	西アフリカ	韓国台湾香港	中国	東南アジア	南アジア	西アジア	オセアニア	その他	総計
1950-51	751	38	73	118	▲35	66	39	▲41	▲108	▲262	▲864
1952-53	▲1,071	▲49	135	250	▲39	▲100	▲148	▲160	▲290	▲493	▲1,966
1954-55	▲893	▲15	200	237	▲74	97	13	▲156	▲225	▲288	▲1,298
1956-57	▲1,545	▲49	662	366	▲36	▲159	▲15	▲380	▲612	▲474	▲2,243
1958-59	▲454	65	574	316	▲19	3	67	▲389	▲393	▲176	▲406
1960-61	▲1,501	▲49	363	515	▲32	▲22	135	▲629	▲585	▲355	▲2,161
1962-63	955	149	339	672	▲20	▲122	148	▲1,014	▲686	▲680	▲2,169
1964-65	▲327	319	698	778	15	32	272	▲1,486	▲606	▲851	▲1,155
1966-67	188	271	748	1,496	28	261	25	▲2,035	▲912	▲1,380	▲1,310
1968-69	1,527	379	841	2,841	258	586	159	▲2,676	▲1,429	▲1,615	554
1970-71	3,384	2,302	1,698	3,809	603	250	▲211	▲4,261	▲2,258	▲771	4,546
1972-73	3,356	4,261	2,115	3,937	180	▲740	▲356	▲5,296	▲3,881	228	3,803
1974-75	▲78	7,761	4,400	6,031	1,349	▲4,456	415	▲21,715	▲4,482	2,725	8,049
1976-77	10,336	15,348	5,959	7,871	609	▲5,632	14	▲22,398	▲5,852	4,335	10,589
1978-79	15,651	16,716	3,395	15,288	1,686	▲11,267	967	▲30,737	▲6,981	3,741	8,459
累積											
1950-73	959	7,624	8,446	15,336	827	▲43	▲190	▲18,523	▲11,986	▲7,119	▲4,668
1974-79	25,909	39,824	13,754	29,190	3,644	▲21,355	1,396	▲74,850	▲17,315	10,801	10,999

出典：大蔵省『日本貿易月表』，国連　US Comtrade
註：その他は便宜置籍船国リベリアがある西アフリカを除く．総計は沖縄を含まず．

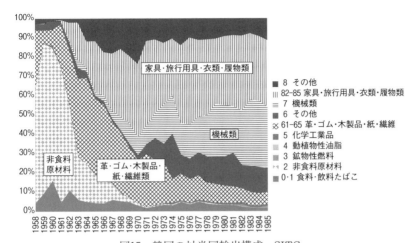

図15 韓国の対米国輸出構成　SITC
出典：韓国銀行調査部『対外貿易統計』各年版，および国連　Comtrade

　台湾と韓国の貿易は50年代末から急増するが，とりわけ日本からの輸入増大と米国への輸出伸張がめざましい．韓国の対米国輸出を図15でみれば，1958年にタングステンと生糸（原料品），食料品で85％を占めていたが，それらは劇的に工業製品に代替されていった．その内容は，図中に挙げるSITC61～65の革，ゴム，木製品，紙，繊維製品と82～85の家具，旅行用具，衣類，履物等であるが，量的には木製品，繊維製品，衣類がとりわけ圧倒的であった[85]．図15で，注目されるのは朴正熙政権が62年に5箇年計画をはじめるより前に，すでに韓国の対米輸出が急速に工業製品に変わりつつあることである．さらに，図15と図14を比較してみると，同時期にともに対米輸出を急増させた日本と韓国の輸出工業品の内容は大きく異なる．先述のように日本が家電，自動車，鉄鋼製品のような耐久消費財と重工業品であったのに対して，韓国は圧倒的に繊維・衣服等の労働

---

[85] 繊維，衣類については本書第5章参照．木製品の中心は合板であり，日本の商社が主導仲介し韓国企業に製造技術を移転して，製品を米国に輸出した．

集約的な軽工業品であった.これは台湾でもまったく同様である.このように,韓国と台湾は,まず日本から機械類・鉄鋼・化学金属製品という資本財・中間財を輸入して,自国の相対的な低賃金労働力を活用して加工工業を発展させ,労働集約的な軽工業品を米国に輸出する,いわゆるNICs的な国際経済構造をつくりだした[86].台湾と韓国の対日本輸入と,対米国輸出の趨勢には強い相関関係がみられる.この関係を端的に示すものとして,台湾と韓国の機械輸入額と日本の機械輸出額を示せば,表6のようである.50年代末から急増する両国の機械輸入において日本の比率は圧倒的であった.55年からの機械輸入累積額において,韓国では6割強,台湾では7割強が日本一国からの輸入であった[87].この日本による重化学工業品の対台湾・韓国輸出こそが,東アジア地域における工業化の新しい局面を切り開いた.韓国・台湾は,日本が構築しつつあった世界分業の構造に参入し,その東アジア資本主義の一角を構成することによって,まったく新しい発展方向をつかんだといえよう.韓国と台湾における繊維産業の勃興と対米輸出,それに関わる機械工業の具体的なあり方については,本書第5章と第6章で詳しく検討する.

　こうして,台湾と韓国は一挙に工業品輸出に転換した.その趨勢は図16のように,両国の全輸出中の工業品比率で鮮明に示される.日本輸出中の工業製品比率は明治初年から長い時間をかけて進展したのと比べて,韓国と台湾では1950年代末から急激に進んで,70年代末には90％にも達し,純粋な工業品輸出国に変貌した.ここで注目すべきは,後に太平洋トライアングルと捉えられる国際経済関係が成立する時期とその条件である.この用語は早くは涂照彦によって提起され,平川均によって概念化されたものである[88].ただそのトライアングル構造の成立時期について,平川は東

---

[86] 堀和生「戦後東アジア資本主義の再編成」(同,前掲『東アジア資本主義史論』第1巻所収),および本書第5・6章参照.
[87] 韓国の貿易統計に不整合があるのは,1962年以前の貿易統計が編纂されておらず,援助輸入が貿易統計で正確に把握されていなかったからである.

表6　韓国台湾の機械輸入と日本の対韓国・台湾機械輸出，その比率

単位：100万ドル・％

	機械輸入額		日本の機械輸出額		日本の比率	
	韓国	台湾	韓国	台湾	韓国	台湾
1950	8,108	16,631	3,212	11,047	42.4	71.1
1952	5,560	16,774	5,895	15,683	113.4	100.0
1954	33,146	32,066	17,260	15,564	55.7	51.9
1956	43,626	35,944	5,768	23,841	14.1	71.0
1958	39,334	48,040	7,102	27,376	19.3	61.0
1960	37,572	80,940	35,519	37,454	101.2	49.5
1962	48,868	66,585	48,785	45,361	106.8	72.9
1964	69,519	89,483	24,869	44,640	38.3	53.4
1966	171,720	182,740	152,090	110,614	94.8	64.8
1968	533,197	300,047	309,050	255,189	62.0	91.0
1970	589,527	534,098	310,251	355,592	56.3	71.2
1972	761,750	817,853	406,740	511,652	57.1	66.9

出典：図11と同じ．および国連　Comtrade

アジア NICs に対するアラブ石油マネーの流入を重視したために，1970年代を想定していた．しかしここで明らかにしたように，実際にはそれよりはるか前に遡り，主要国通貨の互換性が回復し世界貿易の障壁が取り除かれ，日本の資本・中間財の対台湾・韓国・香港輸出とそれらの国々の対米国輸出が始まる1958年時点であった．日本帝国の解体後に，それぞれ国民経済を構築した東アジアの国々は，経済成長の戦略をめぐって長い葛藤と試行錯誤をへた後に，新しい国際的条件に主体的に対応したことで，東アジアの戦後的な相互関係が成立したわけである．これが最初に「奇跡」とよばれた日本の高度成長を，ついでさらに「奇跡」とよばれた台湾・韓国の高度成長を引き起こしたのである．その国際関係の到達点として，米国経済と東アジア経済の結びつきを取り上げることはふさわしい．図17

88　涂照彦『東洋資本主義』講談社，1990年；平川均『NIES—世界システムと開発—』同文舘出版，1992年．

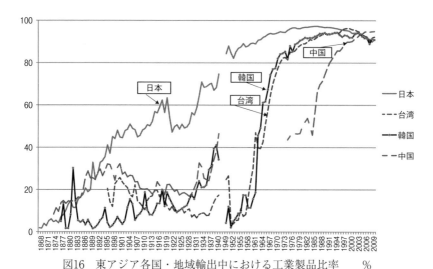

図16　東アジア各国・地域輸出中における工業製品比率　　％
出典：図5，図11と同じ，国連 Comtrade,China, Imperial Maritime Customs. *Returns of trade and trade Reports*. 1887-1911, China, Maritime Customs. *Returns of trade and trade Reports*. 1912-1931, China, Maritime Customs. *Trade of China*. 1932-1942.

は，米国輸入における地域別の趨勢である．1955年米国輸入中で，日本，香港，台湾，韓国の東アジア4国合計は，西ヨーロッパ工業国（後のEEC9ヶ国とする）の1/4にすぎなかった．ところが，日本および香港，台湾，韓国の輸出は，60年代に西欧よりも急速に増加して，76年についにそれを凌駕した．産業革命期から続いていた世界最大の貿易紐帯である環大西洋貿易を，東アジア・米国間の環太平洋貿易が越えた歴史的な現象である．注意すべきは，これが日本1国の対米国輸出ではなく，香港・台湾・韓国の対米国輸出をともなって実現したことである．そして，70年代末までの米国輸入では，インドと中国はネグリジブルな水準にとどまっていた．

　本章の課題は，東アジアの高度成長について国際分業の視点から検討することであった．最後に，かかる東アジア諸国の急激な世界的な位置変化をひきおこした要因であり，またその国際的条件に規定されて促進された各国内の経済構造の変化自体について，まとめておこう．本章第2節でみ

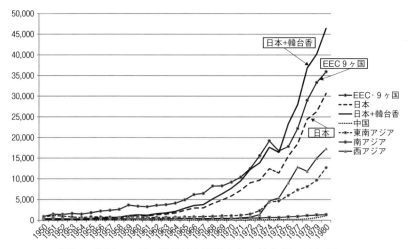

図17 米国のアジア諸地域と西欧からの輸入額 100万ドル
出典：U.S. Department of Commerce Bureau of Foreign and Domestic Commerce. *Statistical abstract of the United States*. Various issues.
注：EEC 9 カ国とは，1957年発足時の独仏伊・ベネルクス 3 国と，73年加盟の英，アイルランド，デンマーク．

たように，戦前日本帝国のもとで日本内地を中心に周辺東アジア地域には一定の資本主義の基盤が成立していた．それは，非欧米地域においては早熟的に生まれた資本主義ではあったが，その技術的産業的な未熟さのために，帝国内やアジア・アフリカ・南米等の後進地域としか取引関係を持てなかった．先進国とは工業製品を媒介とした分業関係を構築することができず，結局「大東亜共栄圏」のなかで自壊せざるを得なかった．戦後世界的規模での資源輸入と米国を中心とした先進国市場への工業製品輸出によって，東アジア各国は，国内における資本主義による経済領域を一挙に拡大させることになった．いわゆる高度成長の期間中に，日本・台湾・韓国においては，資本主義の爆発的発展によって，農業従業者数の減少と非農業従業者数の増加が並行して急激に進んだ．端的な指標として，各国有業者中における第一次産業従業者数と被雇用者数の比率を示せば，図18のようである．いずれの国においても高度成長期に一方で農民の離農が劇

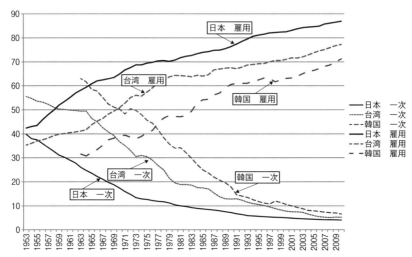

図18 日本・台湾・韓国の有業者中の第一次産業従業者と被雇用者比率 ％
出典：日本総務省統計局 HP　長期統計，韓国統計庁 HP　雇用労働統計長期統計，中華民国行政院主計総處 HP　統計年報．

的に進み，他方で賃労働者が急増した．後者の資本に雇用されている被雇用者の比率は，日本は1958年，台湾は1970年，韓国は1982年にそれぞれ半数を超えた[89]．つまり，ここで進行している事態は「社会全体の資本主義化」であり，とくに3国で顕著な特徴を強調すれば，「農業社会の解体をともなう資本主義の全面化」ということができる．このように，後に「東アジアの奇跡」と称される3国の高度成長期の社会経済現象は，工業製品の最終アブソーバー米国市場への輸出と世界規模での原料輸入とが結びついたことにより，東アジア3国において社会全体の資本主義化が世界史上で類例のない速さで急激に拡大していった過程であった．

小括すれば，1950年代後半から70年代までの高度成長期，日本にとっての韓国と台湾，韓国と台湾にとっての日本は，相互に重要かつ不可欠な

89　1990年前後から，日本，韓国，台湾の工業従業者数は停滞ないし減退に向かうが，それはちょうど中国において工業従業者数の劇的な増加が始まったことと重なっている．

50　第Ⅰ部　総論

経済関係にあった．日本にとって両国は最大のドル獲得地域であったのであり，後の 80 年代には労働集約的工業製品を提供する国になった．韓国，台湾にとって日本は一貫して資本財・中間財，技術や市場情報，インフラの供給国であった．高度成長期における日本と韓国・台湾の内部構造は相当に異なっており，それらを一つの特徴だけでまとめることはできない．むしろ，きわめて非対称でありながら緊密な関係をもつことこそが特徴だといえよう．この時期の 3 国の結びつきは，米国の MSA 体制の下にあるとはいえ，あくまでも実益にもとづく実際の経済関係であって，EEC や NAFTA のような条約や統合的機構を備えているわけではなかった．また，3 国相互のみでなく，同時に米国との輸出入と資源大国との大規模な輸入という世界的条件のうえでなりたっている．このことから，自立性や閉鎖性をもつ「東アジア経済圏」が成立しているとは評価し難い．このように，東アジアにおける経済関係は，戦前日本帝国の下において形成拡大されていた資本主義の諸要素が，戦後に先進地域米国の大量生産システムと大衆消費市場と結合したことによって，一挙に拡大したものであったといえよう[90]．つまり，戦前に世界的に見て一つの周辺地域，東アジアの一角で発生していた資本主義は，戦後に相互に多様な分業を形成しながら，先進地域である米国資本主義と融合していった．パクス・アメリカーナの時代といわれながらも，米国とこれほど緊密な貿易関係を築いた地域は他に存在しなかった．

おわりに

本書が対象としている 1930 年代から 1970 年代にかけての時代は，第二次大戦の終結を機に前後に二分される．その前半期は，世界的には帝国主

---

[90] 米国で生まれた新しい生産システムについては，橋本寿朗編『20 世紀資本主義 1 技術革新と生産システム』東京大学出版会，1995 年；工藤章編『20 世紀資本主義 II 覇権の変容と福祉国家』東京大学出版会，1995 年．

義時代の末期で，大恐慌によって金本位制を基礎とした列強の協調的な世界秩序が崩れていく時代であり，東アジアにおいては日本帝国の膨張の時代であった．その後半期は，まず国際連合によって侵略戦争が否定され帝国主義を批判するナショナリズムが格段に高まり，列強による政治的支配が終焉した．代わって IMF，GATT，世界銀行等の国際的機関による経済システムが構築され，実質的にはパクス・アメリカーナと呼ばれる米国主導の新しい世界秩序が形成されていった．東アジアにおいても日本帝国の解体と新旧憲法体制の根本的な転換，朝鮮の南北分断と朝鮮戦争，中国国共内戦と新中国の誕生と国民政府の台湾移転等，巨大な変革が相次いだ．このような世界と東アジアの政治状況を総合的にみれば，二つの時代は，旧帝国主義体制の崩壊と新生独立国家の建設のうねりによって二分され，東アジア史の断絶はとりわけ鮮明だと見える．

しかしながら，東アジア地域は戦前と戦後を通じて共通する特徴をもっていた．それは戦前 1920・30 年代においても，戦後 1950 年代後半以降においても，東アジア地域は世界のなかで最も経済発展がめざましい地域であったことである．工業の発展と工業製品輸出の趨勢において，いずれも世界的に特異な様相を示した．本章は，2 つの時代にまたがる経済変化を資本主義の発生・発展と捉えることによって，資本主義的分業がこの地域の国境を越えて拡大する過程であったことを明らかにした．

戦前，日本帝国の膨張と世界市場への進出は，古い英国が主導していた世界経済秩序を解体させる原動力であった．しかし，日本帝国の膨張は米国の容れるところではなく，日本がかかえた矛盾は，日中戦争と対米英戦争によって行き詰まることは必然であった．「大東亜共栄圏」は問題解決にはならずに結局崩壊した．この時代，日本を中心とした東アジアの資本主義は，先進資本主義国である米国に一方的に依存する中進資本主義にとどまっていた．ただし，その過程において日本帝国の主要地域の経済は決定的に破綻することなく，資本主義に適応した経済メカニズムに再編成されていったことが重要である．

戦後，日本は戦時中に建設した重化学工業の技術設備と資本の蓄積，従業員の技術熟練等を基盤にして，韓国と台湾は新興の軽工業と低賃金労働力を基盤にして，ともに新たに開かれた米国市場へ工業製品を大々的に輸出した．1950年代後半以降，東アジア地域の資本主義は先進米国の資本主義と直接に垂直的水平的な結合による国際分業構造を持つにいたった．すなわち，東アジアの工業製品の輸出とは，戦前戦後にまたがる半世紀にわたって，日本，韓国，台湾において形成された資本主義，その核である工業生産力が，米国における大量生産と大衆消費市場の拡大と結びついたものであった．それは，東アジア経済が石炭・繊維産業を中心とした19世紀英国的な工業の段階から，石油・機械産業を中心とした20世紀米国的な工業の段階に上昇転化したことを意味している．要するに，1970年代までの日本を中心とした東アジア地域の経済発展は，20世紀に米国市場の量的膨張と米国経済の質的成長に対応して，域内の各国が主体的に対応再編成したことにより可能になった．戦前と異なって，米国側と東アジア側の双方の条件が合致したことによって実現したということができる．この米国経済の新しい趨勢に対応できたのは，世界の中で西ヨーロッパの一部と東アジアの一部のみであった．さらに，東アジア諸国側は内的に蓄積していた歴史的条件のために，その成長速度は西ヨーロッパより速かった．このような全過程が，東アジアにおける資本主義の形成と発展であり，また本書の表題にある東アジア高度成長の歴史的起源であるということができる．

　本書で扱ったのは，戦前の両大戦間期からパクス・アメリカーナとよばれた1970年代までである．しかし，まさしく中国が世界経済の中心になりつつある今日からみると，欧米から「奇跡」と呼ばれた日本，韓国，台湾の高度成長さえも，その後に起こったより大規模なアジア地域の経済変動の前史，一つの先駆けであったと見ることもできる．それらの問題は，本書の守備範囲を超えるものではあるが，本章の冒頭に掲げた課題と深く関わるので，筆者の見解を述べておこう．

19世紀ドイツにおいて経済史研究が学問として成立した時から，その発展段階論は国民経済の枠組みの中で設定されていた．それぞれの社会は原始的な状態から順次発達してより高い状態に進んでいくのであり，先に進んだものを先進国と見なし，遅れているものを後進国と呼んだ．マルクスはその発展の要因を生産力だと明確に規定したが，一国的な認識方法であることは変わらなかった．1960年代・70年代に登場した従属理論と世界システム論は，世界を中枢と周辺，中心と辺境という対極的な構造として把握することで，国民経済的な発展段階論の枠組みを正面から批判打破したように，一時は受け取られた．しかし，周知のように，従属理論と世界システム論やその後継理論は，資本主義の質的な発展や移行についていまだ十分な理論的枠組みを提出できていないうえに，非欧米の周辺地域とりわけアジアの経済発展については，ほとんど説明能力をもっていなかった．

東アジア地域の世界史的な特徴は，人口の最も稠密なこの地域が，西欧の産業革命の開始から100年遅れ，19世紀後半になって欧米の主導する世界経済に包摂されていったことにあった．東アジア地域において資本主義は時間をかけて次第に発展していった．その第1ステージが，戦前期日本から帝国内周辺部に資本主義が広がっていく過程であり，第2のステージが，1950年代後半から1970年代まで米国経済システムと結びついた日本の重化学工業への発展と韓国，台湾の輸出志向工業への転換であった．しかし，1990年代2000年代から，世界はさらに新しいステージが始まったように思われる．いわゆるグローバル経済の拡大ということで，資本主義は欧米先進国のみでなく，非欧米地域全般において活動領域を拡大し始めた．とりわけその工業部門は日本，韓国，台湾にとどまることなく，むしろその中心が13億の人口をもつ中国に移動していった．中国の工業的な台頭は，パクス・アメリカーナの政治的な枠組みや，アメリカ的な経済システムとは異質な要素が多いので，これは世界史的な次元で新しい発展段階に入った可能性が高い．東アジアにおける資本主義は，1970年代ま

での日本・韓国・台湾が米国経済と深く結びついた性格から変化して，西欧・米国・日本と結ぶのみならず，自ら巨大な消費市場をつくりつつ膨張していく，中国を中心とした資本主義に再編成されつつあるといえるのではなかろうか．この展望の可否は，今後の実証研究の課題としたい．

第Ⅱ部
戦後の地域再編成と米国

第 1 章

アメリカの戦後構想と東アジア

林　采成

はじめに

　本稿の目的は戦後東アジアで展開されたアメリカの経済政策を検討し，それがこの地域の経済開発にとって如何なる意味をもつものであったのかを明らかにすることである．

　東アジアの経済発展というのは日本をはじめその基礎が朝鮮戦争の中で整えられ，冷戦体制の下で実現された．日本経済は朝鮮戦争の勃発に伴う特需に刺激され，景気拡張のきっかけをつかみ，高度成長時代を迎えた．また，共産党との内戦で惨敗して台湾への撤退を余儀なくされた中国国民党側も朝鮮戦争をきっかけとして大々的な援助を受けて経済成長への道のりを踏み始めた．もちろん，韓国はアメリカからの莫大な経済援助を受けて戦災からの経済復興を成し遂げ，のちに経済開発時代に入った．

　このような現象を説明するのには「経済成長論」や「開発経済論」からの考察も可能であるが，経済史的観点から長期的スパンでアメリカの対外経済政策を検討することも有意義である．なぜならば，アメリカは東アジアに対して援助政策を展開し，それを機軸として原材料および技術の提供はもとより，諸国の経済運営にも関与し，制度設計を行い，さらには諸国間の経済関係の再編をも図ったからである．外部要因のみによって東アジ

アの経済成長が説明できるとは見ていないが，アメリカの対外経済政策が東アジアの経済成長にとって必須条件であったことは確かである．

これに関し，国際政治学では様々な分析が行われてきた[1]が，今までの経済史的研究はこの側面にそれほど注目しなかった．そのなかで，小林英夫（1983）は「日米と深く連繋した東アジアの親米諸国が『自立経済』達成をめざし帝国主義世界体制にビルト・インされる形で作りだした政治的，経済的連鎖＝国際的規模での一個の政治的作品としての反革命体制」を「東アジア経済圏」として捉えて，この起点が「東アジアの親米諸国が，アメリカの指導下で，いっせいに外資導入を軸に『自立経済』体制構築にふみきった一九六〇年代初頭」にあると見た[2]．また，渡辺昭夫（1987）は戦前の「三角貿易」（東南アジア諸国は対米出超→アメリカは対欧州及日本出超→欧米及日本は対東南アジア出超）が，日本の余剰工業能力の東南アジアの資源の結合による「偉大な半月弧」へと変わり，アメリカ流の封じ込め戦略の一環をなしたと指摘した[3]．西川博史（1995）は日本帝国の崩壊に伴って旧植民地や中国との貿易の重要度は大きく低下し，それにとって代わって東南アジア・南アジア・アフリカが輸出市場として急速な伸長を示したと言及した[4]．

これに対し，戦前と戦後の経済関係を連続的に捉えようとしたのが，復興期の日本貿易を分析した金子文夫（2002）であった[5]．氏は東アジアの地位は戦前に比べて低下したものの，東南アジアにとって代わられたわけで

---

1 樋渡由美『戦後政治と日米関係』東京大学出版会，1990年；今川瑛一『アメリカ大統領のアジア政策：反共の苦き勝利』アジア経済研究所，1991年；李鐘元『東アジア冷戦と韓米日関係』東京大学出版会，1996年；花井等・浅川公紀『戦後アメリカ外交の軌跡』勁草書房，1997年；大江志乃夫・浅田喬二・三谷太一郎編『アジアの冷戦と脱植民地化』岩波書店，2005年．
2 小林英夫『戦後日本の資本主義と「東アジア経済圏」』御茶の水書房，1983年．
3 渡辺昭夫「戦後初期の日米関係と東南アジア：戦前型『三角貿易』から戦後型『半月弧』へ」細谷千博・有賀貞『国際環境の変容と日米関係』東京大学出版会，1987年．
4 西川博史「東アジア経済圏と日本の貿易」『日本経済と東アジア：戦時と戦後の経済史』ミネルヴァ書房，1995年．

なく，各国（地域）とは「潜在的な関係拡大の可能性を秘めながら，一時的な制約要因が作用し」，とくに韓国と台湾は地政学的に日本への貿易依存度を高めざるを得なかったと指摘した．さらに，堀和生（2009）は東アジア資本主義の展開を一国単位で考えず，国際関係の中で検討することを提案し，「東アジア資本主義の成立・発展は日本帝国の侵略・膨張と深く結びついて」行われ，戦後にはアメリカ市場に参入することで「独立した国民経済の強固で非対称的な国際関係として成立した」と見た．特に，「世界経済の新しい条件として米国市場が開かれたことに対して韓国と台湾が再び日本と特殊な関係を構築することによって，積極的に対応した」と指摘した[6]．

これらの研究によって，戦前から戦後にかけての貿易構造などの変容が明らかにされたものの，東アジア諸国の経済関係が再編されるプロセスが分析されたとは言い難く，何よりも経済再編を促す国際的な契機が説明されなかった．そのほか，日本側によって東アジア地域に対して実施された戦時賠償に関する経済史分析は多く見られる[7]．とはいえ，アメリカが中ソの平和攻勢に対抗できる東アジアの経済成長を促したことから見れば，それがもつ歴史的経緯がそれほど明確にされていない．

アメリカの東アジア経済政策は先進工業国を中核に配置し，その周辺に後背地，経済的には原料供給地と商品市場，軍事的には対ソ封鎖の前哨地を同時に確保し，地域秩序の再構築を図ってゆく．ただし，ヨーロッパで先進工業国間の水平的統合が追求されたとすれば，東アジアでは先進工業国と低開発国間の垂直的統合が構想された．しかし，この構想は戦前以来の東アジアが持つ歴史性（帝国主義的秩序）とは矛盾せざるを得ず，さら

---

5 金子文夫「対アジア経済関係」原朗編『復興期の日本経済』日本経済評論社，2002年．
6 堀和生『東アジア資本主義史論：形成・構造・展開』ミネルヴァ書房，2009年．
7 笠井信幸「賠償と貿易促進：フィリピンの事例」中岡三益編『戦後日本の対アジア経済政策史』アジア経済研究所，1981年；原朗「賠償・終戦処理」大蔵省財政史室編『昭和財政史―終戦から講和まで 第1巻 総説／賠償・終戦処理』東洋経済新報社，1984年；永野慎一郎・近藤正臣編『日本の戦後賠償：アジア経済協力の出発』勁草書房，1999年．

に新生独立国となった旧植民地地域がそのまま同意するわけには行かない．そのため，複雑な経緯のなかでアメリカの対外政策が展開されざるを得なかった．

本稿の構成は次のようである．第1節では，戦後東アジア構想が成立したものの，中国内戦によってそれが実現されず，日本を中心として新しい政策が立案されたことを検討した後，第2節では，朝鮮戦争がアメリカの東アジア政策に如何なる影響を及ぼしたのかを分析し，個別のローカル経済へのアメリカの介入を考えてみる．第3節では，共産圏の「平和攻勢」が浮上するにつれて，アメリカがとった対外政策の変化とその実態がローカル経済にどのような形であらわれたのかを考察する．

第1節　戦後東アジア構想と中国内戦

（1）　戦後構想の成立と「強い中国」の実態

第二次世界大戦中，米大統領ルーズヴェルト（Franklin Delano Roosevelt）は東アジアにおける自国の利害関係を守るため，中国に対する戦時中からの経済・軍事援助を引続き行い，「強い中国」を構築し，中国との同盟関係を強化しようとした．この政策はトルーマン大統領（Harry S. Truman）においても継承され，直接中国内政に介入するよりは，短期的に国民党を機軸として国内紛争を解決して安定政権を実現させ，それと同時に援助提供を続け，「強力で，統一された，民主的中国」を建設させることを長期的目標とした[8]．そして共産党を排除せず，これも取り込んで民主主義を実現することを狙っていた．そのため，毛沢東は1945年8月に重慶に赴

8　秦郁彦著，大蔵省財政史室編『昭和財政史：終戦から講和まで　第3巻　アメリカの対日占領政策』東洋経済新報社，1976年；竹前栄治『占領戦後史：対日管理政策の全容』双柿舎，1980年，p. 25-32.

き，蒋介石と1ヵ月以上にわたって交渉を続け，「双十協定」(1945年10月10日) を締結し，1946年1月には国共停戦協定が成立した．このような国共合作の模索は南北分断下の朝鮮半島でも，統一政府の樹立を進めることと軌を一にした．モスクワ外相会談 (1945年12月) において，朝鮮臨時政府を設置し，この政府と米ソ共同委員会との間に具体的な信託統治案を設けることが決定された．

さらに，経済面でも，中国は数億の人口と広大な国土を持ち，アメリカにとって魅力的な資本投下と商品販売の市場と認識された．そのため，米政府は中国人排除法 (Chinese Exclusion Act) を1943年12月に撤廃し，自由貿易体制への参加を求めた．1945年7月から46年12月までに12億400万ドルが中国側に提供され，同期間中，ヨーロッパのイギリス (15億1000万ドル)，フランス (12億9900万ドル) を除いて世界でも最も多くの援助が送られた．その代わりに，日本に対してはその軍事力を徹底的に破壊するとともに，各種工業施設を東アジア諸国に現物賠償として与え，軽工業のみを保有する農業国へと再編しようとした．

というものの，国民党政府は1946年3月に政治協商会議での決議を破棄し，6月には共産党側の解放区に進撃したため，翌月から全面的な内戦が発生した．国民党軍はアメリカの支援を受けて圧倒的な優勢を示し，1947年3月に共産党の根拠地たる延安を占領し，その翌年には蒋介石が総統に就任した．これに対して共産党側は土地改革を実施して中国人口の多数たる農民より支持を獲得するとともに，旧満州国たる中国東北部を根拠地として1947年半ばより本格的に反攻を展開した[9]．このような事態の展開は中国大国化政策を基本内容とするアメリカ戦後構想が内戦勃発によって一応失敗したことを意味する．

そのなかで，国民党政府は戦費調達をはじめ支出増加によって生じた政

9　宓汝成著，依田憙家訳『帝国主義と中国鉄道』龍渓書舎，1987年，p. 310；中国鉄路史編輯研究中心『中国鉄路大事記 (1876-1995)』1996年，p. 153.

府赤字を通貨濫発で補ったため，インフレが急速に進行し，また為替レートも急上昇すると，一般民衆の国民党支持も弱くなりつつあった．もはや国民党政府への信頼は回復せず，米政府は国務省政策企画本部（Policy Planning Staff）を中心として中国人自らによる国内問題の解決を期待するのみであるとして，中国への軍事的コミットメントを控えるとともに，援助面でも内戦が終息しない限り，本格的な援助の提供を避けることとした[10]．そのなかで，対中援助は1947年に2億1300万ドルへと急減し，1948年には2億2500万ドルに過ぎなくなり，対日援助より少なかった[11]．朝鮮半島で戦争が発生しても軍事的介入を行わないことが，1947年7-8月のNSC7を通じて確認された．冷戦はすでに始まったものの，マーシャル・プランで見られるように，アメリカにとって冷たい戦いの中心はヨーロッパであった．

　しかし，中国が危機に陥ると，米議会からは対中援助論が強く出され，1948年に中国援助法が制定されて，4億ドルの対中国援助（経済援助2億7500万ドル，軍事援助1億2500万ドル）が実施されることとなった[12]．それを米大統領の直属機関たる経済協力局（Economic Cooperation Administration, 1948年4月）が担当した．中国側でも行政院内に「美援運用委員会」（Council on U.S. Aid→　以下「美援会」）が設置された．

　それに連動して，朝鮮半島に対するアメリカの政策も韓国をソ連の対日圧迫を緩和するバッファとして位置づけ，反共産主義の分断国家の樹立を進めるものへと変わった．駐韓米軍の撤退を前提に北朝鮮などの侵略に対

10　大石恵「戦後中国の経済復興政策とアメリカの援助　上」『高崎経済大学論集』50-3・4，2008年，p. 135-149；同「同下」『高崎経済大学論集』51-1，2008年，p. 61-69.
11　日本側が受けた援助は1945年7月-46年12月3億1,000万ドル，1947年5億2,500万ドル，1948年4億800万ドルであった．
12　実際に援助の実行は計画より遅れ，実際に引き渡されたのは約1億3,920万ドルであって，そのうち到着分はその1億1,984万ドルにすぎなかった．United States. Dept. of State, *United States relations with China : with special reference to the period 1944-1949*, Far Eastern series, 30, Department of State publication, 3573, U.S.G.P.O., 1949.

抗できる韓国独自の軍事力を整備するという方針が,1948年4月に「韓国に対するアメリカの立場」(The Position of the United States with Respect to Korea, NSC8) として出されていた[13].それによって,韓国のみの単独総選挙(1948年5月)が実施され,韓国政府が1948月8月に樹立された.

中国でも1948年に入ると,人民解放軍は各戦場で勝利を重ね,4月には延安を奪回した.さらに9月から12月にかけての遼瀋・淮海・平津の三大戦役に勝利し,東北および華北地方を占領し,49年1月末には北京に入城した.このような国民党の敗退は統治地域の縮小をもたらし,経済ポジションの深刻な悪化を伴った[14].その後,1949年4月に至って北京で和平会談が開かれたが,国民党が共産党の要求を拒否したため,人民解放軍は総攻撃を開始し,華南に向って進撃し続けた.1949年10月1日に中華人民共和国が成立すると国民党は中国大陸での根拠地を失い,台湾撤退を余儀なくされた.

中国共産党による中国大陸の制覇が周辺に及ぼした影響を,アメリカ側はどのように認識したのだろうか.中国内戦の終着は一般的に各国において左右対立を明確にし,中道路線を表明する政党および労働組合の立場を弱めると見た.とくに,実際に左翼側による武装闘争が展開されている朝鮮半島やインドシナにおいて最も大きな影響があると予測された[15].その心理的ショックはあまりにも大きく,実際の共産主義の攻勢が強くなる中,駐韓米軍の撤退は韓国指導者達にとって敗北主義とプライドの喪失を来し

---

13 NSC 8 "The Position of the United States With Respect to Korea," April 2, 1948. President's Secretary's Files, Truman Papers.
14 "Economic Developments in China, 1948," Preliminary Version, OIR Report No. 4835 (PV), December 14, 1948, Department of State, Division of Research for Far East, Distributed by Office of Intelligence Research, Unclassified.
15 "The Effect of a Communist-Dominated China on Other Areas of the Far East," OIR Report No. 4867, January 24, 1949, Department of State, Division of Research for Far East, Office of Intelligence Research, Confidential.

た．一方，インドシナでは1946年12月以来，共産主義に基づく新生ベトナム民主共和国が旧植民地本国たるフランスを相手にして武装闘争を展開しているため，中国内戦の終息は大きな反響を及ぼした．ベトナム側は実際の軍事援助をソ連はもとより，中国からも受けるようになった．というものの，アメリカは西ヨーロッパの主張を受け入れて，アメリカの旧植民地たるフィリピンを除いてインドシナを含む東南アジアに対しては直接介入しない方針を示した[16]．

（2）「強い日本」政策と東アジアへの消極的介入

以上のように，中国の革命が東アジアの政治情勢に大きな影響を及ぼす中，アメリカは直接的な軍事介入を避け，該当地域の国家が自らの軍事力をもって共産主義の拡散を防ぎ，さらにそれを支えられる経済力を持つことを望んでいた．東アジアの経済状況を概観してみると，東アジアは戦前より落ちている生活水準の下に置かれ，人口増加を支えるため，外部からの資金援助を必要とし，経済自立とは程遠い状況であった[17]．日本を除いて殆んどの国家が農業国であり，工業生産は一部に限定されていた．しかもそれらの施設は国内需要を充たすより輸出を目標とする鉱山および関連産業であって，国内消費財を生産する産業は小規模に過ぎなかった．農業生産といっても作物の多様性を欠いており，タイ，インドシナ，ビルマでは米作が70％以上を占めた．資本形成も遅れており，農業を含めて全般的に労働生産性が低かった[18]．

戦前の域内貿易（intra-regional trade）は金額を基準として全体の48％を占めた．そのうち日本帝国が貿易の中心軸であったため，これを除くと，

---

16 "Economic Colonization in Southeast Asia," Preliminary Version, OIR Report No. 5036（PV），August 26, 1949, Department of State, Division of Research for Far East, Office of Intelligence Research, Secret.

17 "Postwar Regional Economic Problems of the Far East", Preliminary Version, OIR Report No. 5028（PV），August 25, 1949, Department of State, Division of Research for Far East, Distributed by Office of Intelligence Research, Confidential.

表1　東アジア諸国の貿易収支(単位：百万米ドル)

	1948年	1937年
ビルマ	−64	+100
セイロン	+4	+36
中国	−53	−32
香港	−126	−25
日本	−424	−167
韓国	−171	−53
インド	−123	+45
インドシナ	−94	+31
インドネシア	−43	+271
マラヤ連合国とシンガポール	−29	+123
パキスタン	+39	−
フィリピン	−204	+43
タイ	+30	+24
合計	−1,258	+396

資料："Postwar Regional Economic Problems of the Far East", Preliminary Version, OIR Report No. 5028 (PV), August 25, 1949, Department of State, Division of Research for Far East, Distributed by Office of Intelligence Research, Confidential

註：貿易収支は非貿易収支の赤字を含まないため，個別国家の支払難を全部表すわけではない．UNRRAとECA援助を含まない．

20％に過ぎなかった．輸出品は食糧と原材料であって，原材料は日本と欧米の工業国に輸出された．しかし，戦後にはその比率が26％へと急減した．その理由としては戦時中の被害，戦後経済混乱や政治不安が生産減

18　1935-38年において労働人口1人当りの資本ストックを見れば，東アジアは中国180，インド580，日本1350，他の東アジア380であったのに対し，イギリス5000，アメリカ4240であった．"Postwar Regional Economic Problems of the Far East", Preliminary Version, OIR Report No. 5028 (PV), August 25, 1949, Department of State, Division of Research for Far East, Distributed by Office of Intelligence Research, Confidential. 原資料はJohn Clark, The Condition of Economic Progress, London, Macmillan and Co., 1940, p. 7.

表2 中国および満州の対日貿易（単位：百万米ドル，％）

		輸出			輸入		
		全体	対日	対日比率	全体	対日	対日比率
1936	中国	262.8	36.5	13.9	363.7	62.9	17.3
	満州	174.8	68.9	39.4	200.6	147.1	73.3
	台湾	112.5	101.3	90.0	84.9	68.1	80.2
1947	中国	217.3	4.9	2.3	600.0	6.2	1.0
	香港	304.2	3.8	1.2	387.5	9.2	2.4

資料："The Effect of a Communist-Dominated China on Other Areas of the Far East," OIR Report No. 4867, January 24, 1949, Department of State, Division of Research for Far East, Office of Intelligence Research

註：（1）当年為替レート基準．
　　（2）1936年の中国は香港を含む．
　　（3）再輸出と再輸入は可能な限り削除．
　　（4）1947年の中国は満州と台湾を含む．また，UNRRA輸入をも含む．

退の原因となったこと，なおかつ人口が急激に増加して国内需要が増えたことが取りあげられる．人口は10年間に10％も増加したのに対し，生産量は1934-38年を基準として4％も減少した．特に，インド，セイロン，マラヤは食糧不足地域であり，タイ，ビルマ，インドシナも輸出量が低下し，獲得できる外貨は減ってしまった．その結果，表1のように戦前には毎年3-4億ドルの黒字を記録したが，1948年に戦後復興がいちおう捗ったにもかかわらず，地域全体が12億ドルの貿易赤字とならざるをえなかった．

　そのなかで最も深刻な国が日本であった．日本の食糧不足は最大の移入地域であった朝鮮と台湾を喪失したからである．韓国は戦前の水準を回復したものの，人口流入が増え，同じく食糧不足に悩まされており，台湾も国民党政府の移転に伴い，人口増加による食糧需給の圧迫があった．そのため，日本はアメリカなどから小麦と小麦粉を輸入したが，それが1947

表3　日本貿易における中国の特定品目別相対的重要性（単位：％）

	1936	1940	1943	1947
日本の対中輸入品の比率				
大豆	76	79	56	0
他の豆類	75	86	100	31
他の採油種子	48	48	58	0
米	35	26	22	0
砂糖	77	100	100	0
塩	51	65	100	25
石炭	54	46	64	0
鉄鉱石	31	24	89	0
銑鉄	25	60	73	0
皮革	40	39	44	0
日本の対中輸出品の比率				
機械類	56	63	53	33
金属	32	62	40	26
食料	38	31	57	0
レーヨン製品	13	25	37	0
ウール製品	31	39	50	36
綿織物	19	14	59	0

資料："Japan and a Communist China : Compulsion to Trade", OIR Report No. 4920, April 15, 1949, Department of State, Division of Research for Far East, Office of Intelligence Research, Confidential

年に231万ドルに達し，全輸入量の45％を占めた．そのため，老朽化した資本設備と輸送施設を代替するのに外貨不足に悩まされた．帝国の崩壊によって日本側が直面した経済難は食糧に限定されなかった．

表2で見られるように，戦前日本と中国（台湾・満州含み）の貿易は両地域にとってきわめて重要なシェアを占めていた．特に，太平洋戦争が勃発したあと，貿易量が全体的に低下する中，日本の植民地であった台湾と傀儡国であった満州だけでなく，占領地であった中国大陸部も日本にとっ

て非常に重要な地域になった．表3の輸入品目を見ても，日本経済の再生産にとって決定的であった．さらに日本製造品の輸出先としてもこれらの地域はとても重要であった．しかし，戦後になると輸出入の金額と比率が低下し，日中両国とも微々たる水準に過ぎなくなった．そのなかでも中国との貿易が維持されたのは香港経由のものが相当あったからである．帝国圏の喪失は日本側にとって外貨を必要としない食糧と原材料の調達先を失うとともに，製造業の生産物の輸出市場を喪失したことを意味する．

にもかかわらず，アメリカ側は中国の共産化が日本の経済回復にとってそれほど悲観的であるとは認識しなかったことに注意しておきたい[19]．中国内戦の終息は中国の資源と貿易を開放することによって東アジアの利得をもたらし，日本と中国がそれぞれの目的を達成するため，相互の経済を利用できると見た．もし中国の原材料が日本に提供されれば日本経済の回復は早まり，その経済自立はもとより，東アジア諸国の復興と開発に寄与でき，これがかえって東アジア人民に対する共産主義のアピールを弱めることになるかもしれないと認識した．日本経済復興においてネックとなっている石炭，とりわけ鉄鋼生産用の粘結炭を中国から低廉な価格で輸入する[20]ことをはじめ，日中両国間に貿易再開の可能性が高く，それが実現できれば，日本の対外支払いポジションを改善し，アメリカへの依存性は低下すると判断した[21]．こうして，アメリカは東アジア諸国が経済復興を成し遂げ，アメリカからの援助を最小化しながら，自力で経済を拡張し続けることを期待した．また，アチソン・ラインで日本とフィリピンのみが太

---

19 "Japan and a Communist China: Compulsion to Trade," OIR Report No. 4920, April 15, 1949, Department of State, Division of Research for Far East, Office of Intelligence Research, Confidential.

20 1949年に石炭1トンを輸入する場合，米国およびカナダからは 24-28ドルがかかるが，中国華北からは14ドルで可能であった．"Availability of Chinese Coal for Export to Japan in 1950," OIR Report No.5074, November 10, 1949, Department of State, Division of Research for Far East, Office of Intelligence Research, Restricted.

21 中国共産党側でも日本を含む資本主義国家との貿易を構想していた．青山瑠妙「建国前夜の米中関係」『国際政治』118, 1998年5月, p. 38.

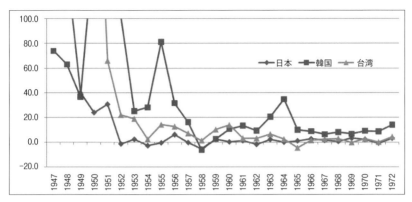

図1　日本,韓国,台湾の卸売物価上昇率(単位:%)
資料:日本統計協会編『日本長期統計総覧』1987年;韓国銀行調査部『物価総覧』各年度版;溝口敏行編著『アジア長期経済統計Ⅰ　台湾』東洋新報社,2008年;袁穎生『光復前後的台湾経済』聯経,1998年,p. 191.
注:本図に表示できない物価上昇率をみれば,日本は47年221.4%,48年143.3%,韓国は50年160.3%,51年213.3%,52年101.7%,台湾は47年381.5%,48年732.2%,49年3405.7%,50年305.5%である.

平洋地域におけるアメリカの軍事的介入の対象となったことからわかるように,アメリカは軍事面で極めて消極的な態度を採った[22].

アメリカの対日占領政策の転換が中国大国化政策の破綻と連動して模索されたことは言うまでもない.1948年1月に陸軍長官ロイヤルが日本を反共の防壁として経済復興を推進することを発表して以来,米陸軍省の第二次ストライク報告と国務省のジョンストン報告が出され,現物賠償計画は大幅に縮小され,同時に集中排除政策の緩和や均衡財政の確立,そして日本経済の復興が勧告された.ついに,1948年10月になると国家安全保障会議は「日本に対するアメリカ政策に関する勧告」(NSC13/2)を決定し,「次期におけるアメリカの対日政策の主要目的」として経済復興を想定して非軍事化・民主化からの政策転換を明らかにした.国家安全保障会

22　Dean G. Achesonは1950年1月に全米国新聞記事協会で「アジアにおける危機」という演説を行い,太平洋地域における米国の防衛線がアリューシャン列島―日本―沖縄―フィリピンであると発言した.

議はそれを実現する措置として経済安定9原則を1948年12月に中間指令して財政緊縮と為替レートの単一化による一挙安定を図り,その実行者としてジョセフ・ドッジが来日した.1949年には超緊縮予算が作成され,価格差補給金の禁止,復興金融金庫の貸出停止,見返り資金特別会計の設置も断行されており,1ドル＝360円の単一為替レートが実現された.

さらに国務省の判断からすれば,韓国は駐韓米軍の撤退に伴って北朝鮮からの侵攻と内部の革命によって転覆される恐れがあったため,それに対応できる軍事力を保有しなければならなかった[23].その反面,北朝鮮は政治経済に対する国家統制力を確保し,ソ連からの支援を得て生産を増やし,インフレに対して効果的に対応していた[24].そのため,韓国にも西ヨーロッパの経済復興を担当するECA援助を適用し,石炭,肥料,電力,漁業の生産量を増やして貿易赤字を縮小する措置が採られ,ECA韓国支部が49年1月に駐韓米使節団のもとで設置された.これに合わせて,韓国政府は企画処と経済委員会を中心に産業経済五ヵ年計画を作成し,1949年4月に承認を得た.

韓国でも,ECA援助を本格的に実施する前提条件としてドッジ・ラインのようにインフレの抑制が要求された.韓米相互防衛援助条約の締結に伴い,韓米合同経済安定委員会(Korean Government-American Mission Economic Stabilization Committee)が1950年1月に韓国政府,ECA,KMAGの三者間で設置されると経済安定15原則(1950年3月)が実施された[25].

---

[23] Office of Intelligence Research, DRF, DS, The New Government in South Korea: Its Form and Changes for Survival, Aug 17, 1948 OIR File No.4734, RG 59, OSS and State Department Numbered Intelligence Reports, 1941–1961, NARA.

[24] "North Korea: Estimate of the Political and Economic Conditions (Unedited)", OIR Report No.5193, April 24, 1950, Department of State, Division of Research for Far East, Office of Intelligence Research, Secret.

[25] ECA & DS, *Eighth Report to Congress of ECA for the Period January 1–March 31, 1950*, Jun.23, 1950, RG 469, Division of Korea Program, Subject Files, 1948–51, Box No.41, NARA ; Korean Government-American Mission Economic Stabilization Committee, *Minutes of Fiftieth Meeting*, Jun 8, 1950, *ibid.*, Box No.18.

その後，生産が増える一方，物価下落がみられると，1950年5月に韓米経済安定委員会は見返り資金の使用を承認した．しかし，対韓ECA援助は台湾援助のため，アメリカ議会で当初の2億ドルから1億2000ドルへと削減され，実施されることになった．しかし，台湾に対しては『中国白書』のなかで腐敗と堕落で自壊したと批判しただけに，トルーマン大統領は1950年1月に台湾海峡不介入宣言を行い，「1950年春には中国共産党の侵攻が間近であると敗北主義の波が島を押し流した」[26]．

第2節　朝鮮戦争と東アジアへの介入拡大

（1）軍事的介入の拡大と日本経済

そうした中，1950年6月25日に朝鮮戦争が勃発すると，韓国は朝鮮半島東南端の洛東江防衛線にまで追い込まれ，存亡の危機に立たされた．アメリカはドミノ理論の観点から日本の安全保障のため，軍事的介入を開始し，マッカーサーを総司令官とする国連軍司令部を設置した．日本占領に任じていた米第8軍司令部が韓国に移動し，洛東江防衛戦闘に当った[27]．米軍第10軍団が仁川上陸作戦を敢行し，第8軍との両面作戦によって占領地域を奪還すると，北進統一の方針はもはや韓国政府だけでなくアメリカ政府の基本方針（NSC81/1）として確立された[28]．しかし，中国側が参戦を決定し，朝鮮戦争は新しい戦争（new war）となり，一進一退を繰り返し，1953年7月には休戦条約の締結に至り，その条件として韓国の強

26　"The Current Situation in Taiwan," OIR Report No.5529.51, May 4, 1951, Department of State, Division of Research for Far East, Office of Intelligence Research, Secret.
27　林采成『戦時経済と鉄道運営：「植民地」朝鮮から「分断」韓国への歴史的経路を探る』東京大学出版会，2005年，p. 263-267，279-282．
28　"A Report to the President by the National Security Council on United States Courses of Action with respect to Korea," (NSC 81/1) September 9, 1950.

い要請がアメリカ側に受け入れられ，1953年10月に韓米相互防衛条約が締結された．

日本では駐日兵站司令部（Japan Logistical Command）が横浜に設置され，極東軍の再編が行われると，戦地たる朝鮮半島と兵站基地たる日本列島という両地域間の戦争協力体制が整えられた[29]．また，アメリカは日本の再武装政策を図り，「M・DAY」計画に基づいて警察予備隊の創設と海上保安隊の補充を決定した．平和憲法体制のもとで国軍が許されなかったものの，戦争勃発の直後たる1950年7月に警察予備隊7万5000人，海上保安隊8000人が創設・拡充された[30]．アメリカは東アジア政策に関するNSC文書（NSC48/5）などを通じて中国を対象とする封じ込め政策とともに，日本を戦略的パートナーとするため，対日講和の早期締結や日本の安全保障を図った[31]．警察予備隊は保安庁のもとでの保安隊を経て1954年6月の自衛隊法の制定とともに陸海空の各自衛隊へと再編された．日本側はアメリカの期待に適えずに軽武装路線に走ったものの，東アジアにおける米極東軍の軍事基地（military base）となり続けた．

アメリカは台湾に対しても不介入主義を改めた．トルーマン大統領が「台湾海峡の中立化」（6月27日）を宣言し，第7艦隊を急派すると，国民党政府は息を吹き返した[32]．中国をめぐる影響力の行使が外交的手段に限定されず，周辺地域への軍事介入として現れたのに対し，地政学上台湾は中国大陸を封じ込むのに「反共の不沈空母」となったからであった．そのため，アメリカは1950年8月より対台援助を再開し，なお国連においては国民党政府の中国代表権を防衛して，1953年2月には「台湾解放」と「反

---

29 経済審議庁調査部統計課『特需に関する統計』1954年3月．
30 M・DAYとはMobilization Day，すなわち動員開始日を意味する．三浦陽一「日本再武装への道程 1945-1950年」歴史学研究会編『歴史学研究』第545号，1985年9月．
31 NSC 48/5, "U.S. Objectives, Policies and Course of Action in Asia," May 17, 1951, *FRUS 1951*, vol.6, part 1, pp.33-63.
32 湯浅成大「冷戦初期アメリカの中国政策における台湾」『国際政治』118号，1998年，p. 51.

攻大陸」に対する中立化措置を解除し，国民党政府の大陸攻撃を阻止しないというアイゼンハワー大統領の立場を示すに至った．さらに台湾海峡危機が生じていた1954年12月には米華相互防衛条約が締結され，両国間の軍事同盟が成立した[33]．

中国に対してアメリカはそれまで中国との貿易などを通じて相互利得を追求し，さらにソ連とは異なる中国の独自路線［アジア版Titoism］を期待したが，中国は逆に革命基地として登場した．これに対してアメリカはNSC166/1（U.S. Policy toward Communist China, 1953. 11）を通じて戦争以外の手段をもって共産主義中国の勢力を弱化させようとする強硬な対中政策を樹立した．NSC5405（United States Objectives and Courses of Action with Respect to South Asia, 1954. 1）の中では東南アジアに対する中国の軍事的脅威が警告された[34]．1954年にフランスがベトナム民主共和国に敗退すると，東南アジアへの共産主義の浸透を防ぐため，東南アジア条約機構（SEATO）が1954年9月に創設され，反共軍事同盟を為した．

このように，朝鮮戦争は冷戦体制が深まるきっかけとなると同時に，それはこれらの地域経済にとって大きな変化をもたらす契機ともなった．日本の場合，戦争は二つのレバレッジを通じて日本経済に影響を及ぼした[35]．一つは「特需」（special procurement）と呼ばれた米軍による財貨とサービスの購入である．もう一つは産業活動と軍需品生産が増えて世界貿易が増加し，さらに国際価格が上昇して，日本貿易に肯定的な効果をもたらしたことである．

まず，特需についてみると，表4のように戦争直後から様々な部門にわ

---

33 1979年に米国が中国との国交を樹立すると，台湾との国交断絶によって米華相互防衛条約は廃棄された．しかし，台湾関係法が同年制定され，台湾防衛用の兵器の提供や台湾防衛力の維持などが規定された．

34 NSC 5405, "United States Objectives and Courses of Action With Respect to Southeast Asia," 16 January 1954, *The Pentagon Papers*, Gravel Edition, Vol. 1, pp. 434-443.

35 "Impact of Korean Hostilities and World Rearmament upon Japanese Economic Stability," OIR Report No.5457, July 12, 1951, Department of State, Office of Intelligence Research, Confidential.

表4　日本における財貨とサービスの特需契約（単位：千ドル）

	第一年目	第二年目			累積
	1950. 6 . 26 -51. 6 . 30	1951. 7 . 1 -52. 1 . 6	1952. 1 . 7 -52. 5 . 25	1951. 7 . 1 -52. 5 . 25	1950. 6 . 26 -52. 5 . 25
食料	7,844	1,626	969	2,595	10,439
繊維	64,536	29,874	14,157	44,031	108,567
非食料の原材料	9,124	10,279	2,720	12,999	22,123
木材・コルク	12,195	5,299	1,741	7,040	19,235
紙	1,155	895	539	1,434	2,589
ゴム	785	2,662	679	3,341	4,126
鉱物燃料・潤滑油	11,092	12,433	3,392	15,825	26,917
化学	10,594	14,532	4,649	19,181	29,775
非金属鉱物	2,960	5,632	3,362	8,994	11,954
金属	54,345	36,442	17,171	53,613	107,958
電機以外機械類	3,526	2,802	836	3,638	7,164
電機	8,668	5,009	1,876	6,885	15,553
輸送装備	43,990	18,538	9,131	27,669	71,659
その他	4,920	10,103	6,669	16,772	21,692
合計	235,734	156,126	67,891	224,017	459,751
サービス合計	96,132	65,285	11,497	76,782	172,914
総計	331,866	221,411	79,388	300,799	632,665

資料："Special Procurement by the US Armed Forces and ECA in Japan since the Outbreak of Korean Hostilities," OIR Report No. 5961, July 14, 1952, Department of State, Office of Intelligence Research, Confidential, Security Information. 原資料はSCAP, ESS, Contact Award Tabulation, No. 49, January 29, 1952 and No. 59, June 2, 1952

たる商品が米軍によって購入されたことが分かる．日本の会計年度を基準として1951年の特需は全ドル収得の26％，貿易外ドル収得の34％を占めた．特需はドッジライン以降の低迷状態にあった鉱工業生産に対する呼び水となり，日本経済は景気好況局面に突入した．戦争が勃発してから一年間，繊維類が最も多く全契約の27％を占めるが，その次は金属及びその加工品23％，輸送装備（主にトラック）19％であった．これらの商品が全体の69％を占めて，その他は木材及びコルク製品などであった．二年目には繊維類と輸送装備が最も著しく減少し，金属，化学，燃料・潤滑油，非食料の原材料，非金属鉱物，プレハブの契約が増えた．軍事作戦および救護物資から戦災復興用物資へと特需品目の変化が見られるとともに，特需全体の減少も確認できる．

このように，日本経済の戦時動員は当時としてはアメリカにとってもバイタルなものであった[36]．そのため，アメリカ軍は日本側に潜在軍需生産能力に関する調査を命じた．経済安定本部は1951年1月に「日米経済の自立に関する要請事項」をまとめ，大規模な経済援助を期待した．占領軍と日本政府との調整が行われ，総司令部経済科学局の「日米経済協力」が作成されると，経済科学局長のマーカットが国務省などとの政策調整を行ったあと，帰日の際に声明（1951.5.16）を発表した．そのうち，日本の貿易についてみると，「アメリカは日本の工業力を東南アジアの原料生産の増加と工業力の増強に最大限に利用できると考えている」と指摘された[37]．

これは日本の貿易構造が戦前の植民地を喪失し，さらに中国との貿易も不可能となったのに対し，その代わりに東南アジアが新たな貿易の相手として想定されたことを示す．これがその翌日に決定された東アジア政策に関するNSC文書（NSC48/5）に反映され，東南アジア開発プログラムへ

---

36 中村隆英「日米『経済協力』関係の形成」近代日本研究会『年報・近代日本研究Ⅳ 太平洋戦争：開戦から講和まで』1982年，p. 285-296.
37 有沢広巳・稲葉秀三編『資料・戦後二十年史2 経済』日本評論社，1966年，p. 143-145.

表5　日本の地域別貿易

	地域	貿易額（百万ドル）				比率（％）			
		1936	1949	1950	1951	1936	1949	1950	1951
輸入	アジア	564	169	311	592	53	19	32	29
	ヨーロッパ	94	63	40	160	9	7	4	8
	北米	274	589	472	946	26	65	49	46
	南米	33	6	39	110	3	1	4	5
	アフリカ	31	44	27	80	3	5	3	4
	オセアニア	61	34	84	160	6	4	9	8
	合計	1,057	905	973	2,048	100	100	100	100
輸出	アジア	679	267	380	698	64	52	46	52
	ヨーロッパ	89	72	96	145	8	14	12	11
	北米	188	89	210	213	18	17	26	16
	南米	20	3	31	80	2	1	4	6
	アフリカ	57	58	73	112	5	11	9	8
	オセアニア	28	21	30	107	3	4	4	8
	合計	1,061	510	820	1,355	100	100	100	100

資料："Japanese Financial Requirements : Balance of Payments, 1945-1951," OIR Report No. 5642.1, October 24, 1951, Department of State, Division of Research for Far East, Office of Intelligence Research, Confidential ; "The Japanese Economy : Recent Developments and Future Prospects," OIR Report No. 6063, January 21, 1953, Department of State, Office of Intelligence Research, Secret, Security Information

の日本参加を決定した[38]．このようなアメリカ政策の変化が如何なる実態を反映したのかを確認してみよう．

　名目貿易額（表5）を見れば，1951年に戦後初めて戦前水準を越えたが，実質額では1934-36年を基準としては輸入48.7％，輸出30.2％に過ぎなかった．特に注目したいのは1950年に輸入が若干増加したのに対し，

38　NSC 48/5, "U.S. Objectives, Policies and Course of Action in Asia," May 17, 1951, *FRUS 1951*, vol.6, part 1, pp.33-63.

輸出が急増したが，1951年になると輸入の方が二倍以上増加したことである．その地域別比率を見れば，輸入においては戦前に比べてアジアの減少と北米の増加が確認でき，輸出においてはアジアのシェアが減少し，その代わりに他の地域が全般的に増加した．すなわち，輸出は戦前パターンへの回帰を示すが，輸入はアジアからの購入が増えたとはいえ，依然として北米に依存していた．主な品目は日本人の生活基盤となる原綿と小麦類であった．一方，東アジアのプレゼンスの低下は既述の通りであるが，東南アジアへの進出は比率から見ると一応「成功」したように見える．

品目別には，輸入において1940年代後半に40％をも超えていた食料品の比率が低下し，24.6％を記録し，戦前水準（1934-36年23.3％）に戻った．しかし，比率ではもともと小さいとはいえ，経済復興のために最も必要とされる機械類は，1950年0.7％，51年2.8％に過ぎず，戦前水準（1934-36年4.7％）を回復していなかった．その反面，輸出では織物類が1950年48.7％，51年44.0％を記録して戦前（1934-36年52.1％）より小さく，金属の比率が1934-36年の8.2％から50年19.4％，51年18.7％へと上昇するなど，戦時動員を経て軽工業が萎縮し，その代わり重工業部門が大きくなった．この時期，輸出量の増加とともに注目しなければならないのが国際価格の騰貴であった．なかでも輸入物価より輸出物価の上昇率が大きかったので，交易条件が1949年を基準として50年107, 51年121へと改善したのである[39]．

こうした変化は日本の外貨ポジションにどのような影響を及ぼしたのだろうか．表6はアメリカ会計年度に基づいて作成されたため，1950年の国際収支は1949年7月-1950年6月のものを示すので，戦争直前の状況を表す．1949年より商業ベースの貿易が拡大し始めたが，朝鮮戦争が勃発してから商業ベース貿易が爆発的に増加した．その反面，アメリカ援助

---

39 "The Japanese Economy: Recent Developments and Future Prospects," OIR Report No.6063, January 21, 1953, Department of State, Office of Intelligence Research, Secret, Security Information.

表6　米軍占領下の日本国際収支（アメリカ会計年度基準）（単位：百万ドル）

	1945.9 -47.6	1948	1949	1950	1951
Ⅰ．貿易収支					
A．輸入（c.i.f）					
アメリカ援助	-324.2	-518.6	-506.1	-456.5	-222.6
商業	-166.9	-168.3	-334.7	-427.5	-1,413.6
到着輸入小計	-491.1	-686.9	-840.8	-884.0	-1,636.2
B．商業輸出（f.o.b）					
受け渡し	+188.1	+166.2	+441.9	+571.4	+1,159.1
USCC海上輸送のための調整	-27.0	+9.0	-2.0	0	0
調整輸出小計	+161.1	+175.2	+443.9	+571.4	+1,159.1
C．調整貿易収支	-330.0	-511.7	-396.9	-312.6	-477.1
Ⅱ．貿易外収支					
利子	-2.8	-1.3	-1.5	-1.9	
船舶運送	—	—	+7.2	+10.0	+14.0
その他	+1.8	+1.5	+38.1	+76.8	+365.8
純貿易外収支	-1.0	+0.2	+43.8	+84.9	+379.8
Ⅲ．貸付および借払い					
貸付	+124.3	+55.8	+86.5	+39.9	0
借払い	-33.4	-99.5	-54.9	-118.7	0
純貸付あるいは借払い	+90.9	-43.7	+31.6	-78.8	0
Ⅳ．アメリカ援助前の純持高	-240.1	-555.2	-321.5	-306.5	-97.3
Ⅴ．アメリカ援助（到着商品価値）	+324.2	+518.6	+506.1	+456.6	+222.6
Ⅵ．特別調整					
償却解決	0	0	-17.5	-4.2	0
スターリング・価値切下による短期資産の損失	0	0	0	-20.5	0
中国・朝鮮貿易勘定の未収金の帳消し	0	0	0	-20.2	0
小計	0	0	-17.5	-44.9	0
Ⅶ．アメリカ援助および特別調整の控除後の純外貨保有高	+84.1	-36.6	+167.1	+105.1	+125.3
Ⅷ．アメリカ援助および特別調整の控除後の累積外貨保有高	+84.1	+47.5	+214.6	+319.7	+445.0

資料："Japanese Financial Requirements: Balance of Payments, 1945-1951," OIR Report No. 5642.1, October 24, 1951, Department of State, Division of Research for Far East, Office of Intelligence Research, Confidential

註：（1）1951年の利子はその他に含まれている．
　　（2）貿易外収支の「その他」は直接特需，間接特需，外資，その他貿易外取引を含む．
　　（3）会計年度は前年7月-当年6月．

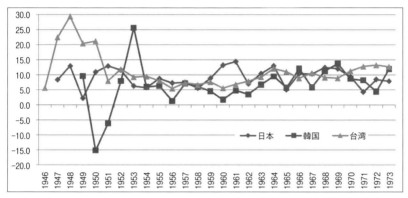

図2 日本，韓国，台湾の経済成長率（単位：%）
資料：日本統計協会編『日本長期統計総覧』1987年；韓国銀行『韓国の国民所得（1953-63）』1965年；溝口敏行編著『アジア長期経済統計Ⅰ　台湾』東洋新報社，2008年．

が急減し，その代わりに貿易外収支の「その他」は急増したのである．「その他」には占領軍人・軍属および家族，旅行者，占領軍への調達，朝鮮戦争関係の特需などが含まれている．すなわち，特需がアメリカからの援助の減少を補って，日本の外貨保有高を改善させたのである．その後，戦争の膠着化に伴う特需の縮小や消費・投資景気からの景気収縮があったものの，最大貿易相手となっていたアメリカ経済の回復に触発され，日本経済は神武景気という高度成長時代を迎えた（図2）．貿易収支が1955年に戦後初めて黒字に転じ，それ以降の景気動向に伴って黒字と赤字を繰り返した．

（2） 東アジアへの援助拡大と経済運営への介入

台湾でも朝鮮戦争は経済復興のきっかけとなった．当時の台湾経済は二つの圧迫を受けていた[40]．①人口急増が島の資源に対して過重な負担となっており，②島の限られた資源に基づいて大規模な軍事力を維持しなければ

---

40 "The Current Situation in Taiwan," OIR Report No.5529, May 4, 1951, Department of State, Division of Research for Far East, Office of Intelligence Research, Secret.

ならなかった．人口の面では大陸からの大規模な人口流入があったため，食糧の増産が必要とされ，サトウキビ耕作面積の約 10 万 Ha を水田に変えた結果，砂糖の生産が減少し，その輸出能力も弱くなった．このように，人口圧迫から輸出用の米と砂糖が不足し，輸出による外貨獲得が難しくなったため，それを補う工業の振興が必要とされた．

　工業部門の場合，鉄鋼，原油，ボーキサイト，綿花，パルプ，錫，ブリキのような工業用原材料を海外の輸入に依存せざるをえなかった．これらの輸入は主に経済援助によって賄われた．原材料の供給以外にも台湾工業は①輸出振興を妨げている為替レートの過大評価，②低い生産効率の老朽設備，③利用可能な資本の不足，④政府の頻繁な財産没収などに伴う経営能力の不充分さという問題点を抱えているとアメリカ側によって認識された．同時に多くの企業が 1949 年までは販路を大陸部に依存したので，販売先の開拓が難しかった．アメリカから援助物資が導入されると，台湾の工業生産は表 7 のように第 2 次世界大戦期のピークに肉薄した．綿織物と肥料の両部門は 1950 年に早々戦時期ピークを超えた．何れにせよ，経済復興を進めるためには持続的に外貨が確保されなければならなかった．輸出による外貨の確保は 1950 年にその 80 ％ が砂糖によるものであり，その残りが米，茶などである一方，輸入は肥料，綿花，工業用原材料，消費財などであり，そのギャップは 6200 万ドル（＝輸入 1 億 5500 万ドル−輸出 9300 万ドル）に達した．この貿易赤字を埋めたのは ECA 援助と政府資産の販売，そして官民保有の純金および外貨であった．

　台湾政府は大陸での経験を反映し，インフレ抑制政策を施し，1949 年 6 月に新台幣制度を導入したものの，軍事費が政府支出の 60 ％ に達するなど，財源不足を免れず，見返り資金，政府保有の純金と外貨そして通貨発行にたよらざるを得なかった．そのため，図 2 のように，物価上昇が続き，財政の運用では臨機応変な対応が避けられず，1951 年 3 月にはアメリカ「駐台分署署長」の建議で行政院に経済安定委員会（Economic Stabilization Board，以下，経安会）が設置され，国民党官僚とアメリカ側の ECA 台湾

表7 台湾の工業生産

商品	単位	1936年	戦時ピーク		1946年	1947年	1948年	1949年	1950年	
石炭	千トン	1,744.0	2,850.0	(1941)	1,049.0	1,308.0	1,649.0	1,542.0	1,401.0	
発電	百万KWH	497.0	1,607.0	(1943)	472.0	576.0	843.0	854.0	941.0	(1–11月)
セメント	千トン	142.0	303.0	(1944)	97.0	193.0	236.0	291.0	295.0	(1–11月)
化学肥料	千トン	19.0	29.0	(1941)	5.0	17.0	38.0	45.8	50.2	(1–11月)
苛性ソーダ	千トン	4.0	8.3	(1944)	0.95	3.3	4.8	4.3	3.1	
製糖	千トン	904.0	1,400.0	(38–39)	31.0	264.0	631.0	613.0	400.0	(作況推定)
アルコール	百万ガロン	4.8	19.0	(1943)	2.7	1.1	5.2	6.1	6.7	(1–11月)
アルミニウム	千トン	0.2	12.2	(1941)	0	0	2.5	1.3	0.6	(1–6月)
製紙	千トン	12.4	23.7	(1941)	2.9	6.2	7.2	6.4	8.0	(1–11月)
綿糸	メートル	127.0	540.7	(1943)	410.0	411.0	708.0	951.0	1372.0	(1–11月)
綿織物	百万ヤード	1.8	2.6	(1941)	1.85	3.27	4.48	4.95	7.19	(1–11月)
麻袋	百万ヤード	6.0	8.5	(1941)	1.3	1.2	2.7	4.3	4.6	(6–11月)

資料："The Current Situation in Taiwan," OIR Report No. 5529, May 4, 1951. Department of State, Division of Research for Far East, Office of Intelligence Research, Secret

第1章　アメリカの戦後構想と東アジア

支部，国務省，国防省の関係者が参加してマクロ経済の運営に当った[41]。アメリカは経済自立を目的とする経済計画の樹立を要請すると，経安会は1953年に再編され，傘下の工業委員会を中心として計画を立案し，部署間の調整を経て経済建設4ヵ年計画を樹立し，1953年より第1期計画を実行した．そして，1954年には第一次台湾海峡危機が発生したため，アメリカは米華相互防衛条約を締結の上，NSC5503（1955. 1）を通じて台湾政府の能率を向上させ，建設的な社会経済プログラムを樹立してより強力な経済発展を進めることを決定した．その結果，図2のように急速な経済成長が成し遂げられた．

一方，韓国では図1と図2で見られるように，深刻な打撃を受けた後，救済援助業務が拡大するにつれ，50年12月に援助業務の所管は国連軍司令部の保健厚生部から新設の国連駐韓民事援助司令部（UNCACK: the United Nations Civil Assitance Command in Korea）に移って体系化した[42]。ECA援助業務は51年4月に廃止され，その機能が国連軍司令官によって引受けられた．また，国連韓国再建局（UNKRA; UN Korean Reconstruction Agency）が設置され，韓国統一復興団（UNCURK; UN Commission for the Unification and Rehabilitation on Korea）の指示に従って，終戦後の長期的経済復興計画を実施した[43]。そうした中，CRIK援助は51年の7,444万ドルから52年に1億5,553万ドルに増え，52年2月には国連軍司令部G4から救護援助のG5が独立しており，さらに同年5月から韓国統一復興団

41　Neil H. Jacoby, *U.S. Aid to Taiwan : A study of Foreign Aid, Self-Help, and Development*, Frederick A. Praeger, 1966, p.59-60.

42　"To Review the Economic and Fiscal Effects of US Forces Operations in Korea,"Jan 18, 1954, pp.9-11, RG 319, Records of the Office of the Chief of Civil Affairs Security Classified Correspondence of the Economics Division Relating to Korea, Japan, and the Ryukyu Islands, 1949-1959, Box No.8, NARA.

43　Lt. Col. Roman I. Ulans, GS J-5 Division, HQ, FEC, "Civil Affairs Organization of UNC and Its Relaionship to UN Agencies in Korea,"Oct 8, 1953, HQ, FEC, *Rehabilitation and Reconstruction Korea*, Oct 8, 1953, RG 319, Records of the Office of the Chief of Civil Affairs Security Classified Correspondence of the Economics Division Relating to Korea, Japan, and the Ryukyu Islands, 1949-1959, Box No.4, NARA.

(UNCURK) による救護援助も開始された[44].

援助規模の増加に際して韓米経済調整協定（52年5月24日）が締結され，韓米間に合同経済委員会が新設された上で，援助物資の請求，分配などにおいて「効果的経済調整」を行うこととなった[45]．52年5月24日には韓米経済調整協定（いわばマイヤー協定）が締結され，合同経済委員会（CEB; Combined Economic Board）が新設され，「主要協議体」として韓国政府と統一司令部間に「効果的経済調整を促進」することが期待された[46]．さらに，52年10月には調整委員会（Coordinating Committee）が設置され，韓国政府，国連軍，UNKRAの三者間の経済調整が求められた．休戦協定の締結に伴い，米軍のコミットメント範囲および韓国軍の兵力維持水準の決定と，それを支えるための経済規模問題が，重要な政策課題として浮上した．韓国政府はもとより，UNKRAが戦争勃発以前の生産水準の回復を目標として個別の復興プログラムを立案し続けた[47]．

こうして，復興計画が関係当局間で模索される中で，52年11月に合同経済委員会韓国代表から「韓国経済は絶望的な状態に陥っている」として根本的な対策をとることが正式に要請され，これをきっかけに，アメリカ側でも復興計画が具体的な案をもって検討が進められた[48]．これに対し，アメリカは韓国政府関係者と予算聴聞会（Budget Hearings）を開き，諸般の問題について検討し始めた．それに伴い，国連軍司令部内の対韓援助政

---

44 G-5, HQ, FEC, UNC, *United Nations Civil Affairs Activities in Korea, Monthly Summary, Jun, 1952*, p.1, RG 407, Administrative Service Division Operation Branch, Foreign (Occupied) Area Reports, 1945-1954 Box No.2098, NARA.

45 DS, *Economic Coordination between the United Command and the Republic Korea*, 1952, RG 319, Records of the Office of the Chief of Civil Affairs Security Classified Correspondence of the Economics Division Relating to Korea, Japan, and the Ryukyu Islands, 1949-1959, Box No.3, NARA.

46 合同経済委員会については林采成「1950年代韓国経済の復興と安定化：合同経済委員会を中心に」『歴史と経済』58 (3), 2016年4月, p. 28-36を参照されたい．

47 Robert R. Nathan Associates, INC., *Preliminary Report on Economic Reconstruction of Korea*, Dec 15, 1952, pp.13-14, RG 319, Records of the Office of the Chief of Civil Affairs, Correspondence of the Economics Division, 1948-1960, Box No.4, NARA

策決定機構たる参謀部J5[49]は，1953年頭からプログラムの草案作成に取り組み，『対韓援助統合計画』(1953年4月21日)を提出した[50]．この計画は共産主義の侵略に対する強力な防塞を構築しながら，独立民主国家の究極的建設を促進したため，5年後には韓国軍の20箇師団，兵力70万人への強化や，1949-50年水準への経済回復を達成することを目論んだものである．その中で，資源の戦略的運用を図るため，経済援助と軍事援助が統合計画 (integrated program) として作成され，休戦後韓国の防衛力増強を中心とした経済復興援助が考慮された．これに伴い，韓国政府の「企画処」が作成した経済復興五ヶ年計画が韓国政府からも提出された[51]．

アイゼンハワー大統領は，国家安全保障会議の推薦に基づいて53年4月9日にHenry J. Tasca博士を大統領特別代表として任命し，アメリカの支援すべき援助規模及び形態，経済援助の効率的使用案，韓国経済の調整機構の設置などに対する調査を命じた．それによって，タスカ使節団が来韓し，2ヶ月間にわたって調査を行った．そして，韓国政府の経済復興五ヶ年計画とJ5の対韓援助統合計画を批判的に受け入れ，6月15日米大

48　John C. Gotchall, Financial Advisor, J-5, HQ, FEC, "U.S. FY 1954 ROK Reconstruction & Stabilizations Program," HQ, FEC, *Rehabilitation and Reconstruction Korea*, Oct 8, 1953, RG 319, Records of the Office of the Chief of Civil Affairs Security Classified Correspondence of the Economics Division Relating to Korea, Japan, and the Ryukyu Islands, 1949-1959, Box No.4, NARA

49　J5とは，極東陸軍，海軍，空軍の要員と国防省の民間人専門スタッフから構成され，対韓経済援助の政策決定 (policy making) に最も大きな影響を及ぼす国連軍司令部レベルでの最高機構であった．Civil Affairs Section, HQ, EUSAK, *Minutes, Civil Affairs Conference*, Dec 19-20, 1952, RG 319, Civil Affairs / Military Government Administrative Office, Classified Decimal File, 1952-1954, Box No.3, NARA.

50　HQ, UN Command and FEC, *Integrated Program for Aid to the Republic of Korea*, Apr 21, 1953, RG 319, Records of the Office of the Chief of Civil Affairs Security Classified Correspondence of the Economics Division Relating to Korea, Japan, and the Ryukyu Islands, 1949-1959, Box No.2, NARA.

51　"The ROK Five Year Program,"Appendix, Henry J. Tasca, Special Representative for Korean Economic Affairs, *Strengthening the Korean Economy*, Jun 15, 1953, RG 319, Civil Affairs / Military Government Administrative Office, Classified Decimal File, 1952-1954, Box No.18, NARA.

統領宛に『韓国経済の強化』(*Strengthening the Korean Economy*, いわゆる Tasca Report) を提出した[52]. 本報告書は, J5 の論点を受け入れ, 韓国側に共産主義への抵抗力を持たせるため, 1956 年の会計年度末まで韓国軍を現在の 16 個師団から 20 個師団体制まで強化することや, 韓国経済を戦争勃発以前の 1949-50 年の水準まで回復させることを政策目標とした. この計画はアメリカにとっても極めて経済的であり, 韓国が兵力 70 万人を維持することによってアメリカの軍事援助が 53 年 16 億 5,500 万ドルから 56 年 6 億 6,600 万ドルに縮小できると指摘された.

報告書の内容は基本的にアメリカの東アジア政策の推進における経済的合理性を内包して, 国防費の削減と均衡財政の確立に沿ったアイゼンハワー大統領のニュールック戦略とも整合的であっただけでなく, それ自体が休戦会談に対する韓国側の強硬な反対を和らげる条件でもあった. そのため, 第 156 回国家安全保障会議 (53 年 6 月 23 日) で若干の修正を加えることにし, その最終案 (NSC156/1) が採択され, 7 月 23 日に大統領によって承認され, それ以来対韓援助政策の基調となった. それによって, FOA (Foreign Operations Administration) を通じて休戦後の対韓援助が行われたが, この FOA は援助業務のうち軍事関係を国防省へ移管した上, 1955 年 9 月に発足した国際協力局 (ICA: International Coopreration Administration) に再編された.

また, 韓国でも, 休戦後の対韓援助体制を一元化するため, 国連軍司令官のもとに経済調整官室 (Office of the Economic Coordinator) が設置された[53]. その後「経済再建と財政安定化計画に関する合同経済委員会協定」(53 年 12 月 14 日) が締結され, アメリカの韓国経済への強いコミットメントが保障され, 1954 年度の韓国復興及び安定化計画が作成された[54]. 朝

---

52 Henry J. Tasca, Special Representative for Korean Economic Affairs, *Strengthening the Korean Economy*, Jun 15, 1953, RG 319, Civil Affairs / Military Government Administrative Office, Classified Decimal File, 1952-1954, Box No.18, NARA.

鮮戦争の被害を被った韓国経済は本格的な経済復興段階に入ったのである．ICA の設置に際しては，当然，OEC の経済調整官は ICA 駐韓代表に代えられた[55]．

第3節 「平和攻勢」と開発構想の登場

（1）　共産圏の「平和攻勢」とその実態

スターリンの死後，低開発諸国に対するソ連の政策は武装闘争[56]から変わり始めた．早くも 1949 年にソ連は ECAFE (the Economic Commission for Asia and the Far East) においてアジアにおける貿易と技術援助を提案し，その貿易と技術援助を 1951 年より着手し，さらに 1952 年にはモス

53　CINCUNC, to CG AFFE MAIN, COMNAVFE, COMFEAF, CINCREP PUSAN, CG KCAC, "CX 64525. From CofS. Signed Clark. Deptar pass to JCS for info," Aug 20, 1953, C. Tyler Wood, UNC Economic Coordinator in Korea, *Briefing for the Brownson Sub-Committee of the United States House of Representatives*, Oct, 1953, RG 319, Records of the Office of the Chief of Civil Affairs Security Classified Correspondence of the Economics Division Relating to Korea, Japan, and the Ryukyu Islands, 1949-1959, Box No.4, NARA ; C. Tyler Wood, to AG, UNKRA & CG, KCAC,"Division of Responsibility between KCAC and UNKRA for Various Aspects of Korea Aid Programs,"Sep 8, 1953, Ibid.

54　John C. Gotshall, Financial Advisor, J-5, HQ, FEC"U.S. FY 1954 ROK Reconstaruction & Stabilization Program,"HQ, FEC, *Rehabilitation and Reconstruction Korea*, Oct 8, 1953, pp.13-14, RG 319, Records of the Office of the Chief of Civil Affairs Security Classified Correspondence of the Economics Division Relating to Korea, Japan, and the Ryukyu Islands, 1949-1959, Box No.4, NARA.

55　洪性囿『韓国経済의［の］資本蓄積過程』(韓国語) 高麗大学校亜細亜問題研究所, 1964 年, p. 275.

56　1948-50 年にモスクワは低開発国の地方共産党に対して武装戦術を激励した．フィリピン，マラヤ，ビルマなどでは政府に対する武装闘争が展開され，インドネシアでは共産党にクーデターが激励された．こうした戦術は 1947 年 8 月のコミンフォルム（Cominform）の設立に際して発表された「両陣営論」の論理的結果であった．すなわち，世界は共産主義と帝国主義という二つの陣営に分けられており，両陣営間には変えられない敵対と闘争が想定された．

クワで大規模な経済会議を開催して低開発地域の急速な工業化を達成するため，「国際協調」を主張し，技術援助と完成工場設備の提供を提案した．1953年4月にはソ連はアフガニスタンと技術援助協定にサインした．さらに国連技術援助プログラム（UN Technical Assistance Program）に寄与すると宣言した．ソ連圏の寄与は小規模であり，他の分野へ転用できず，しかも基本的に特性上2国間のものであった．

　NSC5422（Tentative Guidelines under NSC 162/2 for FY 1956, 1954. 6. 1）においてソ連の戦術は軍事的脅威より自由世界の内部的不安定を狙う「隠密な膨張」（creeping expansion）を図っていると把握された[57]．1955年にいたってNSC5501（Basic National Security,1955. 7. 7）は「平和攻勢」（Peace Offensive）が効果的戦術であったと見なした[58]．低開発国では民族主義が高まったにもかかわらず，政治不安や経済混乱という問題を抱え，自由世界のなかで最も脆弱であると把握し，中でもインドシナ危機が懸念される東南アジアの情勢が非常に不安定であると指摘した．また，中国も彼らの目的が政治的手段によって達成できる限り，軍事的行動より政治的行動を重視していると，NSC5602/1（Basic National Security, 1955. 3. 15）のなかで認識された．

　ソ連の対外政策の転換はソ連共産党の第20回全党大会（1956年2月）において公式に承認された[59]．「両陣営論」（two-camps theory）に代わって，アフリカ，アジアそして共産主義諸国からなる「広大な平和地域」（vast zone of peace）の構築が主張されたのである．ソ連指導者らは欧米資本主義に打撃を与えながら，同時に共産主義の影響を拡大する方策として低開発地域に注目し，民族ブルジョアジー（national bourgeoisie）を一時戦術

57　NSC 5422, "Tentative Guidelines under NSC 162/2 for FY 1956," Jun. 14, 1954, *FRUS 1952-1954*, vol.2, part1, pp.647-668.
58　NSC 5501, "Basic National Security," Jan 7, 1955, *FRUS 1955-1957*, vol.19, pp.24-38.
59　"The Sino-Soviet Economic Offensive through 1960," OIR Report No.8426, March 21, 1961, Department of State, Bureau of Intelligence and Research, Unclassified.

的に支援することにした．このような開発途上国への支援原則は 1955 年 6 月に Soviet-Yugoslav Communique でも発表された．

　1960 年に支援提案と協定が劇的に増加したことは，ブロック諸国が貿易と援助を外交の手段として共産圏がますます重視したことを示す．1960 年 11 月にモスクワで開催された世界共産主義指導者会議によって採択された実用主義的発言は低開発諸国の共産主義者が「民族民主国家（national democratic states）」のために働かなければならないことであった．そうした政権は共産主義的農地改革，国有経済セクターの建設，「進歩主義」勢力への「民主的自由」を推進した．キューバのカストロ政権がその代表事例として歓迎された．

　そこで，表 8 の世界人口と経済状況に注目してみよう．世界人口の 42.4 ％が自由世界低開発国であり，これらの地域の GNP 比率は 15.2 ％に過ぎず，その一方で，自由世界先進国は低い人口に比べて世界 GNP の 60.8 ％を占めている．さらに，一人当り GNP を見れば，1959 年に共産圏 381 ドル，自由世界先進国 1,457 ドル，自由世界低開発国 197 ドル，全世界 551 ドルであった．当然，自由世界先進国が最も高いが，低開発国の場合，一人当り GNP が低いだけでなく，経済成長率も低かった．

　しかし，共産圏は自由世界先進国に比べて低い経済水準であったものの，その経済成長率は自由陣営のそれより高かった．経済成果においては共産圏がむしろ優位に立った．これが共産主義の宣伝の素材となり，資本と技術を欠いている自由世界低開発国に社会主義計画経済の優秀性をアピールした．NSC5913/1 (U.S. Policy in the Far East,1959. 9) によれば，アジアの新生独立国にとって中国は戦災復興や第一次経済五ヵ年計画を成功させただけに急速な近代化を達成できる魅力的なモデルとなっていた[60]．平和攻勢はソ連の第三世界援助やバンドン会議における中国のイニシアチブに

60　NSC 5913/1, "U.S. Policy in the Far East," Sep. 25, 1959, *FRUS 1958-60*, vol.16, pp.133-144.

表8　1959年における地域別・政治体制別GNPと人口の分布と成長率推定（%）

	人口		GNP	
	対全世界人口比率	人口成長率	対全世界GNP比率	一人当りGNP成長率
共産圏				
ソ連	7.2	1.7	13.4	5.7
ヨーロッパ衛星諸国	3.4	0.9	5.3	5.2
アジア共産主義地域	24.1	2.4	5.3	7.7
小計	34.7	2.1	24.0	5.5
自由世界先進国				
アメリカ	6.1	1.7	29.9	0.2
ヨーロッパ	12.0	0.8	23.8	3.6
他の先進国	4.8	1.4	7.1	2.9
小計	23.0	1.2	60.8	1.9
自由世界低開発国				
ラテンアメリカ	7.0	2.6	5.3	1.2
北部及び中部アフリカ	7.6	2.0	2.5	0.0
アジア及び太平洋群島	27.8		7.4	
小計	42.4	2.1	15.2	0.5
全世界或は平均	100.0	1.8	100.0	2.2

資料："Trends of Population and Gross National Product by Regional and Political Subdivisions," OIR Report No. 8506, August 18, 1961, Department of State, Bureau of Intelligence and Research, Official Use Only/NOFORN

註：成長率は1955-59年のものである．人口成長率と一人当りGNP成長率の北部及び中部アフリカにはアジア及び太平洋群島のものを含む．中国を含むアジア共産主義地域の経済成長率は過大評価された可能性がある．

よって確認された.

　ソ連の軍事力の現代化と再組織は利用可能な要員と大量の資材をもって対外軍事援助活動を低コストで拡大することを可能にした[61]. 製鋼施設, 化学設備, 発電機のような工業製品の大量輸出はソ連自らの経済にも問題をもたらすかも知れないが, 低開発国への援助自体はそれほど大きな負担にはならなかった. 殆んどの場合, 低開発国のショッピングリストは共産圏に対してプロジェクトあるいは商品生産を選択する機会を与えた. ソ連の援助能力は石油と航空分野, 水力発電設備, 標準的機械設備, 非先端科学装備, 中小規模の製造設備であった. ソ連側の技術者と専門要員の増加は, 海外技術サービスを提供できる共産圏の能力を高めた. 統制社会の特性上, 個々人に対する厳しい国家統制とあいまって, 援助要求に即刻反応できて, 評判であった.

　東ヨーロッパの工業化は経済攻勢, 特に貿易面で寄与した. 食糧と原材料を輸入する一方, 製造品の輸出市場を拡大する誘因も大きくなった. また, 低開発国にとっても自由世界では不可能な価格引下げ, 好意的取引条件, 現物取引によって市場に参入できる機会が与えられた. 共産主義中国においては自らの開発に必要な資源を確保するのに深刻な困難に直面したにもかかわらず, 明確な政治動機のため, 限られた資源を海外援助プログラムに投入した.

　共産圏の援助規模を見れば, 1954年より自由陣営の低開発諸国に対する借款と無償贈与が年々増え, 1958年には年間10億ドル程度に達し, 1960年に新しい借款が15億ドルを超えた. 1960年末に借款と無償贈与の累積額の48億ドルが共産圏から4大陸の24ヵ低開発諸国に提供された. 12億ドル近くが共産圏武器の購入への借款であり, そのうち相当の部分がアラブ連合共和国 (UAR), イラク, インドネシアに提供された. 残りの36

61　"The Sino-Soviet Economic Offensive through 1960," OIR Report No.8426, March 21, 1961, Department of State, Bureau of Intelligence and Research, Unclassified.

表9 共産圏の自由陣営低開発国への借款および無償贈与の提供（単位：百万ドル，人）

地域・国家	借款・無償贈与 (1954.1.1-60.12.31)			経済技術者	
	合計	経済	軍事	1959	1960
全体	4,809	3,611	1,198	5,025	6,510
南米	322	322	0	75	290
アルゼンチン	104	104	0	50	55
ブラジル	4	4	0	20	10
チリ				5	5
キューバ	215	215	c	0	220
中東	1,972	1,286	686	3,285	4,385
アフガニスタン	255	217	38	1,025	1,650
ギリシャ				0	5
イラン	6	6	0	20	60
イラク	404	216	188	300	400
パキスタン	3	3	0	5	5
トルコ	17	17	0	95	70
アラブ連邦共和国（UAR）					
エジプト	919	604	315	525	525
シリア	307	179	128	505	540
イエメン	61	44	17	810	1,130
アフリカ	284	278	6	100	545
エチオピア	114	114	0	20	40
ガーナ	50	50	0	30	120
ギニア	108	107	1	50	385
モロッコ	4	0	4		
スーダン	d	0	d		
チュニジア	8	8	0		
アジア	2,115	1,608	506	1,555	1,285
ビルマ	12	12	0	65	60
カンボジア	55	55	0	175	235
セイロン	58	58	0	45	40
インド	933	933	0	1,170	735
インドネシア	1,016	509	506	75	165
ネパール	41	41	0	25	50
ヨーロッパ	116	116	0	10	5
アイスランド	5	5	0		
ユーゴスラビア	111	111	0	10	5

資料："The Sino-Soviet Economic Offensive through 1960," OIR Report No. 8426, March 21, 1961, Department of State, Bureau of Intelligence and Research, Unclassified

億ドルは経済援助として割り当てられた．中国はカンボジア，セイロン，ネパール，エジプト，イエメン，ギニアに1億500万ドルの無償贈与を提供した．しかし，ソ連は特殊な地域，たとえばアフガニスタン，ネパールを除いて無償贈与より借款を提供しようとした．借款期間中に影響力を行使でき，ソ連にとっての逆効果を防ぐためであった．

さらに，共産圏からは技術援助も行われ，1960年下半期に7,710人の技術者が1ヶ月以上23の低開発国に派遣された．そのうち，6,510人が経済技術者として石油，鉱物の開発，道路，港湾，発電所の建設に携わっており，残りの1,200人が6ヵ国で軍事専門家としてソ連側の軍事装備の組み立てや訓練に関与した．技術者の地域的配置において中東が最も多く，その次がアジアであった．そのほか，低開発国からは約11,700人がソ連に留学し，少なくとも5-6年間の学術教育や軍事・技術訓練を受けていた．

共産圏の平和攻勢は援助活動に止まらず，貿易もその一手段として多く活用された．ソ連は貿易均衡主義を取っていたが，1954年より貿易を低開発地域に対して影響力を行使する手段として認識し，多くの貿易使節団を派遣し，貿易協定とバーター取引契約を結び，さらに貿易展覧会にも参加した．低開発諸国に対する共産圏の貿易額は1954年の8億6000万ドルから1959年に23億ドルへと増加した．貿易は共産圏において国家独占（state monopoly）であり，政府の購入にあわせていつでも操作可能であった．

その一方で，アメリカの援助政策が軍事力増強に重点を置いたことに対して，アメリカの知識人社会が批判し始めた．なかでも，MITのW. W. Rostowはインドシナの「1954年危機」が軍事的・経済的なものではなく，政治的・心理的ものであったにもかかわらず，低開発国への援助はニュールーク戦略の下にMSAによる軍事援助の一環として行われ，農業と軽工業を犠牲として巨大な軍費支出を要求し経済成長を妨げていると見た．また，外交の中心がヨーロッパにあって，アジアを軽視したことを批判し，

冷戦のもうひとつの軸はアジアをはじめとする低開発国であると主張した．そのため，アメリカは「後進地域の経済開発に参加する長期計画を拡張」し，低開発諸国のテイクオフを誘導することによって，共産圏の新しい動きに対応しなければならないと見た．このアイディアはのちに外資の導入による不均衡成長と輸出主導型工業化に繋がった[62]．

（2） アメリカの開発政策の模索と東アジアの高度経済成長への進入

そうした中，アメリカの対外援助政策は 1950 年代後半より軌道修正を始めた．1956 年頃に国際開発諮問委員会（International Development Advisory Board）によってまとめられた報告書によれば，冷戦の変容に従って，「第三世界の開発要求に応じる」援助政策を実施することを提案した[63]．それに基づいてアイゼンハワー大統領期中にはじめて対外援助政策を包括的に決定した NSC5708/8 (1957.6) は，冷戦の経済的側面に注目して，「自由世界の安定を脅かす危険性はとりわけ低開発諸国で深刻である」ので，「長期的政治安定」を達成するためには経済発展を促さなければならないことを指摘した．しかし，米議会は長期的経済開発援助に対して消極的態度をとっていることから，軍事援助の割合を減らし，その代わりに経済援助を増やすことが必要とされ，低開発地域の同盟国に対しては適切な軍事力規模を維持することを要請した．このような経済開発に基づく政治安定の追求方針は NSC5810/1 (1958.5) と NSC5906/1 (1959.8) にも継承された．

それに伴って，アメリカの援助において注目すべき新しい動きが借款の

---

62 W. W. Rostow, *An American Policy in Asia*, John Wiley & Sons, 1955 ; *A Proposal : Key to on Effective Foreign Policy*, Harper & Brothers, 1957 (M. F. ミリカンおよび W. W. ロストウ著, 前田寿夫訳『後進国開発計画の諸問題』日本外政学会, 1958 年）; *The Stages of Economic Growth*, Cambridge University Press, 1960.

63 李鍾元「東アジアにおける冷戦と地域主義」鴨武彦編『講座・世紀間の世界政治 3 アジアの国際秩序』日本評論社, 1993 年.

増加であった[64]．低開発国に対するアメリカの借款は1951–53年平均（会計年度）に比べて59年には2.25倍に増加したため，アメリカの全借款の中で低開発国の占める比率は51–53年に60–65％であったが，59年になると90％にも達した．このような非共産圏に対する借款提供の増加は1950年代の全期間中に生じたものではなく，1957年以降にあらわれた新しい変化であることを見逃してはならない．1951–53年の平均借款認可は8億ドルであったが，これが1952–54年の平均6億ドル，56年4億8700万ドルへと減少したが，1957年には約20億ドルにも達した．このように対外借款が増えた要因としては，①アメリカ輸出入銀行の借款提供認可の増加，②開発借款基金（the Development Loan Fund）の設置，③ PL480の下でアメリカ余剰農産物の販売によって貯蓄された被供与国通貨の使用増加があった．このうち，1957年に設置された開発借款基金（DLF）が注目に値する．プロジェクト援助に対して政府機関を通さずにプロジェクトを遂行する企業側に直接融資を行い，長期間にわたって償還を行わせた．これに合わせてICAには民間企業局（Office of Private Enterprise）が新設された．さらに，1958年にはソフト・ローン方式の相互安全保障法が成立して，より弾力的な運営が可能となった．

　このような政策の転換が個別の国にとってどのような変化をもたらしたのだろうか．台湾に対してはNSC5503を通じて財政の健全化と国際収支均衡を実現できる外資導入の環境作りが提示されたにもかかわらず，経済政策をめぐる台湾側の内部対立が続いた[65]．経安会外匯貿易審議小組の責任者となった尹仲容は単一レートの実施と新台元の切下げを内容とする為替改革を主張したのに対し，それは為替交換の利益を失い，海外での政府調達が不利となり，国内財政負担が大きくならざるを得ないため，財政や

64　"Foreign Lending Operations of US Government Agencies, 1951 through 1959," OIR Report No.8367, October 24, 1960, Department of State, Bureau of Intelligence and Research, Official Use Only.

65　NSC 5503 "U.S. Policy tooward Formosa and the Government of the Republic of China", January 15, 1955, *FRUS 1955–1957*, Vol. 2, China, Doc. 12, pp.30–34.

図3　東アジアに対するアメリカ援助の推移
資料：http://gbk.eads.usaidallnet.gov/data/detailed.html

貿易担当者からの反対が起きたのである．

しかし，アイゼンハワー大統領の対外援助政策が大きく変わり，アメリカからの圧力が加えられると，「美援会」が中心となって外匯貿易改革を図り，為替制度はついに1958年4月に複数レートから単純2レートへと移行された[66]．さらに慢性的な外貨不足に対しては海外販売促進特種基金が創設された．民間企業側の資金不足を緩和するため，工場運営資金臨時

66　趙既昌『美援的運用』聯経，1985年，p. 150-155；前田直樹「台湾・輸出主導型経済政策の胎動とアメリカ援助政策の転換」『広島東洋史学報』5, 2000年，p. 1-18；杜継東『美国台湾地区援助研究（1950-1965）』（中国社会科学院台湾史研究中心叢刊）鳳凰出版社，2011年，p. 36-46, 136-140.

借款法と台湾銀行保証発行会社債法が 1958 年 7 月に実施された．それとともに，国民の貯蓄を促すため，1959 年 1 月に台湾銀行や商業銀行などで個人向け貯蓄部門が開設された．1959 年 5 月にはアメリカの DLF からの借款調達を前提に，中華開発信託公司が 1959 年 5 月に創設され，民営形態の開発金融機関として役割を果たした．さらに，経済部署の再編が実施され，経安会の廃止が 1958 年 8 月に決定され，「美援会」が経済建設計画の作成を担当した．「美援会」は第二次台湾海峡危機のなかで 58 年 9 月に尹仲容をはじめ改革性の経済官僚を中心として組織拡充を行った上，アメリカ援助プログラムなどだけでなく経済全般に関する基本政策を立案し始めた．

　台湾側は ICA 台湾支局から経済発展を強く要求されたことはいうまでもなく，1959 年 10 月に来台した ICA 副長官 Lenonard J. Saccio からは民間投資と輸出の拡大を促進する経済計画を早期に作成することを具体的に要請された．そこで，「美援会」が第 3 期経済建設 4 ヵ年計画（1961-64 年）に取り掛かり，草案を ICA 台湾支局に提示したものの，支局長 Wesley C. Haraldson は決して満足せず，8 項目改革措置を提示した[67]．それに基づいて，1959 年 12 月に「美援会」に設置された工業発展投資研究小組が中心となって，援助減少を前提に「加速経済発展方案」と「十九点財政改革措置」を作成し，行政院からの承認を得て実施した．それによって，輸出工業化政策が本格的に実施され，1963 年には貿易収支が黒字となり，その翌年の 64 年には援助輸入を除いて黒字を記録したのである[68]．図 3 のように，まさにアメリカが望んでいる自立経済が達成できたのである[69]．もちろん，経済援助は終息したものの，軍事援助はその後も続いて行われ

67　①国防費の削減と生産の再投，②インフレ防止の金融政策，③企業成長を促す税制改革，④単一為替レートの実施，⑤為替管理の緩和と輸出奨励，⑥公用事業の効率向上，⑦証券取引所の設立，⑧公営事業の民営化．趙既昌『美援的運用』聯経，1985 年，p. 265-266；文馨瑩『經濟奇跡的背後：台灣美援經驗的政經分析（1951-65）』自立晩報社文化出版部，1990 年 1 月，p. 222-242.

68　袁穎生『光復前後的台灣經濟』1998 年，p. 294-293.

た．このような傾向は韓国，日本でも見られる．

　韓国においても，アメリカの対外政策の転換に伴って，経済運営にとって大きな変化がもたらされた．1955年8月に企画処に代えて復興部が新設されて，復興部長官は復興委員会の委員長とアメリカとの経済調整官を務めた．そのポストには金顕哲（1956年5月）と宋仁相（1957年6月）が任命され，アメリカ教育を受けた官僚と学者が重視された．それによって，韓米両国のなかで韓国経営をめぐる協調主義が生まれ，1956年7月より合同経済委員会（CEB）の活動が毎週定期的に開催された[70]．特には資本財と消費財の導入をめぐって韓米間に意見衝突があり，度々会議が中止することもあったが，資本財の導入に関して重要な役割を果たし，財政安定計画を決定した．その結果，図1と図2のように，1950年代後半にはインフレが収束して韓国経済が安定する中，経済成長率も高くなった．

　特に，アメリカのProchnow Committeeは1956年6月，国家安全保障会議に報告書を提出して韓国でも総合開発プログラムを実施したほうが総経費や期間が少なくて済むと主張した．その翌月にはDowlingとWarneがそれぞれ駐韓米大使と経済調整官に任命されて来韓した[71]．1956年10月，Dowling駐韓米大使は対韓政策の再検討を要請した．経済援助が10億ドルも行われたものの，Tasca報告書の目標は未だに達成できなかった．これに対し，韓国軍の縮小を前提に，投資計画だけでなく財政・金融，軍事援助などに関する総合計画を立てることを建議した．要するに，輸入代

69　文馨瑩『経済奇跡的背後：台湾美援経験的政経分析（1951-65）』自立晩報社文化出版部，1990年1月，p. 101.
70　Donald Stone MacDonald, U.S.-Korean relations from liberation to self-reliance : the twenty-year record, Westview Press, 1992（韓国歴史研究会1950年代班訳『韓米関係二十年史　1945-1965年：解放から自立へ』［韓国語］ハンウル・アカデミー，2001年，p. 379-416）．
71　宋仁相『復興과［と］成長：淮南宋仁相回顧錄』（韓国語）21世紀Books, 1994年，p. 147-256；朴泰均『原型과［と］変容：韓国経済開発計画의［の］起源』서울［ソウル］大学校出版部，2007年，p. 41-42, 233-234；李賢珍『第一共和国期美国의［の］対韓経済援助政策研究』梨花女子大学校大学院博士論文，2005年，p. 164-186.

替産業および輸出拡張,財政・金融改革,為替レートの現実化,長期開発銀行の設立,外国人資本の投資促進,政府の経済介入の縮小,政府管理の効率化を主張した.また,同年11月にはWilliam E. Warne経済調整官も長期経済開発計画の必要性を強調した.

とくに,アメリカ側が1957年11月に援助減少を発表し,図3のようにこれが1958会計年度に反映され,全般的に援助が20％カットになると,宋長官は開発借款5千万ドル,軍需品域外調達資金2500万ドル,PL480プログラムを要求した.韓国側には産業開発委員会(Economic Development Committee)が設置され,その下に公共企業,財政・金融,鉱工業,農林・水産,商易の5分科を置いた.1958年6月に合同経済委員会(CEB)は経済開発計画を作成するための研究作業を提案した.産業開発委員会がその作業に当って7ヵ年経済開発計画(1958年8月)を提出し,その後に1958年9月に復興部長官が訪米し,Huter国務長官代理から長期計画の作成に関する将来の支援を約束され,オレゴン大学教授団が来韓した.1959年初に産業開発委員会(EDC)は試案を立案し,同年12月に経済開発三ヵ年計画を成案し,公布した.三ヵ年計画は年5％の経済成長を通じて自立経済を目標とする総合経済計画であった.以上のように,韓国でもアメリカの対外経済政策の転換に伴って総合計画がアメリカ側の支援を得て立案され,1960年代の軍事政権のもとで経済開発五ヵ年計画として実施された.

一方,日本の経済力が共産主義の平和攻勢に対する対抗策としてアメリカによって活用されたことは言うまでもない.日本の場合,海外市場の狭さ,過度人口,食糧および工業原料の不足などの困難を克服すれば,東アジアの経済成長にも貢献できると判断されたのである.アメリカはNSC 5516/1 (U.S. Policy toward Japan, 1955. 4. 9)を通じて日本国内の政治的・経済的安定を優先する一方,日本に対する防衛力増強要求を控えることにした[72].1955年初頭,大統領特別補佐官であるHarold E. Stassenが来日し,MSA援助資金の内訳とその運用をめぐって日本政府や米軍と折衝し

たが，経団連にも接触し，その旨を伝えた．その後，生産性運動が展開され，FOA 援助によって日本生産性本部（1955.3）が発足し，さらに日米両国政府は「生産性向上に関する日米間の交換公文」（1955.4）を確認し，日本経済における技術革新と高度成長を促した．

経団連の通商対策委員会は「海外投資の促進策に関する意見」（1955.6）を発表した．アジア復興開発委員会はベトナム，カンボジア，タイ，ビルマなどへの使節団派遣を準備するとともに，「本邦企業の対外経済協力の促進に関する要望」（1955.11）を出し，海外投資環境を整備するよう政府に要求した．日本政府は1955年からビルマ，フィリピンなど東南アジア諸国との賠償，経済協力協定を結び，それらの協定に基づいて戦後新しい経済協力を始めた[73]．それが岸信介首相の東南アジア訪問と彼の「反共産圏」路線のなかで明確に表明されたことは周知の通りである[74]．同時にそれはアメリカの要請に即するものでもあった．

1956年12月に Clarence B. Randall がアメリカの対外経済政策会議（CFEP）議長に就任してから，省間特別委員会を設置し，東南アジアの地域的経済協力問題に関する検討を命じた．それによって作成された報告書によれば，「東南アジアの経済発展と地域的協力を促進する大きな要因」として日本の役割に大きな期待を寄せ，東南アジア経済開発において最大のネックとなる資本不足を日本からの投資と貿易で補えると見たが，それが現実のものになっていたのである[75]．50年代後半の日本の賠償は1960年代になると，借款に引き継がれた．日本企業は東南アジア各地で賠償事

---

72 NSC 5516/1 "Policy Toward Japan", April 9, 1955, *FRUS 1955-1957*, Vol. 23, Part 1, JAPAN, Doc. 28, pp.52-62.
73 経済団体連合会『経済団体連合会十年史 下』1963年，p. 867-870.
74 佐藤晋「戦後日本の東南アジア政策（1955-1958）」中村隆英・宮崎正康『岸信介政権と高度成長』東洋経済新報社，2003年，p. 243-267.
75 この報告書は1958年1月に対外経済政策会議によって「アジアの地域的経済開発および協力」（CFEP62）として承認された．李鍾元「東アジアにおける冷戦と地域主義」鴨武彦編『講座・世紀間の世界政治3 アジアの国際秩序』日本評論社，1993年．

業を手がけ，戦後海外投資を開始した．それによって，戦後賠償は輸出の拡大はもちろん，輸出品構成の高度化を同時にもたらした．

新安保条約（1960. 1）が締結された後の NSC6008/1（U.S. Policy toward Japan, 1960. 6. 11）において，日本は地域安全保障体制に参加できないものの，東アジアの冷戦体制のなかで，兵站施設と軍事施設の提供を通じて確かな「軍事的貢献」を行っていると指摘された．同時に，低開発国にとって，日本は市場経済に基づく急速な経済成長モデルとなっており，日本の貿易，投資，援助は東アジア諸国の経済発展に貢献した．アメリカにおいてケネディ政権が成立すると，アメリカの東アジア政策において日本の重要性はさらに大きくなり，池田・ケネディ共同声明（1961）を見るにいたった．

ケネディ政権は前近代的社会の風土病である共産主義を敗退させるため，伝統社会から近代社会へのテイクオフを人為的に推進することを強く謳ったロストウ路線にそって，低開発諸国への経済援助の拡大を決定した[76]．そのため 1961 年「対外援助法」（Foreign Assistance Act of 1961）が制定された．同法は第一部で①開発援助，②国際機関拠出，③支持援助（従来の防衛支持，特別援助に代わる），④緊急援助などの経済援助，そして第二部で軍事援助を扱っているが，以来，毎年同法を修正する形で議会に提出され，アメリカの対外援助方針の基礎をなした．それに伴い，国際協力局（ICA）と開発借款基金（DLF）が統合され，国務省に国際開発局（USAID）が設置された．さらに，世界銀行の姉妹機構たる国際開発協会（IDA）や，開発援助グループ（DAG→61 年，開発援助委員会［DAC］）が設立され，低開発国の経済開発を促した．

この政策転換の下で，東アジア諸国は経済開発機構（経済企画院，経済

76　ケネディ政権は経済的にケインズ主義によるニューエコノミックスを主張し，財政拡大に通じる高度経済成長政策を取ったため，対外援助の拡大が可能であった．海外経済協力基金調査部『主要先進国の援助政策と機構 I　米国』1967 年 10 月，p. 30-33；鹿島平和研究所編『対外経済協力体系 6　主要先進諸国の経済協力』鹿島研究所出版社，1973 年，p. 14-16.

開発省,投資委員会など)を設置して長期経済開発計画を樹立し,国際金融機関やDAC加盟諸国から長期低利開発資金を受けて,輸出ドライブ及び輸入代替を主要骨格とする経済政策を推進し,自国経済の発展や生活水準の向上を図ろうとした[77]. それらの経済開発計画が功を奏して一部の国を除いては,経済の成長率も1950年代から60年代になると,5％を上回り,6-7％の上昇を示した.その中でアメリカと日本が東アジア貿易の中心軸となっていたことは言うまでもない.

おわりに

戦後,東アジアは帝国と植民地からなる従来の帝国主義秩序から冷戦体制によって規定される新しい国際秩序への転換を経験した.この移行における最も強い規定力を行使したのがアメリカであった.アメリカは国民党政府による「強い中国」を想定したものの,内戦から「赤い巨人」の台頭を目睹し,社会主義への「砦」として日本に注目せざるを得なかった.しかし,日本経済の復興が決してできておらず,アメリカからの経済援助によって財政および貿易赤字が補填されなければならなかった.そこで,アメリカは新生中国の独自路線に希望を寄せながら,中国と日本との貿易拡大を促し,日本経済の復興のために欠かせない鉄鉱石と粘結炭を中国より廉価で確保し,同時にアメリカからの経済援助を節約させることをまで構想していた.

しかし,朝鮮戦争の勃発はアメリカの政策構想に更なるショックとなった.アメリカは反共前哨基地たる朝鮮と台湾の戦略的重要性を再認識し,軍事的コミットメントとともに,これらの地域の経済復興を図った.援助

---

[77] 末広昭「開発途上国の開発主義」末広昭編『20世紀システム4 開発主義』東京大学出版会,1998年,p. 13-46.

の影響力は軍事力の強化,救済活動,経済安定化に限られなかった.援助はアメリカ側が制度設計を促し,場合によっては重要な意思決定をも実行する基盤となった.日本では膨大な特需が発生し,援助に代わって経済復興の呼び水としての機能を果たした.それだけでなく,世界経済の好況と資材不足に刺激され,アメリカ・東南アジアとの貿易拡大が実現されると,日本経済は復興の段階を経て高度成長時代に進入し始めた.

　このような動向をさらに早めたのが共産圏の世界戦略の転換であった.両陣営論から平和的攻勢論へと共産主義の戦略が変わるにつれ,アメリカの対外政策も転換し始めた.東アジアでもアメリカからの圧力を受け,個別国家のレベルで経済運用が大きく変わり,経済開発への資源動員が進められた.反共前哨基地たる台湾,韓国はこの典型であったが,台湾では経済改革のうえ,総合開発計画が立案されて実施されたのに対し,韓国ではそのような改革が遅れて実現された.両国とも,経済開発計画の立案主体はアメリカ留学の経験をもち,その中で育成された親米派の経済官僚であった.

　こうして日本を始め台湾,韓国,そして後には東南アジア諸国も高度成長を順次に成し遂げ,「テイクオフ段階」に進入した.その中で,アメリカは呼び水としての大規模な経済リソースを投入しただけでなく,自らの国内経済を東アジア諸国の輸出市場として提供した.というものの,それに基づく東アジア諸国の経済成長力はアメリカの想定をはるかに超えるものであった.また,このような東アジアの経済開発はベトナム戦争の推移でみられるように,必ずしも安定したものであったとはいえない.戦後の東アジア経済圏は,米ソ(中国含み)対決はもちろん,日本政府の思惑,新生国家の民族主義などと絡み合って,その形成プロセスにおいて複雑性を帯びたのである.そうした中,アメリカの対東アジア政策は外部環境の急変,特に共産圏の世界戦略に応じて出され,試行錯誤を繰り返し,展開されざるを得なかった.

第2章

台湾電力業と米国援助
―― ECA 援助から MSA 援助へ ――

湊　照宏

はじめに

　1950年代の台湾に対する米国援助が，国際収支および財政収支の赤字を防いでマクロ経済を安定化させたことは同時代認識としてあり[1]，援助資金が投資・貯蓄ギャップを埋め[2]，経済成長に貢献したことは多くの研究が指摘している．また，台湾政府による第一期（1953-56年）および第二期（1957-60年）経済建設四年計画において，その資金源として多額の米国援助が利用されたこともよく知られている事実であろう．第一期経済建設四年計画では国内資金71億2800万元および国外資金48億1200万元（1ドル＝15.65元）が，第二期経済建設四年計画では国内資金168億4800万元および国外資金138億7100万元（1ドル＝24.78元）が動員され，両期とも国外資産のうち8割以上を米国援助が占めた[3]．
　米国の対華援助には紆余曲折があり，根拠法規も変化している[4]．1948

1　尹仲容（1961）「十年来美国経済援助與台湾経済発展」台湾銀行経済研究室『台湾銀行季刊』第12巻第1期．
2　Shirley W. Y. Kuo (1983) The Taiwan Economy in Transition, Colorado, Westview Press, 5-21.
3　林維星（1970）「台湾経済建設計画與資金」台湾銀行経済研究室『台湾銀行季刊』第21巻第1期．

年4月に米国で1948年対外援助法が成立し,経済協力局(Economic Cooperation Administration, 略称 ECA)が設置された. 同法の一部を構成する中国援助法に基づき,1948年7月に南京で米華援助双務協定が締結され,1948年4月から1949年4月の経済援助2億7500万ドルおよび軍事援助1億2500万ドルが定められたが,中国共産党との内戦の影響を受け,実際の経済援助額は1億6200万ドルにとどまり,米国トルーマン政権は1950年1月に軍事援助打切りを声明した. しかし,同年6月に勃発した朝鮮戦争により,台湾に逃げ込んだ国民党政権に対する米国援助方針が転換される. 1951年10月には相互安全保障法(Mutual Security Act, 略称 MSA)が成立し,1952米国会計年度以降の対外援助には MSA が適用された. その後,1957年8月成立の MSA 修正法により開発借款基金(Development Loan Fund, 略称 DLF)が設立され,台湾に対する援助には1959米国会計年度から適用される. DLF は国別割当ての総額を定めず,民営企業を中心に援助することによって被援助国の市場経済化を促進することに目的の重点が置かれた. さらに,ドル防衛の必要から対外援助も争点の一つとなった大統領選挙に勝利したケネディ政権は,1961年に国際開発法を成立させ,1962米国会計年度から台湾適用となった.

　本章では,1950年代における台湾電力業への米国援助を中心に分析を進める. 電力業を分析対象とする理由は,よく指摘されるように,台湾への米国援助においては電力業への資金配分比率が高かったからである. 1951年から1965年の計画型援助到着額3億8002万ドルのうち36％にあたる1億3735万ドルが電力業に投入され,また,1952年から1969年の現地通貨基金392億元のうち12％を占める47億元が電力業に配分された[5]. また,時期を1950年代に絞る理由は,1959米国会計年度からの DLF 台湾適用は対外援助方法の大きな変化であり,自由化などの分析枠組みが

4　笹本武治・川野重任『台湾経済総合研究　上』アジア経済研究所,1968年 289-298.
5　Council for International Economic Cooperation and Development Taiwan Statistical Data Book 1969, Taipei, Executive Yuan, 1969 150, 152-153.

必要となるからである.

　本章では，台湾電力業にとっての米国援助資金の意義を確認しつつ，援助資金の償還計画および方法を検討対象に含める．被援助国は贈与以外の援助資金を償還しなければならない．その過程の解明については被援助企業を分析対象とせざるを得ず，これまでマクロ経済の観点から論じられてきた台湾に対する米国援助に関する先行研究においてはやや等閑視されてきた．資金の貸し手（米国援助機関）と借り手（台湾電力公司）にどのような関係が構築されたのかという問題が焦点となるが，援助金融においては，借り手の資金運用に対して貸し手の政策意図が少なからず反映されることが予想される．この点に関する先行研究においては，対米国従属的経済発展を強調する見解から，米国の圧力による電気料金値上げの事例を取り上げている[6]．また，北波道子も米国の圧力による電気料金値上げが台湾電力公司（以下，台電公司と略記）の経営を健全化させたとして，台湾「政府の能力」を否定的に評価している[7]．

　これらに対する本章の問題意識は，電気料金問題は台電公司の債務償還計画と不可分にあるというものである．また，援助資金を利用した電源開発計画の進捗程度も増収開始時期を規定し，債務償還計画に影響を与えたであろう．実際に，本文で述べるように，援助資金を利用した電源開発計画は大幅な変更を余儀なくされた．また，元安ドル高への為替レート変更は台電公司にとってドル債務負担の増加を意味し，電気料金値上げ問題に影響を与えた．まずは援助開始期における援助資金を利用した電源開発計画および債務償還計画を確認したうえで，電源開発の進捗の遅れや為替レート変更による債務負担増加の事実も含めて電気料金値上げ問題を検討し，そこから資金の貸し手（米国援助機関）と借り手（台電公司）の関係を

6　劉進慶『戦後台湾経済分析』東京大学出版会，1975 年 135．文馨瑩『経済奇蹟的背後；台湾美援経験的政経分析（1951〜1965）』自立晩報社，1990 年 191-195．

7　北波道子『後発工業国の経済発展と電力事業─台湾電力の発展と工業化─』晃洋書房，2003 年 112-116．

明らかにすべきである．よって，本章は台湾電力業への米国援助資金の投入を事例に，1951米国会計年度までのECA援助（第1節），1952米国会計年度からのMSA援助と第一期経済建設四年計画における電源開発を主なる分析対象として（第2節），援助開始期において構築された米国援助機関と台電公司の関係を明らかにしていく．

第1節　ECA援助

（1）　1949年の援助申請

　戦時の空襲や水害で落ち込んだ台湾の発電容量は順調に回復していたが，1948年後半から電気需要は顕著に増加し始めており，需給は飽和状態に近づきつつあった[8]．台電公司は1946年8月に烏来水力開発の再開工事，1948年10月に天冷水力開発の再開工事に着手しているが，既存機器の転用による設備復興や自己資金による電源開発は限界に達しつつあり，機器を外国から購入する必要があった．1948年4月に台電公司はウェスティングハウス社（Westinghouse Electric Corporation）からの200万ドル融資（償還期限2年，中国銀行担保）を契約し，9月に機電処処長を米国に派遣して機器購入の任務にあたらせている[9]．しかし，台電公司は何度か電気料金値上げを実施していたにもかかわらず（1947年2月，7月，11月，48年2月），一般物価の上昇程度がより大きかったため，慢性的な資金不足に陥っていた．電気需給が逼迫して電源開発を余儀なくされている台電公司としては，米国援助資金に頼らざるを得ない状況にあった．

　米国は1948年4月に経済協力法，国際児童緊急基金援助法，ギリシア・

8　黄煇「台湾之電業」台湾銀行経済研究室『台湾之電力問題』台湾銀行，1952年．
9　「台湾電力有限公司三十七年度総報告」『台電公司　年度業務報告』資源委員会檔案24-11-10（17-1）中央研究院近代史研究所檔案館所蔵．

トルコ援助法,中国援助法からなる1948年対外援助法を成立させ,ECAを設置した.ECAの設立目的の大部分は,西欧諸国の復興を目的とする,いわゆるマーシャル・プランの効率的実施に求められるが,対アジア援助の実施もECAの任務であった.陸軍省は日本と反共国家群の地域的結合を促進するための援助を内容とする「極東版マーシャル・プラン」を1949年2月に準備したが,工業基盤の欠如やアジア諸国の反発を考慮した国務省が反対し,実現には至らなかった[10].その後も陸軍省はアジア地域への援助計画と日本の経済復興との関連に強い関心を示してECAに働き続け,その結果,自由貿易主義を主張するECAも,アジア地域に供与される援助物資は,たとえ米国での調達に比較して割高であっても日本から調達することに原則的に合意した[11].その後,1950年1月にはNSC 61「極東地域における米国の経済援助 (U.S. Economic Aid to Far Eastern Areas)」において,陸軍省の主張で対アジア援助と日本の経済復興を関連付けようとする調整が図られたが,援助物資の最低市場価格調達を主張するECAはこれを批判し,1950年5月のNSC 61/1「対極東地域米国援助計画の調整 (Coordination of U.S. Aid Programs for Far Eastern Areas)」では,極東援助の調整任務は基本的に国務長官の責任に帰すことになる[12].

　ECA援助は被援助国駐在機関であるECAミッションと被援助国政府との間で樹立された計画に基づき,資本財・消費財の買付けおよび技術援助などを通じて行われた[13].1948年後半に台湾電力業に対する援助をECAに申請するため,アジア・ウェスティングハウス・エンジニアリング社 (The Westinghouse Engineering Company of Asia) が援助額および方法に関する見積もり業者に指定された.1949年2月に同社は以下のような報

10　Michael Schaller The American Occupation of Japan, New York, Oxford University Press, 1985, 143-144.
11　Michael Schaller, 前掲書, 146-147.
12　李鍾元「戦後米国の極東政策と韓国の脱植民地化」『近代日本の植民地8　アジアの冷戦と脱植民地化』岩波書店,1993年.
13　日本銀行「米国のアジア援助計画と日本」『調査月報』1951年.

表1　1949年2月時のECA援助申請計画

	プロジェクト	経費見積額（ドル）	
		外貨	現地通貨
a	設備更新・復旧	3,197,054	1,817,160
b	天冷水力	4,052,398	3,336,051
c	烏来水力	2,937,444	916,331
	合計	10,186,896	6,069,542

出典：TAIWAN POWER COMPANY, ELECTRIC POWER PROJECTS SPONSORED BY ECA：FISCAL YEAR 1950 & 1951,（TAIWAN,CHINA,NOVEMBER 1950）.

告書をECAに提出している[14]．援助方法は（a.）設備復旧作業と，（b.）天冷水力開発および（c.）烏来水力開発といった戦時未竣工の電源開発に分けられている．戦時に土木工事が完了していた烏来水力開発と，土木工事が約80％完成していた天冷水力開発は，援助効率が高いと認識されたと考えられる．現地通貨分も含めた所要資金額については，（a.）設備復旧作業に501万4214ドル，（b.）天冷水力開発に738万8449ドル，（c.）烏来水力開発に385万3775ドルと見積もられ，合計1625万6438ドルにたっしており，後に見る見積もりよりも巨額となっていた．

その後，資金計画は大幅に縮小され，1950・1951米国会計年度で台電公司に対するECA援助が認められる．1950年度に関しては，後に述べるように執行認可は会計年度末の1950年4月・5月になっている．執行認可が遅くなった詳しい経緯は明らかにし得ないが，国共内戦が影響したものと思われる．1948年9月から11月にかけての遼瀋戦役で敗れた国民政府は東北部を失った一方で，1948年11月から1949年1月にかけての平

14　TAIWAN POWER COMPANY,ELECTRIC POWER PROJECTS SPONSORED BY ECA：FISCAL YEAR 1950 & 1951,（TAIWAN,CHINA,NOVEMBER 1950），Office Of Far Eastern China Subject Files. 1948–57, CHINA-Commodities-Power 1950, Box26, RG 469（National Archives and Records Administration Ⅱ所蔵）.

津戦役と淮海戦役で勝利した共産党は長江以北を支配下に置いた．1949年4月に長江を渡った共産党軍は首都南京を占領し，5月に武漢と上海を占領すると，国民政府は広州に首都を移転し，内戦の勝敗はほぼ決した．1949年8月に米国トルーマン政権は中国白書を公表し，共産党との内戦で国民党が劣勢になった原因を，援助不足ではなく，政治的腐敗と軍事的無能に求めた．1949年10月，共産党は北京で中華人民共和国の建国を宣言した一方，国民政府は重慶へ逃亡し，11月に成都へ逃れた後，12月に台湾に逃亡した．

1950年1月にトルーマン大統領は「台湾海峡不介入」を声明し，朝鮮戦争の伏線となったとされるアチソン国務長官による西太平洋防衛ラインの演説においても，朝鮮半島とともに台湾は防衛ラインに含まれていなかった．人民解放軍は4月に海南島を，5月には舟山列島を占領しており，共産党軍による台湾攻撃は遠くないと予想されていた．

（2） 1950年度と1951年度の援助

ちょうど台湾海峡の緊張が高まった時期に，1950米国会計年度における台電公司への援助150万ドルの執行が認可された．表2に示されるように，(a.) 新竹変電所拡張計画の認可が1950年4月，その他の (b.) 防腐剤添加木材電柱や (c.-j.) 火力設備・高圧送電線・通信設備・配電設備の更新などの認可が1950年5月であった．いずれも朝鮮戦争勃発前の認可であるが，1948年の対華援助約束額の未消化部分を一般中国地域 (General Area of China) として中国本土の隣接地域に流用し，台湾に対しても1950年6月まで援助が続けられたのだった[15]．

認可が最も早い (a.) 新竹変電所拡張計画についてみてみよう．烏来水力開発工事が1950年12月に完成し，出力1万1250kWの発電が可能となる．このことは，1951年初めに予定される台湾肥料公司（以下，台肥公

---

15 笹本武治・川野重任，前掲書，290-291．

表2　1950年度と1951年度の対台湾電力業 ECA 援助

1950会計年度

	プロジェクト	配分額(千ドル)	認可年月
a	新竹変電所拡充	450	1950年4月
b	防腐剤添加木材電柱	300	1950年5月
c	火力設備更新		
d	高圧（15万4千v）送電線設備更新		
e	高圧（15万4千v）送電線設備保守		
f	設備検査	750	1950年5月
g	通信設備		
h	既存配電設備更新		
j	その他設備更新		
	合計	1,500	

1951会計年度

	プロジェクト	配分額(千ドル)	認可年月
a	既存送配電設備更新・強化	1,016	1950年11月
b	北部火力発電所磨炭機増設	207	〃
c	立霧発電所復旧と東西連結送電線建設	669	〃
d	台北変電所変圧器増設	316	〃
e	天冷水力開発再開	1,540	〃
	合計	3,748	

出典：表1に同じ．

司と略記）第五廠の稼動開始を控える状況で大きな意味を持つが，台肥公司第五廠へ送電するには新竹変電所の拡張が必要であった．台湾駐在のECA 対華ミッションは1950年3月に新竹変電所拡張計画の認可をワシントンのECA 長官に要請している[16]．その書類には1950年3月15日の米国援助運用委員会（以下，米援会）の議事録が附されており，台肥公司第五廠の稼働を控え，新竹変電所拡張を「great urgency」と位置づけてい

16　From Taipei To ECA ADMINISTRATOR, INCOMING CABLEGRAM NUMBER TO ECA 205, MARCH 22,1950, Office Of Far Eastern China Subject Files. 1948-57, CHINA-Commodities-Power 1950, Box26, RG469.

る[17]。台湾海峡の緊張が高まる中でも，米援会およびECA対華ミッションは化学肥料工場の稼働開始を重要視し，台湾電力業への援助に踏み切ったことが分かる。

1951米国会計年度の台湾電力業へのECA援助は，1950年11月に執行認可されている。表2に示される5項目のプロジェクトは「Five Projects」と称され，アジア・ウェスティングハウス・エンジニアリング社の報告書を基礎に作成された[18]。朝鮮戦争勃発直前の1950年6月17日に米援会からECAに認可が求められたが，ECAは6月22日に天冷水力開発再開を除く4項目について承認する方針を米援会に伝えている[19]。しかし，8月になるとECAはJGホワイト社（J.G. White Engineering Corporation）に対して天冷水力開発再開を含む5項目の費用見積もりを要求し，9月に入って同社は費用見積もりをECAに提出した[20]。4項目から5項目への変更は，おそらく朝鮮戦争の勃発が影響したのであろう。（a）既存送配電設備の充実，（b）北部火力発電所の磨炭機増設，（c）立霧発電所（東部系統）の復旧と東西連結送電線の建設，（d）台北変電所の変圧器（4万kva）増設，（e）天冷水力開発再開を内容とする「Five Projects」に対し，総額374万8000ドルの援助が1950年11月に認可された。このほか，以上の設備を据え付けるための費用1030万ドルのうち500万ドルに相当する額は台電公司の減価償却基金と政府支出で賄う予定であった[21]。

---

17 *Ibid.*
18 TAIWAN POWER COMPANY,ELECTRIC POWER PROJECTS SPONSORED BY ECA：FISCAL YEAR 1950 & 1951,（TAIWAN,CHINA,NOVEMBER 1950）.
19 U. S. aid to power, F. Y. 1951 Chronological review, April 21, 1951, Office Of Far Eastern China Subject Files. 1948–57, CHINA-Commodities-Power Jan-Jun 1951, Box369, RG469.
20 *Ibid.*
21 TAIWAN POWER COMPANY,ELECTRIC POWER PROJECTS SPONSORED BY ECA：FISCAL YEAR 1950 & 1951,（TAIWAN, CHINA, NOVEMBER 1950）.

（3） 計画修正と債務償還計画

ECA援助は，被援助国がECAミッションを通じて予算枠内で提出した商品別および買付地別の購入希望品目を記した物資買付許可申請書をECAが認可する方法で行われた[22]．表3に示されるように，1951年5月時では極東計画において台湾への援助が過半を占めてその額は5376万ドルにたっした．極東計画の商品買付のうち買付先は米国が77.1％を占めた．日本からの買付は12.6％を占め，原料および半製品では，鉄および鉄製品，繊維品，銅などが認可され，機械および輸送手段では，電気機器を中心に認可された[23]．台湾電力業へのECA援助でも，米国と日本からの買付が中心となる．

ECA援助による「Five Projects」の遂行中には大きな問題が生じた．見積額と実際の調達額が大きく乖離したのである．表2に示されたように，1950年7月の見積もりでは374万8000ドルであったが，朝鮮戦争勃発後に日本・米国における物価が上昇し，経費は膨張した．1951年4月18日にはJGホワイト社台北事務所で米援会，ECA対華ミッション，JGホワイト社のメンバーなどで「Five Projects」に関する会議が開かれ，見積額はそれぞれ（a）207万5000ドル，（b）42万4000ドル，（c）136万5000ドル，（d）82万9000ドル，（e）394万6000ドルに上昇したために，合計額は863万9000ドルにたっし，台電公司は2465万元を自己負担で支出することになった[24]．

こうした状況において，米国よりも日本の物価上昇の度合いが大きかったにもかかわらず，日本への発注が続いた．それには以下の理由があった．米国からの機器調達には時間がかかった一方で，日本からの機器調達は米

22　日本銀行，前掲記事．
23　極東計画とは別の韓国復興計画は1億ドルを超え，米国からの買付が65％，日本からの買付が26％を占めた（日本銀行，前掲記事）．
24　MINUTES OF MEETING TO DISCUSS FIVE POWER PROJECTS FISCAL YEAR 1951, Office Of Far Eastern China Subject Files. 1948-57, CHINA-Commodities-Power Jan-Jun 1951, Box26, RG469.

表3 ECA援助の極東計画（1951年5月現在）

(単位 千ドル)

極東計画使途別援助割当

	台湾	インドシナ	ビルマ	フィリピン	インドネシア	タイ	インド	その他	計
商品買付許可	49,615	18,006	6,245	7,479	5,646	5,507	4,500	1,449	98,447
食料，飼料，肥料	23,902	1,559	36	1,000	75	5	4,500		31,077
燃料	2,011	2,253				17			4,281
原料および半製品	19,345	5,414	3,437	3,222	1,494	1,222		1,201	35,335
機械および輸送手段	3,988	6,786	1,579	1,836	2,459	3,363		248	20,259
その他	368	1,994	1,193	1,421	1,618	900			7,494
技術サービス	1,032	197	2,015	80	1,200	401		273	5,198
技術援助		18	114	125	118	445			820
農村復興聯合委員会	100								100
海上運賃	3,018	1,200	100		600	300			5,218
合計	53,765	19,421	8,474	7,684	7,564	6,653	4,500	1,722	109,783

買付先国別割当

	米国	日本	西欧諸国	その他
	75,911	12,414	4,503	5,618
	28,079		2,125	873
	108	96		4,077
	27,500	6,681	815	339
	14,907	4,530	716	106
	5,317	1,107	847	223

出典：日本銀行，前掲記事．

表4　ECA援助の修正

	プロジェクト	金額(千ドル)	備考
1	新竹変電所拡充		
2	木製電柱	1,500	1950年度
3	系統強化		
1	系統強化		
2	北部火力発電所磨炭機		
3	立霧水力復旧と東西連絡送電線敷設	7,247	1951年度
4	台北変電所		
5	天冷水力再開		
1	天峯送電線	1,200	1951年度追加
2	系統強化		
	計	9,947	
	天冷水力第二基	1,900	1952年度認可待ち

出典：「台湾電力股份有限公司業務報告」1951年12月，『台電公司　股東会議』資源委員会檔案24-11-10（8-2）．

国からより数ヶ月早かった[25]．例えば，(c)の東西連絡送電線に必要な鉄塔の調達に関し，米国メーカーの価格が日本メーカーの価格よりも23％安かったにもかかわらず，日本からの配送が5ヶ月であったのに対して米国からの配送は15ヶ月であり，立霧発電所の復旧が1951年10月を予定としていることから（実際の第1基1万6千kW竣工は1951年12月），日本への発注が検討されている[26]．

こうした物価の上昇はECA援助の修正を余儀なくし，表4に示されるように，「Five Projects」の経費は，当初の見積もり374万8000ドルから724万7000ドルに急増し，1950・1951米国会計年度の台電公司への

25　John B. Snethlage, J. G/ White Engineering Corporation, Power Engineer to C. C. Wang, Secretary General, Council for United States Aid, U. S. aid to power, F. Y. 1951-Project C Purchase orders C-60, C-61 and C-62, May 12, 1951, Office Of Far Eastern China Subject Files. 1948-57, CHINA-Commodities-Power Jan-Jun 1951, Box26, RG469.

ECA 援助総額は 994 万 7 千ドルにたっした[27]。

その償還計画は表 5 に示される通りである。1951 年 4 月時点で 200 万ドル償還しており、43 万ドル借款以外は 1954 年度から毎月 10 万ドル償還する計画となっている。しかし、後述するように、1952 年度の台電公司は赤字決算に陥っており、電気料金を値上げすることなしに順調に債務を償還し得たのかについては疑問が残る。

台電公司はもっぱら ECA 援助に依存していたわけではなく、表 6 に示されるように、ECA 援助に関連する 11 のプロジェクトで計 5648 万 2000 元を支出している。その他の電源開発や発送配電設備の増強を合わせると、台電公司は 1951 年度に合計 7419 万 5000 元の負担となっている。

これに対し、台電公司の 1951 年度予算は 7738 万元であり、その調達手段の内訳は減価償却 1967 万元、対政府借入れ 3000 万元、社債 1930 万元、ECA 援助 841 万元であったが、ECA 援助資金を計画通り年度内に調達できず、資金調達総額は 7097 万元となった[28]。こうした資金不足もあり、台電公司は 1951 年度に社債 9500 万元を発行する。この社債発行は公営企業を管轄する台湾区生産事業管理委員会による決定を経て、台湾銀行の限外発行をともなうものであった[29]。

---

26 From Martin Wong, Deputy Secretary-General To John B. Nason, Deputy Chief of Mission, ECA China Mission Taipeh, Project C item 3-1046, Steel Towers Five Power Projects, F. Y. 1951, April 30th, 1951, Office Of Far Eastern China Subject Files. 1948-57, CHINA-Commodities-Power Jan-Jun 1951, Box26, RG469. 結局、東西連絡送電線の建設コストは総額 36 万ドルおよび 400 万元にたっし、そのうち 29 万ドルが ECA 援助を通じて調達された（TAIWAN POWER COMPANY, INTERCONNECTION OF THE EASTERN AND WESTERN POWER SYSTEM, Dec 1951.）。

27 TAIWAN POWER COMPANY, INTERCONNECTION OF THE EASTERN AND WESTERN POWER SYSTEM, Dec 1951.

28 台湾電力股份有限公司「中華民国四十年度　営業決算書」『台電公司　年度業務報告』資源委員会檔案 24-11-10（17-1）。

29 「電台湾銀行為電力公司発行公司債建設電力工程准台湾銀行限外臨時発行増加新台幣 9500 万元予以融通、希遵照具報」『台湾省政府公報』1951 年 2 月。なお、この社債発行により、台湾銀行からの借入れ 2641 万元が償還された（「民国四十年九月　台湾電力股份有限公司報告」『台湾電力股份有限公司第一次董事監察人聯席会議紀録』資源委員会檔案 24-11-10（9-1））。

表5 1950・1951年度ECA援助の債務償還計画（千ドル）

年度	用途	債務	償還時期	償還額
1950年度	新竹変電所	450	1951年4月20日時償還残高	2,000
	木製電柱	300	43万ドル借款予約時20%	86
	系統強化	750	材料調達時40%	172
			材料調達後2ヶ月40%	172
	計	1,500		
1951年度	系統強化	2,708	1954年	1,200
	北部火力磨炭機	434	1955年	1,200
	立霧水力・東西連絡送電線	1,064	1956年	1,200
	台北変電所	853	1957年	1,200
	天冷水力再開	3,388	1958年	1,200
			1959年	1,200
	計	8,447	1960年	317
合計		9,947	合計	9,947

出典：台湾電力公司より台湾区生産事業管理委員会へ「電為呈送美援撥到美金数及還款辦法請核備由」1951年11月23日、「台湾電力公司検送1952、1953美援計画」資源委員会檔案24-04-017-01。

表6 1951年度における台電公司の資本支出明細表（千元）

甲		プロジェクト	金額	乙	プロジェクト	金額
米援関連		1 天冷水力	27,255	その他	1 烏来水力	3,532
		2 天峯送電線	642		2 日月潭水力変圧器	849
		3 立霧水力	8,667		3 台北市街古亭地下ケーブル	566
		4 立霧水力設備据付け	1,035		4 各二次変電所容量拡充	4,035
		5 東西連絡送電線	6,679		5 送電線路新設	645
		6 東西連絡送電線鉄塔購入	3,100		6 配電線路新設	391
		7 新竹変電所	2,866		7 松山火力拡充	1,874
		8 北部火力磨炭機	172		8 各発電所設備及びその他拡充	3,157
		9 日月潭水力変圧器	382		小　計	15,050
		10 米援物資輸入関税運雑費	5,460	丙		金額
		11 台北変電所変圧器	224		旧日本資産建築物及びその他設備	2,663
		小　計	56,482		合　計	74,195

出典：「台湾電力股份有限公司業務報告」1952年6月，「台電公司」股東会議 資源委員会檔案24-11-10（8-2）．

1951年度発行の社債9500万元にともない，台電公司は1952年度より営業収入から毎月300万元を，減価償却基金から毎月160万元を減債基金に計上しなければならなかったが，元金返済に充当する3400万元の政府出資か対政府借入れを検討した[30]．前年の対政府借入金3000万元に加えて，1952年度営業計画においても3800万元の資金不足が生じていたのに対し，社債の増発は困難である上に，政府出資による増資も財政的に困難であることから，電気料金75％値上げが検討された[31]．値上げにより収入は2億9400万元に増加し，支出2億812万3368元を差し引いた8708万6632元のうち，前年の対政府借入金3000万元を償還したうえで，5000万元を工事費に投入し，700万元を利益配分に加えることができるとされた．先に見たECA援助償還計画と電気料金値上げの関係は明らかにされておらず，このことは後に見るMSA援助償還計画との比較で対照的となる．

　結局，1952年度の電気料金値上げは実現せず，債務償還能力が改善されることはなかったが，台電公司は米国援助資金に頼る電源開発計画をさらに追加していく．表7に示されるように，1950年末において既に台電公司は，8万7350kWの電源開発および送配電設備増強を目的として，1952米国会計年度でもECA援助1115万ドルを申請する計画を立案していた．「Five Projects」の天冷水力第1基2万6000kWの据付けは1952年9月に竣工するが，既に第2基2万6000kWの据付けが計画に入れられている．このほか，烏来水力第2基1万1250kW，立霧水力第2基1万5100kW，北部火力増設3万5000kWといった電源開発と，東西送電線連結工事，八堵変電所拡充，送電設備拡充が計画に含まれている．これらの計画は，1952米国会計年度からのMSA援助に引き継がれることになる．

　30　台湾電力股份有限公司「中華民国四十一年度　営業計画及営業概算書」『台湾電力股份有限公司第一次董事監察人聯席会議紀録』資源委員会檔案24-11-10（9-1）．
　31　「台湾電力公司四十一年度営業概算」『台湾電力股份有限公司第一次董事監察人聯席会議紀録』資源委員会檔案24-11-10（9-1）．

表7　1952米国会計年度での援助申請計画

	プロジェクト	増加容量(kW)	経費見積額(千ドル) 外貨	現地通貨
a	天冷水力	26,000	530	80
b	烏来水力	11,250	445	150
c	立霧水力	15,100	200	50
d	北部火力	35,000	5,075	1,255
e	東西連絡送電線	—	450	450
f	八堵変電所	—	300	30
g	配電設備	—	2,000	135
	合　計	87,350	9,000	2,150

出典：表1に同じ．

第2節　MSA援助

（1）　電源開発五年計画

　米国の相互安全保障法（MSA）は，ソ連の攻撃から欧州を防衛するための相互防衛援助法，前節の1948年対外援助法，発展途上国に対する技術援助を行うために1950年に成立した国際開発法が統合されて1951年10月に成立した．国際開発法は，対発展途上国援助が表明された1949年1月のトルーマン大統領による年頭教書の第4項目（Point Four）を実施するために1950年5月に制定され，技術援助実施機関として同年10月に国務省に技術協力局（Technical Cooperation Administration，略称TCA）が設置された．1951年10月に設置された相互安全保障庁（Mutual Security Agency，略称MSA）は，ECAとTCAが別々に実施してきた経済援助を統括し，大統領直属のMSA長官が軍事援助と経済援助を調整して，国防省が軍事援助を，TCAが技術援助を，MSAが防衛支持（Defense Support）を含む経済援助と対極東技術援助を担当することになった．こうして台湾

への米国援助は冷戦を色濃く反映する体制の下でなされることになった．MSA 援助の主要項目となった防衛支持援助は非計画型と計画型とからなり，前者では小麦，大豆，棉花，肥料などが台湾に輸入され，後者では電力業を含む鉱工業を中心にドル資金が配分されていく．また，見返り資金の運用では，直接軍事援助（Direct Force Support，略称 DFS）への配分が多かったものの，農業，電力業を含む鉱工業，交通運輸にも配分されていった．

　表 8 には 1952 米国会計年度以降の台湾電力業に対する MSA 援助が示されている．先に見た 1951 年度 ECA 援助にあった諸計画のほか，表 4 に認可待ちとして記されていた天冷水力第 2 基が 1952 年度 MSA 援助に付け加えられている．また，1952 年度 ECA 援助に申請予定であった立霧水力第 2 基，烏来水力第 2 基に加え，松山火力増設が MES 基金による援助となっている．1953 年度以降の MSA 援助申請には，1952 年度 ECA 援助に申請予定であった北部火力増設，八堵変電所拡充，送電設備拡充のほか，霧社水力，銅門水力，高雄火力増設が組み込まれている．1950 年末に立案されていた諸計画は全て MSA 援助に組み込まれたことになる．そして，1953 年度申請計画に 1954・1955 年度の計画も記されていることから，この頃から中長期的な電源開発計画および債務償還計画を立案する必要性が認識されていたと思われる．

　1952 年 8 月に台電公司は 5 年間で発電容量を約 30 万 kW 増加させるという「五年開発電源暨整理財務方案」（表 9）を立案する．本計画には新規に南勢水力と竹坑水力が組み込まれている．1951 年の発電容量が 30 万 5045 kW であるから，発電容量をほぼ倍増させようという内容である．必要外貨 2454 万 6000 ドルは MSA に申請し，現地通貨 6 億 1175 万元は政府および見返り資金に年利 12 ％で申請する計画であった．

　その債務返還計画は表 10 に示されており，20 年間償還計画を（Ⅰ）現行料金での償還計画と，（Ⅱ）電気料金 54 ％値上げでの償還計画が示されている．（Ⅰ）では毎年度赤字が計上され，法人税を納めることができず，

表8 台電公司へのMSA援助（千ドル）

プロジェクト	1950年度	1951年度	追加	1952年度	合計	現地通貨（千元）
1 木製電柱（1万本）	300				300	1,450
2 新竹変電所拡充（72,000kva）	450				450	3,850
3 設備復旧	750				750	620
4 設備更新・改善		1,016	700	992	2,708	350
5 北部火力煖炭機		207		227	434	300
6 立霧水力第1機（16,000kW）		669		395	1,064	29,600
7 台北変電所拡充（40,000kva）		316		537	853	500
8 天冷水力第1基（26,500kW）		1,890	500	998	3,388	45,500
9 天冷水力第2基（26,500kW）				1,900	1,900	2,500
合計	1,500	4,098	1,200	5,049	11,847	84,670

MES基金によるMSA援助

プロジェクト	MSA援助（千ドル）	現地通貨（千元）
1 立霧水力第2機と東西連絡送電線	970	3,200
2 烏来水力第2基	970	1,600
3 松山火力	120	4,300

1953年度申請計画

プロジェクト	1953年度		1954年度		1955年度		計	
	（千ドル）	（千元）	（千ドル）	（千元）	（千ドル）	（千元）	（千ドル）	（千元）
1 北部火力拡充（40,000kW）	5,500	14,600		10,000		2,000	5,500	26,600
2 霧社水力（20,000kW）	750	30,000	350	50,000		31,700	1,100	111,700
3 銅門水力（24,000kW）	1,600	20,000		10,000			1,600	30,000
4 八堵変電拡充40,000kva	670			1,000			670	1,000
5 送配電線設備拡充	1,000	1,000	500	4,000			1,500	5,000
6 高雄火力拡充（40,000kw）	5,500			12,000		20,000	5,500	32,000
合計	15,020	65,600	850	87,000		53,700	15,870	206,300

出典：From R. J. Parsons, Senior Electrical Engineer, The J. G. White Engineering Corporation To Chief MSA Mission to China, Review of the Taiwan Power System and Proposed FY1953 Development Program, March 10, 1952,「台湾電力公司検送1952, 1953美援計画」資源委員会檔案24-04-017-01.

表 9　五年電源開発計画と必要経費

	プロジェクト	増加容量 (kW)	備考
1	天冷水力第二基	26,500	MSA 援助資金
2	松山火力拡充	5,000	〃
3	烏来水力第 2 基	11,250	〃
4	立霧水力第 2 基	16,000	〃
5	澎湖火力	1,000	〃
6	送配電線拡充	—	—
7	烏来・台北間送電設備	—	—
8	北部火力拡充	40,000	政府支出
9	高雄火力	40,000	
10	銅門水力	21,000	
11	霧社水力	20,000	
12	八堵変電所拡充	—	
13	南勢水力	20,000	
14	竹坑水力	100,000	
	合計	300,750	

年　度	外貨(千ドル)	現地通貨(千元)
1952年 7－12月	5,276	11,270
1953	6,750	96,535
1954	3,040	180,935
1955	3,480	151,635
1956	3,000	111,375
1957	3,000	60,000
合　計	24,546	611,750

出典：TAIWAN POWER COMPANY, FIVE-YEAR DEVELOPMENT PROGRAM & OVER=ALL FINANCIAL PLAN,(AUGUST 1952)

無配当となっている．（Ⅱ）では1954年度から1956年度まで利益は計上できないものの，他年度は利益を計上して法人税を納め，6％配当が計画されている．一般物価は上昇していたにもかかわらず，電気料金は1950年5月の70％値上げ以来変わっていなかった．営業成績が赤字に転落しようとするタイミングで多額の債務を発生させるMSA援助を受け入れようとする台電公司としては，電気料金値上げは不可避であった．

　以上の「五年開発電源暨整理財務方案」は，台湾省政府「台湾経済四年自給自足方案」（1952年11月）と連動していたと推測される．省政府作成の方案は経済安定委員会が修正補足し，工業計画と農業計画の2部からなる，いわゆる第一期経済建設四年計画となる．工業部門では重点主義が採用され，電力業および化学肥料産業が重点対象となったが[32]，そのことは表11に示される資金計画から確認できる．ドル資金6621万ドルの38.4％にあたる2642万ドル，新台幣資金8億1410万元のうち60.5％にあたる4億9230万元を電力業に投入する計画であった．化学肥料産業に対してはドル資金の26％にあたる1720万ドル，新台幣資金の11.6％にあたる9450万元を投入する計画になっている．発電容量を増加することと，化学肥料の増産によって輸入外貨を節約することに本計画の重点が置かれたといえる．

　電力業に関する成果については，第一期経済建設四年計画では，電力業に8億3900万元投入する計画に対し，同期間における固定資本形成額が9億5200万元（1952年価格）であったことから，達成率は115％とみる見解がある[33]．しかし，計画の詳細をみなければ達成率の評価は難しい．第一期経済建設四年計画における電力設備拡充計画を表12で確認してみよう．先に見た「五年開発電源暨整理財務方案」と比較してみると，資金計画は異なるものの電源開発計画は同内容であり，竹坑水力10万kWは1957年稼働開始となっている．つまり，第一期経済建設四年計画期の最

32　笹本武治・川野重任，前掲書，197-200.
33　林維星，前掲論文.

表10 債務償還計画

I. 現行料金

年度	収入	支出						赤字	債務返済
		営業費	減価償却	資本支出	法人税	配当金	%	計	
1953	197,809,800	212,930,800	29,958,000	30,210,352	0	0	0	273,099,152	75,289,352	—
1954	205,585,891	224,173,272	31,281,000	43,520,000	0	0	0	298,974,272	93,388,381	24,798,945
1955	229,600,814	241,419,253	38,808,000	64,688,797	0	0	0	344,916,050	115,315,236	35,411,295
1956	259,209,868	250,046,196	43,096,000	77,684,782	0	0	0	370,826,978	111,617,110	44,758,745
1957	283,782,391	258,259,882	60,051,000	84,356,864	0	0	0	402,667,746	118,885,355	51,872,495
1958	283,782,391	258,259,882	60,051,000	83,582,258	0	0	0	401,893,140	118,110,749	56,417,495
1959	283,782,391	258,259,882	60,051,000	78,937,652	0	0	0	397,248,534	113,466,143	56,417,495

II. 電気料金54%値上げ

年度	収入	支出						黒字	債務返済
		営業費	減価償却	資本支出	法人税	配当金	%	計	
1953	303,979,092	212,930,800	29,958,000	30,210,352	13,742,055	16,980,000	6.00	303,821,207	157,885	—
1954	315,954,272	224,173,272	31,281,000	43,520,000	7,487,082	9,492,918	3.35	315,954,272	0	24,798,945
1955	352,937,253	241,419,253	38,808,000	64,688,797	3,455,624	4,565,579	1.61	352,937,253	0	35,411,295
1956	398,535,196	250,046,196	43,096,000	77,684,782	12,314,803	15,393,415	5.43	398,535,196	0	44,758,745
1957	436,376,882	258,259,882	60,051,000	84,356,864	15,015,322	16,980,000	6.00	434,663,068	1,713,814	51,872,495
1958	436,376,882	258,259,882	60,051,000	83,582,258	15,363,774	16,980,000	6.00	434,236,914	2,139,968	56,417,495
1959	436,376,882	258,259,882	60,051,000	78,937,652	17,453,847	16,980,000	6.00	431,682,381	4,694,501	56,417,495

出典:表9に同じ。

註:(1)資本支出はその他債務の利払い。
(2)毎年度減債基金から債務返済。

表11　第一期経済建設四年計画工業部門の資金所要額

	ドル（千ドル）				新台幣（千元）			
	1953年度	1954年度	1955年度	1956年度	計	1953年度	1954年度	1955年度	1956年度	計
電力	10,276	6,345	4,710	4,090	25,421	81,600	166,000	136,700	108,000	492,300
肥料	4,000	10,000	3,200		17,200	16,000	33,000	22,500	23,000	94,500
礦業	435	1,000	500		1,935	10,000	12,000	8,000		30,000
紡織業	1,374				1,374					
塩および副産品	250	200			450	16,000	6,000	5,000		27,000
パルプおよび紙	600	560	1,090		2,250	5,000	5,900	7,600		18,500
金属品	880	900			1,780	1,500	1,500			3,000
石油・石油採掘	1,300	1,400			2,700	5,000	8,000			13,000
潤滑油	300	1,100			1,400	3,600	15,400			19,000
油脂		150			150	4,300				4,300
化学		1,565	1,525		3,090	10,000	12,000	13,000		35,000
食品加工		300	250		550	2,500	5,000	5,000		12,500
造船	426	726			1,152	6,000	6,000			12,000
漁業	300	250			550	10,000	10,000			20,000
林業	68	500	250		818					
鉄道	1,200	2,000	1,000		4,200	11,000	13,000	9,000		33,000
道路	876				876					
電信	17	150	150		317					
計	22,302	27,146	12,675	4,090	66,213	182,500	293,800	206,800	131,000	814,100

出典：経済部『中華民国第一期経済建設四年計画』1971年、55-56。

終年である 1956 年までに，竹坑水力 10 万 kW 以外の設備を竣工させ，発電容量を 20 万 0750 kW 増加させる計画であった．

表 12 には化学肥料工場拡充計画も示されている．高雄硫安廠は電解法からガス法への転換をともなう拡充計画であり，尿素肥料工場である台湾肥料公司第六廠もガス法を採用する計画であるから，電源拡充計画と連動したものではない．ただ，硝安石灰工場である花蓮廠は電解法で水素を得る計画であり，電源拡充計画と連動していた．電気需給が逼迫していた西部系統に対する東部系統からの送電は送電損失率を高めていたが，東部における電力多消費型の硝安石灰工場の稼働により，送電損失率の低下を企図していた[34]．以上の化学肥料工場が稼働することにより，1956 年には 1952 年と比較して約 2000 万ドルの外貨節約が期待されていた[35]．

まず，この第一期経済建設四年計画の電源開発計画の成果について表 13 を利用しつつ確認しておこう[36]．松山火力拡充，天冷水力第 2 基はほぼ予定通り 1953 年に竣工し，同年の発電容量は前年の 33 万 1545 kW から 36 万 3108 kW に増加した．烏来水力第 2 基，立霧水力第 2 基，澎湖火力の竣工は 1954 年にずれ込み，同年の発電容量は 39 万 1914 kW に増加している．1955 年には 1954 年竣工予定だった北部火力拡充，銅門水力のほか，高雄火力が予定通り竣工し，発電容量は 49 万 3414 kW に増加した．1955 年予定だった霧社水力の竣工は 1957 年まで遅れ，南勢水力と竹坑水力は未施工となった．しかし，計画にはなかった天冷水力第 3 基が 1956 年に竣工し，龍潤水力が 1955 年に起工されて 1959 年に完成している[37]．計画は大幅に変更されており，総じて，5 年間で 30 万 kW 増加させるという計画目標の 6 割弱程度の達成率であったことになる．

全ての拡充計画の実際にかかった経費は明らかにし得ないが，いくつか

---

34 行政院国際経済合作発展委員会『台湾肥料工業運用美援成果検討』1964 年，90．
35 経済部『中華民国第一期経済建設四年計画』1971 年，41，58．
36 松山火力拡充と澎湖火力については，行政院国際経済合作発展委員会（1964）『台湾電力開発運用美援成果検討』を参照．
37 行政院国際経済合作発展委員会，同上資料．

表12　第一期経済建設四年計画時の電力設備および化学肥料工場設備拡充計画

電力設備拡充計画

	増加容量 (kW)	所要資金		工期
		ドル(千ドル)	新台幣(千元)	
天冷水力第二基	26,500	—	2,500	1952–53年
松山火力拡充	5,000	—	1,000	1952–53年
烏来水力第二基	11,250	—	1,800	1953年
立霧水力第二基	16,000	—	3,500	1953年
澎湖火力	1,000	15	2,500	1952–53年
送電設備拡充	—	5,000	70,000	1953–57年
烏来・台北間送電設備	—	141	300	1953年
北部火力拡充	40,000	5,500	26,000	1952–54年
高雄火力増設	40,000	5,500	32,000	1952–55年
銅門水力	21,000	1,600	30,000	1952–54年
霧社水力	20,000	1,100	105,700	1953–55年
八堵変電所拡充	—	670	1,000	1954年
南勢水力	20,000	1,960	93,800	1954–56年
竹坑水力	100,000	8,560	185,000	1954–57年
合　計	300,750	30,046	555,100	

化学肥料工場設備拡充計画

	増産能力 (トン)	所要資金		竣工予定
		ドル(千ドル)	新台幣(千元)	
高雄硫安廠	60,000		7,500	1953年
花蓮廠	66,000	4,000	18,000	1954年
台湾肥料公司第六廠	150,000	13,200	69,000	1956年
	276,000	17,200	94,500	

出典：経済部，前掲資料，35-41，55-56．

表13 主要電源開発の米国援助資金と竣工年月（1952～1959年竣工）

	増加容量(kW)	米国援助資金 ドル(千ドル)	新台幣(千元)	竣工年月
天冷水力第二基	26,500	4,702	18,284	1953年8月
天冷水力第三基	26,500			1956年4月
立霧水力第二基	16,000	1,478	―	1954年3月
烏来水力第二基	11,250	―	―	1954年6月
銅門水力	21,000	898	20,666	1955年7月
北部火力拡充	40,000	300	27,318	1955年4月
高雄火力	40,000	5,406	32,867	1955年11月
高雄火力増設	40,000	5,525	36,770	1958年6月
霧社水力	20,700	2,577	256,017	1957年7月
龍澗水力	48,600	3,423	166,120	1959年6月

出典：王松齢（1965）「台湾之電力工業」台湾銀行経済研究室『台湾銀行季刊』第16巻第3期.

のプロジェクトは判明し得る．例えば，霧社水力の場合，表12に示された計画よりも約2.5倍の経費を要しており，所要資金計画を大幅に超過している．北部火力拡充の場合はウェスティングハウス社からの借款を主とする558万5927ドルと，5021万0173元を要しており，計画よりもほぼ倍増した現地通貨部分では見返り資金2595万9448元を利用し得たものの，残りは台電公司が負担せざるを得なかった[38]．また，高雄火力の場合，米国援助540万5993ドルおよび見返り資金3286万7043元を投入できたものの，台電公司がさらに2120万7278元を負担している[39]．さらに，計画にはなかった高雄火力第2基は，1957年に起工されて1958年に竣工しており，米国援助資金552万4713ドルおよび見返り資金3677万142元を利用したほか，台電公司が2746万2243元を負担している[40]．

次に，化学肥料工場設備拡充計画の成果について確認すると[41]，高雄硫

---

38 行政院国際経済合作発展委員会，同上資料，41-42.
39 行政院国際経済合作発展委員会，同上資料，42.
40 行政院国際経済合作発展委員会，同上資料，42.

安廠は規模が縮小され，1956年に年産3万トン規模の設備が完成している．年産6万トン規模の硝安石灰工場については米国援助資金442万ドルと4600万元を調達して1957年に竣工した．尿素肥料工場は年産7万5000トン規模に縮小したうえで，米国援助資金1700万ドルと2億4800万元を調達し，1958年3月に設備が完成したが，試運転で問題が発生したため本格稼動開始は1960年まで待たなければならなかった．このほか，第一期経済建設四年計画には含まれていないが，硝燐肥料工場設立計画が遂行されており，台肥公司第三廠内に年産3万5000トンの硝燐肥料工場が完成している．しかし，総じて判断すれば，化学肥料も増産目標に遠く及ばない状況であった．

こうした計画の遅れは電気需給状況にどのような影響を及ぼしたであろうか．表14は台電公司の発電容量と発電量・売電量の推移を示したものである．発電容量の増加に着目すると，1955年と1958年の火力増設によって電源構成に変化が見られ，発電量における火力の比率は1956年より増加するようになった．大容量の北部火力と高雄火力の発電効率は高く，発電1kwhに必要な石炭は1952年に0.94kgであったが，1959年には0.61kgに減少した[42]．また，台北・高雄といった電力消費地に近い大容量火力の稼働は送電損失率の低下をもたらし，1956年に21.3％であった損失率は1959年に13.8％にまで低下した[43]．

売電量の比重について見ると，電灯は逓減傾向，電力は逓増傾向にあった．この時期の電力多消費産業は化学肥料製造業，製紙業，ソーダ製造業，アルミニウム精錬業，鉄鋼業，セメント製造業，製氷業，精米業，紡織業，石炭業などであった．1950年代半ばにおける韓国の電力需要構造と比較すると[44]，石炭業，紡織業，製紙業，セメント製造業，鉄鋼業，精米業な

41　葉仲伯「台湾之肥料工業」台湾銀行経済研究室『台湾之工業論集巻四』1968年．
42　林明東「台湾電力之発展」台湾銀行経済研究室『台湾銀行季刊』第21巻第2期，1970年，35．
43　林景源・李恒毅「台湾電力供需之研究」台湾銀行経済研究室『台湾銀行季刊』第17巻第2期，1966年，107．

表14 台電公司の発電容量と発電量および売電量

	1952年	1953年	1954年	1955年	1956年	1957年	1958年	1959年
発電容量（kW）	331,545	363,108	391,914	493,414	520,414	541,231	582,151	632,751
水力	276,615	303,115	330,365	351,365	377,865	398,565	398,965	447,565
火力	54,930	54,993	61,549	142,049	142,549	142,666	183,186	185,186
発電量（百万kWh）	1,420	1,564	1,805	1,966	2,250	2,555	2,880	3,213
水力	1,231	1,466	1,565	1,531	1,653	1,938	1,859	2,011
火力	189	98	240	435	597	617	1,021	1,202
売電量（千kWh）	1,076	1,225	1,403	1,497	1,770	2,084	2,416	2,770
電灯（千kWh）	259	301	324	340	381	434	479	533
家庭用	199	233	245	257	289	329	366	409
営業用	60	67	79	83	93	105	113	123
電力（千kWh）	817	924	1,078	1,156	1,389	1,650	1,937	2,237
化学	358	381	410	434	513	640	782	908
うち肥料	269	268	264	266	302	346	472	538
製紙	42	50	62	72	86	107	118	149
ソーダ	32	45	62	67	84	110	111	125
金属	149	183	244	252	327	360	397	465
うち鉄鋼	11	16	21	23	84	118	144	217
アルミニウム	112	131	178	173	219	210	215	197
窯業	29	35	36	34	42	57	92	104
うちセメント	25	30	30	26	30	42	77	85
食品	74	83	101	111	127	137	154	167
うち製氷	20	22	29	29	38	41	48	54
精米	23	22	25	29	29	32	33	33
紡織	43	60	71	80	92	109	118	141
礦業	65	71	72	78	97	115	131	155
うち石炭	37	42	42	47	59	73	85	97
機械	16	18	29	33	39	47	54	60
農業・水産業	18	19	35	46	51	53	53	52
その他	66	74	80	88	102	132	156	185
売電量に占める比重								
電灯（％）	24.1	24.6	23.1	22.7	21.5	20.8	19.8	19.2
電力（％）	75.9	75.4	76.9	77.3	78.5	79.2	80.2	80.8

出典：王，前掲論文，9-10，14-15，18-19．

どの比重が高いことは両地域に共通している．相違する点は，韓国では化学肥料製造業からの需要が高まるのは1956年以降となること，台湾で需要が高いアルミニウム精錬業およびソーダ製造業からの需要が韓国には無いことである．これらは植民地期の日本帝国内分業と帝国解体後の朝鮮半島南北分断が影響した結果であろう[45]．

　台湾の最大の電力ユーザーは台肥公司であった．このことから，台電公司は台肥公司への電力供給により，台湾農民から富を収奪する公営企業体制の一翼を担ったとする見解がある[47]．この見解を検討するため，やや詳しくみてみよう．1955年まで同公司への売電量はほとんど増加していない．表中の期間において，同公司第一廠・第五廠での石灰窒素の年産7万トン規模が維持されていたことがその原因であろう[46]．1956年から同公司への売電量が増加している原因は明らかにし得ないが，1957年からの増加は硝安石灰工場の稼動と関係している．先の見解は，化学肥料が省政府糧食局を通じて米肥バーター制によって農民に供給されたことに基づく．しかし，表15に示されるように，糧食局が供給した化学肥料の調達先別数量の推移を見ると，1953年までは米国援助肥料，1954年以後は輸入肥料が最大の比重を占めており，輸入肥料のほとんどが日本製硫安であった．台湾産化学肥料の比重は相対的に低く，しかも，電力多消費製品である石灰窒素は多い年でも12％未満であった．以上から，1950年代における台電公司と米肥バーター制との関連は希薄であったといえよう．

（2）　債務償還のための利益「封鎖」

　電源開発計画は計画通りとはならなかったが，債務償還はどう推移した

44　Tudor Engineering Company Review of Korea Electric Power Projects Republic of Korea VolumeⅡ, 1958, 116-117. 本資料は林采成教授（立教大学経済学部）から拝借した．記して謝意を表する．
45　ただし台湾紡織業に関しては，終戦後に多くの上海紡織業者が台湾に渡った影響が大きい．
46　王玉雲・任魯『台肥四十年』1986年，110-111．
47　北波道子，前掲書，177.

表15 糧食局供給化学肥料の内訳（トン）

年	購入 台湾産 石灰窒素	過燐酸石灰	その他	計		輸入		米国援助		合計
1949年	—	15,000	—	15,000	13.8%	52,768	48.4%	41,196	37.8%	108,964
1950年	2,007	26,000	—	28,007	11.4%	69,139	28.2%	147,855	60.3%	245,001
1951年	16,936	35,524	—	52,460	19.6%	76,993	28.8%	137,782	51.6%	267,235
1952年	35,941	31,000	7,500	74,441	16.7%	89,711	20.1%	282,315	63.2%	446,467
1953年	37,070	58,479	9,781	105,330	23.6%	166,916	37.4%	173,499	38.9%	445,745
1954年	48,923	91,455	15,588	155,966	37.8%	256,104	62.2%	—		412,070
1955年	53,645	66,363	12,334	132,342	26.6%	365,168	73.4%	—		497,510
1956年	62,581	111,551	8,144	182,276	33.4%	362,293	66.5%	—		545,019
1957年	54,922	98,095	6,224	159,241	29.2%	385,178	70.8%	—		544,419
1958年	43,070	99,697	22,008	164,775	29.8%	387,806	70.2%	—		552,581

出典：康璁（1972）「台湾化学肥料之消費」台湾銀行経済研究室『台湾化学肥料配銷実況』14.

であろうか．1952年8月時における台電公司の債務は1232万ドル（1ドル＝10.3元）および1億1268万元にたっしていた[48]．電気料金の値上げが据え置かれている状況で，炭価は1950年トン48元から1952年トン150元に上昇し，火力発電所をフル稼働していた台電公司にとって炭価上昇は大きな負荷となり[49]，1952年度は初めて赤字決算に陥る．

こうした収益状況が厳しい状況で，台電公司は前述の電気料金54％値上げを前提とした債務償還計画とともに「五年開発電源曁整理財務方案」を立案していた．しかし，電気料金に関しては，国営事業管理法第20条の規定により，立法院の審議・認可を得る必要があった[50]．1952年11月に行政院は「五年開発電源曁整理財務方案」を承認し，1953年1月に電気料金54％値上げ案の審議を立法院に申請した．しかし，立法院は電気料金32.2％値上げに修正して，これを可決した．その修正根拠は，（発電費用＋送変配電費用＋販売費用＋一般的管理費用＋営業外支出＋配当金＋法人税）／実際販売電気量という計算法で平均売電価格計算基数を算出し，その平均売電価格指数0.2024と現行価格0.153との差から，32.2％と修正された[51]．

台電公司の電気料金値上げと債務償還は不可分の関係にあった．1953年3月に，電気料金値上げによる増収分を減債基金保管委員会が管理する減債基金に預け入れることが決定された[52]．表16に示される通り[53]，1952年以降，台電公司には米国援助を中心に多額の債務が生じ，元利金払いが

---

48 TAIWAN POWER COMPANY, FIVE-YEAR DEVELOPMENT PROGRAM & OVER=ALL FINANCIAL PLAN, （AUGUST 1952）. Office Of Far Eastern China Subject Files. 1948–57, China, Commodities, Power Taiwan Power Company, Box28, RG469.
49 「台湾電力公司電価調整補充説明」1952年11月，『台電公司　電価調整案』資源委員会檔案24-11-10（19-1）．
50 台湾電力公司『台湾電力発展史―台湾電業百週年紀念特刊』台湾電力公司公衆服務処，1989年壹 44-45．
51 『台湾省政府公報』四十二年春字第二十二期，259-267．この値上げにより1戸当たり平均電灯料金は15.8元から20.7元に上昇した（張斯敏・蔡坤蘭「台湾電力公司之售電業務」台湾銀行経済研究室『台湾銀行季刊』第19巻第3期，1968, 356）．

多額にたっしている．1953年以降，電気料金値上げ増収分が減債基金に預け入れられており，表12に示される電気料金収入に占める比率は，1953年23.5％，1954年23.7％，1955年42.7％，1956年46.6％，1957年51.3％，1958年50.5％を占めている．この制度により，電気事業収入の約半分は減債基金に預け入れられる仕組みが構築された．

さらに，台電公司はMSA対華ミッションおよび米援会との協議を経て，1953年4月に「整理財務修正方案」を作成する．その内容は，政府が1953年から1967年まで台電公司から得る法人税と配当金を全て元利金償還に充当するというものであった[54]．1953年5月に行政院は「整理財務修正方案」を認可し，これにより，政府が台電公司から得た法人税および配当金は，全て台電公司に対するMSA援助の元利金償還に充当されることになった．

この政府による元利金償還は，台電公司の資本金増加につながった．表17に示されるように，台電公司の資本金は毎年増加しており，その増加額は中央政府・省政府・台北市政府の再投資額とほぼ同額となっている[55]．台電公司の債務を政府が償還することにともない，政府の台電公司に対する債権が株式化されたことになる．

以上から，台電公司が多額のMSA援助を受けるにあたって，電気料金値上げ増収分は減債基金に預け入れ，政府が徴収する法人税および配当金は全て元利金償還に充当するという，利益処分に対する厳格な管理体制となったことが分かる．台電公司の利益は債務償還のために「封鎖」されたといえる．

---

52 同委員会は経済部，財政部，審計部，秘書処，主計処，省政府，経済合作発展委員会（米援会の後進），台湾銀行，台電公司からの代表1名ずつから構成されていた（行政院国際経済合作発展委員会，前掲『台湾電力開発運用美援成果検討』74-75）．
53 本表中の1952年の債務金額はストックで，その他の金額はフローと推測される．
54 台湾電力公司，前掲書，壱123．
55 表中の1954年の積立金増加と1955年の資本金増加は，後述する資産再評価による増資の影響である．

表16 台電公司の長期債務および元利払い明細表（千元）（千ドル）

	米援債務		その他債務		元金償還		利払い		減債基金預入れ	備考
	新台幣	ドル	新台幣	ドル	新台幣	ドル	新台幣	ドル	新台幣	
1952年	58,410	11,847	95,000	630	6,000	2,030	—	—	—	
1953年	75,000	8,877	95,000	—	109,410	200	17,712	—	54,888	電気料金値上げ増収分
1954年	99,842	762	27,000	1,881	23,393	231	16,311	24	63,277	同上
1955年	131,902	25,085	—	—	33,161	8,671	23,130	71	162,051	同上
1956年	187,043	9,033	3,674	—	20,029	3,348	22,337	192	229,721	同上
1957年	205,254	20,974	21,267	—	41,191	4,484	25,911	242	320,732	同上
1958年	392,422	18,003	—	9,038	62,819	8,646	47,281	1,201	394,291	同上
1959年	292,903	15,672	—	5,320	76,129	4,793	90,286	1,913	454,050	同上

出典：行政院国際経済合作発展委員会，前掲『台湾電力開発運用成果検討』78-80．

表17　政府再投資の推移（100万元）

	1952年	1953年	1954年	1955年	1956年	1957年	1958年	1959年	1960年
中央政府		36	23	41	48	81	91	64	119
省政府		19	7	21	27	45	50	26	41
台北市政府		3	1	3	2	4	5	3	7
合　計		58	32	66	77	129	146	93	167
台電公司									
資本金	280	332	362	1,560	1,637	1,767	1,918	2,016	2,182
積立金	211	241	2,530	1,418	1,460	1,618	1,700	1,793	2,024

出典：政府再投資額は台湾電力公司，前掲書，壱124．台電公司の資本金・積立金は楊家瑜（1964）「台湾電力之建設興経営」台湾銀行経済研究室『台湾銀行季刊』第15巻第2期．

（3）　台電公司の財務構造と電気料金問題

　電気料金値上げ問題は台電公司の財務構造に起因する問題でもあった．1949年6月の幣制改革にともない，台電公司の資本金は2億5000万元に改められ，固定資産は7500万ドルを目安に調整され，為替レート（1ドル＝5元）に基づいて3億7500万元とされた[56]．しかし，1950年2月施行の「台湾省公営生産事業外匯辦法」に基づき，公営事業の為替レートは切り下げられ（1ドル＝7.5元），同年7月に為替レートはさらに切り下げられて単一化された（1ドル＝10.35元）．その後，1951年4月公布の「台湾銀行買売結匯證辦法」により，5月から公定レート（1ドル＝10.3元）と外貨割当証レート（1ドル＝15.6元）の複式為替レートが採用され，公営企業の外貨決済には公定レートが適用された．以上の為替レート切り下げは，切り下げ前の為替レートを基に算出された固定資産額の過小評価を意味した．台電公司としては固定資産額が過小評価されているが故に，必要な減価償却費を計上できておらず，また，固定資産額の平均5％かかるとされ

56　行政院国際経済合作発展委員会，前掲『台湾電力開発運用美援成果検討』，26.

る維持費も捻出できない状況となった[57]．電気料金が固定されて増収が抑制されている一方で，インフレーションの影響を受けて売電・管理費などは急増し，旧式設備のために維持費がかさむほか，債務増加による利払い負担が増え，財務構造の改善が不可避となっていた[58]．

1953年8月にJGホワイト社のヒル（Daniel A. Hill）が電気料金に関して行政院に報告書を提出した．その内容は，台電公司の資産再評価を基礎にして，電気料金値上げを実施すべきであるという進言であった[59]．この報告書を受けて，1954年に台電公司の資産再評価がなされ，台電公司の資本金は2億8300万元から14億1500万元に増加した．表18に示されるように，この資産再評価により，自己資本比率が44.4％から74.8％に上昇している．

資産再評価による固定資産の増加にともない，減価償却費用が急増することを理由として，1954年8月になると，台電公司は電気料金36％値上げ案を経済部に提出し，行政院は本案の立法院提出を認めた．同年12月に立法院は1953年電気料金値上げ時の計算法に従い，電気料金32％値上げに修正し，1955年1月より実施することを議決した[60]．この値上げにより1戸当たり平均電灯料金は21.1元から27.4元に上昇した[61]．台電公司の電気事業収入も1955年は大幅な増加となっており（表18），その分，表16に示された通り，減債基金への預け入れ額が増加した[62]．

しかし，1955年2月公布の「結售外匯及申請結購外匯處理辦法」により，銀行買入れレート（1ドル＝15.55元）と銀行売出しレート（1ドル＝15.65元）が定められ，11月より輸入レート（1ドル＝18.78元）と輸出レート（1

57　行政院国際経済合作発展委員会，同上書，26-27.
58　行政院国際経済合作発展委員会，同上書，25.
59　台湾電力公司，前掲書，壱77.
60　台湾電力公司，前掲書，壱77.
61　張斯敏・蔡坤蘭，前掲論文．
62　電気事業収入増収分を減債基金に預け入れた後，実際にどのような収支計算をして表18のような損益計算書になったのかについては，明らかにできなかった．

表18　台電公司の貸借対照表と損益計算書（100万元）

貸借対照表

		1952年	1953年	1954年	1955年	1956年	1957年	1958年	1959年
資産	固定資産	577	959	3,295	3,944	4,253	5,007	6,036	7,094
	基金，長期投資及び未収金	3	8	23	18	36	39	58	57
	流動資産	104	217	375	382	530	691	853	968
	繰延べ及びその他資産	44	4	7	91	86	84	92	87
	合計	728	1,188	3,700	4,435	4,905	5,821	7,039	8,206
資本及び負債	株主資本	462	528	2,769	2,742	2,748	2,863	3,244	3,419
	長期負債	95	529	709	1,293	1,544	2,140	2,958	3,960
	流動負債	92	73	87	138	219	285	452	425
	繰延べ及びその他負債	79	58	135	262	394	533	385	402
	合計	728	1,188	3,700	4,435	4,905	5,821	7,039	8,206
自己資本比率（％）		63.5	44.4	74.8	61.8	56.0	49.2	46.1	41.7

損益計算書

		1952年	1953年	1954年	1955年	1956年	1957年	1958年	1959年
収入	電気事業収入	167	234	267	379	494	625	782	875
	うち電灯	96	129	142	199	232	264	317	357
	電力	71	104	125	180	261	361	464	517
	その他営業収入	15	15	16	18	24	30	43	52
	営業外収入	9	7	6	15	9	8	9	81
	合計	191	256	289	412	527	663	834	1,008
支出	燃料費	24	12	31	45	75	97	171	232
	雇用及び福利厚生費	52	54	56	64	75	88	99	114
	維持費	29	45	38	34	53	54	59	59
	その他営業費	31	35	37	41	44	37	44	55
	税金	9	8	16	14	21	45	32	44
	減価償却費	25	29	65	108	128	141	159	194
	利息支出	15	1	18	27	36	44	73	164
	その他営業外支出	10	10	4	3	7	9	25	33
	合計	195	194	265	336	439	515	662	895
純益		-4	62	24	76	88	148	172	113

出典：台湾電力公司，前掲書，壱91，94，167．電気事業収入の内訳は魏普撰「台湾之電力」台湾銀行経済研究室『台湾銀行季刊』1975年，第26巻第1期21-22．

ドル＝24.78元）が定まった．この約180％もの元切り下げは台電公司のドル建て債務の負担を急激に高めるものであった．表18に示される台電公司の長期負債は1955年に急増し，自己資本比率は61.8％に低下している．MSA対華ミッションは債務償還を確実化するため，さらなる電気料金値上げを台電公司に迫る[63]．

1955年6月にMSA対華ミッションは，ただちに電気料金委員会を設置して，機動的な電気料金値上げを実施するよう米援会に求めた[64]．これに対して，1955年10月に経済部は行政院に，社会から反発を招く電気料金値上げには慎重な態度を示し，MSA援助の元金償還期限を20年から30年に延ばし，利息を年6厘から下げてもらう案を提示し，米援会を経てMSA対華ミッションに伝えたが，MSA対華ミッションの同意は得られなかった[65]．

1956年2月になるとMSA対華ミッションは，再び電気料金値上げを促すよう米援会に求める[66]．1956年3月に経済部はMSA対華ミッションと折衝し，①電気料金は立法院の計算方法に依拠すること，②台電公司の資本金は政府再投資によって毎年調整すること，③台電公司の配当率は6％を下限とすることが決まった[67]．そして，電灯料金は据え置き，電力料金を45％値上げするという電気料金21.9％値上げ案を立法院に提出することになった[68]．しかし，1956年6月に立法院は従来の計算方法に基づき，本案を電気料金17.3％値上げ（電灯料金据え置き，電力料金36.4％値上げ）

---

[63] 1953年8月にアイゼンハワー政権はMSAとTCAを統合して海外活動本部（Foreign Operation Administration，略称FOA）を設立し，さらにFOAは1955年6月に国務省内の国際協力局（International Cooperation Administration，略称ICA）に再編成される．よって，台湾にある援助機関は，FOA/MS対華ミッション，ICA/MS対華ミッションと記すべきであるが，本章では複雑さを避けるため，相互安全保障法に基づく台湾にある援助機関という意味で，MSA対華ミッションという表記で統一する．
[64] 台湾電力公司，前掲書，壱77-78．
[65] 台湾電力公司，前掲書，壱78．
[66] 台湾電力公司，前掲書，壱78．
[67] 台湾電力公司，前掲書，壱78．
[68] 台湾電力公司，前掲書，壱78．

に修正して可決し，7月実施となった[69]．

　こうしたMSA対華ミッションからの電気料金値上げ要求は，1953年1月に成立した米国アイゼンハワー政権の対外援助政策と連動していた．これまでの対外援助の効果に懐疑的であった同政権は，援助はあくまで緊急的なものであり，贈与ではなく借款による援助を原則とし，低開発国への援助を削減しつつ投資および貿易の拡大を図るという対外援助政策大綱を含む特別教書を1954年3月に議会に送っている[70]．また，米国議会では1956年から対外援助政策に対する本格的な再検討が始まり，援助目的は低開発国の経済的自立を促す点にあることを強調する報告書が1957年に相次いだ[71]．

　こうした米国議会の議論に合わせて，MSA対華ミッションは電気料金値上げ要求をさらに強めていく．1956年12月と1957年1月にMSA対華ミッションは，台電公司に対するMSA援助資金についてICAに3月1日までに申請が必要であるが，電気料金問題が具体的に解決できないならば，1957米国会計年度の台電公司に対するMSA援助を凍結せざるを得ず，さらには1957・1958米国会計年度の台電公司以外のMSA援助計画も凍結せざるを得ない，という非常に厳しい内容の書簡を米援会に出す[72]．こうした強い圧力の背景には台電公司の営業収益に対する認識が楽観的に過ぎるというJGホワイト社の意見があった[73]．表18に示されるように，貸借対照表上では1955年度より急速に自己資本比率が低下する一方で，損益計算書上では減価償却費と燃料費が急増しており，1958年度より増加する利払い負担の増加が懸念されたのであろう．この圧力を受けて行政

69　台湾電力公司，前掲書，壱78．
70　川口融『アメリカの対外援助政策―その理念と政策形成―』アジア経済研究所，1980年，38-46．
71　川口融，同上書，46-50．
72　台湾電力公司，前掲書，壱78．
73　「経済部長江杓函台湾省主席厳家淦検送呈行政院長俞鴻鈞報告與美駐華共同安全分署署長卜蘭徳談話経過簽」1957年1月29日，『厳家淦総統文物』典蔵号006-010307-00009-011，許瑞浩・周琇環・廖文碩『厳家淦與国際経済合作』国史館2013，127-135．

院は1957年4月にMSA対華ミッションに対し，①本年度より立法院で毎年電気料金を検討する，②減価償却費は物価上昇を踏まえて計算する，③維持費も物価上昇をふまえた固定資産額の1％とする，④配当率を6％に確定して政府への配当は再投資する，⑤台電公司から徴収する法人税は台電公司に再投資する，⑥炭価は毎年の使用料と実際価格で計算することを伝えた．その後，行政院は1957年12月に台電公司の配当率を6％として，電気料金値上げ11.1％案を立法院に提出する[74]．これに対し，1958年2月に立法院で台電公司の配当率6％は認められたが，電気料金は8％値上げに修正可決され，同年4月実施となった[75]．結局，電気料金値上げ問題は1960年代半ばまで継続することになる．

おわりに

1951米国会計年度までの台湾電力業へのECA援助は，朝鮮戦争勃発を契機に拡大され，その見積もり額と実際額の乖離からして，周到性は低かったといえる．台電公司も財務状況が厳しかったにもかかわらず，電気料金値上げと連動した債務償還計画を立案していない．また，ECA対華ミッションも台電公司に債務償還能力の改善を迫ることはなかった．

しかし，1952米国会計年度からのMSA援助になると，中長期的な電源開発計画と債務償還計画が立案されるようになる．1952年8月に台電公司は「五年開発電源暨整理財務方案」を作成する．その債務償還計画は電気料金の54％値上げを前提に立案されていた．54％値上げ案は立法院で32.2％値上げに修正されたが，その値上げによる増収分は，減債基金保管委員会が管理する減債基金に預け入れることが1953年3月に決定さ

74　台湾電力公司，前掲書，壱79．
75　台湾電力公司，前掲書，壱79．

れた.さらに,同年4月に台電公司は「整理財務修正方案」を作成し,1953年度から15年間,台湾政府が台電公司から得る法人税と配当金を全て元利金償還に充当することが定められた.つまり,電気料金値上げによる台電公司の増収は減債基金保管委員会が管理し,台湾政府が台電公司から吸い上げる余剰利益は全て債務償還用に「封鎖」されたのである.この時期の「公営企業は台湾の経済発展というよりもむしろ財政収入を助け,莫大な軍事費の捻出に役立った」という見解があるが[76],台電公司の利益処分に限れば,利益は電力インフラの整備にのみ使用されたことになる.

「五年開発電源暨整理財務方案」の電源開発計画は第一期経済建設四年計画と同内容であった.第一期経済建設四年計画は電力業と化学肥料産業に資金が傾斜配分されたため,先行研究においては両産業間の連関が意識されがちであるが,化学肥料工場設備拡充計画で大量の電力を必要としたのは東部花蓮の硝安石灰工場のみであり,米肥バーター制との関連は希薄であった.むしろ,両産業間にとっては送電損失率の低減に達成課題の重きが置かれたといえる.必要経費が膨張したこともあり,第一期経済建設四年計画期の電源開発計画は6割程度の遂行率に終わったが,水主火従から水火併用への転換が進み[77],電源構成および発電コスト計算も変化した.さらに,ドル高への為替レート変更によるドル建て債務負担が増加したこともあり,これらのことは当然,電気料金問題を長期化させることとなった.

米国アイゼンハワー政権の対外援助政策の再検討もあり,MSA対華ミッションは電気料金値上げについて米援会を通じて台電公司に迫った.1956年末には,MSA対華ミッションは台湾側に援助打ち切りという言葉を使うまでに圧力を高め,台電公司の配当率を6％に固定したうえで電気

---

76 北波道子,前掲書,178.
77 ジャコビーは米国援助期間を通じて電力不足状態にあった原因を,長期計画の欠如と初期の水主火従の電源開発に求めている(Neil H. Jacoby U.S. Aid to Taiwan: A Study of Foreign Aid, Self-help, and Development, New York, Praeger 1966, 178).

料金を機動的に調整する仕組みを構築させようとした．先行研究が指摘するように，米国の圧力による電気料金の値上げが，結果的には台電公司の経営を健全化することになるが[78]，その具体的解明については，深澳火力，谷関水力，DLF資金が投入された石門ダムといった第二期経済建設四年計画期における電源開発および債務償還計画を，1960年前後のさらなる元切下げをふまえつつ台電公司の財務構造の推移過程において検討しなければならない．この点の解明については今後の課題としたい．ただ，電気料金問題の未解決は台電公司の債務償還能力が未だ改善されていないことを意味したにもかかわらず，その後も台電公司が継続的に援助資金を調達できたという意味で，この時期に台電公司の利益が債務償還用に「封鎖」されたという事実には留意すべきであろう．

---

78 北波道子，前掲書，116．

第 3 章

米国援助と台湾経済官僚による
第一期経済建設四年計画の作成

趙　祐志（湊　照宏　訳）

はじめに

　元行政院秘書長の王昭明は，戦後台湾の経済建設政策にかかわった重要な官僚の一人である．米国援助（以下，米援）時代において，彼は経済安定委員会工業委員会の招集人で米国援助運用委員会（以下，米援会）の副主任委員であった尹仲容の秘書を勤め，米援に関する事務を担当していた．彼は『回顧録』に下記二件の検討に値する事を書いている．第一は，「第二次世界大戦後に復興や経済建設を推進した国の中において中華民国は成功例であり，しかも米援を運用した国の中において最高の成功例である．いかなる計画を推進する際でも，先ず計画の効果や利益を含めた可能性について審査する．当時多くの人は米援に申請する条件が厳しいために不平を述べ，米国によるベトナム，韓国，タイ，フィリピンに対する援助と比較して中華民国に対する援助審査は厳しいので，中華民国の米援申請担当者が弱腰と決め込み，彼らを厳しく責めた．それでも担当した官僚達は変わらず米援の適切な運用は自国の利益に適うために理性的判断が必要だと考え，社会や民意代表者に責められても厳格審査の方針を捨てなかった．現在となってはこの方針が正しかったことが証明されている．米援を簡単に手に入れたフィリピン，タイ，ベトナムなどの国では，その資金が大体

個人的に使用され，国の発展にはほとんど貢献せず，せっかくの援助が無駄になってしまった」という記述である[1]．

　第二は，「台湾は社会主義思想や計画経済を重視する国であり，公営事業こそが利益を国民に還元できると考え，政府が新たに産業を勃興させようとする時には公営化する傾向があるが，こういう計画を推進するための資金や原料の供給は大体米援に頼っていた．これに対して，米国は民営事業を重視する国であって我が国の観念とは異なっていたが，その中で重要な役割を果たしたのが，経済建設及び米援業務に従事した官僚たちである．尹仲容をはじめとする彼らは，政府の政策として民営企業の発展を支持して民間の資金や人材を利用して，その後の民営企業の成長を促進した」という記述である[2]．

　この回顧録の記述によって幾つかの重要なことが分かる．第一に，米国は台湾に対する援助資金の審査に関して他のアジア国家よりかなり厳しかった事である．その原因は大陸時代の国民政府が米援を不当に運用して汚職が多かったためであり，国民政府に対する援助の審査がとても厳しくなった．戦後，国民政府は米援を取得するために計画を立て，米援機関がその効果や利益を含めた可能性について評価した上で資金を入手し得た．台湾が獲得した援助資金は他の国家より少なかったが，有効な計画や厳格な審査によって資金を適切に使用して経済発展に貢献することができた．このことは台湾が米援を運用して成功した重要な要素の一つだと思われる．よって，「経済建設計画」の検証は米援を評価するうえでキーポイントになっている．

　戦後初期の国民政府，公営及び民営企業は工業委員会，中国農村復興聯合委員会と米援会などの機関を通し，米援機関に農業計画あるいは工業計画を提出して経費を申請した．経費の審査権を握るのは米国側であり，国

1　王昭明『王昭明回顧録』時報文化出版企業會社 1995 年，56-57．
2　「三民主義の施政は社会主義路線であると多くの人が認めていた当時は，李国鼎は資本主義路線の人物と認識した人もいる」（王昭明，前掲書，83）．

民政府が米国へ依存していたことが分かる．しかし，1953年に国民政府は経済安定委員会を設置して，台湾経済発展の方向として各種の米援計画を「第一期台湾経済建設四年計画」(以下，「第一期四年計画」) に統合した．「第一期四年計画」は台湾や米国の協力の成果と言える．これについて検討すれば，戦後初期台湾経済の発展に関するいくつかの真相を把握することができるであろう．

　第二に，米援期における経済建設計画の策定が相当重要であるが，李国鼎など経済建設の功労者の回顧録，オーラルヒストリー，伝記などでは彼らの経済建設計画の策定に対する貢献が目に付くが，米援機関からの協力はなかなか見えてこない．米援機関は経済建設計画の審査権を握り，しかも当時の台湾は米国が要求する経済建設計画を立案する人材を欠いていたため，米援機関は国民政府に各種類の工業発展計画作成の協力会社としてJGホワイト社 (J.G. White Engineering Corporation) を推薦した．同時に各種類の工業発展計画の審査を同社に担当させた．よって，戦後台湾の経済建設計画の作成はJGホワイト社の支持によるものである．

　しかし，米援に関して精力的に調査してきた林炳炎は，李国鼎などの経済官僚が米援機関顧問による貢献を隠蔽したとする．林炳炎によれば「国民党政権は米援の執行に最善を尽くさないため，いつも米援の許可が下される時は既に年度末で，毎年度の予算の混乱を防ぐため，FY 1950，FY 1951，FY 1952という単年度予算ではなく，長期計画を採用した」とされる[3]．さらに彼は「第一期四年計画」について，JGホワイト社のプロジェクトマネジャーであるビューセット (V.S. de Beausset) たちの貢献の方が，李国鼎などの経済官僚の貢献よりも格段に高いと指摘した．これは政府の役割が強調される「台湾経済の奇跡」に対する主流的見解とは異なっており，この点を検討することも本研究の動機の一つである．

　第三に，前出の王昭明が述べたように，米援事務の担当者は国益のため，

3　林炳炎『大台湾を保護する米国援助』台湾電力株式会社資料センター2004年，146-147．

理性的な評価態度や厳格な審査の立場を維持していたために，台湾は米援の運用に成功したとされる．台湾経済が成長するとともに李国鼎など経済官僚も政界をリードするようになり，現在，この見解は台湾における米援の運用成果の定説になっている[4]．しかし，台湾における米援の運用は全く欠点がなく成功モデルであったといえるであろうか．当時の新聞や雑誌には世論からの批判も多かった．例えば，1957 年 10 月に『自由中国』雑誌に「米国援助の運用問題」という文章が掲載されている．そこでは，台湾における米援の運用効率はかなり低く，その効果や利益が最低レベルに近いため反省すべきであり，米援を受けた六年間で経済の自立は遠のき，逆に米国への依存度が高まってしまった，と指摘されている[5]．

当時の民意代表者や世論は米援事務の担当機関や担当者の欠陥について批判した．例えば，1954 年に立法委員かつ経済学者である孟広厚は，立法院で行政院長陳誠に米援会物資処，交通処，鉄路局が一千万元以上のコミッションを手に入れるため，枕木防腐給油工程を他の会社より三倍高い台湾木材防腐会社に落札し，国家に数千万元の損失を与えたと指摘した[6]．1956 年に『自由中国』雑誌にも張九如教授の論説が掲載され，米援会の汚職，不明朗な会計処理，借金未返済，浪費，会計制度不備，収支管理不徹底，高い人件費などが指摘され，米援資金が無駄使いとなり，工業建設

4　例えば，尹仲容の側近であった王作栄は「米援を受けた国家においてはヨーロッパの国家の運用成果が最も良かった．ただ，米援を受けた発展途上国においては，我が国の運用が一番成果があがった．中米，南米，東南アジア，インド，韓国よりも優れていた．これは全て政府のお蔭である」と述べている（王作栄口述，工商時報経研室記録『王作栄が台湾経済を語る』時報文化出版企業会社 1998 年，26）．また，葉万安も「米援を受けた多くの国家において台湾は運用を成功させた少数の国家の一つであり，イスラエルとギリシアとともに自立能力があると米国に認定され，1965 年 6 月末に援助中止となった」と記している（葉万安『管制から開放へ―台湾経済自由化の辛い歴史』天下遠見出版株式会社 2011 年，212）．

5　自由中国雑誌社（1957 年 10 月 1 日）「世論：米国援助の運用問題」『自由中国』第 17 巻第 7 期．

6　孟広厚によれば，台湾木材防腐会社の価格は単位あたり 11 元であったが，違う技術を採用して同じ効果を出せる振昌木材会社の単位あたり価格はわずか 3.5 元であった（孟広厚『孟広厚先生文存』富靜岩 1979 年，917-920）．

に対して有効に運用されていない，と記されている[7]．

　前述した経済官僚の回顧録，伝記などは関係者自身が米援の運用成果に対して高く評価したものであるが，当時の世論や民意代表者からの批判の声は無視されている．本章は「第一期四年計画」に注目し，これらに対する批判意見を検討し，経済官僚及び米援機関の功績に対して客観的な評価を与えることを目指す．

　第四に，前述した王昭明の回顧録にあるように，国民政府は社会主義的かつ計画経済的発想で公営企業を発展させようとする傾向があったが，米国は民営企業の発展を重視する国であった．その後，米援の支持によって経済官僚の尹仲容たちが国民政府の政策を民営企業の発展を支持する方向へ変え，「台湾経済の奇跡」を引き起こした．しかし，そもそも国民政府による公営企業を重視する政策は「三民主義」に関係すると思われるが，なぜ国民政府の官僚からの支持を得ていたのであろうか．また，米国が台湾の経済成長に協力するために国民政府の政策を変える事が必要であったとして，米国はどうやって経済官僚を利用してこの公営企業重視政策を変えることができたのであろうか．さらには，米国の政策は「第一期四年計画」にどのような影響を与えたのであろうか．これらの問いを検証する価値があると思われる．

　本章は先ず，当時の政府の出版資料である『経済参考資料』（経済部），『経済問題資料編集（続編）』（経済部），『経済開発計画作成方法論叢』（経済安定委員会），『自由中国の工業』（中央日報），『自由中国財政経済建設』（中外新聞資料社），そして陳誠，尹仲容，錢昌祚，李国鼎，厳演存，潘鋕甲，孫運璿，謝森中，王昭明，王作栄，葉万安，趙既昌など経済官僚の著作，回顧録，オーラルヒストリー，伝記に加え，徐有庠，呉修齊，呉尊賢など

---

[7] 張九如「工業迎える十の難問」『自由中国』第 15 巻第 2 期，1956 年 7 月 450–451．また，王作栄によれば，「当時の米援会の高層部では，尹仲容以外のほとんどの人たちは米援資金を大量に無駄使いして，各地方官僚や民間人と交際し，メディアを買収して個人的勢力を拡大していた」と記している（王作栄『壯志未酬』天下文化出版株式会社 1999 年，309）．

財界有力者の回顧録，さらに学者の張果為，袁穎生，林炳炎たちの論述を参考にし，「第一期四年計画」の編成，改訂及び宣伝の流れを概観する．次に，当時の「第一期四年計画」に対する批判的世論を論述し，最後に，米援機関が自身の戦略により「第一期四年計画」を契機として経済官僚と連携して国民政府の伝統的政策を変えさせた過程を検証する．特にJGホワイト社が「第一期四年計画」の編成で担当した役割や，国民政府の経済官僚による経済建設計画の企画力の習得に注目し，商工業者が「第一期四年計画」に参加するためにとった行動及びその意義も検討する．

第1節 「第一期四年計画」の編成及び修正

(1) 「第一期四年計画」の編成

1．議論

「第一期四年計画」は1952年8月から10月までに編成されたが，行政院長陳誠が既に1951年11月の「四十一年施政計画綱要」の前言で，「全体の生産計画に合わせて労働能力がある国民が適切な就職機会を獲得するようにする」と述べ[8]，「生産計画」の概念を提示した．これは台湾経済建設計画の雛形と考えられる．

1952年10月12日，陳誠は国民党第七回全国代表大会の第二回会議に出席した時に，政府の三年執政状況を報告した．第四点の財政経済において彼は，計画的に経済建設するために政府が「四年建設計画」を編成したと言った[9]．同月14日，陳誠が立法院に提出した「行政院四十二年度施政

---

8 本施政計画は陳誠院長が1951年11月27日に立法院に提出した（経済部編『経済問題資料編集（続編）』1953年，66）．
9 陳誠『陳誠回顧録』東方出版社，2011年，454-455．

計画綱要」の前言においても,「農業で工業を培養し,工業で農業を発展させるという方針によって台湾工業化の具体的計画を作り,米国援助に合わせて台湾の工業と農業を積極的に発展させる.」と記されている[10].この二つの事例から,国民政府が米援を利用して台湾経済を発展させるために「第一期四年計画」を編成した事がわかる.

2.編成

1952年8月から10月にかけての「第一期四年計画」の編成に関しては,当時の雑誌にも掲載されていたが,経済部が出版した『経済参考資料』第121期の「台湾経済建設四年計画の回顧と展望」,第139期の「台湾経済建設第一期四年計画成果の検討及び第二期四年計画の作成」の記述が最も詳しい.

当時,経済部が出版した『経済参考資料』は機密資料に属し,マストヘッドには「本刊はあくまで参考用で公開引用を禁じる」と記載され,この資料は政府側の立場を代表する重要文献である.本資料第121期の「第一期四年計画」に関する内容は以下の通りである.

「台湾経済四年計画」のもともとの名称は「台湾経済四年自給自足方案」であり,JGホワイト社(米援会顧問)が作成した『1952-1955会計年度工業計画草案』と,行政院設計委員会経済組が作成した『台湾生産建設四年計画草案』を参考に1952年8月から10月までに台湾省政府及び関連部署が修正したものである.

この方案の作成後,1952年11月27日に行政院長陳誠は,「第一期四年計画」に関する問題で米国駐華代表ランキンズ(Karl L. Rankinz),MSA対華ミッション主任シェンク(Hubert. G. Schenck),副主任テレル(C. L. Terrel)と約45分間面談を行った[11].また,11月30日に陳誠は行政院長兼米援会主任委員としてシェンクに公文を発しており,その内容は,蔣介

---

10 経済部編,1953年,前掲資料,69-71.
11 薛月順編,『陳誠先生回顧録』国史館,2005年,737.

石総統の命により，米国政府に対して正式に協力を仰ぎ，相互連絡の強化や制度設計の改善に努め，「経済建設四年計画」を積極的に推進するために中華民国政府はこれらの事務を処理する専門機関を設立する，というものであった[12]．

米国側は「第一期四年計画」の援助金額については，対外援助予算が毎年国会で承認を得る必要があるために確定的な回答は出来なかったが，台湾側に早く専門担当機関を設置させるために相互安全保障庁は高官を台湾に派遣した．そして行政院は1953年7月に財政経済小組委員会を経済安定委員会に改編し，「第一期四年計画」の設計，審査，遂行を担当させるとともに「台湾経済四年自給自足方案」を「台湾経済建設四年計画」に改称した[13]．

（2）論争

国民政府が「第一期四年計画」の作成準備に入った時に二つの議論が起こった．第一は，農業と工業のどちらが重要かという問題である．第二は，国父である孫文の民生主義とは計画経済に属すものなのか，それとも自由経済に属すものなのか，そもそも経済計画は実施し得るものなのかいう問題であり，特に二つ目の問題について盛んに議論された．

第一の議論については，当時の工業委員会財経組組長の潘鋕甲が述べたように，「第一期四年計画」は農業と工業をバランスさせて発展させる計画ではあるが，やや工業の発展が重要視された．当時の台湾の産業構造は農業がメインなので，多くの人は台湾で工業が発展する可能性に懐疑的であった．こうした状況で，農業重視論者と工業重視論者が議論したうえで，「第一期四年計画」の大綱は決定された[14]．袁頴生の分析にあるように，「第

12　林炳炎，前掲書，160-162.
13　経済部編「台湾経済建設四ヵ年計画の回顧と展望」『経済参考資料』第121期1956年4月，1-2.
14　潘鋕甲『民営企業の発展』聯経出版事業公司，1983年，16.

一期四年計画」の総投資額は77.99億元であり,うち農業投資は30％,工業投資は70％の計画であり,実際に工業投資が72％を占め,農業投資は28％を占めた[15].以上から,工業重視の方針が実施された事が明らかである.

第二の議論については,当時の工業委員会財経組の葉万安が言述べたように,「第一期四年計画」の作成の間に,大陸時代以来の計画経済を重視する主張と,自由経済を重視する主張との間で議論が起こった.この論争時に,孫文の民生主義は計画経済でもなく自由経済でもなく「計画的自由経済」であるという主張もあった.「計画的自由経済」とは,民間資本の不足時に政府が経済発展を主導して市場メカニズムを創出し,確立された市場メカニズムで民間資本が成長することを目的とする[16].経済官僚のリーダーである尹仲容は「計画的自由経済」を支持し,完全自由放任の経済に反対して,政府がマクロ経済を把握したうえで工業発展の方向や目標を決定するべきであると主張した.さらに尹仲容は,台湾の経済計画は共産主義国家のそれとは異なり,政府が生産手段を所有せず,全ての経済活動をコントロールするのではなく,ただいくつかの工業に関わるため,民間資本は充分な自由空間を有すると述べた[17].また,李国鼎も「計画的自由経済」の採用を支持するのみならず,経済計画の価値を肯定的に評価した.彼が述べたように,共産主義国家の計画経済においては全ての資源が政府にコントロールされているが,台湾は市場経済を基本として政府が農業,工業,貿易の発展趨勢を把握したうえで,投資対象の産業を選別するものである[18].

---

15 袁穎生『光復前後の台湾経済』聯経出版事業公司,1988年,251.
16 葉万安『管制から開放へ―台湾経済自由化の辛い歴史』天下遠見出版株式会社,2011年,206.
17 康緑島『李国鼎口述歴史―台湾経験を語る』卓越文化出版,1993年,87-88.
18 李国鼎『経験と信仰』天下文化出版社,1991年,33.

第 2 節　「第一期四年計画」の宣伝

　「第一期四年計画」の作成は 1952 年 10 月に終了し，11 月末に MSA 対華ミッション主任シェンクに公文を送り，米国政府の協力を仰いだ．蒋介石総統，陳誠行政院長と，台湾省主席兪鴻鈞，工業委員会召集人尹仲容，農業復興委員会（以下，農復会）主任委員沈宗瀚が多方面で「第一期四年計画」の説明を行った．

　1953 年 3 月，蒋介石総統は「四十二年施政方針指示」を示し，そこでは経済建設方面に最も注意や努力を必要とすべきとして，以下のように記された．「『経済建設四年計画』の遂行のために団結し，経済的自立の目標に向かって農業で工業を培養し，工業で農業を発展させるという方針のもと，台湾工業化の具体的な計画を立案して推進する．この計画のためにしっかりと調査し，経済援助に合わせて動力及び原料資源を開発するとともに，在外華僑の投資も奨励する．台湾省政府も本年度に経済的自立を目指す『四年計画』を作成しており，中央・地方を問わず団結して推進すべきだ．当然，国外からの援助を仰ぐが，いつまでも援助に頼る事はできず，経済的自立を果たさなければならない」[19]．

　10 月，行政院長陳誠は「行政院四十三年上半年施政計画綱要」の前言の経済部分において「第一期四年計画」を明確に提示した．彼は「『台湾経済建設四年計画』が既に計画段階から執行段階に入り，工業生産や農業生産の推進，財政・金融・外貨管理・米援など各種作業をスムーズに進めるように本院の経済安定委員会の任務を明確にして審査権限を持たせ，本院の決裁後，中央や地方各機関に執行させるようにする．団結して各作業が目標に達するように協力して全力を傾注すべきである．」として，「農業で工業を培養し，工業で農業を発展させるという方針によって『台湾経済

19　経済部編，1953 年，前掲書，96．

四年計画』を修正し，米援に合わせて積極的に遂行する」と述べている[20].

　11月，台湾省政府主席の兪鴻鈞が台北市編集人協会で講演し，「台湾の農業と工業を発展させるためには全体的な計画を持つべきだが，資金が限られているため重点主義を取らざるを得ない．重点主義的生産を実施するために去年11月に米国の専門家とともに政府は『台湾経済建設四年計画』を作成した．この計画の目的は四年後の台湾を米援に頼らなくても自立できるようにさせる事である．計画内容は工業と農業に分けて，増産対象を慎重に選んだ．計画を毎年着実に推進するため，経済安定委員会が国内外の情勢を分析して本計画の増産目標や必要資金，増産にともなう外貨収入や純国民所得を計算している」と述べている[21].

　12月6日，農復会主任委員の沈宗瀚は四農業学術団体聯合年会において「第一期四年計画」について説明している．彼は「去年11月に省政府は「台湾省経済建設四年計画」を作成した．この計画の目的は四年後の台湾が米援に頼らずに自立する事だ．しかし計画の規模が大きいため，計画を作成したとしても各方面でバランスを保つことができるかどうか，そして米国側が我が国の計画の推進について意見があるかどうかなど，まだ調整中であるから公開していなかった．今年前半に政府は米国と折衝して，7月に行政院経済安定委員会の改編に従って『四年計画』の推進を正式に決定した」と述べている[22]．同時に，工業委員会の召集人である尹仲容も，その会議において「第一期四年計画」の工業部門の重点が電力業と肥料工業にあることを述べている[23].

　1954年1月1日，蒋介石は『総統布告』を発表し，自信満々に「『第一期四年計画』を推進したため，国父孫文が提唱した三民主義の道に進んでいる」と述べた．そして1月23日に臨時台湾省議会の最終大会では，「『台

20　本施政計画は陳誠院長が1953年10月9日に立法院に提出した報告である（経済部編，1953年，同上資料，75-76）．
21　経済部編，1953年，同上資料，111.
22　経済部編，1953年，同上資料，196-197.
23　中央日報社「台湾工業大事紀要」『自由中国の工業』第1巻第1期，1954年1月，24.

湾経済四年自足計画』の総合目標，農業や工業の増産施策，輸出促進案を早めに公開するように」という提案を議決して政府に送った．このことから，民意代表者たちが一日も早く「第一期四年計画」の具体内容を知りたがっていたと思われる．

2月19日，最初の国民大会の第二回会議に蒋介石総統が国家情勢について報告し，「『四年経済建設計画』を確実に推進する．特に電力業を発展させ，華僑と外資の投資を奨励して台湾を工業国にする」と述べた[24]．

6月1日，新任の行政院長兪鴻鈞も総統府の月例会に「第一期四年計画」を報告し，この計画を必ず遂行すると宣言した．彼は「この計画は工業国になるための象徴であり，そして国家の復興や建国の利器である．我々は社会経済が遅れている苦痛から抜け出したければ，財政収支と国際収支のバランスを取り，大陸反攻の軍事行動を強力に支援するため，『経済建設四年計画』を通して工業や農業の増産計画を完成させないといけない」と述べた[25]．

第3節　「第一期四年計画」の改訂

1953年6月，行政院は「各項財政経済審議機関実施法」を公布した．これにより，経済安定委員会に農業，林業，漁業，畜産の生産計画の設計や審議を担当する第四組を設立するとともに，工業，鉱業，交通の建設計画の立案や審議を担当する工業委員会を設立し，本会が「第一期四年計画」の工業部門の立案，審議，遂行を担うことになった[26]．

7月，政府は「行政院経済安定委員会の組織定款」を公布し，財政経済に関する審議機関の調整を行った．第四組は農業，林業，漁業，畜産の生

24　中央日報社「台湾工業大事紀要」『自由中国の工業』第1巻第3期（1954年3月）24-26.
25　中央日報社「台湾工業大事紀要」『自由中国の工業』第2巻第2期（1954年8月）26.
26　経済部編，1953年，前掲書，99-100.

産計画の設計や審議を担当するうえに,「第一期四年計画」の農業生産計画の促進も担当することになった[27]. 同時に「台湾区生産事業管理委員会」及び「米国援助運用委員会工業聯合委員会」の二つの機関を解消し, その業務を工業委員会に吸収した[28].

「第一期四年計画」の改訂について, 工業委員会一般工業組組長の李国鼎は, 農業と工業に分けた個別項目の発展計画, 生産目標及び資金計画のうち, 生産目標の改訂がメインであると述べ, 農業部門は毎年修正して工業部門は実際の状況に従って修正を行うようにするとも記している[29].

(1) 農業計画の改訂

「台湾経済建設四年計画」の農業部門には元々四年間の個別生産目標があったが, 林業, 漁業, 畜産については未作成であった[30]. 経済安定委員会の成立後, 第四組に修正が命じられ, 第四組が中央政府及び台湾省政府に所属する農業機関, 公営事業代表, 専門家, 教授, 外国人専門家など合計61人を集め[31], 食用作物, 特産作物, 林業, 漁業, 畜産, 水利の六つの臨時審議組を設け[32], 会議で意見交換を行って計画の修正を行った.

原案の林業, 漁業, 畜産と水利計画が粗雑であったため, 各組は徹底的に議論して改訂した. 原案の食用作物, 特産作物は細かく計画を立てていたが, 生産目標が楽観的過ぎたため, 1953年や1954年の生産目標を当時の農業, 林業, 漁業, 畜産, 水利施設, 輸出の趨勢, 政府財政と他の資金源などを考慮して修正を行った[33].

そして, 台湾省政府に属した各農業機関は, 農復会, 経済部漁業増産委

27　経済部編, 1953年, 同上資料, 106.
28　経済部編, 1953年, 同上資料, 104.
29　李国鼎「台湾経済現状と努力の道(民国四十五年講演文稿)」『経済発展(二)台湾経済発展問題(一)』李国鼎が寄蔵した資料のコピー, 台湾大学法学院三民主義大学院コレクション, 1956年.
30　中外新聞資料社『自由中国財政経済建設』, 1955年, 179-180.
31　張果為『台湾経済発展』正中書局, 1967年, 763.
32　経済部編, 1956年4月, 前掲資料, 2.

員会の専門家とともに作成した生産計画と生産目標に沿うように，1954年の食用作物，特産作物，林業，漁業，畜産の「実施方案」及び「水利建設方案」を編成し，第四組を通じて農業生産実施方案の総綱要を作成して，経済安定委員会や台湾省政府に提出して許可を得た[34]．

1954年の「生産目標」は経済安定委員会を経由して行政院の許可を得た後に公布された．経済部や台湾省政府が執行する各「実施方案」については，台湾省政府の各担当部門が各県市政府，郷鎮公所，省内各関連部署と公営事業に送り，実施方案に従いながら実施するようにした[35]．

1955年と1956年の「生産目標」も第四組を経由して経済安定委員会が審議したが，実施一年前に実際状況と政府の財政事情から修正を余儀なくされ，行政院の許可を得て公布されるにはいたらなかった[36]．そして1955年と1956年の「実施方案」も，前年度の執行状況を検討した上に修正することが必要になった[37]．

以上から，「第一期四年計画」の農業部門については，「生産目標」及び「実施方案」を毎年実際状況及び検討結果によって作成しなければならないため，四年を通じた全期計画がなかったことが分かる．

（2） 工業計画の改訂

1952年11月末，行政院長の陳誠は「第一期四年計画」をMSA対華ミッション主任のシェンクへ送った．翌年2月3日，MSA対華ミッションがMSAに提出した報告において，台湾が作成した方案に対して，「工業発展計画」を「四年工業投資予算」に改名した方が適切だと指摘した[38]．こ

33　経済部編，1953年，前掲資料，196-197．張果為，1967年，前掲書，763．
34　張果為，前掲書，763．
35　経済部編，1956年4月，前掲資料，1-2．
36　経済部編，1953年，前掲資料，196-197．
37　張果為，前掲書，763．
38　経済部編「台湾経済建設第一期四ヵ年計画成果と二期目四ヵ年計画の編成」『経済参考資料』第139期，1957年11月，2．

の指摘を受け，7月に経済安定委員会が成立した後にすぐ「工業発展計画」の改訂に着手した．

王作栄は回顧録で改訂について以下のように述べている．「工業委員会に入って最初に任された仕事は『第一期四年計画』の工業計画の評価と編集であった．しかし私は工業技術の素人であるので個別の工業投資計画の詳細について評価出来ないため，尹仲容が派遣した張創の協力を得た．定稿は1953年末だった．尹仲容に「第一期四年計画」は何年から起算するかと聞かれ，初期資料は全て1952年末に定まっていたため，各項計画の数字は1953年から起算すると答え，尹仲容の同意を経て経済安定委員会の承認を得た．」[39]．

また，米援会のメンバーであった趙既昌は以下のような趣旨のことを述べている．尹仲容は1953年12月31日に各新聞に「台湾工業政策作成」という一文を発表した．彼は，良好な環境が工業の発展を促進するための一番重要な条件であるので，「第一期四年計画」工業部門計画を作成し，工業部門が米援の申請や運用及び国内工業資源と米援資金の調達などを調整する[40]．このことから，尹仲容は1953年末に「第一期四年計画」の改訂を完成したことが分かる．

経済部の『経済参考資料』でも「第一期四年計画」工業計画の改訂完成時期は1953年末と明記され，さらに「原計画の鉱工業部門は12項目製品の四年後における増産目標，及び16種事業の増産と発展計画方法を記載したのみであった．経済安定委員会はそのうち林業や漁業を農業部門に移し，工業委員会が1953年末に1954年の鉱工業や交通の生産目標を決定し，経済安全委員会を経て行政院の許可を取得後に公布し，経済部，交通部，台湾省政府が執行する．今後，毎年この流れにより処理する」と記している[41]．

39 　王作栄，前掲書 195-199.
40 　趙既昌『米国援助の運用』聯經出版事業会社，1985年，156.
41 　経済部編，1956年4月，前掲資料，2.

以上の三つの資料から,「第一期四年計画」は1953年から実施したが,工業計画部分は同年2月にMSA対華ミッションに批判されたため,工業委員会召集人の尹仲容が王作栄,張創などに各項工業投資計画の評価や編集を再度行わせて,同年末までに完成したものであることが分かる.
　台湾大学経済系教授の張果為は,経済安定委員会の「工業計画」改訂について以下のようにより詳しく語っている.「経済安定委員会工業委員会成立後,当時の状況と発展可能性のある工業を積極的に研究する以外に,各方面のアドバイスを集めて,発展可能性のある工業の設備能力と効率,生産技術,製品品質とコスト,原料供給と市場状況などを調べた.当時の資金量と技術に制限があるため,全ての工業ではなく,重要かつ有利な工業を選び,計画作成の標準として下記四つの原則を作った.①重点主義を採用するものの各工業の発展のバランスを維持する.②増産目標は国内外の市場に合わせて決定する.③現有設備,国産原料と副製品を十分利用する.④生産能力拡大及び生産性改善の双方に力を入れる.この原則に沿って農業計画に合わせて個別工業計画の初稿を作成した.そして関連部署と公営,民営事業と専門家から意見を聞いた後にまとめて改訂を行った.同時に「工業部門計画」を編集し,経済安定委員会を経て行政院の許可を取得した.「工業部門計画」においては1954年から1956年までの主要な生産目標を作成した.毎年計画の執行後,成果状況によって次年の生産目標を改訂し,経済安定委員会を経て行政院の許可を取得することになった」[42].
　1954年4月10日,経済安定委員会は改訂後の「工業発展計画」を立法院経済委員会に報告した.その計画は電力,交通運輸,鉱業,製造工業などの項目を含み,四年の総生産額は276億3800万元に達すると見込まれ,平均して毎年約69億元の総生産額となり,最も生産額が多いのは製造業であった.工業計画の投資総額は1億1890万ドルと17億711万元であり,平均して毎年約3000万ドルと4億4000万元となる.計画執行後の台湾経

42　張果為,前掲書,763.

済への影響は（一）工業生産の比率が増加し，国内資源の利用が高まる．（二）「第一期四ヵ年計画」が順調に完成したら，米援が中止になっても人民は1952年の生活レベルを維持できる．（三）工業の発展に従って就業機会も増える．（四）「第一期四年計画」は順調に完成した場合は，台湾の対外貿易収支のバランスが取れる[43]．6月になると，工業委員会は「経済建設四年計画工業計画概要」を編集して関連部署と事業機関に配り，執行させた[44]．

ただし，「第一期四年計画」の工業計画は前述の通りに改訂を行ったものの，主要な資金源である政府予算が不足した．米援を取得し続けるためには各計画の投資額を修正する以外に，米援資金額と自分負担金額を分けて精緻化する必要があった[45]．

第4節　JGホワイト社の「第一期四年計画」に対する貢献

（1）JGホワイト社の来台

台湾電力業の戦後復興の功労者である孫運璿の回顧によれば，1945年12月中旬，彼は台湾電力株式会社の接収のため，JGホワイト社の技術者五名とともに松山空港に到着した[46]．JGホワイト社と国民政府との関係は以前からあり，1948年10月14日，国民政府は上海でJGホワイト社と中国工業復興計画の顧問会社として契約を結んでいた[47]．朝鮮戦争後に米援が

43　中央日報社「台湾工業大事紀要」『自由中国の工業』第1巻第5期，1954年5月，30．
44　経済部編，前掲資料，1956年4月，1-2．
45　経済部編，前掲資料，1957年11月，2．
46　楊艾俐『孫運璿伝』天下雑誌社，1989年，52．『台湾新報』1945年12月21日の記事では，経済部資源委員会がJGホワイト社の電力専門家6名を採用して，20日に上海から台北へ来たと報道されている（林炳炎，前掲書，186-187）．
47　中央日報社「米国援助技術援助計画（MSA対華ミッション報告摘要を翻訳）」『自由中国の工業』第5巻第2期，1956年2月，21-22．

強化され，MSA 対華ミッションは米援会に対してJGホワイト社を顧問会社とするよう要請した[48]．その後，技術者の採用と派遣については，米援会とMSA 対華ミッションが共同で決定していた[49]．

（2） JGホワイト社の概況

技術者を採用する際に生じる経費は米援資金より支払い，生活手当と駐在費用は見返り資金より支払われた[50]．米援会の資料によれば，1951年から1956年の間にJGホワイト社が米援に関連する工業計画のために研究，審査，遂行で生じた費用は483万ドル，2,777万元であった[51]．

陳誠の回顧録によれば，1953年に米援会が採用した顧問は80人（82人の謝りか）であり，そのうちJGホワイト社の高級技術者と技術専門家は20人だった[52]．経済部の資料によれば，1957年に米援会が採用した顧問は126人まで増え[53]，JGホワイト社の顧問も30人まで増えた．JGホワイト社から採用された者は全て工業の技術者や専門家であり，肥料，化学，繊維，電気，電子，通信，道路，鉄道，水利，砂糖，林業，造船，鉄鋼，機械，建設，鉱業，製紙といった各分野に及んでいた[54]．そして彼らが提供した技術支援はとても速やかで有効だった．通常では，あるプロジェクトが援助申請されてから20日以内にその分野の技術者一人を台湾へ派遣させる事が可能であり[55]，すぐに解決出来ない特殊な問題が生じたらJGホワイ

---

48 行政院米国援助運用委員会『中美合作経済援助概要』1956年, 33-34.
49 中央日報社, 1956年2月, 前掲資料, 21-22.
50 行政院米国援助運用委員会, 前掲資料によれば, 例えば米国人専門家の給与, 旅費と家族来台費用などの技術者採用の際に生じるドル経費については全て米援資金から支払う. また, 来台後のオフィス, 寮, 生活設備, 交通費などで生じる現地通貨の経費については, 原則的に採用機関が負担し, 政府と学校のような営利収入がない場合は見返り資金から支払われた.
51 行政院米国援助運用委員会『中美合作経済援助概要』, 1957年.
52 薛月順編, 前掲書, 255.
53 経済部編「米国援助運用概況及び四十六会計年度米国援助の展望」『経済参考資料』第143期, 1958年1月, 4.
54 中央日報社, 1956年2月, 前掲資料, 21-22. 羅敦偉『米国援助運用が各方面におき成果の研究』中央委員会設計評価委員会, 1960年, 14-15.
55 中央日報社, 1956年2月, 前掲資料, 21-22.

ト社本社の専門家たちが解決を図ることになっていた[56]．

JG ホワイト社の業務範囲は技術に関する顧問とサービス以外に，初歩の工事設計に対する協力も含まれた．例えば，工場立地，製造方法，コスト，設備規格，利益分析などである．さらに各プロジェクト申請書の認可に関して，彼らも実地調査や審査を行い[57]，MSA 対華ミッションに意見を提供した．プロジェクトの認可が出た後，彼らはプロジェクトの遂行を監督し[58]，定期的に進捗状況のレポートを作成した[59]．

（3） JG ホワイト社及びその人員の一般評価

概して言えば，1950 年代の国民政府で米援事務を担当した技術官僚は，JG ホワイト社を高く評価をしていた．例えば，米援会秘書長の王蓬が書いた記事「台湾工業建設と米国援助概況」（『徴信新聞』1953 年 6 月）では，「来台した米国の専門家たちの中には，MSA 対華ミッションと我が国の担当機関以外に，JG ホワイト社にも化学，機械，電力，製紙，輸送，建設，繊維，鉱業，林業向けの専門家が居た．このような援助は我が国の農業や工業の改善に対して貢献が大きかった」[60]と記されている．

工業委員会の財経組専門委員であった王作栄も，JG ホワイト社の顧問たちを褒めている．彼は「第二次世界大戦を経て，西洋技術と全く交流がない状態で我が国大陸または台湾省の技術や設備は時代から遅れていた．戦後になって日本技術者が帰国し，大陸から若干の技術者が来たものの，工業の発展を担う仕事を担当出来たわけではない．重要な技術はやはり米援を支えたJG ホワイト社の顧問に頼るしかなかった」[61]と記している．

56　中外新聞資料社『自由中国財政経済建設』1955 年，191．
57　中外新聞資料社，同上書，191．
58　中外新聞資料社，同上書，178．
59　文馨瑩『経済奇跡の背後―台湾の米国援助経験の政治経済分析』自立晩報設文化出版部，1990 年，181-185．
60　経済部編 1953 年，前掲資料，188．
61　王作栄『我々はどうやって経済奇跡を作ったか』時報文化出版事業会社，1978 年，40．

さらに，工業委員会工業組組長の厳演存も，JGホワイト社のプロジェクトマネジャーのビューセットの貢献を賞賛している．彼は「1950年代の台湾は外貨を米援にかなりの程度依存していた．華米両国は米援計画を審査するためにJGホワイト社を顧問会社として採用した．JGホワイト社が台湾に派遣したビューセットは賢くて確実な見解を持つ人物だった．彼の介在によって華米両国間でコミュニケーションが取れ，多くの計画を順調に完成した」[62]と記している．

　工業委員会一般工業組組長の李国鼎も，米援の運用について制度が確立されたのはJGホワイト社の貢献だと述べている．彼は「技術協力において，華米両国はJGホワイト社の採用に同意し，人員を台湾に派遣して各プロジェクトを審査するようにした．重要なプロジェクトの場合，JGホワイト社が審査して作成した報告書を基に判断して認可し，プロジェクト遂行中には定期的に進捗状況の報告書を作成した．完成後，米援会財務室は最終報告書を作成する．このように米援の運用は制度として確立されていった」[63]と記している．

　このように国民政府の米援担当経済官僚はJGホワイト社を高く評価していた一方で，民意代表者は批判的であった．例えば，立法委員兼経済学者である孟広厚は，JGホワイト社が石門ダムのダムタイプの事案に間違った決定をしたと指摘し，さらに台湾肥料公司第六廠に対する技術協力も不充分で，ダムや工場の建設が遅れ，JGホワイト社に巨大な経費を使うのは無駄だと指摘した[64]．

62　厳演存『早年の台湾』時報文化出版企業会社，1989年，72．
63　李国鼎『経験と信仰』天下文化出版社，1991年，109．
64　孟広厚「我が国が米国外部援助を適応するため採取すべき施策」『財政経済政策の基本問題』経済研究社台湾省分社，1960年，268-269．

(4) JGホワイト社と「第一期四年計画」の編成

1．米国の経済建設計画に対する介入

　先に見たように，孟広厚などの民意代表者によるJGホワイト社に対する批判はあったものの，王蓬，王作栄，厳演存，李国鼎などの経済官僚は，JGホワイト社の台湾戦後初期の経済建設に対する貢献は大きいと認識していた．当社が「第一期四年計画」に及ぼした影響はどのようなものであろうか．『経済参考資料』においては，1952年8月から10月にかけて，台湾省政府が「台湾経済四年自給自足方案」を作成する際，JGホワイト社が作成した「1952-1955会計年度工業計画草案」を参考にした，とのみ記されている．

　米国が台湾の経済計画に介入する時期は早かった．経済学者の林霖が指摘したように，1949年3月に米国ECAは台湾のため1,700万ドルの「工業復興計画」を作ったが，この計画は台湾の政治経済情勢が不安定なためにインフレが顕在化しているという理由で，ECA長官ホフマン (Paul G. Hoffman) に却下された[65]．

　1950年以後，米援機関は国民政府に一日も早く経済計画を作成するよう催促し続けた．1950年12月17日にECA対華ミッション主任モイヤー (Raymond T. Moyer) は行政院長陳誠に公文を出し「台湾経済発展のための十二項目」を記した．そのうち，第六項は計画的輸出増加，第八項は農業生産計画に合わせた米や砂糖の価格政策及び購入配給，第九項は工業計画 (1954年6月まで) に合わせたコスト削減及び生産能力増加であり，農業，工業，輸出の全体計画を持つよう促すものであった[66]．そして，1951年9月1日，総統府の軍事会議で米援について討論した際，陳誠は，1955年の経済自給自足を達成させるために国民政府は1954年までの「経済計

65　林霖「台湾外資投資歓迎」『金融経済月刊』第2巻第8期，1952年7月，1．
66　陳誠，前掲書，379．

画」を提出するよう米国が望んでいると発言し，米援は1953年をピークに減少していくと指摘した[67]．さらに，同年11月7日，行政院第210回院会で陳誠は，米国は国民政府に「三年生産計画」を作成するよう要求していることを報告している[68]．

　1952年10月，台湾銀行総経理の瞿荊州は，「日本工業の復興に重大な貢献があったシェンクはMSA対華ミッション主任に昇格した．来台赴任後の彼はすぐにアクトマンとロビンソンという二人の工業専門家を招聘して実地調査を行い，JGホワイト社に工業発展のための具体案作成を依頼した．」[69]と記している．このことから，シェンクは赴任初期からJGホワイト社に工業発展の計画草案を作成させた事が分かる．

2．JGホワイト社による「第1期4年計画」編成への関与

　『経済参考資料』によると，台湾省政府が当初提案した「台湾経済四年自給自足方案」は，行政院経済安定委員会が編成した「台湾経済建設四年計画方案」を参考にしたものと記されている．この計画方案については，1953年1月に行政院長の陳誠による国民党中央委員会への報告で，「数年前から計画してきた『経済建設四年計画』を積極的に運用する時期に突入した．…我々はこの機会に米援も活用し，インフラを改善する為にも，この建設計画を遂行することが必須である．この建設計画方案は1つの目標と4つの原則から成っている．1つの目標とは自給自足の割合を高めることであり，国際収支均衡が必須である．4つの原則とは，総体的把握，重点把握，経済価値重視，緊縮予算である」[70]と述べられている．この陳誠の説明から，「台湾経済建設四年計画方案」の目標と4つの原則が明らかである[71]．よって，この「台湾経済建設四年計画方案」とJGホワイト社

67　陳誠，前掲書，414．
68　陳誠，前掲書，424．
69　瞿荊州「工業化の実際問題」『自由中国』第7巻第7期，1952年10月，211．
70　経済部編，1953年，前掲資料，175；薛月順編，前掲資料，745．
71　笹本武治・川野重任編『台湾経済総合研究　上』アジア経済研究所，1968年．

が作成した「工業計画草案」が,「第一期経済建設四年計画」の二大参考計画とみなされ,「第一期四年計画」においてはJGホワイト社のみの貢献ではなく,台湾側にも貢献があったことが伺える.

JGホワイト社が作成した「工業計画草案」は「第一期四年計画」の編成にどれだけ貢献したのかについては[72],両者の内容の違いから知り得る.1952年8月14日の『中央日報』には「台湾工業化問題」という記事で,「現在政府は自給自足3年計画を作成中で,JGホワイト社は工業発展計画を立案している」と報道されている.この記事によると,JGホワイト社が提案した「工業計画草案」の概要は以下の通りである.「JGホワイト社は米援会顧問の技術コンサルタント会社であり,米援を通じて行われる台湾工業発展プロジェクトについては,当社が審査や設計を行うため,当社は台湾工業の現状に熟知している.…JGホワイト社提案の工業計画草案中,挙げられている業種は以下の19項目であった.すなわち,(1)電力,(2)肥料,(3)鉱業,(4)鉄道,(5)紡織,(6)塩及び副産物,(7)製紙,(8)製糖,(9)金属,(10)石油及び副産物,(11)林業,(12)油脂,(13)交通(道路,電気通信),(14)港湾,(15)化学,(16)食品加工,(17)漁業,(18)造船,(19)家内工業,が挙げられている」[73].

「第一期四年計画」内に挙げられている電力,肥料,鉱業,紡織,塩,紙,金属,石油,油脂,化学,食品加工,造船,小型工業,漁業,林業,交通事業(鉄道,道路,電気通信)などの16項目は,JGホワイト社が提案した「工業計画草案」の19項目内に含まれている.ただ,「第一期四年計画」の交通は鉄道,道路,電気通信の3項目だが,JGホワイト社作成の「工業計画草案」では,道路と電気通信の2項目のみである.そして,「第一期四年計画」には無く,JGホワイト社作成の「工業計画草案」にある項目としては,港湾と製糖がある.それにしても,両者において重複して

---

72 林炳炎はJGホワイト社が1951年11月ごろに草案した『FY1952-1955台湾の工業発展』が台湾で最も早い「4年経済計画」の文献と考えている.
73 林炳炎,前掲書,154-158.

いる部分がとても多いことに留意すべきである．増産目標からみると，15項目に関してJGホワイト社作成の「工業計画草案」の方が「第一期四年計画」よりも遥かに高い．

　以上から，台湾省政府はJGホワイト社作成の「工業計画草案」を参考にして「台湾経済四年自給自足方案」を作成し，さらに経済安定委員会が増産目標を大幅に下方修正し，「第一期四年計画」となったことがわかる．

3．経済安定委員会による「第一期四年計画」修正

　なぜ「第一期四年計画」で増産目標は大幅に修正されたのであろうか．元台湾銀行経済研究室副主任の袁穎生は，「第一期四年計画」は経済安定委員会が独自に立案したものであり，台湾省が作成した『台湾経済四年自給自足方案』とは異なると考えている．それとJGホワイト社作成の「工業計画草案」と，行政院財政経済小組の「経済建設計画草案」とも異なるとしている．彼は，「1951年には既に米援会顧問のJGホワイト社が『1952–1955年度産業計画草案』を作成しており，また行政院財政経済小組は『台湾経済建設計画草案』を作成していた．1952年に台湾省政府がこの両者を合併して改編したのが『台湾経済四年自給自足方案』である．計画完成後の1957年からは台湾経済は援助に頼ることなく自立を果たすことが目指された．そのため，各種経済計画の多くは増産目標が高く，特に農作物の増産目標は非常に高かったが，内容はとてもシンプルで，広範囲に渡るものではなかった．そして上記方案が再度行政院へ提出され，何度も審議を重ねたが完成には至らなかった．4年間だけで台湾経済の自給自足を図ることなど，当時の経済情勢からすると不可能であったからだ．その為，行政院は1953年7月に経済安定委員会を設立して経済設計計画の立案を担当させ，『経済建設四年計画』を作成させ，1953年を実施年とし，1957年に完成させるとした」[74]と記している．

74　袁穎生，前掲書，250．

台湾大学経済学部教授であった張果為も以下のように述べている．「『第一期四年計画』は経済安定委員会が台湾省の作成した『台湾経済四年自給自足方案』を改訂したものであるが，実際の『自給自足方案』は，農業などの生産目標が高過ぎ，内容も単純で範囲も狭かった．経済自立を目指した各種目標と当時の実際状況がかけ離れたものであったが，その後，1953年7月に経済安定委員会が設立され，本委員会は当時の状況と今後の経済発展の可能性を考慮し，再度生産目標を見直した．よって，計画では1953年から執行とあったが，計画立案が完成したのは1953年過ぎであったため，実際は1954-1956年の計画目標というべきものである[75]．

　以上の袁頴生と張果為の記述から，台湾省政府の「自給自足方案」の目標は米援が停止される1957年より経済自立することに設定され，あまりに高い生産目標のために，行政院は目標を達成できないと判断し，経済安定委員会が別途に補促修正して作成したものが「第一期四年計画」ということになる．

第5節　米国が参与した「第一期四年計画」の背後にある戦略

　1969年にアジア経済研究所から公刊された『台湾の経済自立と経済官僚』では，国民政府の経済政策，経済官僚群の形成，「経済建設四年計画」について下記のように鋭い見解が記載されている．すなわち，もともと国民政府は自由奔放な経済政策には反対であり，台湾の重要産業は公営企業が担った一方で，米国は民営企業の発展を望んで農復会や米援会などが設立され，やがては「経済建設四年計画」を契機に経済安定委員会などを拠点として経済官僚群が形成され，保守的な経済政策は除去されていった[76]．

75　張果為，前掲書，762-763．
76　アジア経済研究所『台湾の経済自立と経済官僚』(海外投資参考資料第51号), 1969年．

劉進慶も,「政府内部にもアメリカの意向を是とする,いわゆる開明派経済官僚層があり,民間世論,米援当局,経済官僚三者の政治経済的利害状況が一致したところで,民間企業育成策が推進された」と記している[77].

　元香港浸会学院伝理学院高級講師の陳玉璽によれば,1950年代初期の台湾社会において公営企業の非効率,汚職,経営不振などに対する不満の声が出始めた.米援機構は国民政府に公営企業の民営化についてただ圧力を掛けていたのではなく,援助計画の方法として将来性のある中小企業に対して低利借入や,米国投資家へ対して有利な条件を作るなどした.1950年代,「援助受入国の民営企業発展の新政策」として,米援会が民営企業の発展策を推進したのだった[78].

　陳玉璽はさらに詳しく経済官僚の出現について説明している.彼によれば,米援機関は国民政府内に協力システムの確立を望み,親米的な経済官僚や学者を育成し,彼らエリートを通して,保守派官僚からの圧力に対抗し,台湾社会経済の構造転換を達成した[79].米国は米援会をサポートし,中華民国の法律に縛られることなく,高給を払い有能な人材を雇うことができた.陳誠は行政院長に就任後,これら経済官僚の影響を受け,すぐに国民政府の官僚資本主義を放棄した.これら経済官僚は国民政府内にありつつ米国とも結がっていたので,米国の要求に対して迅速に有効な回答が出来た.時に,彼らは米国政府からの圧力を理由に経済改革を促進したのであった[80].

　劉進慶はまた,1952年に米国と国民政府間にて台湾投資保障協定が締結され,米国民間資本が台湾投資をするにおいて有力な保障となったものの,公営企業のコントロールの下にあるために台湾は直接投資に適している国ではなかったので,台湾の民営企業の発展を促し,自由主義経済制度

77　谷浦孝雄編『台湾の工業化―国際加工基地の形成』アジア経済研究所,1988年,164.
78　陳玉璽『台湾の依存型発展』人間出版社,1992年,80.
79　陳玉璽 同上書,76.
80　陳玉璽 同上書,76-80.

を導入する必要があったことを指摘している[81]．MSA 対華ミッション主任シェンクは 1952 年に，台湾経済にはより多くの自由企業と自由競争が必須であることを強調している．米国経済顧問団々長のステファン（Roger Steffan）は 1954 年に，「自由主義企業の最も重要な条件は民間資本であり，若し充分な民間資本が存在しなければ，自由主義企業は根本的になりたたない」と述べており，この言葉から米国が積極的に台湾経済へ介入し，台湾経済が資本主義的な方向へ向かうことを期待していたことが分かる．

トマス B. ゴールド（Thomas B. Gold）も，米国は中華民国政府の中に一つの有力な影の政府をつくり，国民政府の政治経済政策に対して大きな影響を与えたと述べている[82]．米援会は経済安定委員会の各会議に米国側代表として参与し，中華民国政府内では相対的に自由度を確保していた．米援会では汚職や賄賂などは少ないと，米援会と接触した米国人は彼らを褒め称えた．米援員会員のほとんどが流暢な英語を話し，米国人のやり方にも熟知していた．こうした米援会で学んだ経験や理念は，彼らが後に出向した職場においても維持され，台湾経済に重要な影響を与え続けた[83]．

第 6 節 「第一期四年計画」に対する社会世論

「第一期四年計画」終了年である 1956 年，経済官僚の李国鼎はこの計画には過失となる点が多くあったと自ら認めている．彼は，この計画は米援会が練った農業・工業生産計画を遂行するために作成されたものであり，全体的整合性に欠け，財政，金融，政治，教育等の各方面からどのように経済を建設するのかについては提起せず，その他の経済活動なども含まれていなかったため，執行度合いも理想的なものではなかったと述べてい

81　劉進慶『台湾戦後経済分析』1992 年，199．
82　高棣民『国家と社会の角度からの観察―台湾の奇跡』洞察出版社，1987 年，106．
83　高棣民，同上書，126．

る[84].

　当時の社会世論において，この「第一期四年計画」に対して疑問を提示するものは少なくはなく，中でも『財政経済月刊』と『自由中国』の2雑誌からの批判がもっとも多く，前者は台湾大学の財政経済専門家の論壇であり，後者は反蒋介石の立場にある自由主義者の媒体である．

　1953年元旦，国民政府が「第一期四年計画」を発表した際，『財政経済月刊』は経済学者の林一新の批判的論考を掲載した．彼は「第一期四年計画」はただ生産目標数字を詰め合わせただけのもので，数字同士には何ら関連性がないと批判した．また，対象は生産層だけに絞られており，消費や分配，交換等の経済活動を含まれておらず，対外貿易が台湾経済において重要な地位を占めるにもかかわらず，この計画の中に貿易計画は欠如していることを指摘した．そして綿布増産計画については，台湾の紡績技術は遅れているにもかかわらず，引き続き生産すれば生産過剰となって低価販売を強いられ，紡績業者を支えるための値上げをすると，他の物価に影響して生産コストが上がってしまう．もし日本からの綿製品輸入を拒否すれば，日本側は台湾からの輸入品に対して報復措置をとるだろう．こうした日本市場に依存した台湾経済の問題が考慮されていないことも批判されている．台湾経済が動体的に把握されておらず，本計画は台湾の経済活動を7割占める公営企業が基礎となっており，公営企業は政府に属しているので経済計画は順調に推進すると認識されていることに原因が求められている[85]．

　同年3月，『財政経済月刊』は「経済建設計画」の4年は長すぎるという以下のような批判的コメントを発表した．ソ連系の全体主義国家では，全ての経済活動はコントロールされており，「5年計画」は順調に遂行される．ただし，工業社会では技術や市場は常に変化するので欧州や米国な

84　李国鼎，1956年，前掲資料．
85　林一新「論『経済計画』と台湾経済」『財政経済月刊』第3巻第2期　財政経済出版社，1953年1月，19–21．

どでは短期計画が主流である．しかし，台湾国内の条件は悪く，また自ら舵を執れるような国際形勢もないので「経済建設計画」も短期が最良である．「経済建設計画」はただ1枚の生産リストであり，過去に中国大陸で設計局が提案した方案と何ら変わりがなく，実現困難で，とても計画案とは言えない[86]．

「第一期四年計画」が実施された1年後，『財政経済月刊』は台湾大学経済学部の開昌國の論考を掲載した．英国，日本の2大紡績大国は市場不足の問題に遭遇しているのに対し，台湾政府は未だ盲目的に増産している．「第一期四年計画」は米援に依存しており，政府も増産を支持している．しかし，産業が生産コストを無視して何とか生産をしても，それらの産業が製品在庫と耕地制限で減産となるなど，生産状況は満足いくものではなかった．将来米援が停止されると前途は悲惨なものになる，と警告している[87]．

『自由中国』の批評は更に過激なものであり，1956年7月に掲載された張九如の文章では，「第一期四年計画」は工業増産計画に対して周密さを欠いており，少人数で短時間で作成されたものであるため，各方面からの意見を聞くことすらしなかった，と記されている．計画の詳細は未公表であり，執行も各機関に任せられている．しかもこの計画案が作成された順序は全く逆からであり，先に「電力建設五年計画」から始まり，続いて「第一期四年計画」が作成され，最後に経費が計算されたのであり，市場のことなどまるで考慮していないと，批判している[88]．

翌年9月に『自由中国』はまた批判的記事を掲載し，そこでは「第一期四年計画」は事前に綿密な考慮をせず，また事後においても修正措置を執らなかった，と記されている．政府は投資の準備をしないまま，米国側の

86　財政経済月刊「短評：経済計画の中の時間要素」『財政経済月刊』第4巻第4期　財政経済出版社，1953年3月，4．
87　開昌国「経済自立4年計画実施第一年の総検討」『財政経済月刊』第4巻第2期財政経済出版社，1954年1月，12-13．
88　張九如，前掲記事，448．

打ち出した計画は台湾の需要に合致しておらず，また財政も赤字であるのに，米国の援助を優先した為，傾注努力が分散して計画目標は無駄に終わった。「第一期四年計画」で成功した果実は実際には少なすぎた，と批判している[89]。

10月になると，『自由中国』の論評は更に猛烈さを増した。単刀直入に，国民政府が国民党内専門家と重鎮の意見を無視したため，財政は米国に依存した為に救済されたが，国民生活水準の向上は達成されず，国際収支は実質的には赤字で，生産消費についてもバランスをとる事ができなかった，と批判している。通貨価値の変動から国民所得増加には限度があり，平均国民所得は1953年に1元しか増えなかった。また米援機関はこの計画について事あるごとに質問をして，審査をしたために資金を調達するまで長い時間を費やし，手続きも複雑で多くは時機を逃すこととなった。また，台湾は政府投資や経済計画を重視したが，米国は民営企業の発展を企図した。双方の路線が違ったものであったために，具体的な効果があがらなかった。米国は以前，工業建設計画の一環として台湾の「第一期四年計画」を推進して各種生産目標の算出だけ注視していたために，目標達成の可能性や資金源を考慮しなかった。「四年計画」は米国からの援助資金が調達できるか確定していない中，計画内容も綿密でなく，そして主導的に執行することも出来ないので，成功例が少ない，と記されている[90]。

そのほか，『中華日報』でも以下のように批判している。「第一期四年計画」の目標は未完成であり，工業方面の投資は予測の半分しか達成しなかった。ソ連などの共産主義国との戦いへの軍事費は別として，計画性や技術面に関しては予測が確実さに欠けており，資金不足を解決する具体策に欠け，スタッフ層も協力的ではなかった，と記している[91]。

89　自由中国雑誌社「世論（一）我々の財政」『自由中国』第17巻第5期，1957年9月，132.
90　自由中国雑誌社，同上記事 196–197.
91　中華日報社「世論」，1957年5月11日.

第7節　商工業者による「第一期四年計画」への関与

　尹仲容は「第一期四年計画」について，「『四年計画』は時間に限りがあり，経験も不足していたし，設計も理想的ではなかったので何度も修正を重ねた．内容も実際の状況とは落差があり，執行方法も強制的な方法ではなく，民間投資も完全に誘導のみで，政府投資は財政困難の為に難しく，多大な金額を投資して計画を執行させることは不可能であった．結果，米援が資金源の最も信頼性の高いものであった．だが，米援資金は政策上およびタイミング上においても『四年計画』が要求するものと全て符合するものではなかった」[92]と記している．また張果為は，「『経済建設四年計画』は農業と工業からなる両部門の計画であり，経済安定委員会が立案したが，当時は設計技術や経験が不足しており，時間的制限もあった上，農工両部門の計画は個別に提出され，総合的に編集することができなかった」[93]と述べている．「第一期四年計画」は勇み足のように作成され，設計技術と経験が不足していたために，執行後に現実の状況と符合しないことが多く，米援資金の調達状況も不確定であり，また国内外の政治経済情勢の変動の影響を受け，計画目標は毎年実際の状況をみながら修正する必要が生じたため[94]，これらを総括する全体的な計画はなく，一般大衆へ公開されなかった[95]．

　それでも，商人達は「第一期四年計画」の内容をいち早く知ることができ，セメント，紡織，プラスチックの3項目が重要工業となったことを受け，商人達は競ってこの計画に参与しようとした．

　セメント業では遠東グループの徐有庠が亜洲セメント公司を起ち上げた．

92　尹仲容『台湾経済発展10年の検討と展望』国際経済合作発展委員会，1970年，10-12．
93　張果為，前掲書，763．
94　経済部編「6年に渡る経済成長」『経済参考資料』第192期，1960年1月．
95　経済部編，1956年4月，前掲資料，1-2．

徐有庠は『回顧録』で以下のように説明している．「1952 年に政府が打ち出した『四年経済建設計画』はかなり詳細な計画であった．この『四年計画』の知らせを聞き，私はセメント投資が頭に浮かんだ．台湾の情勢が安定し始め，経済建設計画が推進され始めれば，各建設現場ではセメントが必要になってくる．台湾は石灰岩の埋蔵量が豊富で，セメント業が発展する潜在力は高いはずであるから，上海商業銀行創設者でもある陳光甫と一緒に工業局（当時の工業委員会）へ計画の申請を提出した」[96]．しかし，その時に徐有庠は経済事務官員の官僚スタイルも経験することになった．彼は，「あの頃の担当は工業委員会の化工組で，組長の嚴演存は亜洲セメント公司が参入すれば，生産量は需要を上回ることになるので，申請を見送った．1956 年末に『四年経済建設計画』が終了した際に，国内のセメント需要は 103 万 5000 トンだったが，当時の台湾セメント公司と嘉新セメント公司で 90 万トンの生産能力があったので，亜洲セメント公司の投資計画の生産量は 15 万トンと設定していたのにもかかわらず，嚴演存はもし亜洲セメント会社が参与すれば，国内のセメント生産量は 105 万トンとなり，国内需要を 1.5 万トン超えることになる．この 1 万 5000 トンの差が理由となり，セメント工場建設は許可されなかった」[97]．このように，徐有庠は嚴演存ら米援事務官員の官僚スタイルに対して痛く非難している．一般的に当時の台湾経済を記した著作の多くは，当時の経済官僚を絶賛することが多いが，徐有庠の経験とは明らかに大きな落差があった．

　紡績業では，台南の紡績会社の呉尊賢，呉修齊兄弟は「四年経済建設計画」実施当初の 1953 年，2 万錘の紡績生産能力拡張計画を敏感に捉えた．彼らは，速やかに新和興と三興織布を主体として 1 万錘紡績工場を新たに設立した．当時，織布は供給不足であったので，「織布は金の延べ棒，キャラコは札束」と比喩されていた．台湾にあった 14 の紡績工場ほとんどが

96　徐有庠口述，王麗執筆『八十の月日を歩いて』徐元智先生紀念基金會，1994 年，189．
97　徐有庠口述，王麗執筆，前掲書，190-191．

この機会を得たいと考えていた．呉兄弟によれば，政府は1万錘分は国民党経営の工場へ保留し，残りの1万錘を民間に開放する決定をしていた．この1万錘の枠を勝ち取るべく，台湾籍政治エリートのリーダーであった呉三連に働きかけて積極的に政府との間の関係を保つと共に，台南県，市議員との関係も駆使して中央当局へ働きかけていた．同時に彼らは政府の政策に同意すると表明し，加えて紡績業資本家である侯雨利の応援も得て，1万錘枠の獲得に成功した[98]．このビジネスグループ「台南幫」の事例から，ニュースに敏感な商工業者たちは迅速に「第一期四年計画」に反応したが，各種の政治，経済的つてを運用して争わなければ，参入する機会は与えられなかったことを知った．また，紡績工場新設については，半分しか民営とせず，残り半分は国民党企業へ保留するやり方から，台湾経済エリートらは国民党の私欲を感じ取った．

プラスチック工業については，工業委員会の財政経済組々長であった潘鋕甲が以下のように回顧している．プラスチック工業とレーヨン工業は「第一期四年計画」期間内において，経済安定委員会工業委員会が積極的に振興した工業であった．台湾プラスチック公司と中国人造繊維公司の2社は始めから民間から資金を集め，米援への申請から生産技術の選定まで，ほぼ全て政府が行った[99]．工業委員会化工組々長の厳演存は，台湾プラスチック公司設立の過程について詳しく述べている．某経済首長はかつて私的に尹仲容に対してPVC関連計画を公営企業に担当させる進言もあったが[100]，1953年12月に工業委員会は本計画を永豊グループへ任せ，70万ドル分の機械を購入するべく決定した．しかし，永豊グループの何氏がPVC工場を視察後に台湾は経済規模をもちえていないとして，工業委員会へ計画を放棄する申請を出した．丁度その時に工業委員会は1千万元の資金を有す

98　呉修齊口述，謝國興訪問『呉修齊先生訪問記録』中央研究院近代史研究所，1992年，191-192．最終的に政府は，台南に台南紡績工場を設立し，中部豊原に裕豊紡績工場を設立することに同意した（呉尊賢『呉尊賢回顧録』遠流出版社1999年，97-98）．
99　潘鋕甲，前掲書，32．
100　台湾肥料会社及び台湾塩業会社が候補であった（葉万安，前掲書，206）．

る王永慶より投資のアドバイスを願う手紙を受け取った．工業委員会はPVC工業計画への投資を王に勧め，工業委員会より専門家と台湾肥料公司から人材のサポートを提供することにして，王永慶と趙廷箴は投資に合意した．しかしながら，PVC工場の設立計画は紆余曲折を経た．台湾プラスチック公司は米国へ機械購入の為の援助を申請した後，低価の日本製機械を採用するとしたことに米国国務省が反対した．その後，工業委員会化工組々長の厳演存はJGホワイト社の化学技術者シャック（H.R. Schack）とともに日本へ向かった．そして日本企業が安価に機械を製造できる能力があることを目の当たりにし，MSA対華ミッションの同意を得ることができた．そして，日本のPVC工業へ投資していた米国のモンサント社（Monsanto Co）は，台湾市場を失うことを恐れて，国会議員を通じて計画を妨害し，MSAは対華ミッションに計画中止を命令せざるを得なかった．この事態に対して王永慶は工業委員会と米援会に陳情したために情報がメディアに漏れ，中華人民共和国も知ることになり米国を非難する報道がなされ，米国政府は政治的考慮も視野に態度を一変させた．そして，米国は台湾プラスチック公司に対してPVC工場に米国人顧問を雇うことを条件に，JGホワイト社の仲介で，台湾プラスチック公司と米国のボーデン社（Borden Co）の間で契約が成立し，ようやく米援資金を得て工場建設が始まった[101]．

おわりに

台湾は米援を運用して経済が発展した成功モデルとみなされている．そして台湾が得た援助額はそれほど多くはないが，同時に米援機関の厳格な審査を経なければならならず，他の国に比べて利便性に適ったものではな

101　厳演存，前掲書，67-68；林炳炎，前掲書，第12章；葉万安，前掲書，207.

かった．よって，米援が成功したか否かは，援助額の大小や運用の程度などがキーポイントではなかった．そうであるから，資金以外の要素を模索する必要があり，技術援助の方が，資金援助よりも更に重要であることが本文の研究からわかる．戦後各国の「経済建設計画」ブームの中で[102]，米国が中華民国政府官員の経済計画制定能力を指導したことが，台湾成功の重要な要素の一つであると考えられる．

戦後台湾の「第一期四年計画」が誰によってどのように提案されたのか，経済部刊行の『経済参考資料』の中にも述べられていない．歴史研究者の林炳炎は，「第一期四年計画」の参考資料となったとされる「台湾経済建設四年計画方案」と「台湾経済四年自給自足方案」は実在したのかどうか疑問に感じている．彼は「第一期四年計画」もJGホワイト社が立案したのではないかと述べている．ただし，本研究で述べたように，陳誠が詳しく「台湾経済建設四年計画方案」の目標と4大原則を説明している点からも，この案は存在していたといえる．また，笹本武治と川野重任が編集した『台湾経済総合研究　上』では，1954年3月に作成された「台湾経済四年自給自足方案」を参考にしたと記されており[103]，「台湾経済四年自給自足方案」は林炳炎の言うような架空のものではない．

台湾の経済官僚の回顧録や伝記にも，「第一期四年計画」は経済安定委員会が作成したものだと記されているが，誰も「第一期四年計画」の主編者には触れていない[104]．元経済安定委員会執行秘書であった錢昌祚は自伝の中で，「第二期四年計画」の主編にかかわっているが，「第一期四年計画」

---

102 「1930年代以降，ロシア，ドイツ，イタリアなどの全体主義国家はそれぞれ侵略の為の戦争を目的に経済建設を全面的に進めていた．第二次世界大戦終結以降，戦後は民族独立及び自給経済，または後進地域の経済発展の為に，欧州アジア各国，特に東南アジア地域はこぞって長期の経済復興計画を打ち出した．一番早い計画とされている，セイロンの1946年6ヵ年計画と翌年のフィリピン建設復興計画，そして日本の経済支援5ヵ年計画，中国の5ヵ年計画，インド，パキスタン，アフガン，ネパール，インドネシア，ベトナム，ミャンマー，カンボジア，ラオス，韓国などが，相次いで経済発展計画及び建設計画を打ち出した．」(中央日報社「四年経済建設計画の検討と展望」『中華民国の経済建設』1958年，1)．
103 笹本武治・川野重任編，前掲書，244．

については修訂にかかわったと述べている[105].「第三期四年計画」については元米援会秘書の李国鼎が主編者であった[106]. 元工業委員会専門委員の王作栄は回顧録の中で「第四期四年計画」は彼が経済合作委員会第三局々長の職で主編を任せられていたと記している[107]. 以上の経済官僚は誰も「第一期四年計画」を立案したとは認めておらず，JGホワイト社の作成した「工業計画草案」と「第一期四年計画」工業部分が類似していることから，JGホワイト社がこれらの経済官僚を差し置いて「第一期四年計画」作成に貢献したと推測される.

　本研究で明らかになったように，「第一期四年計画」は立案から修訂，完成するまでに複数の機関の各計画案や意見を参考にしたもので，台湾省政府はJGホワイト社作成の「工業計画草案」を参考に，行政院設計委員会経済小組で「生産建設計画」が作成された. そして台湾省政府が米援の停止に備えて台湾経済の自立を目標に作成したのが「自給自足方案」である. しかし，本計画は性急に作られ，増産目標も高すぎた. また，MSA対華ミッション主任のシェンクは，「第一期四年計画」はとても粗雑であるとして非難している. そして，「第一期四年計画」は経済安定委員会によって目標達成が困難だと判断された. そして尹仲容や王作栄，張創らが招集され，彼らに再度計画を修訂するよう命じた. 概して，「第一期四年計画」が立案されていた際は，JGホワイト社の貢献は大きく，修訂に際しては台湾経済官僚らが主導していていたといえる.

　鉱工業・交通部門の米援申請においては個別にJGホワイト社が担当しており，農業部門の申請も農復会が担当していた. しかし，「第一期四年計画」が経済安定委員会の経済官僚によって作成されたため，農業・鉱工業・交通の発展計画において彼らが主導権を握り，経済政策の舵を握るよ

104　李国鼎『台湾経済迅速成長の経験』正中書局，1977年，65.
105　銭昌祚『浮生百記』伝記文学出版社，1975年，101-102.
106　康緑島，前掲書，129.
107　王作栄，前掲書，196.

うになった.

1950年代に台湾の経済官僚らで設計された経済計画は十分ではなかった. 元工業委員会一般工業組々長の李国鼎は,「経済建設計画当初, 設計技術に限界があり, 統計資料も不足していた. よって, 第一期と第二期の経済建設計画においては, もっともシンプルな方法として個別計画を立てて総合化する方法を採用した. 各政府や公営事業及び民間で進行中の, 或いは短期間内に進行開始の計画を基礎として作成された. これらの個別の計画を集めてまとめている際に, 表面上の障害や矛盾を調整したが, より精緻にコーディネートするには難しいものがあった. さらに資源の需給関係資料が不足していたため, より有効なプランニングは困難であった. 執行時も, 部分的な計画は順調に完成したが, その他の部門については各レベルや方面で投資過剰や不足といった現象も発生し, 資源が無駄になることが容易に生じた. このように欠点は多かったが, 当時さらに一歩踏み込んだ計画設計方法がなかった頃は仕方なかった」[108]と述べている.

元工業委員会財政経済組専門委員の王作栄は,「第一, 第二, 第三期計画は見様見真似で練られたものであり, 個別計画をまとめて総合化しただけのものであるため, 全体的な経済のコンセプトにかけていた.『第四期経済建設四年計画』以降, 徐々に産業関連表や資金流動表, マクロ経済モデルなど現代的な経済建設計画の設計技術を運用できるようになった」[109]と述べている[110]. 元中央銀行総裁で, かつて農復会の組長であった謝森中も,「1953年から, 何度も実施されていた『4年計画』は, ただ各経済部門間の依存関係についてであり, 完全かつシステマティックな研究が足りなかった」ので, 後になって投資連関表や産業連関表を基礎に農業生産計

---

108 李国鼎, 前掲書, 64-65.
109 王作栄, 前掲書, 195-199.
110 李国鼎によれば,「第三期経済建設四年計画」作成時には, 統計資料は充実しており, ハロッド・ドーマーモデルを使用し, 貯蓄, 投資, 所得増加間の関係を考慮していたが, これらの数字をまとめあげたものに過ぎず, 変数間や各部門の相互関係を解明するものではなく, 経済の動態的変化も表すものではなかった (李国鼎, 前掲書).

画が練られるようになった，と述べている[111].

上述の李国鼎，王作栄，謝森中らの言い方から分かるように，当初台湾経済官僚が立案した「経済建設計画」は十分なものではなく，各個別計画を調整して一つの全体計画としたものであった．そして計画を遂行しながら，どのように経済専門知識や技術を経済計画に運用するかを学んでいった．この過程の中で，元工業委員会秘書の王昭明によれば，工業委員会は設立後5年間（1953-1957）で，合計約200もの計画案を発表した[112]．立法委員，経済学者の孟広厚も，国民政府が1956，1957，1958年にそれぞれ提案した138案，195案，80案もの米援計画の大部分は，米国の協力を受け，少なからず米国専門家による修正や意見を得た，と記している[113]．1593年の「第一期四年計画」が作成される以前に，JGホワイト社は台湾方面にもっと多くの工業発展計画や米援計画を支援すべきであった．こうした支援は，まだ経済建設計画を立てたことがなかった台湾経済官僚にとって，貴重なモデルになったに違いない．「第一期四年計画」は台湾と米国の知恵を混ぜ合わせて完成したものであると同時に，米国への依存度や台湾の自立志向の意義も含まれている．

しかし，国民政府は米国から援助を受けることをずっと快く思っていなかった．陳誠の『回顧録』によると，1949年11月に国民政府国防次長の鄭介民がワシントンで米国海軍提督のマリークレア・ベルジェール（Marie-Claire Bergere）と会談した際，ベルジェールは国民政府に対して，もし紀律と効率が高い呉国楨を陳誠の代わりに台湾省主席として政府の改革を遂行すれば，米国は台湾に対してもっと多くの援助が出来ると話した[114]．米国の圧力を受け，窮地に陥った国民政府は呉国楨を陳誠の代わりに台湾

---

111 謝森中口述，卓遵宏訪問『謝森中訪問記録』国史館，2001年，518.
112 康緑島，前掲書，95.
113 孟広厚，1960年，前掲論文，268.
114 呉国楨が省主席になれば，米国はより多くの経済顧問団を派遣して，工業，金融，商業，農業，行政などの分野で積極的に援助して協力するという内容であった（陳誠，前掲書，56–57）．

省主席に任命をすることになった．国民政府としては米国から援助を獲得するために仕方がなかったが，米国からコントロールされることも懸念されたため，蔣介石ら国民党のリーダーたちは自立への道を繰り返し志向していた．1951年10月，MSA対華ミッションア主任のモイヤー（Moyer Raymond T.）が退任する際，陳誠に蔣介石総統の指示する「自立更生」とは，外国からの援助を受けないという意味なのか質問した．陳誠は直ぐに蔣介石総統の言葉の意味は，台湾の軍と民が努力して依存心をもたないことであると説明し，モイヤーは安心した[115]．

米援会が編集した『中米合作経援概要』によれば，米国籍顧問の役割は，学識経験と考察から獲た知見を，当局上層部へ意見してアドバイスを提供するのみで，中華民国政府の行政措置や各政治問題については関与しなかった[116]．しかし，米援機関は異なり，1953年始めのMSA対華ミッション主任シャンクは「第一期四年計画」を批判し，それはすぐに国民政府の計画修正を促した．「第二期四年計画」が実施される前夜の1956年，陳誠は蔣介石総統の指示で台湾をモデル省として建設する3つの「三年計画」を立案するが，この計画は「経済建設四年計画方案」と重複するものではなく[117]，国民党の自立志向もうかがえる．

1950–60年代の台湾経済関連官庁の出版品を調べても，日本，韓国，中国，インド，パキスタン，ネパール，ベトナム，ミャンマー，カンボジア，ラオス，インドネシア，アフガニスタン，ブラジルなどの経済建設計画の翻訳は不足しており，1955年10月，経済安定委員会の執行秘書である錢昌祚がバンコクで開催された国際連合アジア極東経済委員会の「第1回経済開発計画セクション会議」へ参加した際，関連する参考資料を持ち帰り，翌年に経済安定委員会編集『経済開発計画草案方法随筆』を出版し，『続

---

115 陳誠，前掲書，424．
116 行政院米国援助運用委員会，前掲書，33-34．行政院米国援助運用委員會『中美合作経済援助概要』1960年，37-38．
117 陳誠，2011年，前掲書，588．

編』も出版している．この２書は各国の『経済建設計画』に関連する論文を訳したもので，国民政府経済官僚の参考資料とされた[118]．同時に経済部も『経済参考資料』を刊行し，これもまた頻繁に各国の経済建設計画の内容を伝えた．全体的に，台湾の経済官僚は「第一期四年計画」の後，「経済建設計画」の知識を吸収することを重視し，そして，「経済建設計画」は徐々に習熟度を増し，経済も自立の方向へ向かった．

　台湾経済飛躍期の経済官僚は，勇敢に物事を行い，清廉潔白で正義感があり，高い学識と柔軟性を有していたなどと形容されることが多かった．しかし，遠東グループの創設者である徐有庠が遭遇したことからも知り得るように，経済官僚にはこれとはまた違った一面があった．徐有庠は政府が「第一期四年計画」を立案していると知った時にビジネスチャンスとして捉え，亜洲セメント会社の設立申請をしたが，厳演存ら経済官僚は需要を1.5万トン超えるという理由で申請を却下した．このことから，彼は経済官僚は臨機応変できないとして批判した．そして，国民政府は紡績業方面の発展において，2万錘の紡績工場を設立する計画に対して，国民政府は国民党営企業のために半数を保留していたことを知り，台湾籍エリートらは国民党の私欲を感じ取った．だが，私欲に関しても一定の節度があり，PVC工業計画の過程では，公営企業に担当させるべきという進言があったものの，最終的に工業委員会は台湾人企業へ任せるという判断を下した．これらの例からも分かるように，国民政府の経済官僚は，情感と理性，自由経済と統制経済の間でもがいていたことが分かる．

　米国は国民政府に対して援助すると共に，経済建設計画を立案するよう要求した．これは汚職や賄賂を防止する以外に，もっと大きな戦略目標があった．国民政府は「国家資本の発展」と「私的資本の節制」を掲げて，社会主義，統制経済の路線に傾いており，そのことで国民党各階級の幹部らの多くは公営企業の発展を主張し，自由経済に反対していた．公営企業

118　錢昌祚，1975年，前掲書，101．

の多くが業界を独占していた状況下で彼らの利益が保障されていたので，1950年代初期台湾では公営企業が国民総生産額の70％を占めており，これらの公営企業は汚職と腐敗が蔓延し，赤字が深刻で，効率性にも欠けていた．そして，国民政府は正確かつスピディーな政策が出来なくても，中央政府と地方政府の枠組みを維持しなければならなかった．米援機関はこうした情勢を変換させようとして援助を手段とし，「第一期四年計画」を機会に，有力な米援機関である経済安定委員会工業委員会を設立し，積極的に自由主義を思考する経済官僚の育成を支持した．その後，経済官僚の努力の下，米援機関の支持もあり，台湾民営企業は発展のチャンスを得て，経済は一気に飛躍していった．米国にとっても，これは援助受入国を資本主義路線へ導く戦略の実現であり，米国をリーダーとする資本主義陣営の拡大と，発展途上段階にある共産主義国家に対する封じ込めにもなった．

第4章

終戦前後の台日貿易（1941-1961 年）

許　世融（堀内　義隆　訳）

はじめに

　日本が台湾を領有して以来，台湾の貿易構造には重大な変化が生じた．それ以前にはずっと，中国大陸が台湾の主な貿易相手であった．1860年の開港後に外国商人の介入度が高まり，台湾の貿易の国際的な性格が濃くなったとはいえ，両岸貿易は依然として重要であった．両岸を行き来するジャンク船の数も，両岸貿易を主導する郊商人も，また台湾から対岸に輸出される米や砂糖の数量も，清代前期といささかも遜色なかった[1]．1896年に台湾の対中国貿易はなお対外貿易の64％を占めていたが，1899年には既に39％にまで下がっていた．1901年に日本は初めて中国を超えて台湾の最大の貿易相手となった．その後，対日貿易は毎年首位を独占した．その比重は年々大きくなり，1909年に70％を超え，1930年以後は8割以上にさえ達した（図1)[2]．元々密接であった両岸貿易は，「国内貿易」から「国際貿易」に変わっただけでなく，その重要性も別の「国内貿易」すなわち日本との貿易に取って代わられた．

1　林満紅『晩近史學與兩岸思維』麥田，2002年（台北），p. 308-318.
2　許世融「關稅與兩岸貿易1895-1945」國立臺灣師範大學歷史學系博士論文，2005年（台北），p. 3.

図1　台湾の対日本貿易比率の推移（1896-1944年）

　戦後初期に，台湾は中国の経済圏に復帰し，対日貿易は短期的に中断した．しかし，中華民国政府が内戦に敗れ台湾に退去してくると，再び台湾と日本の貿易が始まる契機となった．

　言いかえれば，20世紀の台湾は，政権の主は変わっても，ほとんどの時期において，日本が台湾の最も重要な貿易相手であり，政治上の変化が必ずしもすぐに経済上の変化をもたらすというわけではなかった．

　そして，この一世紀近くにもなる台日貿易の中で，1940年代から1960年代，正確にいえば1941年から1961年までの間は，その他の時期とは異なる形態があり，鍵となる発展があった．まず，台湾の貿易が「日本の関税圏」から「中国の関税圏」へと変わり，台湾と日本の間の貿易関係は移出入（国内貿易）から輸出入（国際貿易）に転換した．次に，台湾と日本の間の貿易は，戦前の輸出超過基調から戦後の輸入超過基調へと転換した（1947，48，53，55年は除く）．

　ただし，戦前から戦後までの発展には持続性も見られる．例えば，台湾の日本への輸移出品は，日本統治期と戦後とを問わず，ずっと米と砂糖を主としていた．ただ米や砂糖を収奪する方法が変わっただけである．また，この時期の台日貿易はともに統制貿易であり，行動が規制された下で進んだという点でも同じであった．日本統治末期には，台湾も日本も日本帝国の戦争需要に基づいて採用された統制経済の制約を受けた．戦後は，それ

ぞれ中華民国政府と連合国軍最高司令官総司令部（GHQ）の統制を受けた．

　本章の目的は，戦前戦後において二つの異なる政権に属したものの，同じく統制段階にあった台日貿易に，どのような連続と断絶があったのかを検討することである．1941年から始めるわけは，この年に台湾が日本帝国の戦時体制に編入されたからであり，1961年までで終わるのは，両国政府が主導する計画的な貿易形態が，同年の貿易交渉会議で廃止決議され，その後台日貿易は商人によって主導されるようになり，貿易計画によるものではなくなったからである．本章で利用される主要文献は，台湾に所蔵されている当時の貿易関係を主管する部会の档案および海関統計資料である．

第1節　各段階の貿易統制

　前述のように，この時期の台日貿易の最も重要な特徴は，政府の強力な統制の下で行われたことである．しかし，統制の理由と方式にはかなりの違いがあった．戦前の統制は，主として戦時体制の要請に基づき，総督府が日本本国の政策の方式に合わせて関連する規則を公布し，統制を進めた．戦後は少し相違があり，国民党政府が大陸にある時期には，台湾の対外貿易は台湾を接収した陳儀政府によって統一的に計画された．1949年末中央政府の台湾移転後には，統制工作は台湾省と中央政府が連携して進めたが，その後中央政府は次第に主導権を握っていった．以下では，段階ごとに各時期の貿易統制の概要を述べる．

（1）戦前の貿易統制（1941-1945年）

　台湾が日本の植民地に編入された後，日本との貿易は原則的には国内交易とみなされ，「移出入貿易」と称されたが，大した統制はなされなかった．1937年に「準戦時体制」に入ってから，状況は変わり始めた．

最初に，日本は貿易に対して制限的な統制を採用し始めた．それは経済恐慌に対応したものであり，台湾にはまだ統制は及ばなかった．日中戦争が全面的に拡大した後に，長期戦争の需要に応じるために，経済構造が「準戦時体制」として改造された．この時に実施された貿易統制の主な目的は，軍需資材を調達し，外貨を入手して国際収支をバランスさせる手立てを考えることであった．ゆえに「生産力の拡充」，「国民生活の安定」，「貿易の振興」が準戦時経済の三大方針となった[3]．この時の貿易統制は主に輸出入する商品の品目を管理することにあり，その方式は台湾総督が制限あるいは禁止する輸出入商品を直接通達するものであり，主な対象は日本帝国が掌握する「円貿易圏」以外の第三国貿易であった．1940年9月の日独伊三国同盟の締結後には「戦時体制」が確立され，次第に統制の内容が強化されていった．貿易統制の範囲は従来の輸出入商品から輸出入の機構にまで拡張され，その方式は，台湾総督が設立したいわゆる「統制機関」と「配給機関」が輸出入業務の責任を負い，輸出入および輸出入品用原材料の配給を一手に掌握した．また，統制の対象も南洋および日本本国にまで拡大した．

　1941年4月9日に総督府は「輸出品および輸出品用原材料配給統制規則」を公布し，特定輸出品を規定し，台湾総督の指定機関（「統制機関」と称する）あるいは統制機関が輸出・買受を委託した者でなければ，円圏以外の国家への輸出を認めないようにした．輸出統制機関から指定輸出品を買受けたり，委託を受けた輸出業者は，統制機関の指示に従い，当該指定輸出品の輸出に従事しなければならなかった．同時に，指定輸出品を製造するための原材料を輸入した後には，台湾総督の指定機関（「配給機関」と称する）を通じてようやく販売することができた[4]．台湾総督が指定した「統制機関」と「配給機関」は「台湾貿易振興株式会社」となった．総督府が

　3　田淵實，大浦賢「台湾貿易の統制」台湾経済年報刊行会編『台湾経済年報　昭和17年版』，1942年，p. 246. 酒井澤喜『日本貿易統制機構』修文館，1942年（東京），p. 18.
　4　『台湾総督府報』第4159号（1941年4月9日），p. 41-42.

表1 戦時体制下の移出品調整機関と統制品目

品名	移出調整機関
豆類，落花生，澱粉類，胡麻，蔬菜，果実および種子，蕃薯簽，姜黄，キャッサバ	台湾農会
生鮮魚介類	台湾鮮魚輸移出組合
羽毛	台湾羽毛輸出振興株式会社
獣骨，植物性揮発油，シトロネラ油	台湾シトロネラ油輸移出組合
木炭（燃料用）	台湾山林会

出典:「告示第二百四十六号」『台湾総督府報』第4159号（1941年4月9日），p. 46.

この会社を通じて貿易業務を独占する意図をもっていたことは明らかである[5]．

同時に，決戦が避けられないことを鑑みて，台湾が少なくとも生活必需品に関しては自給自足ができるようにとの希望から，同じ日に総督府は「臨時移出入品調整規則」を公布し，総督に台湾と日本の間の貿易を系統的に統制する権限を与えた．統制方式は，台湾総督が指定する移出入「調整機関」が，指定物品の移出入をすべて受けつけ，すべてをこの機関が担当しなければならないというものであった．その品目および調整機関は表1のとおりである[6]．

政治情勢が緊迫するにしたがって，国際貿易条件はさらに悪化した．1941

---

5 田淵實，大浦賢「台湾貿易の統制」，p. 256.
6 内地貿易に対する統制品および統制機構は，本規則が公布された後にしばしば変更された．同年12月には「台湾鮮魚介生産配給等統制規則」が制定され，海産物の輸移出入機関を新たに設立された「台湾水産物輸移出入組合」の担当とした．1942年4月には豆類，蕃薯簽，キャッサバ等の項目が削除された．1943年2月には移出統制品に石花菜（テングサ）が加えられ，「台湾水産物輸移出入組合」がその移出調整機関となった．7月にはバナナ，ゴム製品，藺草等が統制品に加えられた．以下を見よ．「告示第千百三十五号」『台湾総督府報』第4363号（1941年12月12日），p. 45.「告示第四百十号」『台湾総督府官報』第19号（1942年4月23日），p. 131.「告示第百三十七号」『台湾総督府官報』第268号（1943年2月26日），p. 99.「告示第六百六十六号」『台湾総督府官報』第382号（1943年7月13日），p. 53.

第4章 終戦前後の台日貿易 | 193

年からは貨物船の不足がいっそう大きな問題となった.そこで,政府は業者に対して輸出する際には必ず重要物資を載せて戻るよう求め,そうしなければ統制機構の審査に通らず,船の分配も受けられなくなるようにした.このような状況下で,貿易活動は,政府機関が完全な情報によって輸出計画を決定することとされ,業者各自の判断には任されないこととされた[7].

そして,日本帝国議会は「国家総動員法」にもとづいて「貿易統制令」を制定し[8],内地では1941年5月15日から,朝鮮,台湾,樺太,南洋群島では5月25日から施行した[9].この統制令は台湾総督にさらに強い権限を与えた.総督は,戦時需要に応じねばならないという理由で,輸出入を制限・禁止できるほか,輸出入品の譲渡・所持・移転処分までできるようになった.また,国家の安全の名のもとに,輸出入品に関する報告を徴発し,会社商号・店舗・倉庫その他の場所を臨時検査し,その業務状況・帳簿・書類などを検査することさえできた.9月13日に公布された「貿易統制令施行規則」はその施行細則であり[10],輸出調整機関には「台湾貿易振興株式会社」および「台湾缶詰共販株式会社」があてられた[11].1943年2月,「貿易統制令」の適用範囲は,台湾の南洋および日本本国に対する貿易にまで拡大され,総督府は別に「台湾貿易会」を調整機関として指定した[12].この貿易会は,当初は円圏貿易の専門調整機関であったが,「貿易統制令施行規則」の改正にしたがって,あらゆる貿易統制が統合された後,南洋

---

7 酒井澤喜『日本貿易統制機構』,p. 16.
8 「国家総動員法」(1938年4月1日法律55号) 第8条「政府ハ戦時ニ際シ国家総動員上必要アルトキハ勅令ノ定ムル所ニ依リ物資ノ生産,修理,配給,譲渡其ノ他ノ処分,使用,消費,所持及移動ニ関シ必要ナル命令ヲ為スコトヲ得」,第9条「政府ハ戦時ニ際シ国家総動員上必要アルトキハ勅令ノ定ムル所ニ依リ輸出若ハ輸入ノ制限若ハ禁止ヲ為シ,輸出若ハ輸入ヲ命シ,輸出税若ハ輸入税ヲ課シ,又ハ輸出税若ハ輸入税ヲ増課若ハ減免スルコトヲ得」『台湾総督府報』第4196号 (1941年5月24日),p. 117.
9 『台湾総督府報』第4196号 (1941年5月24日),p. 117.
10 「府令第百七十一号」『台湾総督府報』第4291号 (1941年9月13日),p. 66-68.
11 『台湾総督府報』第4291号 (1941年9月13日),p. 70-79.
12 「告示九十号」,「告示九十一号」,「告示九十二号」,「告示九十三号」『台湾総督府官報』第255号,1943年2月10日,p. 25-31.

との貿易であっても，日本内地との貿易であっても，すべて貿易会が処理した．構成会員は合計 11 あり，業者は品目ごとに，会員による「台湾貿易会」への手続き処理を経て，初めて輸出入業務に従事することができた[13]．

戦争末期に，日本政府は重要物資に対するコントロールをさらに強めるために，東京に「重要物資営団総事務所」を設立し，同時に，もし政府の許可が得られれば，必要と認められた場所に下位の事務所を設置できるよう規定した．そして，1944 年 1 月に総督府は改めて「台湾重要物資営団法」を公布し[14]，3 月に「台湾重要物資営団」を新しい調整機関として成立させることを公表し，従来の「台湾貿易会」と，1941 年 4 月以来ずっと輸出品および輸出品用原材料の配給を担っていた機関である「台湾貿易振興株式会社」とを合併させた[15]．もともと二つの会に分属していた輸出調整と原料配分の業務は，「台湾重要物資営団」に統合されて担われることとなり，真の一元化統制が完成した．これは，経済統制の範囲が貿易統制から物資生産や配給部門にまで拡張されたことを意味するのみならず，消費統制にまで拡張されたことを意味する[16]．

戦局の緊迫と物資の不足が進むと，台湾と日本の間の貿易取引はさらに厳しい規制を受けた．1944 年 3 月に，もともとは強制的な性格をもっていなかった移出入調整機関が強制的なものとして改めて設立された．ここ

13　11 の会員は次の通り．「台湾石炭会社」，「台湾缶詰共販会社」，「台湾茶輸移出統制会社」，「台湾青果会社」，「台湾貿易振興会社」，「台湾専売品交易組合」，「台湾砂糖貿易組合」，「台湾水産物輸移出入組合」，「台湾雑穀配合組合」，「台湾飼料輸移入組合」，「台湾麻袋輸入組合」．このほかに，もともと「台湾東亜貿易連合組合」に属していた「台湾綿花配給組合」，「台湾薬品貿易組合」，「台湾織物紙類貿易組合」，「台湾木材貿易組合」，「台湾食糧品貿易組合」，「台湾雑貨貿易組合」，「台湾姜黄輸移出組合」，「台湾専売品事業用品貿易組合」，「台湾シトロネラ油移出組合」，「台湾珊瑚輸出組合」，「台湾繊維製品輸出組合」等はすべて解散した．維摩居士「台湾貿易会の諸課題」『台湾時報』第 281 号，1943 年 5 月，p. 41-42，を見よ．
14　台湾省文献委員会編『台灣省通誌』巻四「経済志商業篇」台灣省文献会，1970 年（台北），p. 158.
15　「府令第九十三号」，「告示第三百二十一号」『台湾総督府官報』第 591 号，1944 年 3 月 20 日，p. 131-132.
16　山口一夫「事変下台湾に於ける物資統制」台湾経済年報刊行会編『台湾経済年報　第一輯』，1941 年，p. 572-577.

に至って，移出入調整機関あるいはその委託者を経由しなければ，指定品を台湾から日本に移出し，あるいは日本から台湾に移入することができなくなった[17]．従来の台湾の貿易統制の対象は外国との貿易を主としていたが，戦争末期になると日本との貿易にまで拡大したことは画期的な意義を有する．このことから次のようなことも明らかとなる．すなわち，台湾の戦時貿易統制は，日本の貿易政策の一環ではあるけれども，台湾が島であるという特殊性を有するがゆえに，日本の政策と完全に同じにはならず，台湾総督がやはりかなり大きな決定権をもっていた，ということである[18]．

（2）戦後初期（1945-1949年）

　戦後台湾の貿易統制は，陳儀による執政の開始後に始まる．陳儀は1945年10月25日に台湾を接収した後，10月30日に食糧の輸出禁止を宣言し，11月30日に砂糖を台湾から私的に持ち出すことを禁止することを公表した．翌年1月，長官公署は専売品の輸出入統制をさらに進め，タバコ，酒，塩，マッチ，樟脳，度量衡などを含め，台湾省専売局の許可がなければ，一律に輸出入を禁止することを定めた[19]．砂糖は，輸出統制のしばらく後，1946年8月5日に輸出が解禁されたが，事実上は，台湾の砂糖産業はそれ以前に完全に官営の台糖公司によって掌握されていたので，輸出が自由化されたとしても，実質的な意味は失われていた[20]．

　同時に，貿易資源を掌握するために，長官公署は日本統治末期に成立した「台湾重要物資営団」を「台湾省貿易局」に改組し，台湾の膨大な貿易資源を管理下においた．1947年の二・二八事件の後に台湾にやってきて省政を引き継いだ魏道明は，貿易局を廃止し，別に「台湾省物資調節委員会」を成立させはしたが，依然として陳儀の貿易統制政策を，とりわけ食

17　「府令第七十一号」『台湾総督府官報』第575号（1944年3月4日），p. 21.
18　田淵實，大浦賢「台湾貿易の統制」，p. 254-255.
19　李文環「戰後初期台灣關貿政策之分析（1945-1949）（上）」『台灣風物』49：4（台北：台灣風物雜誌社，1999年12月），p. 153-155.
20　李文環「戰後初期台灣關貿政策之分析（1945-1949）（上）」，p. 160-161.

糧の面においては,踏襲した.1948年1月1日,「台湾省輸出入制限物資一覧表」を発布し,税関に執行の責任を課した.物資統制表を見ると,台湾の主要農産品は,食糧雑穀およびすべての加工食料品を含め,ひとしく台湾から輸出するのを統制された物資に列せられている[21].

1.台湾省貿易局(1945年10月-1947年5月)

「台湾省貿易局」(以下「貿易局」と略す)は,1945年10月末に設立され,台湾省行政長官公署に属した.当初の名称は「台湾省貿易公司」であったが,1946年2月11日に「台湾省貿易局」に名称変更された.1947年5月30日に廃止され,新たに「台湾省物資調節委員会」が設立された.当時の行政公署長官陳儀は,貿易局の設立には主に三つの目的があると考えていた.国庫を豊かにすること,物資を調節して物価を抑えること,生産を支援すること,である.当時,多くの人々は貿易局は「統制機構」か,あるいは利益を独占するための組織であると認識していた.しかし,貿易局は自らを「名称は省公営業務機構であるとはいえ,その性格は純粋な一商業組織である」と位置づけていた.貿易局は輸出入業務を統制し,官員も汚職に関わったので,当時の台湾経済に対して実際には大きな負の影響を与えた[22].

貿易局成立後の最初の仕事は,1945年11月5日に,日本統治期の台湾において戦時貿易統制の最高機関であった「台湾重要物資営団」を接収したことである.その後も次々に日本の官民貿易機関を接収したが,その中でも主要なものとしては,三井物産株式会社,三菱商事株式会社,南興公司,菊元商行,台湾繊維製品統制株式会社,台湾織物雑貨卸売組合,台湾貿易振興会社などがあった.この点からみると,貿易局そのものの実力は,すでにその他の一般貿易商の地位を超えており,独占的な歴史的性格がか

---

21 李文環「戦後初期台灣關貿政策之分析(1945-1949)(上)」, p. 160-161.
22 薛化元総編集『台湾貿易史』外貿協會, 2008年, p. 202.

なり強いものであった[23]。同時に，貿易局はさらに広く支部機構を設置し，対外貿易や物資交換に関する事柄の処理にあたった．前後して上海，基隆，台中，嘉義，台南，高雄および香港，東京などに事務所を設置した．さらに，事務員を派遣し，天津では中国植物油工場と，福州では福建省銀行とともに，台湾省貿易公司の輸出入業務を専門的に処理した．貿易局と政府機関の取引は，多くの場合，物々交換あるいは委託方式を採用して処理された．例えば，砂糖，石炭を中国大陸に運び，輸入物資に交換して台湾に運んだ．その後，戦後に公営の台糖公司，糧食局，塩管局が成立し営業を開始すると，砂糖は台糖公司，米は糧食局，塩は塩管局が輸出に責任を負うようになった[24]。

貿易局の主な業務は，輸出，輸入および割当販売の三つの面からなる．行政長官公署統計によると，1946年に貿易局を経由した輸入品の総額は4.03億元で，その年の台湾の輸入額（10.85億元）の37.1％を占める．輸出面では，貿易局経由の輸出品の総額は8.47億台湾元で，年間輸出総額（24.82億元）の34.1％を占める[25]．陳儀政府の主導の下で，砂糖，樟脳，セメント，塩などの主要物資の輸出および対外貿易はすべて貿易局が処理した．公営貿易は，管理不全を引き起こしたのみならず，多くの物資が倉庫で腐ったり浪費を引き起こす結果となった．また，非効率のせいで，当時の台湾の対外貿易は成果が不明瞭であった．1946年9月から1947年4月までの省営鉱工業の生産・販売を例にあげると，紡織では生産額の38％の販売が滞り，石炭では17％，鋼鉄機械では13％，油脂では21％，窯業では13％，印刷紙業では35％，電工業では25％，化学製品では11％の販売が滞り，3億2937万元（生産総額の約20％）の販売が滞った[26]．

23　薛化元総編集『台湾貿易史』，p. 203.
24　薛化元総編集『台湾貿易史』，p. 204.
25　李文環「戦後初期臺灣關貿政策之分析（1945-1949）（下）」『台灣風物』50：1（台北：台灣風物雑誌社，2000年3月），p. 69-70.
26　朱高影「行政長官公署時期臺灣經濟之探討」『台灣風物』42：1（台北：台灣風物雑誌社，1992年3月），p. 65.

2．台湾省物資調節委員会（1947年5月-1950年）

1947年2月の二・二八事件の後，同年5月に魏道明が初代の台湾省主席に任命された．彼は，ただちに専売と貿易に関する規定の改正に着手し，5月30日に第三次省政府委員会議において，貿易局を廃止し，かわりに「台湾省物資調節委員会」（以下「物調会」と略す）を設置して省営貿易機構とすることが決まった．この時，台湾はちょうど物資不足で経済が混乱していた時期であったため，物調会はその他の機構とともに台湾貿易の統制に責任を負うこととなった．1950年に省政府は建設庁に貿易科を設置し，貿易行政を専門的に担当させることとし，物調会はようやく貿易経営を専門的に担う機構となった[27]．

物調会成立後の台湾の経済状況は，二・二八事件発生前の悪性インフレーションが続いていた．台湾省政府は物価問題を解決するために，輸出入品に対する統制を継続した．物調会が扱った輸出入品の状況は，1947年6月から1948年6月までの期間の総計で，15種類の輸出品となり，輸出総額は10億7328万台湾元となった．この他に，337万ドル余のアメリカ肥料を購買するための対価物資（樟脳，茶葉，パイナップル缶詰など）が輸出総額に加えられなければならない．各主要輸出品の比率は，砂糖29.5％，石炭26.1％，パイナップル缶詰16.3％，樟脳14.0％，石灰6.8％，その他7.5％である．輸出は主に物調会の上海，天津，青島の三つの事務所を経由して行われた．ただ海外への輸出品は，中央が管理する外貨政策の制限のため，計画通りに輸出されることはなかった．

物調会が扱った輸入品は，13種類あり，36億9029万台湾元であった．主な輸入品の比率は，肥料類30.5％，輸送機器および主な部品類19.4％，衣料品類16.2％，食品類9.0％，機械類9.0％，電気機器類2.3％，化学工業用原料および鉱物油類2.3％，金属類2.9％，その他8.4％である．輸入品は主に上海，青島，天津から購入された．外国から輸入される物資

27　薛化元総編集『台湾貿易史』，p. 206.

は，必ず輸出入管理委員会の許可を得なければならず，数量はかなり少なかった[28]．

1945年10月に台湾は中国大陸の政治経済システムに編入され，中国の高関税の税制が適用されたが，台湾と中国沿海各省の貿易はかえって国内貿易と同一視されたため関税は課されず，対外貿易の市場は自然に日本から中国大陸に転換した．しかし，戦後の台湾の対外貿易市場が日本から中国大陸に転換した要因は，関税制度以外にも，上述の貿易局および物調会の貿易統制措置にもあった．ただし，これらの物資の輸出入統制は，一方では対日本貿易を妨げたが，他方では対中国大陸貿易をも妨げた．そして，このことは当時の国民政府の中央財政の税収の点からみても大きな障害であった．そのため，台湾省長官公署の貿易統制措置は，国民政府からはあまり支持されてはいなかったようであり，逆に国民政府は在台湾の税関税務司署を通してこれらの貿易統制措置をボイコットし，1948年初にようやく税関と省政府は貿易統制上の見解で共通の認識に到達した[29]．

（3）中央政府の台湾移転後（1950年以後）

1949年末の中央政府の台湾移転後，中央と省の規模がほとんど重なることとなり，台湾の対日本貿易は，中華民国の対日本貿易と同じものになり，台日貿易の主導権は，次第に省政府から中央の財政・経済単位に上方移管していった．この期間に，前後して「台湾区生産事業管理委員会」，「産業金融小組」，「外貨貿易審議委員会」等の臨時的組織が台日間の貿易取引を主導した．このほかに，「台日和約」の締結に応じて，両国間に1953年から「『中』日貿易弁法」が適用され，毎年の貿易交渉が開かれた．

28　薛化元総編集『台湾貿易史』，p. 214.
29　李文環「戦後初期台灣關貿政策之分析（1945-1949）（上）」，p. 153-160.

1．「台湾区生産事業管理委員会」（1949年6月-1953年7月）

「台湾区生産事業管理委員会」（以下「生管会」と略す）は1949年6月に成立し，1953年7月に新たに成立した「経済安定委員会」の下の工業委員会に組み込まれた．この会の成立は，魏道明の次に省主席となった陳誠が主導したものであり，最初は財政上の考慮に基づき，当時の台湾軍政経費の激増した需要を充分に満たすためにつくられた．

当時の台湾の最も主要な公営生産事業のうち，あるものは「資源委員会」（「資委会」）の管轄に帰し，あるものは「会六省四」の株式権利の比率で資委会と台湾省が合同経営したため，生産事業の利益はほとんどが資委会に入った．しかし，各生産事業で，生産の回復に必要な資金は省政府による融通が多く，このことは，クラウディングアウト効果を引き起こすのみならず，インフレーションを引き起こす結果ともなった．そこで陳誠は整頓の名目で，在台湾生産事業を省政府の管理に移すこと，それにより省政府の財政収入を増加させ，経済発展の基礎とすることを，強力に主張した．また，当時の資委会委員長孫越崎は，1948年10月にすでに共産党に投降することを決定しており，なおかつ資源委員会に属する工場設備を台湾に移転させることを阻止した．孫越崎の共産党への投降に対する反応が拡大することを避けるためには，当然ながら台湾にある生産事業を資委会に管理させることは好ましくなく，省政府が別に設置した組織に管理させなければならない．こうして，生管会が登場した．1949年5月30日，台湾省政府は「台湾区生産事業管理委員会組織規程」と「台湾省中央在台物資処理委員会組織規程」を公布し，「中央在台物資処理委員会」と物調会に要請して事務用品を借り受け，生管会が正式に成立した．

同年12月に中央政府は台湾に移転し，中央政府の膨大な軍政の出費を支えるために，台湾の公営生産事業の役割はますます重要となった．生管会の役割もそれにしたがって調整され，生産増加に力を入れる以外に，およそ輸出入貿易，外貨資金管理，物価調節などの業務も，その統括・指令範囲に入った．加えて，金融貿易政策の策定への協力も開始し，その役割

は技術的な生産増加から財政・経済政策決定者の地位に変化した[30]。

1950年に米国は台湾に対する経済援助を復活させ、米国援助の運用に対して関心が高まった。翌年3月に政府は経済合作署（ECA）の提案に応じ、行政院の下に「財政経済小組」（Economic Stabilization Board,「財経小組」と略す）を設置し、財政部長厳家淦と台湾省政府主席呉国楨が共同でこれを取り仕切った。その機能は政府の貿易政策、支出政策、貨幣政策および財政政策等を検討・調整することにあり、目的は物価の安定にあった。性格は諮問と調整を主とし、行政権は持たなかった。財経小組A組は金融貿易外貨を管理したが、その決議は生管会に協力を求めてようやく執行された[31]。

財経小組は1952年3月、陳誠の命令で「経済安定委員会」に改名され、この委員会の英語名称に照応するようになったが、性格は全く変わらなかった。ただ当時、台湾の物価上昇の趨勢は次第に緩慢になり、農工生産総額はすでに戦前の水準を超え、当初生管会を成立させた目的、すなわち、生産を増加し、貿易を発展させ、新台湾ドルの価値を安定させるという政策目標は、すでに達成されたといえる。台湾の経済はすでにさらなる上層段階の条件を備えており、また中央政府の台湾統治も日ごとに安定していったため、もともと政府が台湾移転前後に設置した多くの臨時連絡組織は、すでにその有効性を失い、また権限と責任の単位の機能が重複する等の現象を生み出していた。そこで、行政効率の点でも経済発展の点でも、別の統合を必要とする段階に至った。ゆえに1953年に、財経小組から拡大改組した経済安定委員会は、生管会、米援会、農復会および金融貿易主管単位などを統合し、経済発展計画を制定し、それぞれの財経資源を最も有効に分配し利用することが期待された。生管会は経済安定委員会の工業

---

30 孟祥瀚「台灣區生產事業管理委員會與政府遷台初期的經濟發展, 1949–1953」國立臺灣師範大學歷史學系博士論文, 2001年（台北）, p. 20-23.
31 孟祥瀚「台灣區生產事業管理委員會與政府遷台初期的經濟發展, 1949–1953」, p. 43-44.

委員会内に組み込まれ，1953年7月18日に最後の常務委員会議が開かれた後，正式に終了した[32]。

生管会の档案は最初台湾省政府秘書処に移されて保管され，1994年3月に省政府秘書処から台湾省文献委員会に移されて保存・整理され[33]，1997年に中央研究院と台湾省文献委員会が協力して，これらの档案を電子化処理してデジタルディスクを作成し，学界の使用に供した。これらの档案は，時期ごとに四つの部分に分けられた。第一に1949年から1951年の档案，第二に1952年の档案，第三に1953年の未分類档案，第四に各専門小組と会議記録である。そのうち第一と第二の部分は，公文書の性格にしたがって総務，民政，財政，経済建設，生産販売の五つに分類され[34]，各類の下で綱目に細分類され，綱目の下に関連する個別档案の公文書が集められている。このほか各専門小組の档案と会議記録が別に保管されている。保管用ボックスは合計で4446個あり，目録では5類，33綱に分類され，各種会議記録を加えて，合計4737の項目から成る[35]。

生管会の運営は，毎週一回開かれる常務委員会を核としており，すべての案件は常務委員会に提出され，審議・討論され，評決されることとされた。現在，過去の会議記録の保存は完璧と言ってよく，会議において，それぞれの案件は，討論の便宜のために，その詳細な内容が多くの場合往来公文，関係単位討論経過，専門検討会記録として収録され，生管会の内部審査意見と常務委員会の最終決議などは，すべて詳らかに記載されている。このように各案件に対する厳正な態度により，生管会は「執行権力はないとはいえ，常に問題を詳細に討論し，貴重な建議を提出するので，常に当

32　孟祥瀚「台灣區生產事業管理委員會與政府遷台初期的經濟發展，1949-1953」，47，p. 253.
33　林滿紅『台灣所藏中華民國經濟檔案』中央研究院近代史研究所，1995年（台北），p. 129.
34　劉素芬，莊樹華，蔡淑瑄「簡介中研院近史所檔案館有關戰後台灣經濟之數位化檔案」『近代中國史研究通訊』第27期，1999年3月，p. 157. また，1949-1951年の分類項目と1952年の分類項目は異なるところがある。
35　孟祥瀚「台灣區生產事業管理委員會與政府遷台初期的經濟發展，1949-1953」，p. 4.

局が採用・実行するところとな」り，政府部門における影響力も急速に増大した．したがって，生管会常務委員会の会議記録は，生管会の4年間の業務記録であるのみならず，同時に当時の台湾の各種財政・経済面の縮図でもあり，政府部門の運営を観察する窓口でもある．

　1949年6月から1953年7月までの4年間，生管会は合計で213回の常務委員会を開き，会議において審議・討論された案件は合計で9639件に及ぶ．生管会の常務委員会の会議記録のほか，生管会のその他の各種専門会議記録，各種専門小組記録，調査報告などもまた，それぞれの問題に対して深く立ち入った検討意見や具体的な解決方法を提出できたので，これらの資料は特定の産業の状況や特定の問題を理解するうえで貴重な資料となり，高い史料的価値を有する．このほか，膨大な数の公文往復書簡は政府運営の一側面を提供し，この時期の政府運営や政策過程を理解するための窓口となっている[36]．

　対日貿易に関する小組の設置は，経省府第169回委員会の同意で設置され，台日貿易の企画単位となった．この生管会常務委員会決議によると，尹仲容が招集者であり，参加者は生管会の全常務委員，任顯群，陳尚文，錢昌祚，王崇植，楊陶，張峻，杜殿英のほか，楊繼曾（台湾糖業株式会社），張茲闓（財政部），侯家源（省交通処），瞿荊州（台湾銀行），冉鵬（経済部），張申福（財政部台北支部），温崇信（物調会），周賢頌（中央信託局），周友端（財政庁），張仁滔（建設庁）などの人々が招聘され参加した．

　上述の名簿からみると，すべて政府単位の構成員であり，民営事業は完全に排除されており，その政府主導の意図は明らかであるが，毎回の会議開催時には，各商会の代表が招かれて出席することで，直接の意思疎通をかわす効果を収めた．

　貿易小組の成立後に，省政府は，建設庁貿易科の予算について，経常費を除くそれぞれの用途の事業費は，支出する前に生管会に送り審議されな

---

[36] 孟祥瀚「台灣區生產事業管理委員會與政府遷台初期的經濟發展，1949-1953」，p. 5-6．

ければならないと決めた．建設庁貿易科が1950年4月に成立すると，貿易行政の業務に責任を負ったが，翌月元物調会に属していた対日物々交換貿易事務を接収した．貿易科のすべての事業費の支出は，生管会のコントロール下におかれることになり，貿易科が管理する業務も貿易小組の管轄下に移された．対日本貿易の業務の責任からいえば，生管会の職権は貿易政策決定者としての役割を十全に反映し，機能と職権において建設庁と財政庁を凌駕した[37]．

2．「外貨貿易審議小組」から「外貨貿易審議委員会」まで（1953年7月-1968年9月）

「生管会」が運営を終了した後，台日貿易を主導する役割を引き継いだ重要単位は，「外貨貿易審議小組（グループ）」および，その後改組された「外貨貿易審議委員会」である．「外貨貿易審議小組」の前身は「産業金融小組」（「産金小組」と略す）である．

1949年6月15日，台湾は「台湾省幣制改革法案」を布告し，新台湾ドルを発行した．同時に，「台湾省輸出入貿易および為替金銀管理弁法」を布告し，これにより台湾の金融と外貨貿易は，大陸を離脱し，独立の制度となった．管理弁法は，輸入品を輸入許可，輸入一時停止，輸入統制，輸入禁止の4種類に分け，輸出品を輸出許可，輸出統制，輸出禁止の3種類に分けた．輸出業者は貨物を輸出すると，獲得した外貨の20％を新台湾ドルの為替レートにしたがって台湾銀行に売り，輸出証明書の発行を受け，残りの80％は台湾銀行から等価分の外貨決済証明書の発行を受けねばならなかった[38]．

輸入のための外貨請求の優先順位を審査するために，1950年1月，生

---

[37] 孟祥瀚「台灣區生產事業管理委員會與政府遷台初期的經濟發展，1949-1953」，p. 128-129．
[38] 尹仲容「政府遷臺後的對外貿易制度」孫震主編『臺灣對外貿易論文集』聯經，1986年（台北），p. 1．

管会は「産金小組」を設立した．この小組の設立の目的は，当初は公営事業機構の外貨申請と分配を審議することであったが，闇市場での不法な外貨取引を防ぐために，産金小組の職権は，民間産業の輸出入為替決済業務の審議，そして輸入外貨申請の優先順位の確定にまで拡大した．第一に優先されたのは生産に必要な原料，肥料，器材であり，第二に優先されたのは重要な生活必需品であり，第三に優先されたのはそれに次ぐ必需品であり，第四がその他の物品であった．同時に，公営事業が獲得した外貨は，台湾銀行に集中的に預けねばならないと定められ，為替決済証の売買および価格は産金小組により決定され，自ら処理することはできなかったため，外貨を豊かにし，その運用を強めることとなった[39]．1953年7月，産金小組は「台湾省外貨貿易審議小組」に改組され，実績制度を施行した．すなわち，二ヶ月を一期と定め，輸入状況，国内在庫および消費状況，生産需要の状況などにもとづいて，輸入物資予算を編成した．貿易商の輸入は，登記の営業範囲によって制限された．申請金額は，ある一時期の輸出入実績に規定の百分比を掛けあわせた数値を超過することはできないこととされた．9月に輸入の外貨節約が定められ，防衛寄付金20％の徴収が上乗せされた．1954年1月に貿易商の更新登記が行われた際に，登記条件が厳しくなり，貿易商は2100から1700に減少した[40]．1955年3月に外貨貿易審議小組は，「外貨貿易審議委員会」に改組され，行政院に直属し，50年代および60年代の台湾の対外貿易を主導した．

　1950年以降，米国援助が台湾経済の不可欠の一環となり，米国は，台湾が経済計画を策定し，経済援助に呼応することを希望し，政府が財政・経済機構の調整問題に注意を向けるよう促した．これにより政府は財政・経済機構調整の緊急性を認識した．1952年に台湾省政府は作業順序を簡単化するために，建設庁の貿易・商業の二つの科を財政庁の管轄に移し，生管会の権力は次第に空洞化していった．1954年に，行政院は正式に「調

39　尹仲容「政府遷臺後的對外貿易制度」, p. 2.
40　尹仲容「政府遷臺後的對外貿易制度」, p. 3-4.

整各項財政経済審議機構実施弁法」を公布し，行政院の下に「経済安定委員会」を設置し，その下に4つの組と1つの委員会を設置し，生管会は工業委員会に合併された．弁法においては，特に一般輸出入貿易および外貨管理業務について，行政院が台湾省政府に権限を与えて外貨貿易審議小組を設置して処理を行い，直接に経済安定委員会が責任を負うこととし，ただ財政部および経済部の指導を受けるべしとされた．したがって，1954年からは，台湾の外国貿易機構は，事実上，台湾省外貨貿易審議小組を中心とする独立責任単位が形成されていた．しかし，省政府の下に従属していたため，階層が高くなかったので，1955年に，行政院長俞鴻鈞はさらに一歩進めて，外貨貿易管理業務をすべて中央に移管することを宣言し，「行政院外貨貿易審議委員会」に改組し，台湾のすべての外国貿易事務の決定と執行を独占させた．

外貿会の記録によると，1954年秋に，台湾省政府は行政院に権限の授与を破棄するよう建議し，外貨貿易管理業務を中央に移管して処理するよう伝えた．1955年2月11日に財政部は行政院に対して次のように報告した．「台湾と米国が共同防衛条約を締結したことにより，今後は米国援助資金と本国の外貨資源の配分・運用は，更に密接な関係となるであろう．外貨貿易管理機構は，調整・簡素化し，部署を改めて，適応に資するのがよい」と．行政院の決定を経て，外貨貿易管理業務は，中央の処理に戻された．外貨貿易管理機構を設置して以来，主管者はたびたび交代したとはいえ，いずれも財政・経済のトップにより兼任されていた[41]．

外貿審議委員会の職権に含まれるのは，外貨貿易プランおよび外貨用途の審議，米国援助の運用への協力，各機関の間を繋いで外貨貿易業務に関する仕事を行うこと，行政院が依頼するその他の関連事項などであった．委員会が最高権力中枢であり，その下に多くの小組や委員会が設置され，関連業務の最初の審査に従事した[42]．

---

41 薛化元総編集『台湾貿易史』，p. 290.

1958年2月に，行政院は機構簡素化実施計画の規定にしたがって台湾省財政庁貿易科を廃止し，その業務のうち，商業行政に属するものは建設庁商業科に，外国為替の審議に属するものは台湾銀行に，政策に関する事項は外貨貿易審議委員会に，それぞれ移管した．財政庁貿易科の所掌となる業務には，輸出入統制物資の証明書発行，経済部に代わって米国向け輸出品の産地証明書の審査・発行，経済部に代わって外国統制輸出物資の輸入証明書の審査・発行，国交のない国に対する輸入証明書の発行，離島（金門・馬祖）向け物資の証明書発行，貿易商の管理，貿易商による日本での貿易活動申請の審議，国際商品展覧会への参加などがあった．秘書室，輸出組，特定輸入組の会談の結果，移管方法は次のようになった．輸出入統制物資の証明書発行は，本委員会での審査・決定後に台湾銀行に通知し，輸出入をあわせてひとつの証明書を発行し，他には許可証を発行しないこととした．米国向け輸出品の産地証明書および外国統制輸出物資の輸入証明書は，経済部が税関に委託して引き継ぐよう建議した．国交のない国に対する輸入証明書の発行は，経済部の名義を使用できないので，台湾省政府財政庁が税関に委託して引き継ぐよう建議した．離島（金門・馬祖）向け物資は，税関が直接検査し，他には証明書を発行しないよう建議した．貿易商による日本での貿易活動申請の審議は，46年9月の院令の指示に従って，経済部が農鉱工商の人員をあわせて出国弁法を申請し，処理した．貿易商の登記と国際商品展覧会への参加は，台湾省政府の意見に照らして，建設庁が引き継ぐこととなった[43]．

　「外貨貿易審議委員会」は，輸入品の統制について，やはり輸入物資予算という方法を採用した．貿易商は毎期の輸入物資予算によって外貨を申請する際には，一種類の品目の申請に制限され，また，各品目の割当額に

42　陳兆偉「行政院外匯貿易審議委員會（1956-1968）的決議案」林滿紅主編『臺灣所藏中華民國經濟档案』中央研究院近代史研究所，1995年（台北），p. 150-155．
43　「奉院令裁撤台灣省財政廳貿易科，所屬業務經本會秘書室等會擬接管辨法提請核議」『行政院外匯貿易審議委員會第159次會議』，1958年4月，近代史研究所档案館館蔵号50-159-031，p. 1-5．

おいては，各種類毎に申請の最高比率が定められ，それを超えることはできなかった．申請の総額が割当額を超過した場合には，比率によって割り当てた．これがいわゆる割当額制度である[44]．

外貿審議委員会の段階における台湾貿易の最も画期的な発展は，1958年の貿易プランで複数為替レートを単一為替レートに改めたことである．これにより，台湾は市場価格の機能を回復し，輸出が激増し，それと並んで新興輸出工業が育成され，経済の急速な成長を導いた．1968年9月に，行政院は「外貨貿易業務および機構の調整案」を通過させ，外貿審議委員会を廃止した．職権は元に戻り，財政部，経済部の二つの部と中央銀行が共に処理することとなった．対外貿易は経済部国貿局が担当することとなり，外貿審議委員会の歴史的任務はようやく終わりを告げた．

外貿審議委員会は週に一度開かれたので，設立期間中に680回の会議記録があるはずであるが，省議会図書資料館に保存され所蔵されているのは，第60回会議から第680回会議までの記録である．档案の始めと終わりの期間は1956年と1968年である．これらは1980年代に経済部から近代史研究所に移され，同所のコレクションとなった[45]．

3．中日貿易弁法（1953-1961年）

GHQ占領下の日本は，1947年から次第に対台湾貿易を回復しており，1949年以後にはGHQは台湾商人が日本とバーター貿易契約（後述）を結ぶことも認めた．とはいえ，両国の間には明文化された条約や制度的な規範が欠如していた．1950年5月に，生管会副主任委員尹仲容は経済部顧問名義で訪日し，GHQと「中日貿易協定」について協議し，台湾が日本との貿易を拡大することを望んだ．同年9月6日に台湾を貿易範囲とする「台湾と占領下日本との貿易に関する協定」が中華民国政府とGHQとの

---

44 尹仲容「政府遷臺後的對外貿易制度」，p. 4-5.
45 「近史所档案館館藏檢索系統」，URL：http://archdtsu.mh.sinica.edu.tw/filekmc/ttsfile3?@4：443843648：8：：：002B50@@424238335（2013年8月10日にダウンロード）．

間で締結された[46].

　1952年4月28日にサンフランシスコ講和条約が発効し，日本は再び独立を獲得した．翌年2月に中華民国と日本政府の代表は東京で貿易交渉を行い，6月に「中日貿易弁法」を締結した．弁法の規程では，台湾・日本双方は一年を基本単位とした貿易計画を立てることになっていたため，1953年以降，台湾と日本は毎年，貿易会議を開いて貿易計画を決定した．これにより台日貿易外交の逐年貿易交渉方式が確立した[47].

　1950年に締結された「台日貿易協定」および1953年に締結された「中日貿易弁法」では，ともに専用口座記帳制度と年度貿易計画が採用された．貿易商は，公営か民営かを問わず，貿易計画にしたがって相手方と交渉を進め，売買された有形無形の貿易額はすべて専用口座に記帳し，それによって相殺する方法であった．貿易計画は年度毎のものであったので，双方の政府は毎年，代表を派遣して貿易交渉を行い，新しい計画を取り決めた．このような政府が主導する計画的貿易の形態は，1961年の貿易交渉会議で廃止することが決議され，これより後，台日貿易は商人主導に改められ，貿易計画にしたがうものではなくなった[48].

　本節の内容をまとめると，この時期の貿易統制は以下のように整理することができる．

　（1）統制主体については，戦前・戦後でそれぞれ日本と中華民国の両国に属したが，大局的にいえば，1950年以前には，台日貿易統制の主導権は台湾を管理する政府が握った．すなわち，戦前の台湾総督府，戦後初期の行政長官公署，さらには長官公署から制度変更された台湾省

46　陳思宇「台灣區生産事業管理委員會與經濟發展策略（1949-1953）―以公營事業為中心的探討」政治大學歷史系修士論文，2002年（台北），p. 159.
47　廖鴻綺「貿易與政治：台日間的貿易外交（1950-1961）―以台灣所藏外交部档案等為中心之探討」國立臺灣師範大學歷史研究所修士論文，2000年（台北），p. 9.
48　廖鴻綺「貿易與政治：台日間的貿易外交（1950-1961）―以台灣所藏外交部档案等為中心之探討」，p. 3.

政府である．1950年以後には，台湾に移転した中華民国政府が引き継ぐこととなり，統制主体の位階は中央のレベルまで上がった．

（2）統制手段については，戦前には主に法令を公布する方式が使われたが，戦後には臨時的な組織や措置によった．「中日貿易弁法」が制定されても，年毎に交渉する方式が採用された．ただし，手段には異なるところがあるとはいえ，戦前は戦争需要の要請により，戦後は経済発展を達成するために，臨機応変の性格が強かったことは同じであった．

（3）統制目的については，戦前と戦後で異なるところがあるだけではなく，戦後初期と1950年以後でも異なっている．戦前の統制は，植民地本国日本の総力戦需要に応じるために，台湾が自足できるよう求められたが，統制といっても決して台湾・日本間の貿易取引を縮小しようといった意図があったわけではない．しかし，戦後初期の行政長官公署の措置は，明らかに台湾・日本間の貿易関係を切断して，台湾の主要貿易相手を中国大陸に転換させようとするものであった．1950年以後には，台湾の中華民国政府は日本との貿易関係を回復させることを願ったが，外貨不足に鑑みれば外貨の流出を減少させるために貿易統制を行わざるをえず，同時にまた，日本の工業製品の輸入を阻止して台湾に興ったばかりの工業に打撃を与えないようにすることにも力を入れた．

第2節　各時期の台日貿易の発展概況

（1）1941-1945年

日本の台湾統治以後，投資，金融，海運，総督府の政策（とりわけ決定的な影響を与えた関税制度）および日本人の往来などを通じて[49]，台湾の主

---

[49] 矢内原忠雄『帝国主義下の台湾』岩波書店，1988年（東京），p. 124-125．

な貿易相手は日本へと変化していった．1896年に台湾の対中国貿易は対外貿易総額の64％を占めていたが，1899年には早くも39％に低下した．1901年に日本が初めて中国を超え，台湾の最大の貿易相手となった．その後，対日本貿易は毎年1位で，その比重は年を追うごとに増大していき，1909年には70％を超え，1930年以後は8割以上にまで達した[50]．1939年に台湾の貿易総額は10億円を突破し，翌年には10億4700万円に達し，日本統治期の最高額となった．同時期の台日貿易も，8億8500万円という最高額に達した[51]．その後，戦争の影響を受けて対外貿易額は次第に減少していったが，それは台湾と日本の貿易にも影響を与え，1944年にはわずか3億3697万円とピーク時の半額にも満たなかった．また，貿易収支（黒字額）からみると，1939年には1億5216万円に達したが，1940年に3353万円に低下し，1941年から44年にかけては，795万円，8200万円，786万円，9440万円と，1億円を突破できないのみならず変動幅も非常に大きくなっている．

　戦前台湾の対日本貿易の輸出入品およびその占有比率は，以下の表2・3・4の通りである．

　戦前台湾の対日本貿易は，輸出においては，主な輸出品は16項目あったが，米と砂糖が二大主要輸出品であり，合わせて輸出総額の半分以上を占めていた．特に砂糖は，最初から最後まで首位であり，輸出額は3割を超えていた．その他，バナナ，アルコール，鉱産物もそれぞれに一定の重要性を有していた．輸入においては，輸出と異なり少数品目への集中はなく，主な品目は28項目にものぼる．長期間重要な地位を保ったものは，小麦粉，塩乾魚，清酒，紙巻たばこ，マッチ，絹綿織物，ガンニー嚢，紙類，鉄，機械類，木材，肥料などである．台湾の工業化が進むと，それにともなって，電気用石炭，コークス，その他硫黄を含む工業薬品なども次

---

50 『台湾貿易四十年表』，p. 1, 2, 467, 468；『台灣省通志』卷四經濟志商業篇，p. 182-186等の数値を基に算出した．
51 台湾総督府編『台湾統治概要』南天，1997年（台北），p. 449-451.

表2　戦時体制下台湾の対日貿易（1941-1944年）

単位：千円

年次	対日移出	輸移出合計	移出/輸移出	対日移入	輸移入合計	移入/輸移入	移出入合計	移出入差額	移出入/貿易総額
1941	379,795	493,904	76.90%	371,842	424,507	87.59%	751,637	7,953	81.84%
1942	419,628	523,139	80.21%	337,620	384,519	87.80%	757,248	82,008	83.43%
1943	292,713	400,903	73.01%	291,927	338,727	86.18%	584,640	786	79.05%
1944	215,691	311,204	69.31%	121,285	164,722	73.63%	336,976	94,406	70.80%
1945	14,324	24,110	59.41%	16,698	22,313	74.84%	31,023	-2,374	66.82%

備考：1945年は1-8月の数値である。
出典：1941-1944年：台湾総督府編『台湾統治概要』『台湾統治概要』（台北：南天、1997年），p. 454 より算出。1945年：台湾省政府主計處編『台湾貿易五十三年表』（台湾省政府主計處．1949年），p. 1-3 より算出。

表3　台湾の対日移出主要物産および貿易額　　単位：千円

年　次	1941		1942		1943	
		比率(%)		比率(%)		比率(%)
米	70,735	18.62%	76,155	18.15%	66,028	22.56%
切乾薯	399	0.11%	0	0.00%	0	0.00%
バナナ	17,766	4.68%	11,029	2.63%	5,402	1.85%
砂糖	156,510	41.21%	184,524	43.97%	97,451	33.29%
糖蜜	0	0.00%	217	0.05%	274	0.09%
鮮魚	3,333	0.88%	0	0.00%	0	0.00%
塩	856	0.23%	2,047	0.49%	2,734	0.93%
パイナップル缶詰	3,711	0.98%	6,176	1.47%	2,249	0.77%
樟脳油	1,302	0.34%	633	0.15%	20	0.01%
樟脳	3,377	0.89%	614	0.15%	1,474	0.50%
アルコール	13,213	3.48%	14,732	3.51%	16,016	5.47%
帽子	3,334	0.88%	2,947	0.70%	5,643	1.93%
石炭	1,525	0.40%	2,420	0.58%	581	0.20%
鉱物	15,037	3.96%	15,387	3.67%	17,621	6.02%
木材	3,994	1.05%	2,050	0.49%	656	0.22%
洋紙	7,421	1.95%	5,050	1.20%	906	0.31%
合　計	379,795	100.00%	419,628	100.00%	292,713	100.00%

出典：台湾総督府編『台湾統治概要』（台北：南天，1997），p. 456-457により算出．

表4　台湾の対日移入主要物産および貿易額　　　　単位：千円

年次	1941		1942		1943	
		百分比		百分比		百分比
小麦	1,949	0.52%	1,240	0.37%	1,696	0.58%
小麦粉	9,096	2.45%	3,724	1.10%	4,075	1.40%
菓子類	1,265	0.34%	339	0.10%	36	0.01%
味の素類	3,611	0.97%	1,637	0.48%	464	0.16%
塩乾魚	12,965	3.49%	6,076	1.80%	1,346	0.46%
練乳	1,404	0.38%	1,281	0.38%	1,272	0.44%
缶詰食物	6,830	1.84%	2,043	0.61%	458	0.16%
麦油	3,347	0.90%	2,621	0.78%	2,081	0.71%
紙巻き煙草	4,276	1.15%	3,306	0.98%	3,966	1.36%
清酒	2,626	0.71%	2,214	0.66%	3,015	1.03%
石鹸	4,327	1.16%	1,733	0.51%	901	0.31%
マッチ	1,732	0.47%	3,346	0.99%	2,313	0.79%
糸類	2,932	0.79%	5,016	1.49%	6,511	2.23%
綿織物絹織物及スフ織物	15,951	4.29%	40,387	11.96%	29,452	10.09%
毛織物	3,232	0.87%	5,583	1.65%	3,091	1.06%
ガンニー嚢	9,916	2.67%	9,884	2.93%	5,401	1.85%
メリヤス肌衣	2,965	0.80%	4,923	1.46%	1,926	0.66%
紙	7,839	2.11%	5,822	1.72%	4,355	1.49%
セメント	2,524	0.68%	1,258	0.37%	414	0.14%
陶磁器	3,986	1.07%	3,079	0.91%	2,127	0.73%
鉄材	21,549	5.80%	10,086	2.99%	9,211	3.16%
家屋橋梁船舶渠等の建築材料	2,013	0.54%	877	0.26%	592	0.20%
鉄製品	11,121	2.99%	8,876	2.63%	9,299	3.19%
自転車同部分品	2,657	0.71%	2,580	0.76%	1,521	0.52%
自動車同部分品	4,894	1.32%	5,096	1.51%	3,725	1.28%
電気機械同部分品	6,152	1.65%	4,312	1.28%	4,025	1.38%
木材	16,816	4.52%	5,463	1.62%	5,490	1.88%
肥料	36,500	9.82%	25,486	7.55%	10,282	3.52%
合計	371,842	100.00%	337,620	100.00%	291,927	100.00%

出典：台湾総督府編『台湾統治概要』(台北：南天, 1997), p. 457-459により算出。

第に登場するようになった．

（2）1946-1949 年

1945 年以後，台湾の対外貿易は以下に述べるような要因の制約を受けた．まず，国民政府は台湾を接収し，台湾と日本の経済関係を切断して，台湾経済を転換し，中国との関係を創出しようとした．この過程において，台湾の従来の経済機構と経済制度は，改めて再編しなければならない複雑な問題に直面した．次に，第二次世界大戦中，台湾は連合国軍の爆撃を受け，生産力はかなり深刻な損害を被っていた．台湾の主要貿易商品である米と砂糖の産出高も低落し，ほぼ輸出する余裕もなくなったといえる．第三に，戦後の中国大陸の影響を受けた．戦後の中国大陸は情勢が不安定で，国共の衝突が激化し，物価と貨幣価値は不安定で，それに加えて財政が困難で，インフレーションが加速し悪化するなどの問題があった．このような中国大陸の経済問題は，戦後の台湾経済にも衝撃を与えた．第四に，戦後初期の台湾は船舶が不足し，定期航路もなかったため，台湾の貿易商品の輸出は困難であった．とりわけバナナやパイナップルなどの農産品は腐敗しやすいため，正確で定期的な航路がなければ，品物が港に着いた時の品質がすぐに影響を受け，貿易取引にも影響する．第五に，台湾の為替管理措置，貿易を支援する金融機構，海外のブランチが不足していた[52]．第六に，国民政府は大規模な関税の引き上げを行った．特に，輸入税に関しては，まず 1945 年 9 月に戦前水準の全額徴収を回復させることを宣言し，1948 年にはさらに大規模に輸入関税率を倍以上に引き上げた[53]．

これらの原因によって，台日間の貿易は一時的に停止され，1946 年から 49 年までの台湾の対外貿易においては，輸出入品のうち 1946 年は 94.1％，1947 年は 90.8％，1948 年は 86.5％が，台湾と中国大陸との間で取引された．しかし，輸入品のうち大陸からの輸入は，主に紡織品に集

---

52 薛化元総編集『台湾貿易史』，p. 199-200．
53 李文環「戦後初期台灣關貿政策之分析（1945-1949）（上）」，p. 132-135．

中しており，日本が台湾に大量の肥料を供給し，それによって工業原料や食糧を生産し，植民地経済の再生産を維持していたことの代わりにならないことは明らかであった．このことも，その後の日本およびその他の国が改めて台湾の輸入市場に進出することを助けた．中央政府が大陸から撤退するにつれて，輸入市場は次第に方向を転じ，そののち大陸に代わって主要な輸入元となったのは米国であった．大陸からの輸入額を差し引いた外国からの輸入貿易の状況は，1946年における台湾の国外から輸入のうち，オランダ領東インド（現在のインドネシア）が28.8％で首位，次に米国が18.8％を占め，その次に香港が17.7％を占め，日本は6.6％で第5位であった．1947年に米国は第一位に躍進し，輸入貿易額の44.6％を占め，日本はわずかに5.3％で第4位であった．1948年には米国が32.5％，日本はさらに低下して1.2％であった．1949年，米国は35.8％，日本は7.5％であった．したがって，この段階の台湾の輸入市場は日本統治期とは全く異なり，そののちの発展において事実上米国がずっと主な役割を演じることとなり，とりわけ1950年の後半に米国援助が開始された後，米国は台湾の主な輸入元となった[54]．

輸出市場も輸入市場同様大陸を主としていた．1946年に台湾の対大陸輸出貿易額は，輸出総額の93％を占め，1947年には92.5％，1948年になっても依然として82.7％という高い比率を占めていた．1949年の海上封鎖線の拡大により，対大陸貿易は急速に減退した．注目に値するのは，輸出市場の中で，日本が中国大陸に僅差で次いで台湾にとって二番目に大きな市場であったことである．国外への輸出額でみれば，日本が第一位になる．1946年の対日本輸出額は外国への輸出総額の82.4％，1947年は40.9％，1948年は46.2％であった．1949年に大陸市場が急速に収縮したのに対し，対日本貿易は逆に拡大し，外国輸出の55.8％を占めた．これにより，1949年から台湾の輸出市場は大陸から日本に転換した．この

---

54 李文環「戰後初期台灣關貿政策之分析（1945-1949）（下）」，p. 71-83.

表5　1946-1949年の台湾の対日貿易額

年度	輸入総額	比率	輸出総額	比率
1946	87,688	6.60%	4,966,879	82.40%
1947	11,247,049	5.25%	67,942,824	40.92%
1948	193,670,842	1.16%	18,090,933,373	46.20%
1949	13,418,242	7.54%	160,010,671	55.75%

備考：輸入：1946-1947年は法幣，1948年は旧台湾ドル，1949年は新台湾ドル．輸出：1946-1947年は国幣千元，1948-1949年は輸入と同じ．
出典：李文環「戦後初期台灣關貿政策之分析（1945-1949）（下）」『台灣風物』50：1（台北：台灣風物雑誌社，2000年3月），p. 77-85．

現象は1950年になって更に顕著となり，1950年の台湾の輸出市場の上位5国は，日本（36.1％），エジプト（17.6％），香港（17.1％），シンガポール（6.8％），米国（5.6％）である．このことが意味するのは，日本市場に対する台湾の輸出においては，依然として日本統治期の植民地輸出経済の依存性が継続していたということである．主な輸出品はといえば，依然として日本統治期以来の砂糖を主として，次に茶や塩などであった．言い換えれば，1945年から1948年の間，大陸市場は政治や関税・貿易政策の優位という要素によって，従来の日本市場にとって代わり，この段階の台湾の主な輸出市場となった．しかし，大陸市場が1949年の間に次第に失われていった後，日本市場はすぐに浮上し，台湾の輸出貿易市場の首位を占めるようになった．同時に，日本統治期に米，砂糖の輸出を主軸とし，日本が主な輸出品の消費市場であった経済・貿易構造は，基本的には，戦後の台湾にも引き継がれた．ただ米穀については，この段階においては非常状態にあり，その輸出量は極めて少なかった[55]．

55　李文環「戦後初期台灣關貿政策之分析（1945-1949）（下）」, p. 83-92.

(3) 1950年以後

1949年以後，新台湾ドルの発行により，大陸との通貨取引が切断され，外貨管理制度を採用し，通貨発行量を増やさずに金額を立替えたことで，台湾と大陸の貿易は終わりを告げた[56]．その少し後に国民党は台湾まで退却し，紡織業を主体とする財閥もこれにしたがって台湾に入ってきたため，台日貿易が強化された[57]．

1949年の大陸の情勢の変化にともない，台湾と大陸の間の貿易は次々と断絶し，いかにして対外貿易のパイプを開くかということが，経済的収入を増やすための重要な鍵となった．日本については，戦後初期に生産が戦争による破壊を受けていたこと，外貨資金の深刻な不足，連合国軍の封鎖統制により，対外貿易はほぼ完全に停止した．そのうち食料，塩，砂糖などの需要は，台湾の関連する産業に日本への輸出の機会を提供した．1947年3月に，GHQと中央信託局は25,000トンの台湾産砂糖を1トンあたり200ドル，合計5,000,000ドルで日本に販売する契約を締結した．その後，台湾産塩も次々に日本に販売され，台湾の日本向け貿易は次第に拡大していった．1948年12月1日にGHQは日本の輸出貿易を開放し，翌年4月に，台湾の商人はGHQの許可を経て日本とバーター貿易の契約を交わした．これにより，台湾のデリス80トン，54,000ドルが，それと等価のガス管，モーター，トタン，トラック部品，人絹などと交換された．また，バナナ6000籠，57,000ドルが等価の医薬品や漁具などと交換された．9月に台湾省青果輸送販売連合社は，その年のバナナ生産高が150万籠に達したことにかんがみて，台湾内消費のほか100万籠を外国に販売することが可能になったため，政府に対してバナナを日本にバーター取引で輸出する許可を特別に要請した．これに対して生管会は，とりあえず50万籠を限度とし，交換輸入品のうち8割は蔬菜，塩魚，漬物などの一般食品とし，2割を列記された品目の輸入とするということを決議した．11月に台湾省

56　薛化元総編集『台湾貿易史』，p. 221-222.
57　薛化元総編集『台湾貿易史』，p. 224.

物資調節委員会は，財政庁，建設庁，生管会，台湾銀行，青果合作社などを招集し，青果小組会議を開いてバナナの対日バーター輸出の方法について討論し，省政府の12月の審査・施行を経て，台湾の対日本バーター貿易は正式に開始された[58]．

　塩，砂糖，バナナなどの主要産品を日本向けに輸出することに加え，政府部門は対日本貿易の制度的な規範を確立することも望んだ．1949年の春に台湾省政府は物資調節委員会に責任を課して専門グループを作らせ，計画に着手させ，方法を研究させた．そして，対日本貿易計画大綱と貿易弁法大綱を起草させて，省政府に提出させた．1950年5月24日に台湾銀行総経理瞿荊州と経済部顧問尹仲容は日本を訪問し，GHQと「中」日貿易協定について折衝し，9月2日にようやくGHQと協定内容を協議・決定し，財務協定，貿易協定，貿易計画，返済補償交換文書の4つの部分に分けた．6日には「中」日貿易協定が調印された[59]．

　貿易協定とそれに関連する財務協定および貿易計画の内容に基いてみると，依然としてバーター貿易の性格を脱するものではなく，異なっているのは，バーター貿易がまずある品を日本に輸出した後に，それと引き換えに等価の品を輸入するのに対して，貿易協定では総量規制を前提として，計画した物資の範囲内で商人に輸出入貿易に従事することを認めるという点である．この計画的貿易方式により，台湾と日本の双方が需要する物資は，数量と種類の規制の下で適当な供給を得られるため，資金運用の無駄や物資需給の重複を回避することができた．また，貿易取引は記帳する方式を採用したことにより，外貨の管理・運用はさらにフレキシブルなものとなり，そのうえ，4,000,000ドルの当座貸越が認められたことは，当時外貨が決して豊かではなかった台湾と日本の双方にとって，それぞれが自らに必要なものを選びとることができる利便性を提供した[60]．対日平和条

58　孟祥瀚「台灣區生產事業管理委員會與政府遷台初期的經濟發展，1949-1953」，p. 120-121.
59　孟祥瀚「台灣區生產事業管理委員會與政府遷台初期的經濟發展，1949-1953」，p. 123.

約が締結される前には,貿易協定は臨時的な措置であったとはいえ,両国の関係からいえば,これによりある程度の安定性が維持された[61]. 台日貿易協定の取り決め後,台湾の対日本貿易は増加し,1951年,1952年の二カ年のそれぞれにおいて,日本は台湾の輸入総額の48.4％,44.7％を占め,輸出総額の48.3％,52.6％を占めた. 台湾の外貨収入の重要性,とりわけ輸出決済の部分に対して,41.6％と51.9％を占めたことから,当時の台湾の外貨不足の状況下では,対日貿易を振興すること自体が重要であったといえる[62].

ただ1951年9月8日のサンフランシスコ対日平和条約の調印により台日貿易協定の有効性が問題となり,どのように日本と貿易協定を結び直すかが,対外貿易の成果を継続するうえでの主な課題となった. 台日貿易の有効期限は本来一年であったので,1951年6月に台湾とGHQの同意を経て,改めて新しい条約を締結するまでは無期限に延長することとされた. 貿易協定第4条の規程によれば,「本協定は連合国あるいは連合国側の一国が日本との平和条約を公布した場合,即座に停止しなければならない」ことになっていた. そのため,台日貿易協定の有効性は即座に問題となった[63]. このため,GHQは台日貿易に関する会議を数回開き,1952年4月に台湾と日本の平和条約が調印され発効することにより,また,GHQも一ヶ月以内に撤退することにより,平和条約の調印のために貿易協定が失効するのを避けるために,まず延長手続きを行っておくよう,台湾側に促した. 台日双方は4月24日に調印・文書交換を済ませ,一時的に貿易協定の有効性を延長した.

貿易協定の文書交換と同時に,「中」日平和条約も同じ日に調印され,双方の実際の貿易状況に配慮するため,双方が同時に貿易関連の「議定書」

---

60 孟祥瀚「台灣區生產事業管理委員會與政府遷台初期的經濟發展,1949-1953」,p. 124.
61 孟祥瀚「台灣區生產事業管理委員會與政府遷台初期的經濟發展,1949-1953」,p. 128.
62 袁穎生『光復前後的台灣經濟』,p. 138. 瞿荊州「台灣之對日貿易」,p. 60-62.
63 孟祥瀚「台灣區生產事業管理委員會與政府遷台初期的經濟發展,1949-1953」,p. 135-136.

(protocol)を締結し，相互に最恵国待遇を与えた．6月23日に，双方は「「中」日貿易弁法」を締結し，もともとの貿易協定を原本として，対日本貿易の正式な条約を最終的に確立し，それは1961年9月30日に再度改正されるまで続いた[64]．

貿易交渉と貿易弁法の締結とともに，台湾・日本両国の間には，双方政府の計画的統制の下で，次第に正常な貿易取引が回復した．この時期の年別貿易額統計は以下のとおりである．

貿易総額（表6）からみると，この時期に日本は終始一貫して台湾の最大の輸出相手国であり，年々の輸出比率は少なくとも3割以上あるいは3割近くを維持している．1952年，1954年，1955年の3カ年の対日本輸出にいたっては台湾の総輸出額の半分以上をも占めている．輸入についていえば，初期の回復以来，比率はわずかに低下する傾向をみせているが，全体としてはこちらも3割以上を維持している．1952年，1958年，1959年の3カ年は輸出入ともに日本が首位を占め，その他の年の輸入も米国にわずかな差で第二位を維持している．しかし，貿易収支からみると，戦前の台日貿易とはほぼ異なる．戦前の台日貿易は，台湾の輸出超過を主としていたが，戦後のこの時期には，1953年と1955年の2カ年を除いて，台湾の対日本貿易はすでに輸入超過の局面を形成しており，入超金額も次第に拡大していく傾向にあり，1962年には20億台湾元を突破するまでになった．

輸出入別に観察しよう．輸出（表7）については，1950年から1960年までの間，台湾が日本向けに輸出した産品は，砂糖，雑穀，菓子類の3類が主であり，3つの合計で輸出額の9割前後を占めた．なかでも砂糖は台湾からの日本向け輸出の大宗であり，1950年には80.8％の高い比率に達した．その比率は年を追うごとに低下する傾向にあったが，終始一貫して台湾の日本向け輸出の首位の位置にあった．1961年の輸出品分類は1960年以前の分類と異なるため，同一の表の上で統計をみるのが難しい．1961

---

64 孟祥瀚「台灣區生産事業管理委員會與政府遷台初期的經濟發展，1949-1953」，p. 138.

表6 1950-1962年の台湾の対日貿易額

単位：新台湾ドル

年度	輸入総額	再輸出	純輸入	%	輸出総額	%	輸出超過
1950	253,213,818	21,709	253,192,109	31.89	216,510,807	36.14	-36,681,302
1951	574,611,065	46,051	574,565,014	48.38	523,666,425	48.31	-50,898,589
1952	790,346,187	100,078	790,246,109	44.69	771,647,012	52.57	-18,599,097
1953	843,919,083	390,683	843,528,400	30.63	903,869,019	45.55	60,340,619
1954	1,105,186,694	166,588	1,105,020,106	33.45	737,489,520	50.83	-367,530,586
1955	958,519,204	197,617	958,321,587	30.46	1,140,153,311	59.48	181,831,724
1956	1,741,817,420	244,913	1,741,572,507	36.28	1,090,487,925	37.20	-651,084,582
1957	1,744,817,549	66,788	1,744,750,761	33.17	1,294,900,681	35.24	-449,850,080
1958	2,216,767,752	139,442	2,216,628,310	39.55	1,618,377,502	41.92	-598,250,808
1959	3,398,440,906	1,811,854	3,396,629,052	40.34	2,369,131,288	41.50	-1,027,497,764
1960	3,819,783,607	5,172,438	3,814,611,169	35.33	2,247,037,790	37.67	-1,567,573,379
1961	3,995,960,520	2,816,255	3,993,144,265	30.96	2,262,035,253	28.96	-1,731,109,012
1962	4,157,660,882	696,248	4,156,964,634	34.17	2,083,498,846	23	-2,073,465,788

出典：海關總稅務司署統計處編『中國進出口貿易統計年刊（臺灣區）』1951-1963年の資料より整理・算出。

表7　台湾の対日主要輸出品価額（1950-1960年）

単位：新台湾ドル

年次	雑穀およびその製品	果物,干し果物,製菓	砂糖	野菜	木材,木,木製品	紡織繊維	砂鉱,金属,金属製品	化学品,化学製品
1950	4,818,172	14,529,591	174,796,061	919,937	0	681,328	790,000	15,367,069
%	2.23%	6.71%	80.77%	0.43%	0.00%	0.31%	0.37%	7.10%
1951	101,462,620	52,098,706	319,470,577	3,388,038	0	2,871,320	0	26,564,956
%	19.70%	10.12%	62.04%	0.66%	0.00%	0.56%	0.00%	5.16%
1952	134,335,448	90,529,422	493,869,883	6,320,659	0	4,595,037	0	22,350,627
%	17.67%	11.91%	64.98%	0.83%	0.00%	0.60%	0.00%	2.94%
1953	203,013,637	64,487,844	544,879,650	11,083,815	0	3,974,996	9,702,627	12,806,006
%	23.57%	7.49%	63.25%	1.29%	0.00%	0.46%	1.13%	1.49%
1954	112,995,537	81,859,395	482,304,260	9,145,564	0	0	14,770,547	11,086,421
%	15.48%	11.22%	66.08%	1.25%	0.00%	0.00%	2.02%	1.52%
1955	447,572,877	69,206,493	533,740,042	7,349,126	6,007,735	3,351,339	14,991,592	22,487,182
%	39.26%	6.07%	46.81%	0.64%	0.53%	0.29%	1.31%	1.97%
1956	412,805,286	107,225,149	404,135,895	13,275,897	9,580,164	4,064,043	52,107,430	36,535,735
%	37.86%	9.83%	37.06%	1.22%	0.88%	0.37%	4.78%	3.35%
1957	333,214,233	123,337,635	714,279,279	10,579,378	7,597,065	2,259,539	15,282,891	26,126,864
%	25.73%	9.52%	55.16%	0.82%	0.59%	0.17%	1.18%	2.02%
1958	645,847,207	181,623,369	676,734,518	13,290,461	7,313,204	3,782,891	13,566,038	41,523,745
%	39.91%	11.22%	41.82%	0.82%	0.45%	0.23%	0.84%	2.57%
1959	817,758,917	270,086,078	1,031,606,678	18,305,996	27,332,185	22,463,743	22,346,924	77,793,377
%	34.52%	11.40%	43.54%	0.77%	1.15%	0.95%	0.94%	3.28%
1960	183,643,330	260,847,886	1,477,850,624	20,413,764	43,667,171	40,212,555	7,670,724	103,330,447
%	8.17%	11.61%	65.77%	0.91%	1.94%	1.79%	0.34%	4.60%

出典：海關總稅務司署統計處編『中國進出口貿易統計年刊（臺灣區）』1951-1961年の資料より整理・算出。

年の統計分類によれば，比較的重要な輸出品は，順に，砂糖（1,016,600,634 元，45.1％），種子・果物・蔬菜（506,937,479 元，22.5％），雑穀および雑穀製品（374,781,073 元，16.6％），木材およびその産品・製品（71,366,556 元，3.2％），石炭・石材・粘土およびその他の鉱物産品・製品（70,917,935 元，3.2％），雑貨（66,949,271 元，3.0％），化学製品および製薬（43,734,760 元，1.9％），蝋燭・石鹸・油脂・ろう・ゴム・樹脂（36,206,950 元，1.6％）の8つの大分類で，その他の項目はすべて1％未満である[65]．依然として，砂糖，雑穀，菓子類が主要輸出品であることを読み取ることができる．言い換えれば，この時期の台日貿易は，台湾の日本向け輸出については，かなり安定的であったということである．

　輸入（表8）については，輸出における砂糖のように特定の主要商品を主とするようなことはなかった．大分類でみると，この時期の日本からの主要輸入品には，化学製品，機械器具，金属・砂鉱，金属製品などがあった．中でも化学製品がとりわけ重要であり，12 カ年のうち，1950 年，1953 年，1960 年，1961 年の4カ年を除いて首位を占め，1960 年と 61 年に2年連続で機械器具に首位を譲ったが，1962 年には再び首位に返り咲き，その比率は概ね 20％から 30％を維持し，最高時（1958 年）には4割近くにまでなった．化学製品に次ぐのは機械器具であり，1953 年，1960 年，1961 年の3カ年で輸入項目の首位に立ち，その他の年にもほとんど2位か3位を維持し，輸入額の比率は 10％から 20％ほどであった．金属・砂鉱と金属製品については，大体3位または4位であり，車輌・船舶や雑貨なども重要な位置を占めていた．このほか，戦後初期の両国の貿易の回復時には，プリント綿布や魚介類・海産物も一時的に増えたが，次第にその重要性は低下した．

　さらに細分類について個別に観察すると，日本からの輸入品の上位3項

65　海關總税務司署統計處編『中國進出口貿易統計年刊（臺灣區）』1961 年の資料にもとづき整理・計算し作成した．

表8 台湾の対日主要輸入品目と価額比率（1950-1962年）

1950	プリント綿布 19.86%	車輛、船舶 19.77%	機械器具、工具 12.47%	漂白・染色綿布 11.17%	金属、砂鉱 9.29%	雑類綿布 7.37%	化学製品、製薬 6.75%	未漂白綿布 5.58%
1951	化学製品、製薬 24.64%	プリント綿布 10.70%	綿花、綿糸、綿大 9.25%	機械器具、工具 8.59%	漂白・染色綿布 8.53%	魚介類、海産物 7.97%	金属、砂鉱 6.49%	車輛、船舶 5.45%
1952	化学製品、製薬 18.39%	機械器具、工具 17.50%	雑穀、穀粉 13.59%	金属、砂鉱 11.84%	魚介類、海産物 7.80%	車輛、船舶 6.28%	雑貨 5.33%	雑類金属製品 3.75%
1953	機械器具、工具 24.02%	金属、砂鉱 14.38%	雑穀、穀粉 13.41%	化学製品、製薬 12.04%	車輛、船舶 7.57%	魚介類、船舶 6.62%	雑貨 4.67%	雑類金属製品 4.44%
1954	化学製品、製薬 37.60%	機械器具、工具 19.24%	金属、砂鉱 14.07%	魚介類、海産物 5.64%	車輛、船舶 4.51%	雑貨 3.59%	雑類金属製品 3.18%	動物性食品、缶詰食品、日用雑貨 3.02%
1955	化学製品、製薬 32.70%	金属、砂鉱 17.63%	機械器具、工具 16.32%	雑類金属製品 6.50%	車輛、船舶 4.66%	雑貨 3.93%	石材、粘土およびその製品 3.67%	魚介類、海産物 2.36%
1956	化学製品、製薬 32.82%	機械器具、工具 19.43%	金属、砂鉱 17.92%	雑類金属製品 6.03%	車輛、船舶 3.98%	車輛、船舶 3.95%	生糸、人絹およびその製品 3.10%	石材、粘土およびその製品 2.86%
1957	化学製品、製薬 23.86%	機械器具、工具 22.13%	金属、砂鉱 17.60%	雑類金属製品 6.86%	車輛、船舶 6.20%	車輛、船舶 3.95%	石材、粘土およびその製品 5.56%	生糸、人絹およびその製品 3.07%
1958	化学製品、製薬 39.21%	金属、砂鉱 18.82%	機械器具、工具 14.40%	車輛、船舶 6.90%	車輛、船舶 6.16%	雑類金属製品 6.16%	雑貨 5.00%	書籍、地図、紙、パルプ 3.01%	石材、粘土およびその製品 1.41%
1959	化学製品、製薬 35.52%	金属、砂鉱 19.86%	機械器具、工具 16.17%	車輛、船舶 7.39%	雑類金属製品 7.29%	車輛、船舶 5.07%	雑貨 3.78%	生糸、人絹およびその製品 1.50%	書籍、地図、紙、パルプ 1.48%
1960	機械器具、工具 25.86%	鉄鋼、その他の金属 16.91%	化学製品、製薬 24.04%	飛行機、船舶、車輛 6.63%	金属製品 6.21%	船舶 5.89%	人造繊維、合成繊維およびその製品 3.78%	金属 2.19%
1961	化学製品、製薬 21.70%	機械器具、工具 18.85%	鉄鋼、その他の金属 14.62%	金属製品 9.81%	人造繊維、合成繊維およびその製品 7.70%	飛行機、船舶、車輛 7.53%	雑貨 6.68%	動物性食品 2.59%
1962	化学製品、製薬 22.46%	機械器具、工具 19.16%	鉄鋼、その他の金属 17.21%	金属製品 8.02%	人造繊維、合成繊維およびその製品 7.52%	雑貨 6.19%	飛行機、船舶、車輛 5.43%	金属 2.36%

出典：海關總稅務司署統計處編『中國進出口貿易統計年刊（臺灣區）』1951-1963年の資料より整理・算出。

目は，1950年にはプリント綿布（19.9％），自転車（14.3％），漂白および染色綿布（11.2％），1951年には硫酸アンモニウム（肥料）（18.3％），プリント綿布（10.7％），未染色綿糸（9.3％），1952年には小麦粉（13.6％），硫酸アンモニウム（肥料）（10.3％），紡織機械（7.0％），1953年には小麦粉（13.4％），紡織機械（8.6％），その他の機械器具（5.0％），1954年には硫酸アンモニウム（肥料）（29.9％），紡織機械（4.3％），その他の機械器具（3.5％）であり，その後の各年は1954年とおおよそ同じで，主要輸入品は肥料と機械器具であった．戦後の肥料輸入は戦前よりはるかに多かったが，それは，当時米軍の占領下にあった日本が食糧米と外貨不足の苦境を解決するという目的と関連していた．1950年9月にGHQのお膳立てで台湾と日本は貿易協定を締結した．その協定では「物々交換」の方式が採用され，台湾は日本に米を輸出し，それと交換で肥料を輸入すること，かつ，1965年以前には台湾の肥料輸入税を5％に固定することが要請された．これはすべての輸入項目中で最低の税率であった[66]．

　上述のように，1940年代から60年代まで，国家権力の高度な統制下にあった台日貿易は，1945年の終戦後の政権交代を経験したとはいえ，貿易品の内容からみれば，戦前からの継続もあり，また，戦後にそれぞれの経済条件によって生み出された変化もあった．この時期の台湾の輸出品をみれば，終始一貫して砂糖と米を二大輸出品とし，1945年から1949年の間に中国大陸に大量輸送されたことを除けば，砂糖の台日貿易における重要性は，戦前から戦後にかけて一貫して維持された．米については同様に国共内戦の時期に中国大陸に大量輸送された．1949年以後には，国民党政府の台湾への撤退にともなって大量に移動した軍人や民間人が，島内の米の需給をさらに逼迫させ，もはや日本に輸出する余裕はなかった．しかし，50年代初期の国民党政府による一連の土地改革に加え，「田賦徴実」

66　文馨瑩『經濟奇蹟的背後——臺灣美援經驗的政經分析（1951-1965）』自立晚報，1990年（台北），p. 174.

（土地税の実物徴収）や「肥料換穀」（肥料と穀物の物々交換）などの搾取的な農業政策によって工業が育成されると，米穀の生産販売は急速に回復した．1950年の日本に対する米穀輸出額は，481万8172台湾元であり，同年の対日輸出総額の2.3％にすぎなかったが，翌年にはすぐに1000万台湾元以上に跳ね上がり，1951年から1954年までの米穀の対日輸出額および比率は，それぞれ1億146万2620元(19.7％)，1億3433万5448元(17.7％)，2億301万3637元(23.6％)，1億1299万5537元(15.5％)であった．

輸入については，戦前に日本から台湾に輸入されていたもので，政権交代を経ても台日貿易から消滅しなかったものが少なからずあり，それらの品目は戦後の両国の貿易にも見ることができる．例えば，肥料，小麦粉，干し魚，清酒，絹綿織物，ガンニー嚢，紙類，鉄，機械類，木材などである．しかし，戦前に多様な品目があったのとは異なり，1950年代台湾の日本からの輸入品は，多種類にわたるとはいえ，次第に，化学製品・製薬（主として肥料）と機械器具（主として紡織機械）の二大分類が首位に固定化されていった．

戦前から戦後まで，輸出商品の米，砂糖，輸入商品の肥料が持続的に隆盛したことは，当時の台湾がなお典型的な農業経済であったことを物語る．しかしまた，輸入品が次第に変化し，機械器具や金属製品が次第に綿布や魚介類・海産物に取って代わっていったことは，台湾経済が工業化に向かって転換していたことを反映している．

第3節　戦前から戦後にいたる台日貿易の変動要因

（1）日本統治期からの連続性

台湾・日本両国が戦後に急速に貿易取引を回復させることができたのは，日本統治期に構築された台湾と日本の経済的な相互依存関係に起因するも

のである．1950年に花蓮に設立された永盛木工場の指摘によれば，日本統治期には，日本人は日本式家屋を建築し，瓦板を屋根に敷き詰め，しかるのちに瓦葺きにして雨が漏るのを防ぐのが通例であった．しかし，戦後にはこの種の日本式建築は減少したため，製品の販売は停滞した．台日貿易が回復した機会を利用して，同工場は旧事業を立て直し，新たに大量の瓦板を製造し，日本へ輸出した[67]．

また，1951年に台北市康定路で三泰行を経営していた黄談根は，尹仲容への書簡で次のように指摘した．日本統治期に台湾人の間で味の素（うま味調味料）が普及したが，戦後には5，6軒の小規模な味の素製造工場があったものの台湾の需要を充たすには供給不足であり，そのため日本の味の素が台湾に大量に密輸された，と．そこで，彼は次のように建議した．台湾の味の素工業の生産に影響を与えない範囲内で，余剰バナナの輸出を許可し，これを日本の味の素原料と交換すれば，需給の不足額を補填することができ，味の素工場の生産原料を供給することもできるので，外貨の節約にもなり，また，台日間の友好感情を高めることができ，さらに余剰バナナを輸出できるので，国家経済にとっても損にはならない，と[68]．

日本統治期に日本との取引経験がある商人は，戦後の台日貿易においても，重要な役割を演じた．統計によると，1950年代の台湾の民営企業は，その来歴によって「日本時代からの継続」，「中国大陸からの移転」，「公営事業の民営化」，「米国援助計画による設立」，「民間による創業」の5つに分類できる．その中で日本統治期から残った民営企業には，以下のようなものがある．鉱業では，顏欽賢の台陽礦業，李建興の炭鉱およびその他の若干の小規模鉱山．機械では，唐傳宗の唐榮，林挺生の大同，李清枝の台北，劉阿禎の台湾歯車，翁金護の台南，張騰飛の興亞，鄭芳勝の大成，黃土英の大豊など．製紙業では，何傳・何義兄弟の永豊（後に永豊餘）[69]．

67　生管會档案，經建類／商業綱／易貨貿易目，「本省檜木輸日易杉木」，p. 44-45.
68　生管會档案，經建類／商業綱／易貨貿易目，「本省香蕉輸日易味精」，p. 7-8.
69　薛化元総編集『台湾貿易史』，p. 284.

日本統治期から残った民間企業が台日貿易の回復において果たした役割は，施合発の事例により説明できる．1950年10月に生管会が台湾の檜と日本の杉のバーター取引を開放することを決定した時，台北市にあった施合発株式会社はすぐに申請書を提出し，その申請理由として，施合発がかねてより日本杉の輸入を行っており，大正14年以来20年余の歴史を有していること，最盛期には年間輸入量が30万石に達し，台湾の日本杉輸入量の50％を占めていたこと，戦後においても日本商人との関係を維持しており，両国政府の輸出入貿易法令によって，台湾檜と日本杉のバーター貿易の交渉をしていること，を提示した[70]．その後，施合発は期待通りこのバーター貿易の権利を手にした．

（2）台湾側の統制考慮事項

　台湾と日本は別々の国家に属することになったため，それぞれの国家の全体的利益を考慮すれば，台湾・日本間の貿易は自ずと制限を受けることになる．台湾側についていえば，統制は主として以下の4つの動機から出された．

1．国共内戦による高度な政治性

(a) バナナの事例

　戦前も戦後も台湾と日本の間の貿易が統制を受けるようになったもともとの出発点は，同じく戦争に対応する必要性であった．このような出発点に基く貿易統制における少なからざる考慮は，対日貿易を中国共産党との間の外交戦場とみなすものであった．一つの顕著な事例はバナナである．

　バナナは輸出額が最も高いというわけではないとはいえ，米や砂糖に劣らず重要視された．この時期の外貿会の档案のうち，対日本貿易の総件数は111件あり，そのうち32件は輸出に関するものではなかった．残りの

---

[70] 生管會档案，經建類／商業綱／易貨貿易目，「施合發等商號承辨檜木輸日易杉木」，p. 14.

表9　外貿会档案中の台日貿易関連件数

項目	バナナ	檜	梧桐	塩	パイナップル	砂糖	石炭	その他
件数	42	12	5	4	3	3	2	9
備考	その他に，米，鉄筋，酒，ピーナッツ，海草，フィルム，廃麻袋，黄銅屑，廃弾殻がそれぞれ1件．							

出典：『行政院外匯貿易審議委員會』各回会議記録より整理・作成．

輸出項目に関連する類別において，バナナに関して提出・討論された総件数は，その他の輸出品の合計を超えている（表9）．

　このほか，さらに二つの事例からバナナの台日貿易における重要性を見ることができる．1959年に八七水災（訳者注：1959年8月7日から9日にかけて台湾中南部で発生した大規模な豪雨水害）により，中南部が深刻な被害を受けてバナナが減産し，日本向けバナナを積む定期船便は，数期連続でいずれも予定した積載量に到達しなかった．そのため，まだ損害の程度がはっきりとわからないうちに，日本向けバナナを充分に確保し，日本の今後のバナナ購買用の外貨割当額に影響が生じるのを避けるために，外貿会は韓国，沖縄，香港などへのバナナ輸出を一時的に停止することを決議した[71]．翌年（1960年），再び八一台風（シャーリー，Shirley）の被害により，バナナ生産の損失は50％以上となり，この期の供給に深刻な影響が生じた．この年，日本は試験的にフィリピンおよび中南米国家のバナナを購入し，これまで台湾バナナが独占していた日本市場が動揺するおそれがあったため，外貿会は再度，香港，沖縄，韓国などへのバナナ輸出の停止を継続するよう決議した[72]．

　バナナ貿易に関する交渉においては，主宰者も，バナナを利用して反共

---

[71] 『行政院外匯貿易審議委員會第234次會議』，1959年10月，近代史研究所档案館館蔵号50-234-018，p. 1.
[72] 『行政院外匯貿易審議委員會第280次會議』，1960年9月，近代史研究所档案館館蔵号50-280-022，p. 1-5.

の競争を進めたと言ってはばからなかった．1958年にはバナナの生産が増え，農林庁は年間に海外に販売できるバナナが130万籠に達すると推計した．外貿会は貿易交渉の代表団にその年の日本向け輸出バナナの配分額を勝ち取るよう要求した．日本側は配分額を増加させる交換条件として，値引きを求めた．その結果，日本側は約束通り100万米ドルの配分額の増額を受け入れ，台湾政府も日本向けバナナ価格を5角下げた．これにより「日本人は安い台湾産バナナを広く享受することとなり，中国大陸の対日本バナナ輸出を防ぐ力量を強めることができた」[73]．

1954年に大阪華僑総会会長の陳廷岳は，台湾でバナナを2万籠購入し，為替決済をせずに日本で販売し，得た利益の一部を大阪中華学校の校舎の建築に充てる許可を求めた[74]．1957年に東京中華学校および横浜中華学校の責任者も，それぞれ高校部の校舎の増設と校舎の修理に費用が必要なため，台湾政府に対して，為替決済せずに日本にバナナ3万5千籠を輸出する許可を求めた[75]．外貿会は最終的に二つの案件の合計5万5千籠を贈与名義で処理することを決議し，駐日大使館が担当機関を指定して青果連営会に連絡し，規定によって処理するよう求めた[76]．大使館がこのように積極的に奔走したわけは，主として，当地の華僑学校が中国共産党の獲得目標とされたことにあり，バナナを利用して建築費用を工面できれば，これを落ち着けることができると期待したからであった[77]．

---

73 『行政院外匯貿易審議委員會第169次會議』，1958年6月，近代史研究所档案館館蔵号 50-169-031，p. 1-2．

74 『行政院外匯貿易審議委員會第95次會議』，1956年12月，近代史研究所档案館館蔵号 50-095-015，p. 1-4．『行政院外匯貿易審議委員會第109次會議』，1957年4月，近代史研究所档案館館蔵号 50-109-011，p. 1-3．

75 『行政院外匯貿易審議委員會第108次會議』，1957年3月，近代史研究所档案館館蔵号 50-108-009，p. 1-4．

76 『行政院外匯貿易審議委員會第106次會議』，1957年3月，近代史研究所档案館館蔵号 50-106-009，p. 1-3．

77 『行政院外匯貿易審議委員會第108次會議』，1957年3月，近代史研究所档案館館蔵号 50-108-009，p. 1-4．

(b) 1958 年の逐年交渉

 1958 年 3 月に日本は中国と貿易協定を締結した．国民党政府はこれが民間貿易の範囲を超えており，台湾と日本の国交を損なうものとみなし，日本政府がこの貿易協定を批准しないよう促すために，台日貿易交渉会議の進行を停止し，外貿会も外交政策に呼応して日本からのすべての購入を即日中止することを決定した[78]．4 月になって，日本の首相岸信介は，台湾との関係を尊重することを保証すると声明し，さらに外交部公報によると，日本の内閣官房長官愛知揆一は，その声明の解説において，この貿易協定は民間団体によって締結されたものであり，公的な性格を持つものではないこと，日本政府は中国共産党政権を承認するつもりはないこと，ゆえに日本に駐在する予定の中国民間通商機関に対しても，公的な地位やいかなる特権も認めるつもりはないこと，を説明した．日本政府が当面のところ態度をはっきりさせたので，行政院の 4 月 10 日の院会決定を経て，台日貿易は正常状態を回復した[79]．

2．貿易収支均衡をすべてに優先させる

 戦後の台日貿易がバーター方式を採用したのは，外貨不足のためということに加えて，台湾の対日貿易赤字が年々拡大したため，いかにして貿易のバランスをとるかということが，台湾政府の大きな関心事となったことによる．1958 年度の台日貿易会議の時に，両国の貿易収支均衡問題が討論され，一方の貿易債務が規定の純差額 1000 万米ドルを超えた際には，債権国の方が購買を増やす手立てを考えて，バランスを保つようにしなければならないということに，双方が同意した．もし，それでも解決できないか，依然として純差額を超過した場合には，債権国が即金払いを要求することができた[80]．

---

78 『行政院外匯貿易審議委員會第 159 次會議』，1958 年 4 月，近代史研究所档案館蔵号 50-159-029, p. 1.

79 『行政院外匯貿易審議委員會第 159 次會議』，1958 年 4 月，近代史研究所档案館蔵号 50-159-030, p. 1.

その後，台日貿易の差額はますます大きくなり，日本の駐台大使主管商務の一等秘書花村信平が送った非公式推計によると，台日貿易は当年11月末の対日記帳口座に3059万6080米ドルの負債があった．そこで外貿会は以下のような三つの意見を提出した．1．以後の肥料輸入については，公開買い付け方式を採用し，日本からのバーター貿易による購入に限定する必要はない．たとえ，日本品の価格が低廉であったとしても，自由に外貨支払いができれば，政府のバーター外貨の支出を節約できる．2．対日本債務の中で，船舶輸送運賃がはなはだ巨額にのぼっているので，今後は台日間の輸送は，できるだけ台湾船への積載によることにしなければならない．3．対日本債務は日毎に増大しているため，海外からの購買について，今後は世界各国に広く購入交渉することを主とし，特に日本を指定することはしない．これにより外貨調達上の困難が増大することを避ける[81]．

3．日本製品の侵入を阻んで，台湾本土の工業を発展させる

　前述の黄談根がバナナを輸出し味の素原料と交換する許可を生管会に求めた案件は，その後工業会により否決された．その理由は，「政府がかねてより日本の味の素の輸入を禁止しているのは，外貨節約のためだけではなく，できるかぎり開源節流（財源を開拓し支出を節約する）し，民族工業を支援して，自給自足を達成するためである．この原則からみて，黄氏が味の素の輸入を求めている件について，本会は不適当であると考える」．また，「もし日本製品の輸入を許可すれば，本省の工場生産は必ずや打撃を受け，数千人の労働者の就業問題にまで影響を与えることになる」[82]からである．

　このほか，1949年8月に生管会委員尹仲容は台湾の綿糸を日本の人絹

80　『行政院外匯貿易審議委員會第175次會議』，1958年8月，近代史研究所档案館館蔵号50-175-028，p. 1-2．
81　『行政院外匯貿易審議委員會第186次會議』，1958年10月，近代史研究所档案館館蔵号50-186-046，p. 1-2．
82　生管會档案，經建類／商業綱／易貨貿易目，「本省香蕉輸日易味精」，p. 10-11．

と交換することを建議したが，結局，採用されなかった．建設庁の理由は以下のとおりであった．すなわち，台湾の綿糸の在庫は不足しており，海外からの輸入を必要としている．そのうえ，日本統治期には台湾人に人絹を購入させたが，「それにより製造した絹織物は丈夫ではなく，価格も綿布と比べて約2倍の高さであり，設備面にいたっては，台湾にはまだ絹織物用織機がなく，もし綿織物用織機で代用すれば，コストが5割増しとなるため，知り得たところによると，各工場は技術上の困難により絹織物の製造を欲しない」[83]ということであった．早くも1905年には，台湾の紡織品輸入は日本を主な相手としており，1911年に台湾に販売された日本の紡織品の価額は，台湾の輸入紡織品のおよそ3分の2を占めており[84]，1940年代に至っても依然としてかなり重要な輸入品であった（前掲表を参照）．戦後初期に，国民政府はまず高額の関税により日本の紡織品の輸入を阻止し，台湾の需要を中国大陸の紡織業に転換させた．1949年以後には，紡織業を主体とする大陸財閥が中央政府について台湾に入ってきて[85]，紡織品は戦後台湾の軽工業の発展の重要項目の一つとなった．そのため，バーター貿易においても，日本の紡織品は当然ながら組み込むのが不都合となった．

4．重要物資の流出を防止する，あるいは，過剰物資を調節する

外貨を手に入れること以外に，重要物資が流出することを防ぐことも，当時台日貿易を統制した委員会が考慮したことのひとつである．1950年9月に，台北市仁愛路に設立された「掬水軒」飴商は，飴を日本にバーター輸出することを申請したが，「現在砂糖価格が高騰しており，国民の食生活に影響しそうである」という理由で却下された[86]．日本側の統制措置に

---

83 生管會档案，經建類／商業綱／易貨貿易目，「本省棉紗輸日易貨」, p. 8-9.
84 李文環「戰後初期台灣關貿政策之分析（1945-1949）（上）」, p. 141.
85 李文環「戰後初期台灣關貿政策之分析（1945-1949）（上）」, p. 142.
86 生管會档案，經建類／商業綱／易貨貿易目，「本省糖果輸易貨」, p. 1-16.

も同様の考慮があった。復興需要により木材需要が急を要することとなり、1950年4月に、台湾側は比較的高価な檜を安価な日本杉と交換することを計画した。当初の計画では交換比率は1：2.5、すなわち1単位の檜を2.5単位の杉と交換するものであった[87]。しかし、日本側は木材の流出が大きくなりすぎて復興に影響を与えることを望まず、これに反対し[88]、中央信託局に交換比率を1：1まで下げざるをえなくさせた。結局、日本の齊藤会社との間で、1000立方メートルの黄檜を1000立方メートルの杉と交換し、価格超過部分は、台湾内の必需物資の購入に充てた[89]。

反対に、台湾内の生産物資に過剰がある場合にも、通常はバーター貿易で調整された。1952年にバナナの豊作により、海外販売数量を差し引いてもなお25万籠の余剰が生じ、翌年には120万籠の余剰が残ると予測されたため、台湾区青果輸出業同業公会はついに生管会に書面でバナナのバーター輸出を開放するよう求めた[90]。同年5月1日に、苗栗県議会は生管会にシトロネラ油の日本へのバーター輸出を開放するよう要求した。これは、その年に「シトロネラ油の価格が激しく下落し、本県の10余万のシトロネラ農家が飢えて泣き叫びながら食を求めており、バーター輸出がなければ危機を救うことはできない」とされたためであった[91]。

（3）米国の要因

戦前は米国と日本の間には敵対関係があったため、米国の要因は、台日貿易にとっては、積極面が見られなかった。しかし、戦後、台湾・日本両国はともに米国の同盟国となり、政治も外交もその深い影響を受けるようになったので、米国は台日貿易を推し進める積極的な力となった。

---

87 生管會档案，經建類／商業綱／易貨貿易目，「本省檜木輸日易杉木」，p. 3.
88 生管會档案，經建類／商業綱／易貨貿易目，「本省檜木輸日易杉木」，p. 35-37.
89 生管會档案，經建類／商業綱／易貨貿易目，「中信局承辦檜木輸日交換杉木」，p. 1-11.
90 生管會档案，經建類／商業綱／易貨貿易目，「香蕉輸出易貨」，p. 1-6.
91 生管會档案，經建類／商業綱／易貨貿易目，「本省香茅油輸出易貨」，p. 1-16.

表10　1953-1962年の米国援助が台日輸入貿易額に占める比率

単位：新台湾ドル

年次	輸入総額	商品輸入	％	米国援助輸入	％
1953	843,919,083	734,814,374	87.07％	109,104,709	12.93％
1954	1,105,186,694	1,007,339,663	91.15％	97,847,031	8.85％
1955	958,519,204	896,790,642	93.56％	61,728,562	6.44％
1956	1,741,817,420	1,595,128,483	91.58％	146,688,937	8.42％
1957	1,744,817,549	1,520,198,954	87.13％	224,618,595	12.87％
1958	2,216,767,752	2,104,537,562	94.94％	112,230,190	5.06％
1959	3,398,440,906	3,038,650,534	89.41％	359,790,372	10.59％
1960	3,819,783,607	2,910,047,722	76.18％	909,735,885	23.82％
1961	3,995,960,520	3,141,025,883	78.61％	854,934,637	21.39％
1962	4,157,660,882	3,962,309,200	95.30％	195,351,682	4.70％

出典：海關總稅務司署統計處編『中國進出口貿易統計年刊（臺灣區）』1951-1963年の資料より整理・算出.

　GHQが手配したバーター貿易のほか，台湾は，米国から輸入される米国援助物資を除くほぼすべて（の援助物資）を日本から購入するよう転換した．この主な原因は，米国が東アジア最大の同盟国である日本の経済の早期回復を助けるためであった[92]．米国援助が台湾の日本からの輸入に対してどれほどの貢献をしたかは，台湾の輸入総額におけるその比率に現れている．

　表10からわかるように，米国援助輸入が台日貿易の輸入に占める比率は，少ない時で5％（1958年），多い時で4分の1近く（1960年）になる．しかし，その後，米国品の購入を制限する政策により，1960年に，援助を受ける国が日本など18の国家・地域から米国援助物資を購入するのを

92　文馨瑩『經濟奇蹟的背後——臺灣美援經驗的政經分析（1951-1965）』, p. 206-207.

禁止するようになったため，1962年の米国援助輸入の比率は急減した．日本は米国援助計画の各項目における海外購入の最大の受益者であったので，この政策から最大の打撃を受けた国家ともなった[93]．

おわりに

　戦後の台日貿易の発展よりみれば，1945年8月の政治上の断絶（一国から二国への分断）を経ても，戦前の日本統治期からの連続面は少なくない．
　連続面は，まず貿易の実質内容にみられる．1941年から1961年の間（さらに長期間に延長できるが），日本は終始一貫して台湾の最も重要な貿易相手であり，輸出入の内容も，台湾が米と砂糖を輸出し，日本の肥料と交換するという関係が維持された．1956年のバーター貿易では，台湾政府が日本に発注する肥料の数量を減らすことで，日本政府に協定で定められた数量の米穀を購入するよう圧力をかけた[94]．次に，貿易統制からみると，台湾が日本に対して行った貿易統制は，1941年から1961年にわたって常に存在したが，その主な背景はすべて戦争，および戦争によって生じた外貨不足に端を発するものであった．さらに，貿易の変動要因からみると，戦後の台湾・日本間の貿易が持続できたのは，日本統治期に台湾人が身につけた生活習慣や，同時期に構築された台日間の経済的相互依存関係と関連している．また，日本統治期に対日本経験を有していた商人が，戦後の台日貿易においても，非常に重要な役割を担った．
　断絶面からみると，貿易内容については，戦前と戦後ではいくらかの相違点もある．戦前には日本は台湾の最重要の輸出入相手の地位を独占していたが，戦後には台湾の輸出は米国と日本が並んで重要な地位を占めるよ

93　文馨瑩『經濟奇蹟的背後——臺灣美援經驗的政經分析（1951-1965）』, p. 207.
94　『行政院外匯貿易審議委員會第81次會議』, 1956年9月, 近代史研究所檔案館蔵号50-081-011, p. 1-2.

うになり，いくつかの年度では米国への輸出が日本を上回った．貿易収支では，戦前の台湾は日本に対して常に輸出超過であったが，戦後には輸入超過が多数を占めるようになった．貿易品目においては，前述した米と砂糖を肥料と交換するほかに，台湾の工業発展にともなって，紡織機械の重要性が日々高まった．次に，貿易統制の点からみると，戦前・戦後を問わず戦争に端を発するものではあったが，戦前は国際間の戦争によるものであり，戦後は国内戦争（国共内戦）によるものであった．統制主体については，戦前の総督府は比較的高い自主性を有していたが，戦後の台湾省政府は次第に台湾に移転した中央政府の財政部によって凌駕されるところとなった．統制手段においては，戦前の総督府は大体において明文化された法律・規程によって施行したが，戦後の国民党政府は部や会を跨いだ臨時的な編制を常用し，適宜処理した事例すら少なくない．例えば，1958年に外貿会が「台湾青果連合輸送販売弁法および日本輸出バナナ配送細則」の改定を主導したが，正常な順序にしたがえば，法の修正を終えた後，省主席の批准を経て，省府委員会の審議を通過し，あわせて省臨時議会へ送って審査を通過した後にはじめて公布するという手続きが必要であった．しかし，省農林庁はこの案が至急実施される必要があると認識し，もし転々と手続きを経るならば，いつまでも実施が引き延ばされるため，直接的に経済部に公布・実施するよう要請した[95]．最後に，貿易の変動要因からみると，戦後の台日貿易取引は少なからず戦前の「遺留」を強化することがあったとはいえ，台湾政府の考慮，すなわち，国共内戦の高度な政治性に応じたり，貿易収支均衡を何よりも優先したり，台湾工業を発展させるために日本製品を阻止したり，重要物資の流出を防いだりしたことは，台日貿易の発展には不利な変動要因であった．

　最後に，日本の占領時にGHQにより台湾製品の購入が主導されたこと

---

95 『行政院外匯貿易審議委員會第203次會議』，1959年3月，近代史研究所档案館館蔵号50-203-009，p. 1-9；『行政院外匯貿易審議委員會第209次會議』，1959年4月，近代史研究所档案館館蔵号50-209-004，p. 1.

にせよ，あるいは台湾の米国援助期に毎年，日本製品を購入させて輸入額を増加させたことにせよ，戦後の台湾・日本間で緊密な貿易取引が維持できたことについて，米国はたしかに無視できない要因のひとつであった．

第Ⅲ部

東アジアの産業発展

第 5 章

韓国衣類産業の輸出産業化

福岡　正章

はじめに

　本稿の課題は，台湾と比較しながら，1960年代における韓国の衣類産業の輸出産業化過程を検討することである．なお，ここでいう衣類産業とは，50年代の韓国の産業分類で分類番号234の編織業（編物製衣類）と243の衣服類（縫製衣類）をここでは衣類産業とする．

　60年代の韓国経済は，軽工業を中心とした輸出志向型工業化が推進された．そのなかで衣類産業は，輸出の中心的存在であった．また，60年代後半からは，重化学工業的な要素を持つ化繊産業の輸入代替工業化も推進されるようになった．衣類産業の輸出産業化と化繊産業の輸入代替工業化は密接な関連をもつものであった．

　経済史分野における衣類産業に関する研究は，それほど多くないものの，編物製衣類（メリヤス）産業に対する研究がおこなわれてきた．まず，植民地期の研究の研究としては，平壌の編物製衣類業に関する研究が存在する[1]．この研究では，植民地期における平壌の編物製衣類業が資本家精神を備え，市場の機会を敏感に捉え，資本の調達や技術の確保，労働者の管

1　朱益鍾「日帝下，平壌のメリヤス工業に関する研究」ソウル大学博士論文，1994年．

理などで組織者としての役割を果たしていたことを明らかにした．これらのことから平壌の編物製衣類業者が近代的な資本家に成長し，解放後の本格的工業化以前にも非常に活力ある朝鮮人資本家集団が存在していたと結論づけられた．また，解放後の研究では，45 年から 60 年までの韓国編物製衣類業の展開過程が検討され，植民地期から存在した企業家や帰属事業体は，50 年代に援助ドルを受け，新機械を導入した資本家達によって代替されること，60 年代の輸出産業化は，援助圧縮に伴う国内の生産委縮に対する打開策であったことが明らかにされた[2]．これらの研究は，60 年代の輸出産業化や解放後の高度経済成長の主体的な能力が歴史的にどのように形成されてきたのかを検討した研究であるといえる．

また，本稿が対象としている衣類産業と密接に関連していた韓国化繊産業に関しては，60 年代から 80 年までの産業政策の研究がある[3]．この研究では，韓国化繊産業は，輸出繊維製品に対する原資材供給を通じて，早期の輸出産業化が進展したとされている．これは，政府の内需市場にたいする価格統制によるものであった．内需市場に対する価格は，輸出用原資材に対する供給より 20〜40％程度高めであった．化繊製品に対する政府の価格統制は，独占的企業による価格設定を規制するのと同時に輸出用原資材供給の損失を補填する手段となった．つまり，価格体系の歪曲と輸出産業化とはコインの表裏の関係のように密接な関係があったことが明らかにされている．

さらに，本稿で対象としている 50 年代後半から 60 年代はじめの韓国経済に関しては，復興と「離陸直前の加速期」として位置づけられ，この時期の構造変化の内容としては，小規模事業体が多く設立されたことなどが明らかにされている[4]．

以上の研究では，輸出産業化に関する企業の主体的能力，政府の管理能

---

2 李相哲「韓国メリヤス工業の展開過程に関する研究」ソウル大学修士論文，1989 年．
3 李相哲「韓国化学繊維産業の展開過程―産業政策の一研究」ソウル大学博士論文，1997 年．
4 原朗・宣在源『韓国経済発展への経路』日本経済評論社，2013 年．

力など，一国的な高度成長の条件がどのように形成されてきたのかという点に研究の重点がおかれているといえる．これらの点は，重要であるものの，衣類産業の輸出産業化に関しては，60年代における国際的な条件も重要であったと考えられる．また，衣類産業の輸出産業化と密接な関連を持つ韓国化繊産業の展開についてもこの国際的な条件が重要であったと考えられる．本稿では，一国的な条件と国際的条件，両者を考慮に入れながら，可能な限り台湾と比較することで韓国衣類産業の輸出産業化過程の特徴を明かにする．

　本稿の構成は，次のとおりである．まず，第1節では，韓国と台湾の繊維製品出を概観し，衣類輸出の増加に従い，韓国と台湾の繊維製品輸出が米国に集中することを明らかにする．その上で，このような韓国，台湾の衣類産業の輸出産業化をもたらした米国市場の変化を検討する．そして，第2節では，衣類産業の生産過程と化繊産業との関連について分析する．最後に第3節では，韓国衣類産業の輸出産業化の国際的な連関を明らかにする．

第1節　繊維製品輸出の動向

　ここでは，韓国の繊維製品輸出を台湾と比較しながら概観する．表1は，解放後から73年までの韓国の繊維製品輸出を川上，川中，川下と区別して，概観したものである．これによれば，韓国の繊維製品輸出は，50年代はじめごろから開始され，65年以降に大きく増加しはじめた．年代別に輸出の中心的な品目をみると，50年代はじめには生糸の輸出が中心であり，57年から綿織物の輸出が行われはじめた．この57年における韓国からの綿織物輸出は，韓国国内の需要減少による在庫の増加という問題を解決するために行なわれたものであった[5]．しかし，50年代の韓国綿織物輸出は，「援助原棉の代替比率」問題によって，円滑に行うことができな

表1 韓国主要繊維製品輸出の推移

単位：千ドル

	川上				川中				川下	
	生糸	綿糸	羊毛梳毛糸	化学繊維	綿織物	絹織物	毛織物	化繊織物	衣類	合計
1948年	—	—	—	—	—	—	—	—	—	—
1949年	—	—	—	—	—	—	—	—	—	—
1950年	—	—	—	—	—	—	—	—	—	—
1951年	—	—	—	—	—	—	—	—	—	—
1951年	—	—	—	—	—	—	—	—	—	—
1952年	1,891	—	—	—	—	—	—	—	—	1,891
1953年	1,186	—	—	—	—	—	—	—	—	1,186
1954年	1,883	—	—	—	—	—	—	—	—	1,883
1955年	1,195	—	—	—	—	—	—	—	—	1,195
1956年	850	997	—	—	239	—	—	—	—	2,086
1957年	564	—	—	—	939	—	—	—	—	1,503
1958年	1,307	—	—	—	1,578	—	—	—	—	2,885
1959年	1,780	—	—	—	2,445	—	—	—	—	4,225
1960年	3,431	—	—	—	909	—	—	—	—	4,340
1961年	6,112	—	—	—	1,945	75	—	—	—	8,132
1962年	5,601	53	—	—	4,613	235	—	571	—	11,073
1963年	6,581	194	391	423	12,586	259	580	1,814	6,614	29,442
1964年	7,685	42	819	196	13,032	565	2,228	3,406	20,713	48,686
1965年	12,294	740	490	1,738	14,953	598	2,153	7,702	33,386	74,054
1966年	14,756	1,943	1,015	1,155	13,202	829	3,963	8,788	59,208	104,859
1967年	21,098	2,386	644	1,419	14,281	897	4,519	8,758	112,232	166,234
1968年	28,766	3,482	770	1,116	16,394	633	5,716	8,565	160,771	226,213
1969年	40,346	9,626	523	5,745	22,554	891	4,466	8,279	213,566	305,996
1970年	40,613	25,263	1,632	22,799	31,004	1,891	2,509	16,428	304,256	446,395
1971年	56,242	16,793	6,506	18,133	34,849	7,576	7,193	41,241	442,221	630,754
1972年	81,861	16,229	11,979	39,767	56,489	67,276	12,350	112,444	749,863	1,148,258

資料：韓国繊維団体連合会『繊維年鑑』各年版．
韓国関税庁『貿易統計年報』．
経済企画院『韓国統計年鑑』各年版．

かった.「援助原棉の代替比率」問題は，援助原棉で生産された綿布を輸出した場合，使用した原棉全量を援助から輸入原棉へ代替し，輸入代金を輸出代金から支払うよう駐韓米国大使館が通告したことを発端としたものであった. 米国と韓国は，代替比率（どの程度を輸入品に代替するのか）や代替基準（輸出量か輸出代金か）をめぐり交渉を行い，たびたび綿織物輸出が中断した[6]. しかし，60年代になると，綿織物を中心とした織物の輸出が繊維製品輸出の核となった. さらに，本格的に繊維製品輸出が拡大する60年代後半には，川下の衣類輸出が急速に増加した. とりわけ，60年代後半の繊維製品輸出の拡大は，衣類輸出の増加に負うところが大きかったといえる. 以上から韓国の繊維製品輸出を製品段階別にみると，川上から川中，さらに川下へと輸出が拡大していったといえる.

素材別にみると，60年代末から70年代初めに川上，川中部門で化繊製品の輸出が増加していたことがわかる. とりわけこの時期の韓国化繊企業の輸出は，日系商社の第三国貿易という面も存在していた. 事例をあげると，アクリルファイバー，羊毛トップ，セーターなどの製造販売を行っていた韓一合繊は，69年の米国輸出をかわきりに原糸類の輸出を開始する. この対米輸出は，日本のグンゼが行なったものであった[7]. 米国以外にも72年までに西ドイツやイランへの染色糸の輸出がおこなわれた. これらも日系商社による輸出であった. 西ドイツへの輸出は日棉が，イランへの輸出は日商岩井がおこなった. また，伊藤忠，丸紅は，韓一合繊が生産したウールトップの輸出をおこなった[8].

次に，60年代後半の繊維製品輸出を牽引した衣類輸出の内容を表2で確認すると，当初は，縫製の下着・上着が輸出の中心であった. しかし，輸出が増加する65年以降になると，編物製品の輸出が増加しはじめた.

---

5 徐文錫「解放以後，韓国綿紡績産業の輸出体制の形成」韓国貿易学会『春季学術大会発表論文集』2009年 p. 41-63.
6 徐，前掲書，2009年.
7 韓一合繊株式会社『韓一合繊二〇年史』1986年, p. 345.
8 韓一合繊株式会社，前掲書，1986年, p. 337.

表2　韓国衣類産業の輸出　　　　　　　　　　単位：千ドル

	下着	上着	編物製衣類（セーター）	靴下	手袋	合計
1963年	※	※	※　　　※	※	※	279
1964年	3,444	2,143	565　（14）	68	134	6,354
1965年	6,300	7,436	5,578　（4,808）	201	287	19,802
1966年	5,737	7,858	15,978　（14,821）	165	302	30,040
1967年	8,000	15,337	24,979　（25,238）	131	506	48,953
1968年	13,394	28,667	51,962　（44,467）	252	721	94,996
1969年	19,231	38,506	73,448　（63,693）	100	320	131,605
1970年	34,053	54,855	84,313　（72,527）	471	116	173,808
1971年	63,222	65,914	132,921　（97,787）	417	373	262,847
1972年	85,574	65,804	230,923　（153,941）	70	1,283	383,654
1973年	191,595	123,041	346,383　（241,311）	1,067　（1）		662,086

註：※は不明．（1）は，靴下と手袋の区別は不明．
資料：韓国関税庁『貿易統計年報』各年版．

表3　台湾・韓国における主要繊維製品輸出　　　　単位：千ドル

	1959年		1964年		1969年	
	韓国	台湾	韓国	台湾	韓国	台湾
綿糸	―	399	194	9,882	3,482	6,999
綿織物	1,578	8,874	12,586	10,636	18,648	51,481
紡毛梳毛糸	―	814	391	3,364	1,510	9,780
毛織物	―	253	2,228	374	3,344	257
化繊糸	―	―	47	2,816	996	2,696
化繊織物	―	―	489	551	5,134	14,984
衣類	―	922	6,614	10,226	160,771	127,124

註：―は，データなしをしめす．
　　：レーヨン等再生繊維は，含まれていない．
資料：海関総税務司署『中国進出口貿易統計年刊（台湾区）』各年版．
　　　韓国繊維団体連合会『繊維年鑑』各年版．
　　　韓国関税庁『貿易統計年報』各年版．

編物製品の輸出は，ほとんどがセーター輸出であったことがわかる[9]。

　このような韓国繊維製品の輸出拡大を表3で台湾と比較すると，輸出は

表4　韓国・台湾の繊維製品主要輸出先（1963年・1970年）

単位：千ドル

1963年				1970年			
韓国		台湾		韓国		台湾	
米国	7,267	香港	10,993	米国	172,023	米国	162,575
香港	732	米国	7,987	日本	101,654	香港	57,461
イギリス	420	ベトナム	7,337	香港	21,006	日本	33,618
日本	380	タイ	5,229	西ドイツ	10,199	カナダ	17,719
オランダ	202	韓国	506	カナダ	10,006	西ドイツ	16,715

註：生糸の輸出は含まれない．
資料：表3を参照．

　台湾が韓国より先行して開始し，輸出額も台湾の方が多かった．原糸と織物の輸出を比較すると，台湾より韓国のほうが織物の比重は，大きかった．韓国と台湾に共通している点は，労働集約的であると考えられている衣類の輸出が60年代後半から本格的に増加していたことがあげられる．輸出先を表4で比較すると，60年代は，韓国，台湾とも米国，香港が輸出先の上位となっている点は同じであった[10]．韓国の輸出先は，イギリスや日本など先進国市場が中心となっているのに対し，台湾の輸出先は，タイやベトナムなど東南アジアへの輸出も多かったことがわかる．しかし，70年代になると，台湾の繊維製品の輸出先も米国への集中が顕著になっていたことがわかる．これは，韓国と同様に台湾でも60年代後半から拡大していた衣類輸出が米国向に集中していたためであると考えられる．以上から韓国・台湾とも60年代後半に衣類輸出が増加し，とりわけ台湾では，衣類輸出の増加にしたがい，繊維製品輸出が米国に集中するようになったといえる．

9　台湾の衣類輸出と比較すると，1972年の主要衣類輸出において，編物製の上着（セーター），男性用上着（縫製品）が80パーセントをしめていた（台湾省政府主計処『台湾省統計提要』1972年）．
10　1957〜59年での韓国繊維製品の輸出市場は，日本50％，米国35％，香港13％と，日本市場の比重が相当に高かった（韓国貿易協会『貿易年鑑』1958，1959，1960年）．

表5　米国における繊維別織物消費の推移

	綿織物	毛織物	化学繊維織物	その他
1961年	4,081.5	412.1	2,057.7	12.7
1962年	4,188.0	429.1	2,418.5	12.4
1963年	4,040.2	411.7	2,787.8	13.1
1964年	4,244.4	356.7	3,174.3	14.2
1965年	4,477.5	387.0	3,624.1	13.3
1966年	4,660.5	370.2	4,002.2	14.7
1967年	4,423.0	312.5	4,240.4	10.4
1968年	4,136.1	345.0	5,175.0	11.9

単位：百万 lb.
資料：「米国の繊維製品輸入制限措置　1969」（韓国外交文書）．

　それでは，次に韓国，台湾の主要輸出市場であった米国の繊維製品消費の動向を検討する．まず，素材別の消費動向を確認しておく．表5は，61年から68年までの素材別に織物消費の動向をみたものである．これによると，60年代を通じて織物消費は増加していた．しかし，化繊織物の消費が2倍以上増加するのに対し，毛織物消費は減少，綿織物消費は停滞していたことがわかる．ここから，全体として米国の織物市場は拡張しているものの，その内容は，綿織物，毛織物消費が化繊織物によって代替されていたというものであったといえる．これは，60年代に登場した合繊がパーマネントプレス加工の発展や混紡により綿分野の，加工糸の出現などにより，風合いのよさなどを武器に羊毛分野の消費を代替していったためである．また，製品段階別の販売額と利潤の動向を表6で確認しておくと，織物と衣類の消費は，どちらも増加していた．しかし，60年代を通じて，衣類販売額と利潤は，織物の販売額，利潤より早いスピードで増加していたことがわかる．以上から60年代における米国繊維製品市場の特徴は，素材面では化繊による綿・毛消費の急速な代替と衣類消費の増加によって特徴づけられることがわかる．

　こうした60年代繊維製品市場の変化に伴い，米国の繊維製品輸入は，

表6　米国における織物及び衣類販売額と利潤

	織物販売額	織物利潤	衣類販売額	衣類利潤
1960年	13,254	677	11,012	311
1961年	13,398	589	12,365	331
1962年	14,449	724	13,241	415
1963年	15,092	721	13,696	414
1964年	16,249	947	14,880	553
1965年	18,028	1,268	16,263	644
1966年	19,513	1,272	18,110	740
1967年	18,672	982	18,170	728
1968年	20,841	1,276	20,718	931

単位：100万ドル．
資料：表5を参照．

どのように変化したのであろうか．表7からは，綿織物・毛織物輸入が停滞ないし減少している一方，化繊織物及び衣類輸入は急速なスピードで増加していたことがわかる．さらに，製品別の輸入国の推移をみてみると，綿織物は，日本，香港が中心であるものの，インドなどからの輸入も存在していた．毛織物の輸入は，日本が圧倒的であったが，韓国からの輸入も存在した．次に，60年代に輸入が急増していた化繊織物については，基本的に先進国からの輸入が中心であった．ただし，67年に韓国が7位（輸入額：1800万ドル），70年は韓国が8位（2000万ドル），台湾が12位（900万ドル）と，韓国と台湾からの輸入も増加していた．最後に，もっとも輸入が急増していた衣類輸入についてである．60年代の初頭の米国における衣類輸入は，日本，イタリヤ，イギリスなど先進国からの輸入が中心であった．しかし，60年代中盤から香港，韓国，台湾など，いわゆるアジアNIESが対米衣類輸出へ参入しはじめた．衣類の素材別の輸入動向をみると，綿製の衣類輸入は，64年から67年の間で1.1倍しか増加していないにもかかわらず，化繊製の衣類輸入は，3.7倍と大きく増加していた[11]．

11　大韓紡績協会調査課「最近米国の衣類輸入動向」大韓紡績協会『紡績月報』210号，1969年，p. 33–51．

表7　米国の繊維製品輸入国（上位5カ国）　　単位：千ドル

1963年		1967年		1970年		1972年	
綿布輸入							
日本	31,894	日本	30,363	日本	47,809	日本	67,672
香港	17,069	香港	29,070	香港	31,302	香港	47,291
インド	13,047	インド	10,342	イタリヤ	18,868	インド	18,566
西ドイツ	6,624	イタリヤ	7,024	インド	11,124	イタリア	15,945
イタリヤ	5,985	メキシコ	6,932	西ドイツ	7,935	パキスタン	14,293
総計	111,143		132,125		173,185		259,835
毛織物輸入							
日本	42,172	日本	55,213	日本	45,053	日本	10,668
イギリス	21,610	イギリス	14,245	イギリス	12,647	イギリス	9,187
イタリヤ	8,135	イタリヤ	3,543	イタリヤ	5,883	韓国	2,285
フランス	1,831	韓国	2,710	韓国	2,881	イタリア	2,049
アルゼンチン	955	フランス	1,572	ウルグアイ	1,545	西ドイツ	981
総計	79,156		82,245		74,429		30,284
化学繊維織物							
日本	16,827	日本	4,312	日本	93,995	日本	128,500
イタリヤ	2,422	ベルギー	4,057	西ドイツ	11,244	ベルギー	21,929
フランス	1,949	イタリー	3,188	ベルギー	10,711	イタリー	13,807
西ドイツ	1,458	フランス	2,844	イタリー	8,355	西ドイツ	9,382
ベネルクス	1,278	西ドイツ	1,923	フランス	6,792	フランス	8,760
総計	26,835		63,736		147,582		209,570
衣類							
日本	99,857	日本	160,396	日本	276,745	香港	399,952
イタリア	94,970	香港	146,675	香港	265,800	台湾	310,983
香港	62,513	イタリア	102,842	台湾	147,643	日本	291,229
フィリピン	27,150	フィリピン	34,583	韓国	118,118	韓国	235,230
イギリス	23,176	韓国	28,315	イタリア	109,113	イタリア	103,099
総計	390,401		654,704		1,262,707		1,882,703

資料：U.S.G.P.O., *U. S. general imports, 1967, 1971*
　　　U. N. Statistical Office., Yearbook of international trade statistics

　67年の韓国及び台湾からの衣類輸入のうち化繊製は，韓国が85％，台湾が約68％と，その多くが化繊維で生産された衣類であった[12]．品種でみれば，とりわけ化繊製の女性・幼児向セーター，女性・幼児向ニットシャ

ツ，男性向セーターで輸入の割合が高かった[13]．おそらく，韓国，台湾の化繊製衣類もこれらの分野で輸出を伸ばしていたと推測される．60年代に米国は，「綿製品貿易に関する長期取極」に依拠し，日本，韓国，台湾などからの綿製品輸入を制限していた．しかし，化繊製品を中心に輸出を伸ばしていた韓国や台湾に対しては，こうした措置によって対米繊維製品輸出を制限することはできなかった．

以上から，60年代における米国の繊維製品市場の変化，すなわち化繊消費と衣類消費の増加にもっとも機敏に対応したのがアジアNIESと日本であったといえる．

第2節　衣類生産の国内的連関

ここでは，60年代における輸出の中心をなした衣類生産の展開過程とそれが一国的な分業関係に与えた意味について検討する．表8，表9，表10は，韓国及び台湾の繊維製品生産を川上，川中，川下と区別して概観したものである．最初に表8で韓国と台湾の川上部門における生産動向をみてみる．綿糸生産は，韓国が50年代後半から，台湾は50年代の前半から生産が増加した．これは，台湾の場合，大陸からの綿紡績業の移転と操業の本格化，韓国の場合は，朝鮮戦争からの復興によるものであると考えられる．韓国の綿紡織業は，朝鮮戦争からの復興過程において，韓国人技術者による戦災設備の再生，援助を通じた新規紡績設備の導入によって，生産性が向上していた[14]．台湾の綿糸生産は，70年代に韓国の綿糸生産を凌駕するものの，それ以前は韓国より生産量が少なかった．しかし，67

12　大韓紡績協会調査課，前掲書，1969年．
13　例えば，72年の米国生産に対する輸入の比率は，女性・幼児向けセーターが103%，女性・幼児向ニットシャツが99%，男性向セーターが38%となっていた（Arpan, Jeffrey S. *The U.S. apparel industry*, Business Pub. Division, College of Business Administration, Georgia State University, 1982, pp.82-88）．

表8 韓国・台湾における川上部門の生産量の推移

	綿糸（千 lb）		紡毛・梳毛糸（千 lb）		化学繊維（トン）	
	韓国	台湾	韓国	台湾	韓国	台湾
1946年	※	911	※	※	※	※
1947年	12,294	913	※	※	※	※
1948年	13,104	1,622	※	11	※	※
1949年	28,167	4,011	※	103	※	※
1950年	21,818	6,922	※	212	※	※
1951年	12,633	16,122	※	300	※	※
1952年	21,393	30,169	※	593	※	※
1953年	29,302	43,436	※	1,324	※	※
1954年	45,910	52,476	29	1,524	※	※
1955年	58,576	55,802	265	1,752	※	※
1956年	67,590	54,302	1,457	1,767	※	※
1957年	91,281	61,998	4,874	1,145	※	※
1958年	96,450	61,071	4,457	1,167	※	※
1959年	106,886	68,267	5,318	1,259	※	※
1960年	108,377	89,736	5,347	1,508	※	※
1961年	97,422	108,689	6,485	1,084	※	※
1962年	115,749	116,551	6,840	1,793	※	※
1963年	137,961	106,791	6,640	2,240	84	※
1964年	144,180	112,324	5,448	2,644	1,384	750
1965年	143,573	122,080	10,140	2,818	1,878	5,522
1966年	152,042	132,798	12,480	3,720	2,054	8,464
1967年	170,193	155,878	17,991	4,918	4,518	18,966
1968年	173,831	154,644	27,858	11,400	12,611	18,554
1969年	188,520	175,088	11,560	11,726	28,817	44,500
1970年	200,224	282,850	12,911	18,745	52,623	61,840
1971年	209,272	326,281	16,748	21,808	85,515	125,093
1972年	201,128	367,286	20,693	20,481	114,136	173,071
1973年	227,042	411,599	22,573	15,738	156,895	214,713

註：台湾の紡毛・梳毛糸は，紡毛糸のみ．
　　※は不明．
資料：経済企画院『韓国統計年鑑』各年版．
　　　台湾省政府主計処『台湾省統計提要』1972年．
　　　韓国繊維団体連合会『繊維年鑑』．

表9 韓国・台湾における川中部門の生産の推移

	綿布（千平方 yd）		ナイロン織物（千 m）	
	韓国	台湾	韓国	台湾
1946年	24,613	3,082	※	※
1947年	34,246	7,419	※	※
1948年	34,218	15,396	※	※
1949年	80,169	35,910	※	※
1950年	63,859	49,112	※	※
1951年	42,173	69,196	※	※
1952年	60,028	105,589	※	※
1953年	86,585	160,986	※	※
1954年	73,039	200,781	※	※
1955年	87,839	201,499	738	※
1956年	103,525	171,598	1,718	※
1957年	138,805	187,293	3,633	※
1958年	149,010	177,333	3,531	※
1959年	159,339	188,073	3,569	※
1960年	150,862	212,292	3,671	※
1961年	133,004	241,090	3,252	※
1962年	150,583	252,592	15,791	※
1963年	176,628	266,333	8,921	855
1964年	208,085	290,588	13,800	1,603
1965年	223,889	322,913	26,971	3,222
1966年	198,585	364,631	40,428	9,798
1967年	215,765	410,765	11,327	12,098
1968年	211,814	596,314	77,801	20,743
1969年	235,633	690,408	84,117	20,808
1970年	229,235	885,867	82,352	19,758
1971年	278,201	1,035,213	62,645	30,820
1972年	239,415	1,027,605	105,302	47,391
1973年	314,636	1,525,318	169,844	57,743

註：資料では，韓国の織物が平方 yd，平方 m で，台湾が m 単位で表示されていたため，次の通りに換算した．
　ナイロン織物1平方 m＝0.93m，綿織物1m＝1.52平方 yd と換算した．
資料：表1，表2を参照．
　　　柳尚潤『高度成長期以前韓国中小織物業の展開過程』2009年，ソウル大学学位論文．

表10　韓国・台湾における川下部門の生産の推移

	シャツ（千枚）		靴下（千足）	
	韓国	台湾	韓国	台湾
1947年	528	528	1,824	※
1948年	1,713	660	1,925	※
1949年	3,846	768	13,820	※
1950年	5,432	1,128	12,413	※
1951年	2,536	2,796	6,720	※
1952年	6,472	7,056	12,485	※
1953年	13,078	6,300	16,393	※
1954年	23,656	6,060	23,656	6,816
1955年	32,443	13,716	45,342	※
1956年	44,139	15,816	54,469	※
1957年	48,068	18,804	54,601	※
1958年	49,913	12,180	51,139	※
1959年	49,904	17,004	54,489	※
1960年	46,585	13,860	47,191	※
1961年	39,745	16,848	41,801	4,560
1962年	40,442	20,016	41,092	6,252
1963年	46,573	28,368	46,572	8,544
1964年	49,260	37,440	49,259	11,400
1965年	71,957	46,788	60,868	12,492
1966年	46,517	59,376	57,778	12,828
1967年	61,915	87,876	61,381	13,224
1968年	85,365	128,412	63,116	16,560
1969年	112,266	157,224	71,835	19,668
1970年	121,892	121,092	32,105	21,168
1971年	185,828	109,524	67,969	38,388
1972年	189,191	113,148	134,135	58,080
1973年	225,744	119,856	115,700	66,828

註：※は不明を表す．
　　台湾には，その他衣服を含む．65年以降の韓国には，その他衣服も含まれる．70年以降の韓国靴下は，化繊糸でで生産されたもののみ含む．
資料：表1，表2を参照．

年の人口1人あたりの綿糸生産量を比較すると,韓国が5千ポンド,台湾1万1千ポンドとなり,台湾のほうがはるかに多かったといえる.次に,合成繊維生産をみてみる.化学繊維は,両国とも60年代前半より生産が開始され,60年代末には急速に生産が増加していた.また,生産量は,韓国より台湾の方がはるかに多かったことがわかる.川中部門では,台湾の方が綿織物の生産量は多く,ナイロン織物の生産量は,韓国の方が多かった.綿織物生産は,台湾が50年代はじめ,韓国が50年代後半から増加しはじめていた.ナイロン織物生産は,韓国が50年代後半から,台湾が60年代から増加していたことがわかる.韓国におけるナイロン織物の生産は,朝鮮戦争の戦災を蒙らなかった釜山の人絹織物業者が50年代後半にナイロン織物生産に進出を開始したことがはじまりであった.釜山の人絹織物業者がナイロン織物生産に転換した要因は,ソウル還都後の釜山における消費の停滞,戦災復旧によって人絹織物生産が全国に拡大し,競争が激化したことなどによる[15].川下部門では,韓国・台湾ともにシャツおよび靴下生産が60年代後半より急速に増加していた.生産量では,台湾より韓国の方が多かったことがわかる.こうした生産動向を規定した韓国と台湾の生産構造を表11で比較してみる.川上部門では,化繊生産の設備が韓国47倍,台湾27倍と,60年代後半に両国とも化繊設備が急速に増設されていたことがわかる.また,綿糸生産では,60年代後半に台湾が大きく生産設備を増設していたことがわかる.川中部門では,綿織物分野で台湾の生産能力が大きく,長繊維織物の分野では韓国の生産能力が大きかったことがわかる.しかし,川中部門でも台湾の方が生産能力の増設は著しかった.さらに,川下部門は,編機,ミシンとも韓国の方が設備台数は多かったものの,60年代後半の編機の増設は,台湾の方が著しかった.以

---

14 徐文錫「綿紡織業」原朗,宣在源『韓国経済発展への経路—解放・戦争・復興』日本経済評論社,2013年,p. 157-180.
15 車喆旭「1950年代対日輸入構造と釜山人絹織物業の変化」韓国歴史研究会『歴史と現実』44号,2002年,p. 195-226.

表11　韓国・台湾における繊維設備

	1965年		1971年	
	韓国	台湾	韓国	台湾
綿精紡機（千錘）	22	37	29	110
化繊（トン／年）	49	202	2,308	5,579
綿織機（台）	636	1,501	1,032	2,918
長繊維織機（台）	538	79	1,433	374
編機（台）①	359	214	1,037	1,001
ミシン（台）②	※	※	3,396	2,942

註：人口百万人当たりの設備台数．※は不明．
　：化繊の生産設備にレーヨン等，再生繊維の生産設備は含まれていない．
①：韓国・台湾とも1970年のデータ．
②：ミシンのデータは，韓国1974年，台湾1975年度末のデータ．
資料：韓国繊維団体連合会『繊維年鑑』．
　　　福井県商工労働部繊維課『韓国・台湾の繊維産業と福井産地』1966年．
　　　紡拓会『中華民国紡織工業統計資料彙編』1980年．
　　　中華徴信所『成衣工業』1979年．
　　　大韓メリヤス工業協同組合連合会『メリヤス工業年報』1971年．

　上から韓国，台湾ともに60年代には，衣類生産の設備が増設されるとともに，化繊設備も急速に増設されていたといえる．
　それでは，次に60年代後半に輸出の主役になる韓国の衣類生産の動向について，より詳細に検討する．表12は，37年から70年までの編物製衣類の生産動向を素材別にみたものである．シャツ生産では，すでに朝鮮戦争以前に植民地期の生産量を上回っていた．しかし，本格的に生産が増加しはじめるのは，53年以降であった．また，靴下は53年以降，手袋では56年以降に植民地期の生産量を凌駕し，生産が増加趨勢にうった．シャツ，靴下，手袋などは，朝鮮戦争からの復興過程で生産が増加趨勢へと転じたといえる．さらに，セーターでは，化繊製のセーター生産に主導される形で，60年代後半から急速に生産が増加していたことがわかる．素材別にみれば，50年代後半から化繊の利用が開始され，セーター及び靴下生産では，60年代には化繊糸の利用がその他の素材を圧倒していたこと

表12　韓国における素材別編物製衣類生産

	シャツ／内衣（千着）		セーター（千枚）		靴下（千足）		手袋（千双）	
	化繊	綿	化繊	毛	化繊	綿・毛	化繊	綿・毛
1937年	※	468	※	※	※	37,320		7,728
1938年	※	1,068	※	※	※	41,664	※	12,072
1939年	※	816	※	※	※	41,964	※	7,608
1940年	※	2,244	※	※	※	45,228	※	7,872
1945年	※	1,056	※	43	※	8,962	※	2,016
1946年	※	2,199	※	87	※	8,084	※	2,757
1947年	※	528	※	12	※	12,824	※	802
1948年	※	1,713	※	38	※	1,925	※	1,393
1949年	※	3,846	※	687	※	13,820	※	4,144
1950年	※	4,682	※	749	※	12,412	※	7,825
1951年	※	2,314	※	221	※	6,720	※	5,189
1952年	※	5,577	※	894	※	12,484	※	8,953
1953年	※	13,077	※	1,777	※	19,392	※	8,751
1954年	※	18,639	※	1,759	222	23,666	※	3,774
1955年	60	31,842	※	1,688	10,382	34,473	※	4,111
1956年	80	40,169	※	2,026	12,379	36,000	238	13,767
1957年	1,787	45,868	※	2,066	18,509	33,848	415	15,186
1958年	3,374	42,586	※	2,064	24,556	27,801	521	12,726
1959年	4,031	44,685	50	1,698	19,992	34,375	966	11,316
1960年	3,818	43,372	1,007	671	17,007	64,241	495	10,729
1961年	7,404	31,116	797	531	32,234	9,568	210	12,946
1962年	8,049	32,196	1,202	801	30,551	10,113	227	13,385
1963年	9,172	36,691	2,054	1,369	32,159	14,413	240	10,777
1964年	8,610	34,444	1,522	1,015	34,571	14,688	257	9,499
1965年	7,148	52,449	3,710	2,396	32,057	28,811	1,399	10,919
1966年	5,538	53,158	15,668	1,613	49,166	11,303	1,222	9,359
1967年	5,157	62,412	20,451	1,847	44,848	16,532	1,329	11,888
1968年	15,835	68,770	52,399	386	40,389	22,724	2,340	12,071
1969年	19,429	64,543	67,798	304	44,303	27,532	9,658	18,999
1970年	24,853	85,441	89,702	297	51,697	27,502	13,015	23,775

註：※は不明．65年以降のシャツ化繊には，混紡も含む．
資料：大韓メリヤス工業協同組合連合会『メリヤス工業年報』1968年，1971年版．

がわかる．特に，セーター生産の増加に伴い，化繊糸の消費が急速に増加し，70年のメリヤス工業協同組合傘下の原料消費をみると，7万9千トン中，綿糸消費が2万6千トン，アクリル糸消費が3万6千トンと，化繊糸が原料の中心となっていた[16]．以上の生産動向から，韓国の編物製衣類産

表13　韓国化繊産業に対する諸外国の投資　　　単位：千ドル

	商業借款				直接投資			
	日	米	独	その他	日	米	独	その他
1960年	—	—	—	3,200	—	—	—	—
1961年	—	—	—	—	—	—	—	—
1962年	—	—	—	—	—	575	—	—
1963年	—	—	5,013	—	—	—	—	—
1964年	—	—	—	1,600	—	—	—	—
1965年	4,700	—	—	1,600	—	—	—	—
1966年	43,703	—	2,080	—	—	—	—	—
1967年	—	2,000	6,250	9,760	—	450	—	—
1968年	15,000	8,145	—	—	—	1,831	—	—
1969年	41,000	—	1,000	16,000	—	—	—	—
1970年	—	—	—	4,500	200	89	—	—
1971年	—	4,040	—	3,000	1,989	—	—	—
1972年	45,507	11,556	—	3,000	2,000	—	—	—
1973年	29,378	130,776	10,572	6,380	11,500	—	—	—

註：—はデータなし．
資料：李相哲「韓国化繊産業の展開過程（1961-1979）」1997年，ソウル大学学位論文．

業は，植民地期からの遺産を受け継ぎながら，朝鮮戦争からの復興過程における再編をへて，輸出産業化していったといえる．

　韓国における化繊糸の供給については，63年から69年のあいだに輸入代替化が進み，70年に国内生産が輸入を超過した[17]．60年代の後半に化繊の輸入代替工業化の原動力になったのは，外資であった．韓国化繊産業への外資導入状況を表13でみると，化繊産業への投資は，借款形式が優勢であった．また，65年以降に日本からの借款供与が増加しているが，73年には米国からの借款供与が最も多くなっていた．この米国からの借款には，住友銀行，安宅，伊藤忠，丸紅などの日本企業の在米法人からの投資が約8,000万ドルふくまれていた[18]．直接投資は，70年以降に増加してお

16　大韓メリヤス工業協同組合連合会『メリヤス年報』第2編生産，1971年，p. 41.
17　李，前掲書，1997年，p. 21.

表14 韓一合繊の販売高（1969年）

	供給	内需	輸出
Acrylic Fiber (M/T)	2,826	1,444	—
〃 Top (M/T)	1,563	1,007	30
〃 Yarn (M/T)	5,744	2,824	2,009
合計	10,133	5,275	2,039
Sweater（ドル）	※	1,095	7,075

註：—はデータなし．※は不明．
資料：財務部『現金借款関係綴』（韓国国家記録院）
　　　韓一合繊株式会社『韓一合繊二十年史』1986年

り，日本からの投資が最も大きかった．60年代末から70年代はじめにかけての韓国化繊産業は，輸入代替工業化からさらに進んで輸出繊維製品へ原資材を供給することを通じて，輸出産業へと転換しようとしていた[19]．韓国への投融資をおこなった日本企業の意図は，こうした韓国化繊産業の輸入代替工業化，輸出産業化へ対応し，第三国市場への輸出を志向したものではなかったのかと考えられる．

　韓国化繊産業は，衣類産業などの輸出産業に対する原料供給をどのようにおこなったのであろうか．表14は，60年代後半に消費が増加していたアクリルを生産していた韓一合繊の供給を輸出向と内需向けに区別してみたものである．原糸の輸出と輸出用原資材供給（輸出向衣類産業など，輸出産業への供給）の割合は，供給量に対して20％であった．また，韓一合繊は，セーターの供給もおこなっていたが，これはほとんどが輸出向であった．このセーター輸出は，300万ドルから700万ドルへと増加したものであり，セーター類のバイヤーは，米系商社であった[20]．韓一合繊のアクリル糸製造原価は，294ウォン（1lb当）であった．一方，輸出価格154ウォ

18　李，前掲書，1997年，p. 232.
19　李，前掲書，1997年，p. 20-21.
20　韓一合繊株式会社，前掲書，p. 341.

ン，国内価格320ウォンと国内販売価格より輸出価格の方が低く設定された[21]．この価格設定は，輸出衣類産業への出荷にも適用された．輸出価格が低く設定されたために，当初の計画から欠損が生じることが予想された．この欠損の補てんの必要から，韓一合繊は69年に追加の現金借款を経済企画院へ要請する[22]．以上から韓一合繊の輸出向衣類産業へのアクリル糸供給は，人為的に価格が低く設定されていたといえる．

次に衣類産業における機械設備の動向を検討したい．表15は，編物工業における機械設備の動向をみたものである．全体の動向としては，59年に設備台数がピークに達するものの，その後に減少し，60年代後半から再び設備が増加に転じていた．これは，旧式化した非効率な靴下編機と手袋編機を60年代前半から廃棄し始めたことによるものであったと推測される．さらに，60年代後半からの設備の増加は，横編機の増加に主導されていた．横編機の増加は，セーター輸出の増加によるものであったと考えられる．これらの機械設備の導入元を表16でみてみると，全体の動向としては，経編機と横編機で外国製機械の比重が高まっていた．また，導入元は，西独からの機械の導入が多いものの，丸編機は英国と西独，経編機は西独，横編機と裁縫機は日本と，特に特定の国から機械を導入しているわけではなかった．おそらく韓国側が能動的に機械の導入元を選択した結果であると推測される．ただし，60年代後半から輸出が増加するセーターの生産に必要な横編機は，日本からの導入が異常に多かった[23]．設備の導入に必要な資金は，政府の輸出産業支援策によるものであった[24]．

さらに，縫製衣類産業における設備の推移と設備の導入元を表17と表18でみる．これによると，8年間で設備台数が倍に増加しており，とりわ

21　財務部『現金借款（韓一合繊）関係綴』（韓国国家記録院）1969年．
22　財務部，同上書，1969年．
23　これは，美苑産業が6910台の手編機を導入しているためである．とはいえ，これを差し引いても日本からの導入が圧倒的であった（大韓メリヤス工業協同組合連合会『メリヤス年報』第2編生産　1971年，p. 24）．
24　大韓メリヤス工業協同組合連合会，前掲書，p. 12.

表15　韓国における編物製衣類産業関連設備の推移　　単位：台

	台丸機	靴下編機	手袋編機	経編機	横編機	合計
1944年	1,438	2,176	2,348	※	※	5,962
1949年	1,900	2,700	1,500	※	※	6,100
1951年	1,965	6,392	1,449	10	1,564	11,380
1953年	2,562	9,708	2,423	15	1,613	16,321
1954年	2,797	9,756	2,419	17	1,615	16,604
1955年	3,281	9,404	2,344	22	1,532	16,583
1956年	3,461	9,421	2,396	22	1,839	17,139
1957年	3,496	9,627	2,470	28	1,875	17,496
1958年	3,632	9,643	2,477	28	1,873	17,653
1959年	4,141	8,936	2,211	159	1,590	17,037
1960年	4,446	7,862	2,141	198	1,524	16,171
1961年	5,277	4,482	1,019	139	1,781	12,698
1962年	5,611	1,739	508	158	1,749	9,765
1963年	5,976	4,432	1,019	135	1,403	12,965
1964年	6,220	1,700	714	143	3,499	12,276
1965年	6,249	2,292	789	200	2,992	12,522
1966年	7,095	7,024	789	259	5,586	20,753
1967年	7,323	2,985	869	335	8,201	19,713
1968年	8,470	3,346	969	506	13,398	26,689
1969年	8,889	2,938	725	648	18,222	31,422
1970年	8,925	3,204	732	654	19,595	33,110

註：1949年～1961年までの設備は大韓メリヤス工業協同組連合会の会員企業のみ．
　　※は不明．
資料：韓国繊維団体連合協議会『繊維年鑑』1962年～1971年版．
　　　韓国産業銀行『韓国の産業』1962年，1966年，1971年，1973年．
　　　〃　　　『わが国工業の発展と課題』1968年．
　　　中小企業銀行調査部『韓国中小企業の業種別の分析』1966年．
　　　中小企業銀行調査部『経編織物製造業の実態と近代化方向』1966年．

け60年代後半の増加が大きかったことがわかる．また，表18には，縫製衣類産業以外のミシンがふくまれているが，韓国に導入されたミシンの多くは，日本製のものであった．

　それでは，衣類産業は，どのような主体によって担われたのであろうか．

表16　1966～69年における韓国編物製衣類関連機械の導入及び導入元

単位：台，ドル

		英国	米国	イタリア	西独	日本	スイス	合計
丸編機	台	121	10	10	152	72	3	368
	金額	3,667,557	103,571	317,900	4,398,494	455,535	15,471	8,958,528
靴下機	台	58		126	158	20		362
	金額	289,639		579,890	1,134,030	63,910		2,067,469
横編機	台			84	12	9,093		9,189
	金額			71,882	103,915	968,908		1,144,705
手袋機	台					112		112
	金額					15,480		15,480
経編機	台	2			286	9		297
	金額	51,800			2,603,024	97,253		3,911,546
整経機	台				88	3		91
	金額				284,342	6,400		290,742
裁縫機	台			130	6	2,162		2,298
	金額			71,821	6,600	600,191		678,612
合計		4,008,996	103,571	1,041,493	8,530,405	2,192,237	15,471	17,221,916

資料：表12参照．

表17　縫製衣類産業の設備推移

	本縫ミシン	特種ミシン	その他	合計
1962年	2,376	844	385	3,605
1963年	2,982	852	394	4,228
1964年	2,993	865	396	4,254
1965年	2,736	862	394	3,992
1966年	2,848	867	398	4,113
1967年	2,873	987	459	4,319
1968年	3,451	1,183	562	5,196
1969年	3,744	1,283	551	5,578
1970年	5,005	1,905	663	7,573

資料：韓国被服組合工業協同組合『被服組合三十年史』1992年．

　まず，表19は，衣類産業の事業体数と労働者数の歴史的な変遷をみたものである．これによると，編物業では，50年代前半には戦前の労働者数

表18　韓国におけるミシンの導入元（1966年）単位：台

	韓国	米国	日本	ドイツ	その他	合計
96種ミシン	204	684	5,745	149	41	6,823
オーバーロックミシン	117	117	2,463	42	9	2,748
103種ミシン	454	475	1,421	1	59	2,410
二本針ミシン	22	61	681	31	2	797
三本針ミシン	13	13	346	36	2	410
四本針ミシン	0	10	113	50	0	173
71種ミシン	15	76	341	9	1	442
99種ミシン	5	42	138	4	0	189
117種ミシン	4	26	188	3	1	222
175種ミシン	0	12	62	3	0	77
刺繡ミシン	15	14	150	14	0	193

資料：商工部『商工年報』1968年．

表19　韓国衣類産業の1事業所あたりの労働者数

	編物製衣類					縫製衣類				
	事業所数①	労働者・男	労働者・女	合計②	②/①	事業所数①	労働者・男	労働者・女	合計②	②/①
1941年	204	1,813	2,850	4,663	22.8	1,032	8,045	5,988	14,033	13.5
1955年	351	2,254	5,149	7,403	21.0	234	1,650	1,872	3,522	15.0
1958年	512	2,824	5,577	8,401	16.4	896	5,418	2,558	7,976	8.9
1963年	595	3,362	8,427	11,789	19.8	1,149	6,242	4,841	11,083	9.6
1968年	783	※	※	37,292	47.6	3,098	※	※	37,202	12.0

註：1941年の編物は，メリヤスシャツ，縫製衣服は裁縫業をさす．※は不明．
資料：韓国銀行調査部『鉱業及び製造業事業体総合報告書』1955年．韓国産業銀行『鉱業及び製造業事業体調査総合報告書』1958年．
　　　韓国産業銀行『鉱工業センサス報告書』1963年．朝鮮総督府『朝鮮労働技術統計調査結果報告』1941年．

の水準を突破していた．縫製衣類産業の労働者数は，60年代後半までは，戦前の水準に達していなかった．しかし，両産業とも60年代中ごろから労働者数が増加していたといえる．また，1事業体あたりの労働者数では，50年代終わりまでは，縮小傾向，すなわち零細化の傾向にあった．しかし，輸出産業化が進んだ60年代後半には逆に拡大に転じていた．韓

表20　韓国における編物製衣類産業及び縫製衣類産業の規模別分布

1963年	5～9人	10～19人	20～29人	30～49人	50～100人	101～150人	201人～	合計
編物下着	35	97	40	36	33	4	2	247
編物上着	16	11	6	3	0	0	0	36
男性上着	161	39	9	4	10	2	8	233
女性上着	35	3	0	1	0	0	0	39
子供服	1	3	0	0	0	1	0	5
下着	3	3	3	1	1	0	0	11
合計	251	156	58	45	44	7	10	571

1968年	5～9人	10～19人	20～49人	50～99人	100～199人	200～499人	500人以上	合計
編物下着	18	65	94	24	4	2	1	208
編物上着	107	75	22	37	53	39	6	339
男性上着	1,366	357	105	7	14	22	5	1,876
女性上着	710	226	48	2	0	0	2	988
子供服	41	66	21	1	0	0	0	129
下着	11	19	15	3	1	0	1	50
合計	2,253	808	305	74	72	63	15	3,590

資料：韓国産業銀行『鉱工業センサス報告書』1963年，68年．

表21　台湾における編物製衣類産業及び縫製衣類産業の規模別分布

1961年	1-3人	4-5人	6-9人	10-19人	20-49人	50-99人	100-499人	500-	合計
メリヤス			133	17	21	6	7	1	185
縫製衣服業			451	93	30	9	9	0	592
1965年									
メリヤス	12	8	21	27	23	7	27	3	108
縫製衣服業	16	14	57	50	40	12	22	1	182

資料：台湾省工商業普査執行小組『中華民国台湾省第二次工商業普査総報告』1962年
　　　台湾省工商業普査委員会『中華民国台湾省第三次工商業普査総報告』1968年

国衣類産業におけるこのような変化は，なぜ生じたのであろうか．表20，表21で韓国と台湾の衣類産業の規模別分布を確認してみる．この2つの表を比較すると，台湾・韓国とも60年代における労働者数100人以上の事業体が増加していた．さらに，韓国では労働者数5～9人の事業体の増加も著しかったことがわかる[25]．これらのことから，60年代後半からの1事業体あたりの労働者数の増加は，労働者数100人以上の大規模事業体の

設立が増加したことことによるものであった．

ここで検討したことを整理すると，次のとおりである．韓国の衣類産業の輸出産業化の過程では，大企業の設立と零細企業の叢生という2つの現象が同時に進行した．このことは，60年代後半に衣類産業において下請制が広く成立したことを意味していると考えられる[26]．

韓国・台湾とも60年代に衣類産業の輸出産業化が進行するに伴い，衣類産業の生産設備が増加する．しかし，これだけにとどまらず，化繊産業の生産設備も急速に増加していた．これは，韓国，台湾にとって最大の衣類市場である米国市場の変化と外国からの資本導入によってひきおこされたものであるといえる．そして，両国の衣類産業の輸出産業化が化繊産業発展を促した条件の1つであったといえる．

第3節　衣類輸出の国際的連関

ここでは，韓国衣類産業の輸出産業化がいかなる国際的な連関を持っていたのかを検討する．まず，表22は，韓国化繊輸入をみたものである．これによると，韓国の化繊輸入は65年ごろから増加しはじめ，69年には輸入代替工業化の進展により頭打ちになるものの，73年にふたたび増加している．輸入元は，64年から日本の比重が大きくなり，輸入の7割から9割が日本からの輸入であった．一方，日本からみれば，韓国への輸出は，アクリルが中心であり，アクリルステープル輸出は1965年に米国向が半数を占めたものの，台湾についで韓国も重要な市場であった．また，

25　一方，台湾の場合，労働者数10名未満規模の事業体が編物製衣類では133から41へ，縫製衣類業では451から87へと減少していた．この理由は不明であるものの，韓国より台湾の方が衣類産業における中小零細企業の層が薄かった可能性もある．

26　例えば，大韓メリヤス工業協同組合傘下の輸出事業体（1969年）の中では，直輸出事業体が42，下請事業体が132，政府の支援を受けた輸出転換事業体が101であった（大韓メリヤス工業協同組合『メリヤス年報』第3編販売，1971年，p. 27）．

表22 韓国の化繊糸輸入

	化繊糸輸入	対日輸入
1963年	9,625	2,071
1964年	5,096	3,932
1965年	12,023	11,238
1966年	14,473	13,402
1967年	24,616	22,825
1968年	46,655	43,383
1969年	41,983	40,327
1970年	39,987	33,615
1971年	40,696	39,196
1972年	39,232	37,257
1973年	70,266	64,393

註：レーヨン等，再生繊維は含まれない．
単位：トン
資料：韓国関税庁『貿易統計年報』各年版．

アクリル紡績糸輸出では，韓国，台湾，香港が日本にとって大きな市場であった[27]．韓国，台湾の衣類産業の輸出産業化は，自国の化繊産業の市場拡大をもたらしただけでなく，日本の化繊産業にとっても市場拡大であったといえる．

韓国の衣類産業の輸出産業化と並行して，海外からの資本が導入された．表23からわかる通り，韓国衣類産業への投資は，借款供与よりも経営参加を含む直接投資が中心であり，直接投資の中でも合弁によるものが主流であった[28]．外資による単独出資は，1969年の19万ドル，1970年の36万ドルのみであり，それ以外は韓国企業との合弁であった．また，外国投資の中では日本からの投資が圧倒的であった．日本企業は，どのような動機により韓国衣類産業への投資をおこなったのであろうか．2つの事例をみてみる．

三都物産[29]は，69年に東洋棉花，鐘紡と合弁会社の東都衣料を設立する．出資比率は，東洋棉花が25％，鐘淵が24％であった．この会社の目的は，ナイロン製のジャケットを生産し，生産品全量を欧米地域へ輸出しようとするものであった．その際，東洋棉花は機械設備の納入，生産に必要な原材料の販売，製品輸出を担当するというものであった．原材料につい

---

27 日本化学繊維協会『日本化学繊維産業史』1974年，p. 989-993.
28 1966～72年の韓国へ導入された外資のうち外国人直接投資は6.5％であり，主要なものは，55％を占めていた商業借款であった．（韓国産業銀行『韓国外資導入30年史』1993年，p. 36）．
29 1960年に資本金5千万ウォンで設立される．事業としては，各種貿易業，衣類品の製造・販売を行っていた．

表23　韓国衣類部門に対する諸外国の投資　単位：千ドル

	商業借款				直接投資			
	日本	米国	その他	不明	日本	米国	その他	不明
1968年	—	—	—	—	100	—	—	—
1969年	—	—	—	1,000	1,951	98	—	—
1970年	—	1,000	—	—	695	—	375	—
1971年	—	—	—	—	861	—	—	—
1972年	—	—	—	—	312	—	—	—
1973年	—	3,600	6,000	—	7,168	—	6,000	—

註：—は，データなし．
資料：韓国産業銀行『調査月報』1961年-1973年．

ては，もっぱら鐘紡製品を取扱うことが取り決められていた[30]．

さらに，三都物産は，71年に小杉産業株式会社，東洋棉花と合弁会社である三陽繊維株式会社を設立する．この企業は，ランニングや下着を生産し，韓国内や海外で販売することを目的としたものであった．出資比率は，小杉が34％，東洋棉花が15％であった．その際，小杉産業は日本において製品を独占的に販売し，東洋棉花は合弁会社の機械設備の納入や原料の調達を行うものであった[31]．以上から，韓国衣類産業へ投資を行った日本企業は，投

表24　三都物産の衣類輸出

	三都輸出	衣類輸出	割合
1962年	179	※	※
1963年	1,035	※	※
1964年	1,823	6,614	27.6
1965年	2,697	20,713	13.0
1966年	2,428	33,386	7.3
1967年	3,028	59,208	5.1
1968年	5,969	112,232	5.3
1969年	7,140	160,771	4.4
1970年	10,122	213,566	4.7

単位：千ドル，％．※は不明
資料：三都物産株式会社『三都物産25年史』1987年．

30　経済企画院「縫製品製造のための外国人投資認可　外資導入審議委員会案件」韓国国家記録院，1969年．
31　経済企画院「外国人投資認可,外資導入審議委員会案件,第59次」韓国国家記録院,1971年．
32　三都物産『三都物産25年史』1987, p. 105．

資を通じて原料・設備の納入，製品の販売権，自社製品の販売先を獲得した．

次に，三都物産の衣類輸出を検討してみる．三都物産の衣類輸出は，表24で示した通り，韓国の衣類品輸出の中で，三都物産は4％のシェアをしめていた．とりわけ，66年以降の輸出増加が著しかったことがわかる．これは，水営工場（ワイシャツ）での操業が開始されるためであった[32]．この水営工場での技術指導は，福井のモンスターが行った．福井のモンスターを三都物産に仲介したのは，東洋棉花であった．また，原料の調達，製品のアメリカ輸出は，東洋棉花が行った[33]．以上から，初期の韓国衣類輸出は，日系商社の第三国貿易の展開という側面も有していた[34]．

おわりに

本稿では，韓国の衣類産業の輸出産業化を台湾と比較検討した．本稿で明らかにした点を整理してみると，次のとおりである．

まず，60年代に韓国，台湾ともに衣類産業の輸出産業化が進行すると同時に化繊産業の生産設備の急速な拡張が見られたことが共通点であった．韓国衣類産業が輸出産業化しえた国内的条件としては，植民地期からの衣類産業の遺産を受け継ぎながら，朝鮮戦争からの復興過程における再編，60年代中盤から労働力の安定供給という条件をえて，中小零細企業の叢生という現象がみられるようになった[35]．さらに，60年代後半になると，

33　株式会社東洋棉花「東洋棉花社内資料」作成年不明．
34　伊藤忠商事は，綿製品の対米輸出自主規制へ対応するために台湾の繊維製品輸出を行った．また，第三国輸出を促進するためにバルキーセーターを製造する台湾針織股份有限公司を設立した．台湾の衣類輸出にも同様の側面があったと考えられる（伊藤忠商事『伊藤忠商事100年』1969年，p. 314, 450）．
35　綿紡績業では，1960年代中盤以降に，労働者の入退社が安定化する（宣在源「韓国繊維産業と労働市場，1945-2004」韓国経営史学会『経営史学』26巻4号，2011年）．

中小零細企業の叢生のみならず，大企業の設立も活発になった．衣類産業の輸出産業化は，中小企業の叢生のみならず，大企業の設立も重要な要素であったと考えられる．先行研究では，韓国の高度経済成長に先だって，小規模事業体の叢生がみられ，工場の零細化が進行したとされている[36]．しかし，本稿で対象とした衣類産業の輸出産業化に関しては，こうした50年代後半から60年代前半にかけての変化を基礎としつつ，60年代後半に生じた変化，すなわち大企業の設立というあらたな現象がくわわることで可能になったと考えられる[37]．

国際的な条件としては，米国における化繊製衣類の急速な消費拡大をあげることができる．韓国・台湾における衣類産業の輸出産業化は，こうした国際的な条件の変化への対応であった．もう1つの国際的条件としては，韓国の場合，60年代後半から衣類産業への日系企業の直接投資が進んだこともあげることができる．この直接投資は，生産拠点の移転というだけでなく，とりわけ日系商社が韓国製品を第三国へ輸出する契機となった．つまり，韓国衣類産業の輸出は，日系商社の第三国輸出の展開という側面も存在したといえる．韓国衣類産業の輸出産業は，以上のような国内的条件，国際的条件の中で進展した．

衣類産業の輸出産業化は，化繊産業における急速な設備拡張の前提条件の1つとなった．例えば，韓国化繊産業の研究では，輸出織物業などに対して原資財を供給することで，早期の輸出産業化が進展したと抽象的に説明されてきた．韓国化繊産業の輸出産業化は，本稿で明らかにしたような国際的な連関の中で可能になったといえる．

36　原朗・宣在源，前掲書，2013年．
37　一方，台湾については，不明な点が多い．センサスでは，輸出産業化の過程で中小零細企業が減少しており，韓国とくらべると，輸出向衣類生産が大企業中心に担われた可能性もあったのでないかと考えられる．この点については，今後の課題としたい．

第6章

台湾の高度経済成長と資本財供給

堀内　義隆

はじめに

　20世紀の後半から21世紀の現在に至るまで，新興国の工業化という現象が世界経済におけるひとつのトレンドとなっている．その先駆けとなったのが，いわゆるアジアNICS（後にNIES）という現象であった．本章では，農業社会が工業化社会に転換するにあたって不可欠の条件である，資本財の供給という側面から，アジアNICSの一員であった台湾の高度経済成長という現象を考察する．

　その際に，従来の研究が直面していると思われる，一国史的な分析の限界をいかに克服するかという問題を念頭におきつつ考察をすすめる．一国史的な分析の典型例は，政策次元で時期区分を行い，工業化の過程を説明するという手法である．この手法は，開発経済学の分野で主流的なものとなっている．韓国や台湾の経済発展は，独立・解放後の輸入代替工業化から出発し，国内市場の限界に直面すると輸出志向型工業化が開始され，それによって「奇跡」とも呼ばれた経済成長が可能になった，という見方である．また，政策次元ではなく，工業化の実態に即した研究においても，一国史を前提としたマクロ経済分析や産業史分析は数多い．

　このような一国史的な分析に対する批判として，理論的には，大きく分

けて二つの観点からのものがある．第一に，国民経済のあり方は，世界経済全体の中でその国がどのような役割を果たすことを要請されているかに応じて，強く規定されるという見方である．ウォーラーステインの世界システム分析は，その代表的なものである[1]．第二に，経済発展の単位は一国の枠組みよりも小さく，特に資本主義社会における工業化の単位は都市経済であるという見方である．このような主張は，例えばジェイコブズによって展開されている．ジェイコブズが強調するのは，都市における持続的な輸入代替のプロセスこそが経済発展の本質であるということである[2]．

以上のような大枠を踏まえたうえで，本章では，台湾の経済発展に関する従来の見方に対して，以下に述べるような三つの点から批判的検討を加え，分析に反映させたい．

第一に，従来の台湾経済の発展に関する研究では，資本財部門の発展がほとんど無視されている．その理由は，おそらく一国史的な経済発展論の視角にあると思われる．つまり，輸入代替工業化から輸出志向型工業化に至るプロセスの検討においては，軽工業品，とりわけ繊維製品の輸入代替がまず注目され，そののちに主要な輸出産業となった衣料品，雑貨品，電機製品，電子部品などが注目されることになり，それらの産業を支えているはずの資本財に正面から光を当てることがなされない．また，資本財に関しては，アメリカや日本から輸入されているはずだという過度の類型化が行われるため，まともに検討されてこなかった．

第二に，従来の研究では，1945年以前と以後が別々の研究枠組みの中でなされ，日本統治期と戦後期が分断される傾向にあった．このような把握の仕方では，戦後台湾の急速な経済発展がなぜ生じたのかをうまく理解

---

1 ウォーラーステイン，イマニュエル『入門・世界システム分析』藤原書店，2006年（原著 Immanuel Wallerstein, *World-Systems Analysis : An Introduction*, Duke University Press, 2004.）．
2 ジェイコブズ，ジェイン『発展する地域　衰退する地域』筑摩書房，2012年（原著 Jane Jacobs, *Cities and the Wealth of Nations : Principles of Economic Life*, Random House, 1984.）．

できないように思われる．というのは，なぜ数ある後進国の中で台湾や韓国だけが，戦後の比較的早い段階で「輸入代替工業化」を進め，さらにその後も経済成長を続けることができたのかという問題は，同時代的な条件のみに注目していては解けないからである．通常，工業化を阻害する要因として考えられるのは，技術不足，資金不足，適切に教育・訓練を受けた労働者の不足，インフラストラクチャの不足，工業化を促進する制度の不備，などである．これらの阻害要因は人々が工業的活動を行うコストを高いものにする．そうであるとすれば，台湾や韓国においては，日本統治期にこれらの阻害要因のかなりの部分が取り除かれていたと考えることができるのではないか，というのが本章の仮説である．

　第三に，従来の研究では，経済成長の過程における中小零細企業の位置づけが不明確である．例えば，戦後初期の台湾経済の発展の研究史における古典ともいえる劉進慶『戦後台湾経済分析』では，時期ごとの経済発展の担い手によって時期区分を行っている[3]．そこでは，国家資本，外国資本，大陸資本といった大企業が主要なアクターとして登場するが，高度経済成長期の台湾経済を牽引したと評価される中小零細企業は登場しない．これは劉の研究が1970年代のものであり，かつ1965年までの台湾経済を対象としているという時代的制約によるところが大きい．しかし，既に台湾の高度経済成長を知っているわれわれは，その視角にとどまっているわけにはいかない．他方で，開発経済学者たちは，当然ながら台湾の中小企業に着目しているが，それは輸出主導型成長の担い手としての中小企業に限られている．しかし，中小零細企業の中で資本財供給部門が占める割合は相当大きなものであった．本章では，この点に着目して資本財，とりわけ機械製造業の担い手としての中小零細工業の役割を明らかにし，従来の研究の欠落部分を埋めたい．

　本章の基本的主張は，高度経済成長直前の台湾や韓国が他の後進国から

3　劉進慶『戦後台湾経済分析』東京大学出版会，1975年．

区別される特殊性は，日本統治期の「経済的遺産」にある，というものである．また，そのことを明らかにするための具体的対象として，資本財の供給のあり方に注目する．その理由は二つある．第一に，資本財の供給には，当該時期における世界史的条件が顕著に現れると考えられるからである．つまり，資本財供給の考察を通じて，一国史的分析の限界を克服しようという目論見である．具体的には，同時期の日本の機械工業の発展度が，台湾への資本財供給の内容や水準を強く規定していると考えられる．第二に，資本財は工業化社会の再生産のために不可欠の構成要素をなすからである．このことは，学説史的には日本資本主義論争において，生産手段生産部門の成立が資本主義確立の指標のひとつとして議論にのぼったことからもわかるように，古くから認識されてきた．台湾や韓国においては，そのような再生産条件が，日本統治期と戦後期でどのように変化したのかを考察することを通じて，日本統治期の「経済的遺産」の意義を明らかにすることができると考えられる．

ただし，日本統治期の「経済的遺産」に注目するからといって，連続性の側面だけを過度に強調するというわけではない．戦後に登場した，戦前とは非連続的な側面，例えば，植民地からの独立・解放により，独自の国家主体が形成されたということ，また，アメリカという巨大な輸出市場の登場，さらに，多国籍企業の展開により新しい国際分業体制が構築されていったこと，などにも注意を払う必要がある．

以下，本論は，次のように構成されている．第1節では，戦後東アジアの高度経済成長を，戦後世界経済の構造的変化の中に位置づけたうえで，日本，台湾，韓国の東アジア3国の高度経済成長を定義する．第2節では，戦後台湾の高度経済成長期における資本財供給のあり方を，機械の輸入と生産の両側面から検討し，その特質を明らかにする．第3節では，高度経済成長の起源として，日本統治期および戦後初期における機械輸入と機械生産の実態を検討する．そのことを通じて，日本統治期から1970年頃に至る長期的な発展の過程を把握し，台湾における資本財供給や機械産業の

発展のあり方が日本統治期の初期工業化に由来する構造的特質に強く規定されていたことを明らかにする．

第1節　戦後世界経済と東アジアの高度経済成長

　戦後の東アジアの経済成長は，一国史的に把握すべきではなく，戦後世界経済の構造的変化の一環として理解すべきである．ここで念頭に置いている重要な構造的変化とは，先進国と後進国との産業的関係が変化したことである．戦前の世界経済では，先進国が工業品を生産し，後進国は先進国向けに工業原料や食糧を供給するという関係が一般的であった．しかし，戦後の経済構造の変化の帰結として，先進国は，工業製品の生産を後進国に求めるようになった．正確には，先進国は工業生産の中で，利潤を多く獲得できる中核的な部分に集中し，それ以外の周辺的な部分を労働コストの低い後進国に担わせるようになった[4]．これは，工業部門における社会的分業の新たな段階ともいえる．つまり，工業部門内部で，技術集約的な中核的部分と労働集約的な周辺的部分が明確に分離され，後者の生産が後進国に移転されてゆくプロセスが始まったということである．そして，このプロセスにおける労働集約的な部分を担った後進国において，工業化という新たな現象が生じた．その典型が台湾や韓国など東アジアの新興工業国群であった．

　このような工業部門における国際分業をフレーベル，ハインリッヒス，クライエは「新国際分業」と名付けた．その背景として，次の三つの条件があげられる．第一に，後進国に大量の低賃金労働力が潜在的に存在していることである．第二に，生産技術と労働組織の発達により工業部門にお

---

[4] ウォーラーステイン, イマニュエル『入門・世界システム分析』藤原書店, 2006年（原著 Immanuel Wallerstein, *World-Systems Analysis : An Introduction*, Duke University Press, 2004.）．

ける生産工程が分割可能になったことである．第三に，輸送・通信技術の発達により産業配置と生産管理の地理的範囲が拡大したことである[5]．以上のような条件が形成されたことにより，先進国から後進国への海外直接投資，つまり先進国企業の多国籍化が可能となった．そして，先進国における工業労働者の賃金コストが上昇したことと相まって，工業生産拠点の後進国への移転が進んだ．

ただし，以上に述べたことは，先進国から後進国への工業生産の移転を一般的に説明するものではあるが，なぜそれらが東アジアという地域に対して集中的に行われたのかということを説明するものではない．後進国の側に工業の移転を受け入れる条件が整ったという点については，独自に説明される必要がある．

以上のような構造的変化を歴史的に見る場合，日本の工業化，特に戦前のそれをどのように位置づけるかということが重要な論点となる．日本は，戦前には，非西洋世界において唯一，資本主義的な工業化を達成した国である．第一に，日本は繊維工業や雑貨工業において，1930年代に世界市場での競争力を獲得した[6]．これは，生産性の上昇と低賃金労働によって達成されたものである（いずれの影響が大きいかを論じることはあまり意味があることとは思えない）．これは，後進国の工業発展の代表的ケースとして取り上げられることも多いが，東アジアという範囲においては，日本こそが先進国の地位に置かれたのであり，このような先進・後進構造が地域内に形成されたことこそが，東アジアと他の非西洋後進地域との大きな違いである．

第二に，戦前の日本の工業化は，帝国レベルで生じたので，当時の植民地であった台湾や朝鮮にも，その影響は及んだ．戦前において，台湾や朝

---

5 平川均『NIES 世界システムと開発』同文舘，1992年．
6 堀和生は，同時期の日本の工業化を中国，インドの停滞と対比させて論じている（堀和生「両大戦間期日本帝国の経済的変容：世界市場における位置」中村哲編著『近代東アジア経済の史的構造』日本評論社，第4章，2007年）．

鮮の工業化の度合いは，それぞれを単体として（一国史的に）見た場合には，数量的にはさほど大きなものとはいえない．むしろ，台湾，朝鮮ともに日本帝国の食糧供給地としての役割を与えられたため，農業の比重が極めて大きい．しかし，それこそが一国史的認識の限界である．戦後に日本帝国が解体された後も，台湾や朝鮮には日本帝国の「遺産」が残された．その中でも重要なものとして，鉄道や電力設備をはじめとする様々なインフラストラクチャや，中小規模のものも含めた企業経営者の創出，帝国期に日本製を中心とする様々な工業製品を消費するという需要構造が定着したこと，などがあげられる．戦後における新興国の工業化という現象が東アジアから生じた理由として，おそらく最も妥当なものが，この「遺産」の「相続」にある．

以上の戦前の日本帝国の工業化を前提として，戦後に生じた現象が，日本，台湾，韓国の東アジア3国における高度経済成長である．「高度成長期」がどの時期のことを意味するのかは，日本一国に限った場合には定説がある．戦後の経済復興が一段落した1950年代半ばから金・ドル交換停止やオイルショックをきっかけとして成長率が低下した1970年代初めまでの20年弱の期間である[7]．しかし，台湾や韓国を含めた東アジアの「高度成長」とはいったいいつのことを意味しているのであろうか．もっとも単純な指標は，一人あたり国内総生産の成長率であろう．そこで，表1により1950年から2000年まで5年刻みで各時期の平均成長率を見ると，日本は上記定説の時期に「高度成長」と呼ばれるべき高い成長率をあげていることが明瞭である[8]．

台湾や韓国はどうであろうか．まず台湾の場合，1960年代前半期に6.0％と前期の倍以上の成長率になっている．その後，1970年代後半の8.4％

---

[7] 石井寛治は最近の著書において，日本の高度成長は1973年以後も1980年代末まで継続したのであり，いわゆる高度経済成長期はその前半部分にすぎないという興味深い主張を展開している（石井寛治『資本主義日本の歴史構造』東京大学出版会，2015年）．これは東アジアという次元で高度経済成長を考える際にも重要な視点を提供していると思われる．ただし，本章ではこれについて検討できなかった．

表1 一人あたり実質GDPと年平均成長率（1990 International Geary-Khamis dollars, %）

	1950	1955	1960	1965	1970	1975	1980	1985	1990	1995	2000	2005
アメリカ	9,561	10,897	11,328	13,419	15,030	16,284	18,577	20,717	23,201	24,603	28,467	30,481
中国	448	577	662	702	778	871	1,061	1,519	1,871	2,863	3,421	5,575
日本	1,921	2,771	3,986	5,934	9,714	11,344	13,428	15,331	18,789	19,979	20,738	21,976
韓国	854	1,169	1,226	1,436	2,167	3,162	4,114	5,670	8,704	11,850	14,375	17,493
台湾	916	1,189	1,353	1,810	2,537	3,522	5,260	6,762	9,938	13,354	16,872	19,055
香港	2,218	2,636	3,134	4,825	5,695	6,991	10,503	12,763	17,541	21,029	23,328	27,667
シンガポール	2,219	2,358	2,310	2,667	4,439	6,430	9,058	10,710	14,220	18,822	22,518	24,772

	55/50	60/55	65/60	70/65	75/70	80/75	85/80	90/85	95/90	00/95	05/00
アメリカ	2.6	0.8	3.4	2.3	1.6	2.7	2.2	2.3	1.2	3.0	1.4
中国	5.2	2.8	1.2	2.1	2.3	4.0	7.4	4.3	8.9	3.6	10.3
日本	7.6	7.5	8.3	10.4	3.2	3.4	2.7	4.2	1.2	0.7	1.2
韓国	6.5	1.0	3.2	8.6	7.8	5.4	6.6	8.9	6.4	3.9	4.0
台湾	5.4	2.6	6.0	7.0	6.8	8.4	5.2	8.0	6.1	4.8	2.5
香港	3.5	3.5	9.0	3.4	4.2	8.5	4.0	6.6	3.7	2.1	3.5
シンガポール	1.2	-0.4	2.9	10.7	7.7	7.1	3.4	5.8	5.8	3.7	1.9

出典：Angus Maddison, Home Maddison（ggdc.net/maddison/oriindex.htm）のデータを基に算出。

をピークとしつつも1990年代前半まで，平均成長率は5％を下回ることなく，高い成長率を達成している．次に韓国を見ると，台湾より1期遅れて1960年代後半に8.6％といきなり高い成長率を示した後，やはり1990年代前半まで5％を下回ることなく，高い成長率を維持している．これは，台湾や韓国がOECDによってNICS（新興工業国群）と認識されるようになってから，1997年のアジア通貨危機によって「東アジアの奇跡」（世界銀行レポート）が一段落するまでの時期と重なっている．

このように国内総生産の指標でみれば，台湾では35年間，韓国では30年間という日本よりも長期間にわたって高度成長が続いたということになる．しかし，この観察結果は，「圧縮された経済発展」などと形容される台湾や韓国の戦後の経済発展とやや矛盾するように思われる．このことは，経済成長率という指標のみからでは，台湾や韓国の経済発展をうまく段階的に区切れないということを示している．そこで，この長期間にわたる高度成長の間に両社会の内部でどのような変化が生じたのかを，産業構造の指標からみる．

日本の高度経済成長期に話を戻すと，産業別の就業者構成で1950年に49％であった第一次産業は，1970年には19％まで低下し，対照的に第二次産業は22％から34％に，第三次産業は30％から47％まで上昇している[9]．その後，第二次産業は同じ水準かやや低下傾向を示し，第三次産業の就業者構成のみが上昇する，いわゆるサービス化の時代に入る．以上の傾向は，産業別の付加価値生産構成のデータでみても同様である．つまり，日本の経験に照らせば，高度経済成長期とは，農業の比重が急激に縮小し，工業の比重がピークまで拡大してゆく期間であるといえる．

以上のように高度成長を理解したうえで，これを台湾や韓国のケースに

---

[8] ただし，1950年代前半のいわゆる戦後復興期も7.6％と高度成長期に匹敵する成長率を達成している．中村隆英は「以後の高度成長のレールは，この時点までにほぼ敷かれていた」として，この時期も高度成長期に含めてよいと主張している（中村隆英『日本経済　その成長と構造〔第3版〕』東京大学出版会，1993年）．

[9] 各年の国勢調査より算出．

適用してみるとどうなるであろうか．台湾の産業別就業者構造のデータでは，1964年以降に第一次産業の就業者構成が急激に低下してゆく．1964年に第一次産業が49％，第二次産業が21％であったものが，1980年に第一次産業が20％，第二次産業が43％へと変化している[10]．そして1980年が第二次産業のピークとなっている．その後，1992年まで第二次産業は40％台を維持した後，90年代にはサービス化が進む．第一次産業は1992年には12％まで低下している．

他方で，韓国のケースをみると，第一次産業は1963年の63％から1971年の48％まで低下し，いったん滞った後，1973年から再び低下しはじめ，1991年には15％となった．第二次産業は，1963年の11％から1972年の18％を経て1979年の30％まで上昇し，3年間ほど滞った後，1982年から再び上昇しはじめ，1991年の36％でピークを迎える[11]．

このように両国の動きには若干のずれがある．台湾の方が，1964年から1980年の16年間で急速に工業化が進んだのに対して，韓国は，工業化のテンポがやや遅く，ピークも台湾より10年余り遅れた．ただし，両国とも1960年代前半ないし半ばから1990年代初めまで農業の比重が低下し続け，工業の比重がピークのレベルを維持したという点と，1990年代には両国ともサービス化の時代に入るという点でほぼ共通している．

本章では，「高度経済成長」を一回きりの歴史的現象として把握する．それは端的にいえば，上記のような工業化社会への転換である．その転換ぶりは，韓国よりも台湾の方が急激かつ時期的にも早かった．このような動向をふまえて，次節以降では，1960年代半ばから1970年代までの台湾の工業化の過程に特に焦点を当てて分析する．

10　行政院主計処『人力資源調査統計年報』各年版より算出．
11　金昌男・文大宇『東アジア長期経済統計　別巻1　韓国』勁草書房，2006年のデータを基に算出．

第2節　台湾の工業化過程における資本財供給

　一般に後進国が工業化を進める場合，資本財の供給は輸入に依存する場合が多い．その主な理由は，資本財を国内で生産する技術が不足していることである．また，資本財に対する需要も小さいため，採算性の点からも国内での生産が行われにくい．しかし，その国が工業化を持続的な過程として長期間にわたって進めていこうとすれば，いつまでも輸入に頼っていることはできないであろう．というのは，工業化の持続は，工業部門そのものの高度化をともなうものであるため，軽工業から重化学工業へと発展を進めざるをえないからである．また，国内において技術がある程度蓄積されれば，輸入資本財を国産資本財で代替しようという動きが必然的に生ずるであろう[12]．このような資本財の輸入代替の過程が台湾の工業化過程において，どのような形で生じたのかを検討するのが本節の課題である．

　資本財の輸入代替化の過程を調べるには，生産と貿易をつなげて分析することが必要である．この目的のためには，産業連関表が最も有用である．台湾の産業連関表は1964年に初めて作成され，1966年からは5年おきに作成されている．そこで1964年から1981年までの産業連関表から，製造業部門を抽出して，生産と貿易の関係を分析する．この目的のために作成したのが表2と表3である．

　まず，表2により生産額の構成比をみると，1960年代半ばまでは加工食品・飲料の比率が全体の4割〜5割弱を占めていて圧倒的に高い．しかし，その比率は1971年には25％，1981年には14％まで低下した．これに代わって，顕著に比率が伸びているのは，人造繊維・プラスチック，衣類・服飾品，電子品，雑製品などの生産である．これらの大きな変化は輸出額の構成比と対照するとわかるように，輸出部門の盛衰を反映しており，

---

[12] さらに，軽工業に関していえば，新たに新興国が登場すれば，労働集約的な部門は，新興国との競争にさらされ，いずれは衰退を迎えざるをえないであろう．

表2 台湾の製造業の生産額・輸出額・輸入額構成 (単位：%)

産業部門	生産額 1964年	1966年	1971年	1976年	1981年	輸出額 1964年	1966年	1971年	1976年	1981年	輸入額 1964年	1966年	1971年	1976年	1981年
加工食品・飲料	47.1	43.0	25.2	20.5	14.0	50.7	37.4	16.3	9.7	5.7	10.7	8.2	4.7	4.6	6.1
紡織品	8.7	8.9	10.6	8.7	6.6	10.1	13.6	10.3	8.7	5.9	3.9	2.0	3.7	2.2	2.0
衣類, 服飾品	4.6	3.2	7.8	8.6	7.6	5.2	4.3	16.0	19.0	16.5	1.0	0.3	1.6	1.6	2.1
木材, 木製品	4.8	4.0	4.7	3.5	3.1	11.1	10.5	8.4	5.6	5.2	0.1	0.1	0.1	0.4	0.8
紙, 紙製品, 印刷	3.8	4.2	4.2	3.3	3.7	1.4	2.1	1.0	0.7	0.8	2.9	2.3	2.0	1.7	2.1
化学原料	2.6	2.3	2.5	2.6	3.6	0.8	0.8	0.5	0.5	0.5	4.0	5.3	4.5	8.1	7.1
人造繊維, プラスチック	2.8	3.4	8.4	9.5	10.6	2.5	5.6	7.1	11.3	12.0	7.5	7.1	7.4	4.4	3.2
その他の化学製品	6.1	5.8	4.3	4.6	4.1	3.2	3.3	3.9	2.7	2.9	15.0	10.9	8.4	7.4	6.8
石油・石炭製品	3.2	4.2	4.1	5.5	7.8	0.9	1.1	1.9	2.5	2.8	3.6	3.2	3.0	5.8	5.7
非金属鉱物製品	3.7	4.1	3.0	3.2	3.4	4.6	4.6	1.8	1.1	1.7	1.9	0.9	0.3	0.5	1.1
鋼鉄	3.0	2.6	2.9	4.8	6.6	1.6	2.0	1.6	1.1	2.0	12.6	13.3	13.7	11.0	10.6
その他金属, 金属製品	3.1	3.8	4.2	4.4	5.3	4.3	4.5	3.5	3.5	4.7	7.4	6.5	5.5	6.4	5.1
機械	1.7	3.0	3.1	2.7	3.3	1.4	2.7	2.6	2.7	4.0	15.0	16.9	16.2	17.7	18.3
家庭用電気機器		1.2	1.9	1.4	1.3		0.8	1.6	0.6	1.5		0.8	0.7	0.5	0.7
電子品		0.9	5.0	6.6	7.3		2.4	13.6	15.4	15.8		3.3	9.9	10.8	11.2
電気機器	2.3	1.9	2.2	2.4	2.1	1.1	1.3	1.3	1.7	2.6	5.5	2.7	4.1	4.4	4.2
輸送機器	2.0	3.0	3.7	3.9	5.2	0.3	1.2	2.0	3.6	4.2	5.6	12.7	10.5	6.6	6.5
雑製品	0.6	0.5	2.4	3.7	4.5	0.6	1.7	6.6	9.5	11.3	3.4	3.5	3.8	5.9	6.5
製造業計	100.0	100.0	100.0	100.0	100.0	100.0	100.0	100.0	100.0	100.0	100.0	100.0	100.0	100.0	100.0

備考1：「生産者価格交易表」による。ただし、1969年は省略。
　　2：1964年の家庭用電気機器と電子部品は、電気機器に含まれる。
出典：行政院主計處『中華民國臺灣地區二十九部門産業關聯表』, 1986年。

1960年代以降に台湾が輸出志向型の工業化を開始したことと強く関連している.このような生産の動向の中にあって,資本財供給部門である機械製品,輸送機器の構成比は,大幅ではないものの着実に伸びている.また,機械製造業に素材を供給する鋼鉄,その他金属・金属製品も同様に伸びている.これらの部門は輸出額の構成比でも若干伸びているものの,その比率は高くない.工業部門全体が拡大する中で,このように輸出部門でもない資本財部門が生産を維持・拡大していたという事実は,工業化にともなって国内での資本財生産が発展していたことを示している.

次に,輸入額の構成をみると,機械製品が15〜18％台で一貫して製造業中最大の比率を占めている.鋼鉄は1964年から1981年までの間に13％から11％へ,また,その他金属・金属製品は同期間に7％から5％へと若干低下しており,輸送機器は1966年に13％と比率が上がった後,1981年の7％まで下がっている.これらのデータは,台湾の工業化にとって機械類の輸入が決定的に重要であったことを示しているが,他方で,国産化によって資本財を輸入代替する動きがあったことも示している.

このことは,表3により総供給に占める輸入品の比率を見ることで,さらに明瞭になる.この比率は,機械製品が全製造業部門中で最大で,1964年ですでに57％であり,1976年には58％,1981年には少し低下して53％と総供給の5割以上を輸入品が占めている.輸送機器をみると,機械製品よりは比率が低く,また1966年には45％まで高まっているものの,その後1981年の20％まで一貫して比率が低下している.非鉄金属・金属製品についても,1964年の27％から1981年には16％まで下がっている.また,鋼鉄は1971年の51％までは上昇を続け,その後急速に低下し,1981年には24％と半減している.これは1973年の「十大建設」に始まる重化学工業化政策の効果により,鉄鋼の輸入代替が進んだことが影響しているといえよう[13].このように資本財の一部では国内市場の過半を最初から国産品が占めており,素材となる金属生産も含めて,時間とともに輸入品から国産品への代替も着実に生じている.

表3 台湾の製造業の輸入・総供給比率と輸出・総需要比率（単位：%）

産業部門	輸入／総供給					輸出／総需要				
	1964年	1966年	1971年	1976年	1981年	1964年	1966年	1971年	1976年	1981年
加工食品・飲料	3.3	3.5	3.9	4.6	7.8	15.8	14.2	15.5	13.7	11.1
紡織品	6.3	4.1	7.1	5.2	5.5	16.6	24.8	22.6	28.9	25.0
衣類，服飾品	3.2	1.8	4.3	3.7	5.3	16.6	22.5	48.6	64.6	61.0
木材，木製品	0.2	0.3	0.5	2.4	4.8	34.9	44.6	44.7	48.4	46.4
紙，紙製品，印刷	10.4	9.5	9.3	9.8	10.3	5.2	7.5	5.1	5.5	5.5
化学原料	19.3	31.1	28.4	39.7	27.8	3.6	4.0	3.7	3.7	2.8
人造繊維，プラスチック	28.9	28.4	16.2	9.0	5.7	9.8	19.8	17.6	33.0	31.9
その他の化学製品	27.4	26.2	30.1	25.3	24.8	5.9	7.1	15.9	13.2	15.9
石油・石炭製品	14.8	12.5	13.6	18.2	12.5	3.9	3.9	9.7	11.1	9.4
非金属鉱物製品	7.1	4.1	2.2	3.1	5.9	17.4	18.6	15.1	10.4	14.2
鋼鉄	39.3	49.7	51.1	32.9	24.0	5.1	6.7	6.8	4.7	6.8
その他金属，金属製品	26.9	24.3	22.2	23.7	16.1	15.4	15.1	16.3	18.3	22.1
機械	56.7	51.8	53.6	58.0	52.6	5.3	7.4	9.8	12.7	17.3
家庭用電気機器		11.3	7.1	7.2	10.5		10.5	20.2	11.2	31.0
電子品		40.7	30.2	25.9	23.1		26.6	47.1	52.8	49.1
電気機器	26.5	21.8	29.0	28.5	28.6	5.2	9.5	10.2	16.0	26.3
輸送機器	30.4	44.9	38.4	26.5	19.7	1.7	3.9	8.4	20.2	19.0
雑製品	46.9	59.3	25.7	25.3	22.2	8.8	26.7	50.9	57.9	57.8

備考1：表2に同じ。
 2：総供給は国内生産額＋輸入額．総需要は中間需要＋最終需要．総供給＝総需要．
出典：表2に同じ．

ただし，このデータをみて，機械製品（一般機械類）ではほとんど輸入代替が進んでいないと考えるのは誤りである．当初は輸入されていたものでも低級品に関しては輸入代替が進み，国産品の比率が高まったと考えられる．しかし他方で，工業化が進めば資本財の高度化も進み，従来は輸入すらなかったような新しい資本財の輸入が開始されてゆくために，輸入代替の成果が集計データには表れていないと考えるべきであろう．

　この点を確認するために，産業連関表の細分類から機械製品を抽出したものが表4である．ただし，資料の制約のため，時期は1971年以後に限られる．品目の分類が年によって異なるので，精確なところは不分明であるが，輸入依存度が明瞭に低下している品目としては，ポンプ・圧縮機，搬送装置，紡織工業用機械，化学工業用機械，特殊用途の電器用品，その他の電工器材，船舶，自動車，鉄道車両などが挙げられる．他方で，輸入依存度が上昇している品目は，食品工業用機械，紙工業用機械，農業機械，一般機械や工業用・その他産業用機械の部品，電気機械などである．機械部品については，やや複雑である．1970年代に機械部品の生産額が増大していることは，「機械部品」の数値や，一般機械および工業用機械の「部品，修理・メンテナンス」の1976年から81年にかけての数値をみれば明瞭である．他方で，輸入依存度については，1971年から76年にかけては，「機械部品」の数値が70％から30％までかなり低下しているのに対し，1976年から81年にかけては，一般機械の「部品，修理・メンテナンス」が46％から79％へ，工業用機械の「部品，修理・メンテナンス」が47％から76％へと，かなり上昇している．また，1981年の機械部品の中でも，金型のように輸入依存度がきわめて低い（8％）ものもあれば，ベアリングのように高い（60％）ものもある．このように機械製品全体とし

---

13 「十大建設」とは，台湾経済の重化学工業化を目的として，1973年から蔣経国行政院長によって推進された大規模プラントおよびインフラストラクチャの建設計画の名称である．その内容には，鉄鋼業の他，石油化学工業，造船業，原子力発電所，高速道路，鉄道電化，国際空港などが含まれる．

表4 台湾の機械類の生産額, 輸入・総供給比率, 輸出・総供給比率, 輸出・総需要比率

(単位：100万新台湾元, %)

		生産額			輸入／総供給			輸出／総需要		
		1971年	1976年	1981年	1971年	1976年	1981年	1971年	1976年	1981年
一般機械	動力機械（原動機）		611	2,127		89.3	85.9		0.4	1.4
	ポンプ, 圧縮機		1,570	5,098		49.8	37.9		8.6	16.9
	搬送装置		1,242	3,374		68.5	47.3		14.4	38.9
	工作機械			8,476			30.9			59.8
	部品, 修理・メンテナンス		797	1,970		45.7	78.5		8.3	11.8
工業用機械	工業用機械	3,005			70.8			7.6		
	食品工業用機械		1,590	2,506		28.5	40.6		11.0	11.6
	紡織工業用機械		1,330	7,803		79.6	53.6		15.2	13.5
	木材工業用機械		428	3,185		13.6	11.7		16.7	32.8
	紙工業用機械		507	1,418		15.2	32.8		22.1	17.1
	化学工業用機械		761	2,929		75.3	51.5		4.4	18.1
	金属精錬用機械		333	558		94.7	80.5		2.5	2.2
	金属工業用機械		2,229	4,202		50.1	44.8		28.4	6.9
	その他の工業用機械		2,669	7,137		68.6	75.0		6.0	6.2
	部品, 修理・メンテナンス		2,404	4,455		46.8	75.7		18.1	21.9
その他の産業用機械	農業機械	636	678	2,922	21.0	36.7	46.1	0.7	2.3	3.7
	鉱業機械		77	340		77.8	56.3		21.5	19.8
	建設機械	276	605	1,656	74.2	70.9	69.3	1.2	0.7	1.5
	事務用機器		60	604		84.1	63.3		8.4	14.0
	家用及びその他の機械		2,122	3,816		12.5	20.4		30.2	16.2
	その他の修理・メンテナンス	990			36.7			22.2		
	部品, 修理・メンテナンス	2,196	1,339	429	0.0	74.3	90.5	0.0	24.2	0.0
機械部品	機械部品	1,691	3,663		70.0	30.0		12.7	12.0	
	金型			7,837			8.0			4.4
	歯車, 変速機			1,631			5.8			17.0

	ベアリング,シール		1,466						51.0
	その他の機械部品		7,885						23.0
	修理・メンテナンス	1,777	1,405				0.0	0.0	
電気機械	電気機械	2,103	8,054	13,575	31.1	20.3	40.0	8.5	16.4	38.5
	導線	2,530	9,635	20,960	9.8	11.4	8.8	8.4	10.6	20.4
	特殊用途の電器用品	461	960	3,896	60.4	46.6	40.7	11.5	16.6	18.1
	その他の電工器材	565	2,493	13,077	70.3	69.8	43.3	14.8	24.6	22.8
	修理・メンテナンス	658	1,890	2,477	0.3	0.0	0.0	0.0	0.0	
船舶	商船	158	4,292	13,490	85.5	11.7	4.3	0.3	80.4	31.9
	その他の船舶	1,440	1,112	5,553	56.1	55.2	26.2	3.3	33.1	59.6
	修理・メンテナンス	683			22.7			13.5		
	部品,アクセサリー,修理・メンテナンス		913	3,950		57.7	52.6		22.2	6.2
自動車	自動車	1,194	9,965	41,938	41.6	31.3	21.9	0.4	0.1	1.0
	バイク	2,486	7,038	18,806	0.7	0.5	0.7	5.2	2.1	1.2
	自動車ボディ	398		2,305	12.0		9.9	1.8		2.0
	シャーシおよびパーツ	771			77.7			8.6		
	シャーシー		582	3,224		77.3	48.6		0.0	0.0
	部品,アクセサリー		5,593	25,633		47.1	38.6		18.3	19.1
	修理・メンテナンス	1,603	3,594	721	0.2	2.4	1.2	0.2	0.1	0.1
その他の輸送機器	飛行機		1,035	1,718	100.0	72.0	76.1	0.0	1.8	11.6
	鉄道車両	61	58	794	90.1	83.9	53.4	0.0	37.0	8.5
	自転車	472	3,414	11,917	7.3	10.1	10.3	61.0	73.6	74.3
	その他の輸送機器	327	808	6,436	31.3	4.9	0.4	0.6	28.0	50.1
	修理・メンテナンス	923			11.1			42.4		

出典：行政院經濟設計委員會綜合計劃處『中華民國六十年臺灣產業関聯表』, 1974年. 行政院經濟建設委員會綜合計劃處『中華民國六十五年臺灣產業関聯表（中間投入394細部門）』, 1980年. 行政院主計處『中華民國臺灣地區七十年產業関聯表（中間投入422細部門）』, 1985年.

第6章　台湾の高度経済成長と資本財供給　| 289

ての生産額が拡大基調にあるなかで，比較的高級な機械については輸入に依存しながら，国内生産が可能な機械については輸入代替を進めるという二面的な過程が生じていた．

　また，表3や表4の総需要に占める輸出額の比率から明らかなように，機械製品や輸送機器は高度成長期を通じて，次第に輸出商品化が進んでいる．工作機械，電気機械，船舶，自転車などがその代表的なものといえよう．表2に見られるように，1970年代から80年代にかけての輸出の主力は，衣類・服飾品，電子品，プラスチック製品，雑製品なので，機械類の輸出産業化を過大評価することはできないが，部分的には輸出競争力を持つような製品が生産されるようになっていたことは注目すべき点である．

　以上に，産業連関表に基いて1960年代から70年代の台湾の資本財供給の推移を検討した．次に，生産統計に基いて同時期の機械類の国内生産の推移を検討する．

　ただし，台湾における機械生産の長期的推移を明らかにするのは容易ではない．基礎となる統計資料に数多くの不備や不整合があるからである．

　機械販売額については『台湾工業生産統計月報』に1966年以降のデータが存在する．これが最も包括的な資料であろう．表5はこれを整理したものである．なお，この「販売額」は国産品の販売額である．

　まず，一般機械についてみると，1960年代半ばの時点で最も販売額が大きな品目は「その他」を除けばミシンであり，発動機がこれに次いでいる．その他，耕運機やポンプなど農業用機械と目されるものと紡織関連機械が主要品目である．1960年代後半には，ミシンと紡織機械が順調に伸び，他方で農業関連機械の販売額は比較的伸びが小さい．農業関連機械の停滞は，高度成長期に農業の比重が急激に低下したことを反映していると思われる．これに代わって，旋盤が伸びているのが目立つ．旋盤を筆頭とする工作機械の販売額はその後も1970年代を通じて伸び続け，1978年には工作機械の合計額と繊維関連機械の合計額が逆転した．このように，高度成長期の台湾の一般機械工業を牽引したのは，繊維関連機械（とりわけ

表5　台湾の主な機械類販売額（単位：100万新台湾元）

種類	品目	1966	1967	1968	1969	1970	1971	1972	1973	1974	1975	1976	1977	1978	1979	1980
一般機械	発動機	95	163	121	143	105	135	207	143	40	40	68	77	57	58	97
	ボイラー	23	41	33	34	37	213	215	388	327	252	259	515	445	526	461
	抽水機	49	56	54	62	71	126	129	124	188	227	244	269	209	238	254
	ミシン	114	340	408	283	244	720	678	1,153	1,328	1,399	1,727	2,061	2,719	3,081	3,772
	織機	58	59	60	60	151	331	270	696	405	468	590	123	95	163	134
	耕耘機	81	124	133	153	101	221	135	194	284	440	377	511	527	622	706
	旋盤	45	65	118	192	238	186	264	289	484	377	557	1,051	1,745	2,782	2,783
	旋盤以外の工作機械	82	72	70	83	93	200	237	406	565	667	920	1,485	2,904	4,003	4,299
	印刷機	54	58	60	79	81	54	68	51	47	74	158	166	221	197	185
	コンプレッサ	0	19	63	72	86	96	313	216	263	146	147	224	473	672	741
	紡織機械・部品	68	103	162	245	18	570	621	633	1,020	637	692	646	576	932	667
	その他の産業機械・部品	1,004	1,222	1,255	1,431	1,776	2,776	3,280	4,111	5,500	5,612	7,404	9,088	10,899	13,927	16,286
電気機械	発電機	3	6	7	8	10	11	54	115	146	130	199	225	315	383	356
	電動機	184	213	297	365	436	469	577	1,178	1,426	1,023	1,911	2,060	2,088	2,743	3,043
輸送用機械	船舶および船舶修理	308	785	911	937	1,380	2,017	2,591	3,437	4,554	3,619	5,475	8,031	8,601	10,841	14,327
	自動車	575	615	940	986	921	1,262	2,171	2,558	3,747	5,087	5,396	9,081	17,517	28,695	33,383
	自動二輪車	890	1,437	1,752	1,662	1,514	2,340	2,414	4,062	6,657	7,315	7,783	9,453	14,497	17,617	17,320
	自転車およびフレーム	24	29	33	36	57	186	1,314	1,980	1,208	1,004	1,986	2,551	3,085	3,926	5,197
	その他の輸送機器・部品	469	732	1,201	1,642	1,683	1,047	2,051	2,380	2,881	2,773	2,985	4,930	7,495	7,366	8,109
工作機械小計		127	138	188	275	331	386	501	696	1,050	1,044	1,477	2,536	4,649	6,785	7,082
繊維関連機械小計		240	502	630	588	413	1,621	1,569	2,481	2,754	2,504	3,008	2,830	3,389	4,176	4,574

備考：繊維関連機械は、ミシン、織機、紡織機械。
出典：1966-70年は、『中華民国台湾工業生産統計月報』1975年6月、1971-80年：同1981年6月。

第6章　台湾の高度経済成長と資本財供給 | 291

ミシン）と工作機械であった.

　なお，電気機械のうち資本財として重要な発電機と電動機も表には示してある[14]．特に，電動機の販売額は，1960年代半ばから70年代を通じて，ミシンの販売額に匹敵している．

　次に，輸送機械をみると，1960年代半ばには，自動二輪車の販売額が最大となっている．自動二輪車と並行して乗用車の販売額も伸び続け，1978年以降に一気に伸びが加速し，自動二輪車を逆転した．自動二輪車，乗用車に匹敵するのが，船舶であり，販売額と修理額をあわせると自動二輪車に次ぐ地位を占めている．

　以上を要約すると，台湾の高度成長期には，多くの機械を輸入に依存しながらも，それと並行して，繊維関連機械や輸送機械などを中心に資本財の輸入代替が進んでいた．また，工作機械や自転車のように輸出商品化するものも少数ではあるが存在した．

第3節　資本財供給からみた高度経済成長の起源

　本節では，台湾の高度成長期以前からの歴史的構造を探ることにより，高度成長期の資本財供給および機械工業の歴史的条件を明らかにする．特に，1960年代半ば頃の構造がどのようにして形成されたのかを問題とする．これまでの，新興国の工業化に対する研究に共通してみられる弱点は，植民地時代と独立後の時期の工業化をそれぞれ切り離して把握する点にあった．そのような把握では，多くの後進国が存在する中で，なぜ台湾や

14　本章では分析対象外となった資本財以外の電気機械器具製造業について付言しておく．電気機械器具製造業は，日米を中心とする外資系企業の台湾への進出により1960年代後半に生産が急拡大した．その主な内容は耐久消費財の生産である．主要製品は初期にはテレビ受信機，トランジスタラジオであり，1970年代になるとテープレコーダ，電卓が加わった．これらはいずれもアメリカ市場向けに労働集約的な組立加工をおこなうものであった（谷浦孝雄編『台湾の工業化　国際加工基地の形成』アジア経済研究所，1988年）．

韓国という特定の国が経済成長を遂げることができたのかが説明できない．本節では，その弱点の克服をめざす．

（1）日本統治期の機械市場と機械生産

　日本統治期台湾の機械市場と機械工業については，かつて筆者が研究を行ったことがある[15]．本章に必要な限りでその主な内容を要約すると次の通りである．

　第一に，日本統治期の台湾は，日本帝国の構成部分として発展したことにより，「機械を使用する社会」（＝機械使用を経済の再生産構造の不可欠な契機とする社会）が形成された．これにより，台湾に機械市場が形成された．機械市場は，供給面からみると，初期には外国製品の輸入，さらに，第一次世界大戦を契機として日本の機械工業が発展してからは内地製品の移入を核にして発展し，台湾島内の機械工業が簡単な加工・仕上げ・修繕といった二次的な役割を担った．台湾内での生産活動は，とりわけ1937年以降の戦時期に活発化した．需要面からみると，鉄道業や製糖業といった国策的な関連産業による需要が先行し，1920年代以降は，これに自転車や自動車といった道路交通に関わる需要が加わることにより発展した．

　第二に，日本統治期の台湾の機械工業は，都市型中小零細工業の典型であった．職工5人から15人未満という規模の小工場が数のうえでは最も多く存在した．これらの工場は，1920年代前半の発展初期には，日本人経営のものが多く，1930年代に入って自転車や自動車が台湾社会に普及したことにより，それらの修理や簡単な加工の分野を中心にして，台湾人経営の工場が多数参入することにより増加した．逆に，大規模な工場に関しては，台湾が日本帝国の周縁部に置かれるという構造上の特質のために，その発展が強い制約を受けた．

　第三に，日本統治期には，経営者，技術者，職工のそれぞれのレベルで

15　堀内義隆「日本植民地期台湾における機械市場の形成と機械工業の発展」『現代台湾研究』第35号，2009年．

人的資本が蓄積された．まず，機械工業における台湾人の中小零細工場経営には，解放の前後である程度の連続性がみられ，経営経験もかなりの程度継承されたと思われる．また，機械工業の技術者は日本帝国圏という範囲で養成され，機械工業の台湾人職工も1930年代に急増した．これらの技術者や職工が解放後の台湾に多数残されたことにより，機械工業における熟練や技術の蓄積は，解放後の台湾にも継承されたと考えることができる．その結果，日本帝国と切り離された戦後初期においても，続々と機械工場が創業できる条件があった．

以上のように，日本統治期の台湾では，機械市場と機械工業がある程度発展したため，独立後の機械市場や機械工業のあり方に影響を与える要素が多く存在した．では，実際に独立後の台湾において，これらの要素はどのような形で継承されたのであろうか．

（２）戦後初期における日本からの機械輸入

まず，台湾の機械市場の大部分を規定していた機械輸入について，韓国のケースと比較しながら検討する．

戦後の台湾，韓国の機械輸入は一貫して拡大した．輸入元は，時期によって数量に変動はあったが，主に米国と日本であった．台湾や韓国の経済は，工業化が進めば進むほど先進国に資本財供給を依存する構造となっていた[16]．特に，植民地時代からの連続性という点からみれば，日本からの機械輸入のあり方が重要であろう．

表6によって，1950年代から60年代の日本の機械の輸出先を見ると，日本の機械産業にとって台湾と韓国の市場が比較的重要な地位を占めていたことがわかる．1950年代前半は，アジア向けの輸出が多いが，台湾と韓国は，パキスタンと並んで中心的な輸出先であった．台湾向け輸出はその後も安定的に推移し，1960年代後半に急拡大している．韓国向け輸出は1950年代後半には落ち込むものの，1960年代には回復し，やはり1960

16　堀和生『東アジア資本主義史論Ｉ』ミネルヴァ書房，2009年．

表6 日本の主要仕向地別機械輸出（単位：100万ドル）

年	1952	1954	1956	1958	1960	1962	1964	1966	1968	1970
北米	19	32	47	97	210	332	531	1,091	1,756	3,169
アメリカ	17	31	42	86	191	309	499	1,013	1,616	2,883
西欧	2	4	31	59	123	210	320	571	905	1,581
東アジア	38	48	52	60	128	179	181	445	766	999
台湾	16	17	25	30	40	49	50	108	250	348
韓国	7	20	8	9	36	55	30	152	310	308
香港	5	5	1	11	29	35	68	107	114	206
東南アジア	48	72	91	111	260	311	423	604	810	991
タイ	6	9	11	15	33	43	83	124	172	222
フィリピン	2	3	10	27	83	39	57	110	177	183
シンガポール	5	3	5	6	11	18	32	40	52	139
インドネシア	3	14	11	8	20	42	51	34	48	128
ベトナム	0	0	4	2	18	31	11	64	130	104
マレーシア	1	1	2	2	10	13	24	41	48	81
パキスタン	17	26	3	6	31	33	40	55	70	56
インド	8	9	36	24	33	67	96	104	65	34
その他共計	126	221	529	690	1,041	1,430	2,245	3,829	5,770	9,102

出典：日本機械輸出組合『機械輸出20年統計集：1952-1971年』，1972年．

年代後半に急拡大している．1970年には，台湾と韓国がアジア向け輸出の一位と二位を占めている．

　以上の過程と並行して，日本製機械の米国向け輸出も大きく伸びた．この時期は，いうまでもなく，日本の高度経済成長期であり，日本の主要輸出品が繊維製品から機械類に転換していった時期である．ここで重要なことは，1950年代の高度経済成長以前の日本の機械輸出においてアジア向けが先行し，米国向け輸出が伸びるまでの日本の機械輸出をアジア市場が支えていたという事実である．表6の東アジアと東南アジア（南アジアを含む）を合計すると，1952年68％，1954年54％，1956年27％であり，北米と西欧を合計しても，1950年代前半には10％台にすぎない．北米・西欧向けの合計がアジア向けの合計を超えるのは1962年，北米単独では1966年である．堀和生の研究によると，戦前期の日本の機械工業は国際競争力がない製品が多くあり，そのような機械類は，関税障壁を設けることのできた日本帝国内への輸出により市場を確保していた[17]．1950年代のアジア中心の機械輸出は，そのような戦前期の構造が，日本帝国解体後にも持続していたことを示している．ただし，戦前の機械輸出が帝国圏に極度に偏っていたのに対して，戦後は南アジアを含む比較的広い範囲に輸出先が拡大している．関税障壁が消滅してもアジア向け輸出が存続できたのは，戦時期に日本の機械工業の水準が飛躍的に発展したことによる．いずれにせよ，高度成長以前の日本の機械産業にとって，旧植民地市場を含むアジア市場の重要度は高かった．逆に，台湾や韓国にとっても，日本からの機械輸入は，植民地期に形成された機械市場への供給が突然絶たれてしまうことによる再生産の危機を防ぐという重要な意味合いをもっていた．

　では，台湾と韓国の機械市場はどのような特徴をもっていたのであろうか．表7と表8は両国向けの機械輸出を機械の品目別にみたものである．まず，全商品輸出額に占める機械輸出額の比率をみると，台湾の場合，1950

17　堀和生『東アジア資本主義史論Ⅰ』ミネルヴァ書房，2009年．

表7　日本の台湾向け機械輸出（単位：1000ドル, %）

年		1952	1954	1956	1958	1960	1962	1964	1966	1968	1970
一般機械		7,054	7,127	11,541	6,910	18,033	14,003	18,160	37,845	81,357	100,987
（品目比率）		14.3	19.2	26.0	12.2	20.8	13.5	16.0	20.9	17.9	16.6
	産業機械	2.5	6.7	4.6	3.2	3.7	1.8	2.1	1.6	0.7	0.4
	陸用内燃機関	1.1	2.2	1.3	0.6	0.6	0.6	1.3	1.6	1.9	1.7
	工作機械	0.5	0.9	0.5	0.7	3.0	3.6	1.2	0.8	0.6	0.5
	農業機械	22.6	11.4	12.5	5.1	15.8	6.7	13.3	7.7	9.2	7.9
	繊維機械	1.4	1.7	0.6	0.9	1.0	1.4	2.2	1.5	1.2	0.9
	ベアリング										
電気・通信機械		4,757	4,091	4,711	6,655	8,165	10,529	13,285	30,472	70,649	133,571
（品目比率）		25.1	19.1	14.8	14.4	12.6	12.1				
	電気機械	3.3	5.0	3.5	7.7	7.5	8.7				
	通信電気機械							5.4	9.0	7.2	7.0
	重電気機械							1.5	1.5	1.8	2.4
	通信電子機械							9.3	5.7	4.6	6.1
	軽電気機械							10.5	12.0	14.7	22.8
	民生用電子機械										
輸送機械		2,813	3,723	7,149	13,065	9,972	20,728	12,613	28,326	76,177	82,170
（品目比率）		10.0	10.4	4.4	10.7	11.4	26.6	15.9	13.7	14.8	7.4
	自動車		3.2	16.8	24.6	1.2	12.5	8.2	7.9	14.7	12.2
	船舶	0.5	1.9	6.0	7.8	11.9	1.4	0.7	4.5	0.9	3.5
	鉄道車輌	6.5	4.6	1.3	0.9	0.5	0.6	0.3	0.1	0.1	0.1
	自転車										
精密・軽機械		1,049	1,088	963	1,325	2,034	2,690	3,697	7,022	13,977	21,826
鉄構物、工具		812	741	690	1,659	1,776	1,422	1,858	4,010	8,022	9,839
機械輸出額計		16,485	16,770	25,054	29,614	39,980	49,372	49,613	107,675	250,182	348,393
機械輸出比率		27.2	25.4	32.2	32.9	39.1	41.8	36.0	42.2	53.0	49.7

備考1：品目比率は、機械輸出額計に対する各品目の比率．機械輸出比率は、全商品輸出額に占める機械の比率．
2：太字は各年の上位3品目．
出典：日本機械輸出組合『機械輸出20年統計集：1952-1971年』, 1972年．

第6章　台湾の高度経済成長と資本財供給

表8 日本の韓国向け機械輸出（単位：1000ドル，％）

年		1952	1954	1956	1958	1960	1962	1964	1966	1968	1970
一般機械		1,608	10,580	3,376	3,280	2,757	12,495	12,434	78,330	135,782	135,614
（品目比率）		13.0	11.6	9.7	8.8	2.9	11.2	17.1	31.9	28.3	27.2
	産業機械	1.9	1.9	0.2	0.2	1.0	0.3	0.7	0.3	1.3	0.9
	陸用内燃機関	1.6	1.1	0.1	0.3	0.2	0.8	0.9	1.3	1.4	1.2
	工作機械	6.2	36.2	26.8	27.8	2.8	8.8	18.1	16.3	10.0	12.1
電気・通信機械	繊維機械	478	1,916	1,053	2,656	8,904	13,680	7,991	25,737	59,325	70,872
（品目比率）		6.0	8.0	10.2	12.2	8.8	9.8				
	電気機械	1.3	0.9	1.1	17.4	15.1	14.6				
	通信機械							4.1	7.4	11.7	9.5
	重電機械							2.1	1.2	1.0	1.7
	通信電子機械							3.3	3.2	3.1	4.7
	軽電気機械							4.2	5.2	3.4	7.0
	民生用電子機械							16.1			
輸送機械		3,659	3,391	860	654	22,309	21,631	5,659	33,401	87,581	73,137
（品目比率）		1.0	2.0	2.1	2.5	59.9	33.8	11.8	5.9	15.3	12.9
	自動車	16.7	5.6	2.0	0.2	0.2	2.5	3.3	8.6	8.9	8.6
	船舶	35.7	7.8	4.6	2.2	0.2	2.5	3.4	7.3	4.0	0.4
	鉄道車輌	2.5	0.7	0.8	2.7	0.8	0.3	0.1	0.0	0.0	0.0
	自転車	736	4,321	3,497	1,825	2,303	5,682	3,126	7,933	17,222	17,962
精密・軽機械 鉄構物，工具		61	74	229	133	192	1,743	970	6,553	9,897	10,472
機械輸出額計		6,542	20,282	9,015	8,548	36,465	55,231	30,180	151,954	309,807	308,057
機械輸出比率		13.1	29.6	14.2	15.1	36.4	40.1	27.7	45.3	51.4	37.7

備考1：品目比率は，機械輸出額計に対する各品目の比率．機械輸出比率は，全商品輸出額に占める機械の比率．
2：太字は各年の上位3品目．
出典：日本機械輸出組合『機械輸出20年統計集：1952-1971年』，1972年．

年代前半には約4分の1であったものが，その後持続的に上昇し，1960年代末には5割前後となっている．韓国の場合，台湾ほど明瞭ではなく，年による変動があるが，1950年代には1割台であったものが，1960年代後半には4〜5割まで上昇している．つまり，上でみた1960年代後半の台湾，韓国向け機械輸出の急拡大により，日本と東アジアの貿易関係は，機械を中心とするものに変わっていったということである．このことは，日本の高度経済成長と台湾，韓国の高度経済成長が密接な関係をもって進行したということを端的に示している．

次に，品目別の比率をみると，台湾では，1950年代前半から産業機械と繊維機械の比率が高い．その後，産業機械は一貫して高い比率となっているが，繊維機械の比率は次第に低下していっている．また，1950年代後半には船舶，1960年代には自動車といった輸送機械の比率も高まっている．このような傾向は，数値の大小の違いはあるが，韓国でも類似している．1950年代の台湾，韓国はいわゆる輸入代替工業化が進められた時期であり，この時期に産業機械と繊維機械の比率が高かったということは，両国の輸入代替工業化のための資本財供給の役割を日本の機械産業が果たしていたことを示している．そして，その役割は，両国が高度経済成長を開始した後も継続していたことがわかる．

以上をまとめると，1950年代に日本は台湾・韓国を中心とするアジア向けに機械を輸出することにより，自国の産業構造の転換のための支えとし，これが日本の高度経済成長への移行をスムーズなものにする助けとなった．他方で，同時期に日本から台湾・韓国向けに輸出された機械は，両国の輸入代替工業化のための資本財供給という性格をもつものであった．このように，日本から台湾・韓国への機械輸出は，植民地時代からの連続性をもつものであると同時に，その性格は戦前と戦後では大きく変化した．その最も大きな要因は，植民地の独立により，台湾と韓国がそれぞれ主権国家となったことであり，日本帝国の統治下で阻害されていた工業製品の輸入代替のプロセスが作動し始めたことである．

（3）戦後初期における台湾の機械生産

次に，台湾に焦点を当てて，戦後初期における機械の生産がどのような特徴をもち，どのように変化していったのかを分析する．

日本統治期の台湾の機械生産は，製糖用機械・鉄道車輛・自動車の日本からの移入にともない修理業が発達した．また，一部では機械部品の生産も始まっていた[18]．

戦後になると機械生産額が急拡大した．戦後の機械生産額については，工業生産に関する統計をまとめた『台湾工業生産統計月報』に1961年以降のデータが機械設備，電気機械，輸送機器に区分して掲載されている．その他に，商工業センサスにも営業収入ないし生産額のデータが記載されている．『台湾工業生産月報』のデータと商工業センサスのデータを比較すると，それほど大きな乖離は見られないが，若干数値が異なっている．以下では，商工業センサスの調査の方が信頼性が高いということと，商工業センサスでは毎年のデータは得られないものの，『台湾工業生産統計月報』に欠けている1950年代のデータが得られるという利点から，商工業センサスのデータを用いて検討する[19]．

台湾の商工業センサスは，1954年に初回の調査が行われ，1961年に第二回調査，以後5年おきに調査が行われている．生産額のデータが得られるのは，1961年以降の報告書であるが，1954年と1961年の報告書からは営業収入のデータが得られる．そこで，機械産業の営業収入と生産額を年次ごとに整理したものが表9である．1961年の営業収入と生産額の数値を比較対照すればわかるように，両者は金額や大小にいくらかズレがある

18　堀内義隆「日本植民地期台湾における機械市場の形成と機械工業の発展」『現代台湾研究』第35号，2009年．

19　利用した商工業センサスは以下のものである．臺灣省工商業普查執行小組編印『中華民國四十三年臺灣省工商業普查總報告』，1956年．臺灣省工商業普查執行小組編印『中華民國臺灣省第二次工商業普查總報告』，1962年．臺灣省工商業普查委員會編印『中華民國臺灣省第三次工商業普查總報告』，1968年．行政院台閩地區工商業普查委員會編印『中華民國六十年台閩地區工商業普查報告』，1973年．

表9　台湾の機械生産の推移（単位：100万元）

	1954年 営業収入	1961年 営業収入	1961年 生産額	1966年 生産額	1971年 生産額
一般機械	247	622	706	2,181	7,612
電気機械	99	842	719	3,776	26,282
輸送用機械	308	948	869	2,652	7,771
機械類小計	654	2,412	2,294	8,609	41,665
全製造業	10,448	33,987	37,743	85,085	243,135
機械類比率（％）	6.3	7.1	6.1	10.1	17.1

出典：臺灣省工商業普査執行小組『臺灣省工商業普査総報告：中華民國四十三年』，1956年．臺灣省工商業普査執行小組『中華民國臺灣省第二次工商業普査總報告』，1962年．臺灣省工商業普査委員會『中華民國臺灣省第三次工商業普査總報告』，1968年．行政院臺閩地區工商業普査委員會『中華民國六十年台閩地區工商業普査報告』，1973年．

ものの，それほど大きな乖離ではない．そこで，1954年から1971年までを一連のデータとして解釈することとする．

この表からわかることは，第一に，輸送用機械と一般機械の生産がほぼ拮抗しながら並行して拡大していることである．また，その伸び率はともに1950年代よりも1960年代の方が大きくなっている．

第二に，1950年代半ばには最も生産額の小さかった電気機械が最も大きな伸び率で拡大し，1971年には機械類全体の63％という圧倒的大部分を占めるようになっていることである．これは注14で述べたように，米国や日本を中心とする電気機械企業が台湾の低賃金労働力を求めて台湾に生産拠点を移したことによるものである．

第三に，全製造業に占める機械産業の比率をみると，一般機械と輸送用機械については，1954年から1961年にかけて，いったん低下した後，1960年代に徐々に上昇していることである．1960年代後半以降の傾向については，既に産業連関表のデータにより確認したことであるが，1950年代後半に機械産業の相対的比重が低下しているのはなぜであろうか．これは

軽工業，とりわけ繊維産業において輸入代替工業化が進行し，飛躍的に生産が拡大したため，機械の生産額も拡大したにもかかわらず，全体に占める機械産業の比率が低下したものと考えられる．その分，資本財供給に占める輸入の重要性は高まったであろう．

　1950年代の機械産業は，日本統治期の機械市場を基盤として発展したものであり，植民地時代の特徴を色濃く残していたと思われる．その特徴のひとつとして，機械修理業の重要性が大きいことがあげられる．この点を確認するために作成したのが表10である．表10の左部分は，機械産業を構成する企業の技術単位が，製造，修理，設置，加工，製造兼修理，製造兼加工，設置兼修理，管理・売買という8つの経営方式のうちのいずれに該当するかを製品種類別に集計したものを百分比で表したものである．最下欄に製造業全体の構成比が示してあるので，これと比較対照することにより，機械産業の経営方式の特徴がわかる．一見して明瞭なことは，修理の比率が高いものが多いことである．一般機械では，ミシンを含む事務・家庭用機械製造業が修理専業だけで37％を占めているのを筆頭に，300単位ある「その他の機械」製造業も修理専業が24％と製造業全体の平均の2倍である．また，製造と修理の兼業の比率が高いものが，食品加工用機械製造業の46％，原動機製造業の42％，農業用機械製造業の34％などである．兼業の場合，修理が全体の中でどの程度の比重を占めるのかはわからない．そこで，製造専業と修理専業の比率を参考にすると，食品加工用機械製造業では修理の比率は低いが，原動機製造業や農業用機械製造業では修理の比率が半分近くに達していたのではないかと推測できる．また，一般機械では製造と加工の兼業をしているものも15％程度のものが多い．紡織用機械が製造専業で55％と多数を占めているのを除けば，全体として，製造専業すなわち完成品を作る企業は2～3割程度であり，部品加工や修理の重要性がかなり高いといえる．また，輸送用機械では，一般機械以上に修理専業のものが多く，3単位しかない鉄道車両が100％であるほか，3000単位近くある自転車製造業が76％，350単位近くある自

動車・自動二輪車製造業が71％などとなっている．輸送用機械に関しては，台湾で完成品が製造されることはなく，ほとんどが輸入製品の修理を業務としていたといえる．

　表10の右欄は，営業収入に占める加工・修理代金の比率である．まず，1954年の比率を確認することにより，上記の分析を補完することができる．これによると，一般機械における原動機製造業や「その他の機械」製造業では4割前後，輸送用機械における自動車・自動二輪車製造業で9割弱が加工・修理代金となっており，上記の分析と整合的である．ただ，事務・家庭用機械製造業が9％，自転車製造業が25％などとなっていることは，修理専業の経営が多いこととどのように整合的に解釈すればよいのかに悩むところである．推測に過ぎないが，これらの業種では，企業は輸入製品の販売を主な営業収入としており，それらの輸入品の修理をアフターサービスとして行っていたのではないかと考えることができる．以上のように考えれば，1950年代の台湾の機械産業において，日本統治期以来の輸入品を主として，アフターケアを従とする構造が継続していたと理解できる．

　次に，1954年の数値と1961年の数値を比較することにより，1950年代後半から1960年代初頭にかけての変化を読み取ることができる．それは，端的に加工・修理の比率の低下と表すことができる．実際，一般機械における原動機製造業，「その他の機械」製造業や，輸送用機械における自動車・自動二輪車製造業，船舶製造業など，1954年において加工・修理代金の比重が高かった部門では，その比率が1961年にかけて大幅に低下している．ただし，ここでも事務・家庭用機械製造業や自転車製造業が例外的に加工・修理代金の比重が上がっていることには留意しておこう．これらの部門ではアフターケアの重要性は低下するどころか上昇している．これは，おそらく台湾社会にミシンや自転車が相当に普及したことと関係していると思われる．

　以上のように，戦後初期における台湾の機械産業では，修理を主とする

表10 台湾機械工業の「経営方式」(1954年)と加工修理費比率 (1954, 61年)

		技術単位数	経営方式 (%)								加工修理費/営業収入 (%)	
			製造	修理	設置	加工	製造兼修理	製造兼加工	設置兼修理	管理・売買	計	1954年	1961年
一般機械	原動機	53	22.6	18.9	0.0	9.4	41.5	7.5	0.0	0.0	100.0	39.6	13.0
	農業用機械	86	23.3	18.6	2.3	8.1	33.7	10.5	3.5	0.0	100.0	11.3	12.6
	紡織用機械	64	54.7	7.8	0.0	4.7	17.2	15.6	0.0	0.0	100.0	7.1	
	食品加工用機械	50	32.0	6.0	0.0	0.0	46.0	16.0	0.0	0.0	100.0	10.9	
	一般工業用機械	228	30.3	12.7	0.4	10.1	28.9	16.2	1.3	0.0	100.0	11.5	8.1
	事務・家庭用機械（ミシンを含む）	289	33.2	37.4	7.3	6.6	6.9	5.9	2.8	0.0	100.0	9.0	23.0
	「その他の機械」	300	23.0	23.7	0.7	13.3	21.3	15.7	2.0	0.3	100.0	42.2	23.6
電気機械	乾電池、蓄電池	269	16.4	10.0	1.1	55.8	7.4	8.9	0.4	0.0	100.0	13.6	15.7
	絶縁電線、電纜	38	60.5	0.0	0.0	0.0	0.0	23.7	0.0	15.8	100.0	1.9	3.0
	電気器具	313	7.7	65.5	0.6	6.4	14.1	3.5	2.2	0.0	100.0	24.2	6.0
	電球、蛍光灯	15	80.0	0.0	0.0	0.0	0.0	13.3	0.0	6.7	100.0	0.1	1.0
	電話、有線・無線機器（ラジオ受信機を含む）	112	4.5	71.4	0.9	4.5	13.4	1.8	3.6	0.0	100.0	20.8	26.9
	「その他の電気機器具」	92	30.4	43.5	1.1	3.3	13.0	6.5	2.2	0.0	100.0	0.0	38.1
輸送用機械	船舶	100	2.0	32.0	0.0	3.0	55.0	7.0	1.0	0.0	100.0	48.5	28.7
	鉄道車輛	3	0.0	100.0	0.0	0.0	0.0	0.0	0.0	0.0	100.0	36.0	
	自動車（バイクを含む）	346	7.2	70.5	1.7	6.1	11.6	2.6	0.3	0.0	100.0	87.0	51.8
	自転車	2,947	3.6	75.9	0.1	1.6	14.5	1.7	2.6	0.1	100.0	25.0	48.0
	「その他の輸送用機械」	284	4.6	21.8	0.0	2.1	65.8	5.6	0.0	0.0	100.0	31.7	33.2
製造業全体		42,477	44.0	12.1	0.1	22.6	6.1	14.3	0.3	0.4	100.0	7.5	

備考：1954年の単位数が50以上、または1954年か61年の営業収入額が機械工業全体の2％以上の項目を抽出。
出典：臺灣省工商業普査執行小組『臺灣省工商業普査総報告：中華民國四十三年』1956年。臺灣省工商業普査執行小組『中華民國臺灣省第二次工商業普査総報告』1962年。

日本統治期と同じ構造が継続していたが，一般機械，輸送用機械ともに1950年代の輸入代替工業化の時期に，修理中心から製造中心へと発展していったといえる．では，国内の機械産業はどのような主体によって担われていたのであろうか．

（4）国内機械産業の担い手

以下では，高度経済成長期の直前の時期における台湾の機械産業の担い手の特徴を，同時期の韓国の機械産業と比較することにより，明らかにしたい．

表11は1966年における台湾と韓国の機械工業の生産額を一般機械，電気機械，輸送用機械に分けて，従業員の規模別に整理したものである．まず，一般機械についてみると，従業員100人未満の企業の生産額の全生産額に占める比率が台湾は59％，韓国は60％となっており，台湾，韓国ともに中小企業を中心として発展していたということがわかる．他方で，電気機械と輸送用機械をみると，台湾，韓国ともに大企業を中心として発展している．この点で，両国の機械産業は似通った発展形態をとっていたとみることができる．台湾と韓国の大きな違いは，機械産業の生産額のうち，台湾では電気機械の比率が44％と高いのに対して，韓国では輸送用機械の比率が49％と最も高くなっている点である．一般機械の比率は，台湾が25％，韓国が22％で大差ない．表には示されていないが，台湾の電気機械の中では，テレビ受信機，トランジスタラジオ，冷蔵庫などの耐久消費財と電気ケーブルの生産額が大きい．前者は，外国の電気機械企業が台湾の低賃金労働を目当てに直接投資を行い，台湾を生産拠点とした結果である．他方で，韓国の輸送用機械の中では，自動車製造業と鉄道車輛製造業が従業員数，生産額ともに大きい．このように大企業の性格に若干の違いはあるものの，一般機械の担い手に関しては，台湾と韓国の共通性が高かったという印象を受ける．なお，機械工業の生産額の合計を当時の為替レートで米ドル換算すると，台湾が215百万ドル，韓国が176百万ドルと

表11　台湾と韓国の機械工業従業員規模別生産額（1966年）

台湾（単位：100万 NT＄）

	100人未満	100〜499人	500人以上	合計	100人未満比率
一般機械	1,288	424	469	2,181	59.1
電気機械	559	1,067	2,151	3,776	14.8
輸送用機械	687	801	1,163	2,652	25.9
合計	2,534	2,292	3,783	8,609	29.4

韓国（単位：100万ウォン）

	100人未満	100〜499人	500人以上	合計	100人未満比率
一般機械	5,825	2,437	1,481	9,743	59.8
電気機械	3,664	4,331	5,192	13,188	27.8
輸送用機械	5,594	2,668	13,714	21,976	25.5
合計	15,084	9,436	20,387	44,907	33.6

出典：（台湾）臺灣省工商業普查委員會『中華民國臺灣省第三次工商業普查總報告』．（韓国）『鉱工業センサス報告書』1966年版．

なっており，人口規模の小さい台湾の方がむしろ生産額では韓国を上回っていた．

　次に，機械工業の地域分布をみる．表12によると，台湾，韓国ともに分散度は，電気機械が最も小さく，特定の地域に集中している（台湾では，台北市，台北縣，新竹縣，韓国では，ソウル特別市，釜山市）．逆に，最も分散度が高いのは，輸送用機械であり，一般機械は両者の中間である．電気機械の集中度が高いのは，外国企業の直接投資による生産拠点の立地が一部の地域に集中したことを反映している．また，輸送用機械の分散度が高いのは，特に自動車，自動二輪車，自転車などの販売や修理において比較的顧客に近い場所への立地が求められたからであろう．一般機械の場合は，顧客が企業であるので，輸送用機械ほど広範囲に立地する必要がなかった．このように，機械工業の地域分布は，それぞれの生産品の性質をある程度反映したものと考えられる．ただ，台湾と韓国を比較してみると，概して，

表12 台湾と韓国の機械工業（事業所）の地域分布（1966年）（単位：％）

台湾

	製造業全体	一般機械	電気機械	輸送用機械	人口1万人あたり一般機械工場数
台北縣	11.3	15.6	17.6	9.9	2.98
宜蘭縣	3.0	1.5	0.2	1.9	0.85
桃園縣	4.6	3.3	2.4	2.7	1.09
新竹縣	4.6	4.6	12.2	3.0	1.80
苗栗縣	4.3	1.8	1.7	1.1	0.79
台中縣	6.2	7.9	3.8	5.0	2.37
彰化縣	9.3	8.2	3.0	4.8	1.81
南投縣	3.3	0.8	1.3	1.3	0.36
雲林縣	4.2	2.0	0.5	2.0	0.57
嘉義縣	5.3	3.5	2.2	3.7	0.93
台南縣	5.7	2.6	1.1	1.5	0.64
高雄縣	4.2	1.6	0.2	2.2	0.44
屏東縣	3.9	2.2	0.3	3.6	0.63
台東縣	1.5	0.1	0.0	0.2	0.11
花蓮縣	1.6	0.7	0.2	1.0	0.50
澎湖縣	0.5	0.1	0.6	2.8	0.15
台北市	8.3	8.7	25.0	11.6	1.58
基隆市	1.2	1.7	2.2	4.9	1.29
台中市	5.6	15.4	8.2	11.9	8.82
台南市	5.8	9.1	8.4	10.8	4.71
高雄市	4.4	6.7	5.4	13.4	2.19
陽明山管理局	1.2	1.9	3.6	0.8	2.59
合計	100.0	100.0	100.0	100.0	1.64
事業所総数	28,771	2,190	632	1,030	

韓国

	製造業全体	一般機械	電気機械	輸送用機械	人口1万人あたり一般機械工場数
ソウル特別市	21.6	29.2	58.2	19.8	0.58
釜山市	9.8	12.2	16.4	13.9	0.68
京畿道	8.5	6.8	8.5	7.8	0.23
江原道	4.3	1.4	0.3	11.3	0.09
忠清北道	3.4	1.7	0.3	1.3	0.13
忠清南道	8.4	7.2	4.9	5.2	0.28
全羅北道	7.3	4.0	1.6	4.4	0.18
全羅南道	12.5	8.3	2.5	10.3	0.23
慶尚北道	15.5	20.5	4.4	14.0	0.50
慶尚南道	7.7	8.0	3.0	10.8	0.30
済州道	1.0	0.5	0.0	1.2	0.15
合計	100.0	100.0	100.0	100.0	0.35
事業所総数	22,718	1,037	366	1,012	

出典：表11と同じ．

韓国の方が分散度は低く，特にソウルへの集中度が高い．台湾は，比較的，各地域に分散した立地になっている．また，一般機械の工場数を人口あたりでみると，全般的に台湾のほうが工場数が多いことがわかる．つまり，台湾の機械工業は，韓国と比べると，中小零細企業が各地域に広く分散する構造となっていた．

では，日本統治期と戦後の機械産業の担い手には，どの程度の関連性があるであろうか．以下では，この問題を検討するために，台中市の機械工場のデータを分析する．台中市を取り上げる理由は，第一に，日本統治期の最末期に台中において機械工場が増加していること，第二に，戦後の機械産業の集積が台中において見られること，第三に，台中は後に輸出向け機械生産の代表である工作機械産業の生産の中心地として台頭してくることである．

まず，戦後初期の台中市における機械工場の特徴を確認しておく．表13は，1954年の台中市の機械工場数を製造品目別にみたものである．上位を一般機械が占めている．事務・家庭用機械器具が最も多く31工場ある．ここには家庭用ミシンの生産が多く含まれている．また，農業用機械や食品加工用機械が10工場を超えている．

次に，表14は，日本統治期と解放後の連続性をみるために，1941年と1954年の名簿に共通して現れる工場主を抽出したものである．両者を対照してみると，農業用・食品加工用機械器具などが主流であることがわかる．戦後の台中市の機械工業は，「日本による軍需用機械工場の建設」を起源とするという説明もあるが，実際には戦前・戦時中も民需向け生産を行っていたと考えたほうがよさそうである．

なお，台中市を中心とする機械産業の集積については，1970年代以降の台湾において，紡織機械の生産から工作機械の生産へと転換したという事例が紹介されている[20]．すなわち，彼らは1960年代までに蓄積した技術

20　廣田義人『東アジア工作機械工業の技術形成』日本経済評論社，2011年，臺灣區機器工業同業公会『機械工業六十年史』，1995年．

表13　台中市の機械工場（1954年）

大分類	小分類	工場数
一般機械	事務・家庭用機械器具	31
一般機械	「その他」加工機械	14
一般機械	農業用機械	13
一般機械	食品加工用機械	11
一般機械	「その他」機械器具	10
輸送用機械	自動車修理	10
電気機械	電機・配電設備	9
輸送用機械	自転車	9
輸送用機械	自動車及び部品	6
電気機械	電池	4
小計		117
その他共計		133

出典：『台湾工鉱一覧』，1954年．

表14　台中市の機械工場主の継続事例（1941年と1954年）

工場主	事業開始年	1941年の主要生産品	1954年の主要生産品
楊振賢	1920	調車，ボルト製麺機	籾摺機，精米機，抽水機，其他
張金炎	1926	製麺機，製麺刀機	製麺機
宋慶用	1927	精米機部分品，ロール及丸筒，製縄機大歯車	削米機，精米機
曾歪	1931	自動車溶接・修繕	製材機修理，其他修理
卓進発	1933	建築用ボルト，深耕犁金物	農業用機械
張保耕	1935	グライダーミシン	ミシン部品
楊阿淡	1935	自動車修繕，機械部分品	農業用機械
林朝宗	1936	深耕犁金物，建築用金物ボルト	農業用機械
張火生	1938	稲扱機	籾摺機，其他
高木川	1939	自動車塗装・修繕	自動車部品
林振樹	1941	ボルト，建築用金物，台車金物	加工機器

備考1：1941年と1954年の両方に現れる工場主を抽出．
　　2：事業開始年は1941年の工場名簿による．
出典：台湾総督府殖産局『工場名簿』1941年版．『台湾工鉱一覧』，1954年．

を前提として，新たなビジネスチャンスに対応していったのである．

　以上から，台中市における機械産業の発展過程を要約すると，まず日本統治期に農業用機械や食品加工用機械の生産が発達し，それらは戦後にも継承された．他方で，戦後に輸入代替が進んだ紡織工業に対応して，新たにミシンの生産が急速に勃興した．その際には，戦時期以来の機械産業の集積地であるという条件が有利に働いたであろうことが想像できる．さらに，これらのミシン生産の経験を経た業者たちが，1970年代になると工作機械の生産の担い手として重要な役割を果たしたと考えられる．

おわりに

　最後に，本章での議論を整理し，その歴史的意味を考察しよう．

　第一に，台湾では，日本統治期に「機械使用社会」が形成されて以来，NICS化するまでの間に，機械産業における技術蓄積が段階的に進んだ．輸入機械の修理に始まり，機械修理のために必要な機械部品の製造加工を経て，機械の完成品の製造に至るプロセスが，それぞれの機械ごとに進んだ．このような事情は韓国においても同じであると思われる．

　第二に，輸入代替工業化の時期における資本財供給は，主として日米からの機械輸入によるものであり，これはNICS化のための不可欠の世界史的条件であった．とりわけ，戦後初期における日本からの機械輸入は，日本も含めた東アジア3国の高度経済成長にとっての重要な条件でもあった．また，機械輸入という外部からの刺激に対して現地の経営主体が反応し，国内機械産業の発展が促進されたことも重要である．

　第三に，先進国からの輸入機械のメンテナンスから徐々に技術を蓄積してゆくという性格上，一般機械産業においては必然的に中小零細企業が機械産業における発展の担い手となった．この点から見れば，従来からいわれている，工業化の担い手は「韓国＝大企業中心，台湾＝中小企業中心」

という認識や，台湾における「輸出＝民営中小企業，内需＝公営大企業」という認識は，不充分である．

　第四に，台中市の事例により明らかにしたように，内需向けの繊維機械関連の業務に従事していた企業が，1970年代に輸出向けの工作機械産業に転換した．経営主体の連続性のみならず，技術面においても輸出向けの工作機械産業の発展が，日本統治期以来の内需向け機械産業の発展の延長線上にあったことは強調されてよいであろう．

　以上に整理した資本財供給に関する事実をふまえれば，台湾や韓国の工業化を，一国史的な分析ではなく，東アジアという空間の中で分析することの重要性は明らかであろう．また，台湾や韓国の工業化に対する評価は，日本統治期以来の長期的なプロセスをふまえて行われるべきであり，戦後期，あるいは1960年代後半以降の急激な変化のみをみて「圧縮された工業化」であったと評価することの一面性も明らかであろう．

第7章

韓国・台湾の造船業

裵　錫滿

　はじめに

　本章の課題は，1945年から70年代における韓国・台湾造船業の展開過程の比較研究を通じて，日本から移植された植民地遺産という同じ初期条件を有する両国の造船業の共通点と相違点を明らかにすることである．また，本章では，異同をもたらした要因についても検討をくわえる．比較分析にあたっては，両国の国内外条件，とりわけ政府の政策，国内外の市場的条件，日本造船業との関係などに注目する．

　本章の課題設定は，本共同研究の目的である戦後東アジア各国の著しい経済発展を世界的な構造変化の中で把握する試みの一環である．本共同研究では，東アジアの工業化・資本主義化の過程を一国史として分析するのではなく，世界的な構造変化の中で東アジアにおいて特徴ある資本主義が形成され，工業生産の中心地域になっていく過程として把握するものである．これは，各国で急速に進んでいる実証研究の成果を否定するものではなく，それらを統合するような新しい歴史像の構築を意図している．本章は，このような本共同研究の問題意識を共有しながら，韓国と台湾の造船業を分析するものである．

　韓国と台湾は，日本帝国主義の植民地となり，20世紀前半に植民地工

業化が進展する中で，日本から主要産業が移植された．造船業もその中の一つであった．両国の独立後，権威主義的独裁政権下で国家主導下の産業化が進められ，造船業は両国とも国家主導下の政策育成対象となった代表的な産業分野であった．一方，植民地本国の日本は，20世紀前半に植民地の開発と軍事的な観点から朝鮮と台湾に造船業を移植・育成し，両国の独立後には，後発国の開発支援，米国の東アジア政策の変化，日本造船業界の経営戦略などにより，両国の造船業に対する投資と技術協力を長期にわたっておこなった．

ところが，韓国と台湾における近代造船業は，当時の世界最大の造船国であった日本の強力な影響力の下で展開しながら，両国の国民経済にしめる造船業の位置は，相当ことなったものになった．韓国造船業は，代表的産業に成長しただけでなく，80年代以降には日本と互角に競争し，90年代からは日本を追い抜き，世界最大の造船国となった．一方，台湾は，80年代以降に造船業が急激に衰退し，90年代以降になると安全保障上の理由で一部の造船施設が維持されただけであった．日本から移植された歴史的経験を共有していたにもかかわらず，異なる展開をたどった両国造船業を比較することは，20世紀の東アジア経済成長に関するより深い理解を提供するものである．

20世紀における韓国と台湾の工業化過程については，歴史的観点から比較する試みが活発に行われたと言いにくいものの，学界で継続的に注目されてきたテーマである．その理由は，産業化過程の類似性のためである．同じように日本の植民地を経験し，第2次世界大戦後の新生独立国家の中で例を見ないほどめざましい経済成長を達成したこと．また，植民地支配下では，帝国主義と植民地の関係，植民地の経済的収奪と開発（近代化）に関する評価，独立国家の経済建設の過程においては，植民地遺産の役割や連続性と断絶性の問題，権威主義政権下においては国家主導の経済開発の功罪など，近現代経済史の主要なテーマについて，両国の比較研究を行うことで，より客観的な解答をみちびくことができるだろう．

しかし，既存の比較研究は，朴燮[1]，堀和生・中村哲[2]のように主にマクロレベルの経済研究であり，産業史レベルでの比較研究はまだない．造船業は，上記の主要課題をすべて検討することができるテーマである．在来木船の建造を除けば，両国における近代的造船所の建設は日本によって同時期に開始され，解放後もその造船所が一定期間に重要な役割を果たしていた．また，タンカーを中心とした世界造船市場の飛躍的拡大に対応して国家主導で造船業を輸出産業として育成することを計画したことも同様であった．もちろん，日本がその過程で深く関与していた．しかし，類似した歴史的経路を歩んだにもかかわらず，先述したように現在の両国造船業の姿は全く異なっている．韓国の造船業は，代表的産業に成長する一方，台湾の造船業は衰退した．韓国造船業は，50年代以降に世界造船業の王座だった日本をキャッチアップしただけでなく，さらに日本を凌駕する成長を遂げ，90年代後半から世界の造船市場を掌握した．

　20世紀において周辺部の国家が驚くべき経済成長を通して中心部へと移動した代表的な事例として韓国と台湾を挙げることにほとんど異論がないであろう．20世紀初頭における世界経済の勢力図が20世紀末まで大きく変わらない中，周辺部に位置した国家が中心部に移行することは，ほぼ見られなかった．しかし，韓国と台湾が著しい成長を遂げることができた背景には，いかなる要因と歴史的プロセスがあったのだろうか．本章は，両国の比較研究を通してその手がかりを提供することを目的とする．

　両国の造船業に関する先行研究を見ると，比較研究はないものの，一国的な研究はある程度蓄積されている．まず，両国が日本の植民地であった戦前の主な研究は，韓国の場合，金在瑾[3]と裵錫滿[4]があり，台湾の場合は，

1　朴燮『植民地의 經濟 變動：韓國과 印度』，文學과 知性社，2001年．
2　堀和生・中村哲『日本資本主義と朝鮮台湾：帝国主義下の経済変動』，京都大学学術出版会，2004年．
3　金在瑾「日政時代의 造船業體」『大韓造船學會誌』，1978年，15-4．
4　裵錫滿「朝鮮重工業株式會社의 戰時経営과 解放後 再編過程」『歷史와 境界』，2006年，60．裵錫滿「日中戦争期朝鮮重工業株式會社の設立と経営」『朝鮮史研究會論文集』，2006年，44．

亀谷隆行[5],蕭明禮[6]の研究がある.これらは,主に植民地期の朝鮮と台湾の最大造船所だった朝鮮重工業㈱と台湾船渠㈱に関する研究である.次に戦後の研究は,50〜60年代韓国造船業に関する主な研究は裵錫滿[7]と祖父江利衛[8]の研究がある.これらの研究は,政府の政策と大韓造船公社(朝鮮重工業の後身)の経営分析を通じて,この時期造船業の育成が失敗した原因を究明したものである.同時期台湾造船業の研究としては許航良[9]と洪紹洋[10]の研究をあげることができる.ともに台湾造船公司(台湾船渠の後身)に注目し,経営面と技術輸入面を分析している.70年代に関する研究は,台湾はまだ本格的な実証研究はなく,韓国造船業に関しては現代重工業[11]に注目し,短期間に急成長を果たした原因を分析した研究がある[12].

---

5 亀谷隆行「日本統治期における台湾の造船工業」『拓殖大学論集』,1978年,119.
6 蕭明禮「日本統治時期における台湾工業化と造船業の発展―基隆ドック会社から台湾ドック会社への転換と経営の考察―」『立命館大学社会システム研究所紀要』,2007年,15.
7 裵錫滿「1950年代 大韓造船公社의 資本蓄積試圖와 失敗原因」『釜山史学』,1994年,25;26合集.裵錫滿「計画造船と大韓造船公社」『韓国経済発展への経路:解放・戦争・復興』,日本経済評論社,2013年.
8 祖父江利衛「1960年代韓国造船業の混迷―大韓造船公社の設備拡張計劃を巡る一連の過程とその歸結」『歴史と経済』,2002年,117.
9 許航良「光復初期台湾的造船業(1945-1955):以台船公司為的討論」『台湾文献』,2006年,57-2.
10 洪紹洋「開発途上国工業化の条件―1960年代台湾造船公司における技術移転の例―」『立命館大学社会システム研究所紀要』,2007年,15.
11 現代重工業は1970年3月,現代建設の造船事業本部として出発し,現代建設蔚山造船所と呼ばれ,1973年12月に現代造船重工業株式会社として現代グループの系列企業となり,1978年3月,現代重工業株式会社に社名を変更した.ここでは,便宜のために現代重工業に統一する.
12 主な研究は,水野順子「韓国における造船産業の急速な発展」『アジア経済』,1983年,24-12;金周煥「開発国家에서의 国家―企業 関係에 관한 研究―韓国의 造船産業発展과 '支援―規律'테제에 대한 批判的 検討」ソウル大学校 政治学科 博士論文,1999年;石崎菜生「韓国の重化学工業化政策と「財閥」―朴正熙政権期の造船産業を事例として」『開発途上国の国家と経済』,アジア経済研究所,2000年;裵錫滿「1970年代初頭現代グループの造船工業参入過程の分析―韓国経済開発期における国家と民間企業の役割に関する再検討―」『現代韓国朝鮮研究』,2007年,7;裵錫滿「現代重工業의 초창기 造船技術 導入과 定着過程 研究」『経営史学』,2011年,26-3;祖父江利衛「需要サイドからみた韓国造船業の国際船舶市場への参入要因―現代重工業の1975〜80年の竣工状況を中心に」『アジア経済』,1998年,39-2.などがある.

主に船体組立の一部生産工程の特化，政府と企業の関係，国際市場の条件に注目したものである．

しかし，先行研究の多くは，限られた時期の個別企業分析であり，植民地期も視野に入れた長いスパンで展開過程を捉えた歴史研究は，韓国の場合は裵錫滿[13]，台湾の場合は洪紹洋[14]の研究があるが，まだ十分とはいいがたい．本稿は，この二つの先行研究に大きく依拠しながら比較研究を行うが，両国の造船業関連資料も参考にした．

第1節　戦後両国造船産業の初期条件―植民地遺産の比較

韓国と台湾における近代造船業は，驚くほど同じスタートラインから出発した．1937年の三菱重工業の資本投資と技術移転による朝鮮重工業㈱と台湾船渠㈱の設立がその出発点であった．両社とも，軍部の支持を背景に時局産業として建設され，既存の有力な造船所を吸収合併して拡張する方式で建設が進められた点も同じであった．資本出資は，両社ともに三菱重工業のほか，植民地国策金融機関と大手海運会社が主な株主であった．朝鮮重工業は，東洋拓殖株式会社と朝鮮郵船株式会社が，台湾船渠の場合，台湾銀行と大阪商船が主に出資した．

両社は，設立後の拡張過程で，一定の相違点も現れた．それは，大きく二点に要約することができる．第一は，朝鮮重工業は新造船を中心に，台湾船渠は，修理造船を中心に発展したことであった．これは，地理的要因，民需のありかた，軍部の戦略によるものと考えられる．第二は，朝鮮重工業は三菱重工業と大株主の持分比率が敗戦まで一定に維持されたが，台湾

13　裵錫滿『1930～50年代　造船工業政策과　造船会社의　経営』，釜山大学校史学科博士論文，2005年．
14　洪紹洋『台湾造船公司の研究―植民地工業と技術移転（1919-1977）』，御茶の水書房，2011年．

表1　植民地期朝鮮重工業と台湾船渠の主要施設の比較

施設名	朝鮮重工業	台湾船渠	備考
船台	3,000トン級　3基 500トン級　1基	なし	
船渠	7,500トン級　1基 2,000トン級　1基	25,000トン級　1基 3,000トン級　1基 15,000トン級　1基	未完成で戦後になる.
造機	2,000馬力（年産）	不明	
艤装岸壁	1所	不明	
工場建物	65棟	不明	

資料：裵錫滿「日中戦争期朝鮮重工業株式會社の設立と經營」『朝鮮史研究會論文集』，2006年，44. と洪紹洋『台湾造船公司の研究－植民地工業と技術移転（1919－1977）』，御茶の水書房，2011年から作成.

船渠は三菱重工業が株式の 50％以上を占め，事実上の子会社になったことである[15]．その理由は明確ではない．

　日本の敗戦当時，朝鮮重工業と台湾船渠の施設を比較したのが表1である．朝鮮重工業は，最大 3,000 トン級船舶を 3 隻同時に建造できる船台（building birth）3 基を保有していたことが目立つ．台湾船渠は，25,000 トン級ドックと 15,000 トン級ドックなど，3 基の修理用ドックが主力施設であった．朝鮮重工業は新造船，台湾船渠は修理造船中心の造船所であったことが確認できる．朝鮮重工業は，太平洋戦争期に日本の戦時計画造船に参加し，2,000 トン級の船舶数隻を建造する経験を持つようになった．台湾船渠は戦時計画造船に参加するが，造船の経験はなく，船舶修理だけを行った．

　日本が残した造船業の植民地遺産は，台湾が韓国より有利なものであった．まず，戦前には，修理用に利用されていたドックが戦後には主力の造

15　三菱重工業の朝鮮重工業の持分は 20％を敗戦まで維持し，台湾船渠は設立当時から三菱重工業が資本金の 45％を投資し，敗戦当時には 64％の持分を保有した.

船施設になったからである．戦前の場合，ドックは修理だけに使用し，造船は船台で行った．ドックが造船用として本格的に使用されることになったのは，50年代以降であった．石炭から石油へのエネルギー革命によって，石油を輸送するタンカーの大型化が急激に進むことになり，結果として大型タンカー（VLCC）の建造がドックで行われたからであった．船体が巨大になり傾斜路でレールを敷き，船舶を建造する船台よりもドックがより安定した作業を可能にしたのであった．したがって，太平洋戦争期の戦時計画造船のため船台施設を拡充した朝鮮重工業よりも修理用ドックを拡張した台湾船渠が有利な位置に立つことになった[16]．

次に，解放空間時期[17]で新たに生じた政治・社会的理由から朝鮮重工業では，45年10月に日本人関係者がすべて引揚げた反面，台湾の場合，政府の日本人留用政策により46年まで日本人技術者が台湾人技術者へ技術を伝授した[18]．さらに台湾は，大陸から共産党に追われた造船技術者が日本人技術者の空白を埋めた．しかし，朝鮮重工業の場合は，技術的空白を埋めるためにかなりの困難がともなった．もちろん，解放後に北朝鮮と満州から韓国に入って来た技術者がいたが，これらの朝鮮人技術者のうち造船技術者はいなかった．植民地期に重工業が発展したのは，北朝鮮であったが，造船業の場合，その中心地は朝鮮重工業があった韓国の釜山だったからである[19]．

---

16 もちろん，修理用ドックと建造用ドックは一定の差があったが，修理用ドックを建造用に改造することはそれほど困難な問題ではなかった．
17 1945年～48年の日本の敗戦から大韓民国政府樹立までの時期を指す．
18 1946年6月現在の台湾船渠には，78名の日本籍の技術者が留まっていた（洪紹洋，2011年，前掲書，p. 54-55）．
19 解放後韓国でこのような恩恵をこうむったことは綿紡織業が代表的である．北朝鮮と満洲の工場で働いた朝鮮人技術者たちが南下し，日本人が撤収した綿紡織工場の技術不足を補うこととなった．関連しては徐文錫「1950年代　大規模　綿紡織工場의　技術人力　研究」『経営史学』2010年，56を参考されたい．

第2節　1950年代の展開——植民地遺産の国営化と輸入代替

（1）　韓国

　48年の政府樹立後，造船業に対する政府の政策は，国営化が基本的な方向であった．それは，現実的な問題と，イデオロギー的な問題が背景となっていた．現実的な問題は，日本人が引揚げた状況で，大規模な造船工場を運営する能力がある民間資本が存在していなかったことである．イデオロギー的な問題は，脱植民地化過程におけるナショナリズムの高揚や左派の影響によって，日本経済中心の産業構造を改め，経済的自立を達成するために国家主導で生産力発展の基盤を整えなければならないという「脱従属自立経済論」が浮上したためである．造船業は基幹産業として認識され，国家が育成することの当為性が強く主張された．これらのことが背景となり，朝鮮重工業の国営化が進められ，50年には「大韓造船公社法」によって大韓造船公社が設立された．大韓造船公社は，55年から米国援助資金200万ドルによる施設拡充も行った．その目的は，国際船級協会の認定を受けることができる施設規模を完備し，国内外から遠洋用の大型船舶の注文を受け，建造するためであった．主には植民地期に未完成で終った機関等の船舶機械関連の生産設備を拡充することで，この目的を達成しようとした．

　しかし，50年代に韓国政府が造船業の育成について，より強い意志を持つようになった直接的契機は，朝鮮戦争であった．50年6月に朝鮮戦争が勃発し，軍需物資の輸送と戦争動員などで数多くの船舶が必要になった．国連軍は，船舶，船員，技術者などを日本に依存した．国連軍は軍需・援助物資の輸送のために陸軍海上輸送部（Military Sea Transportation Service）を組織し，日本船舶にその輸送を委託した．戦争勃発から数ヶ月間でも，その規模は貨物船69隻，34万トンに達した．さらに，これとは別

に日韓航路では日本郵船，大阪商船といった日本の主要海運業者がSCAPに日韓定期航路の開設を申請し，相次いで就航した．日韓航路をめぐって，日本の海運会社間の競争は次第に激しくなり，日韓航路に就航していた17社が「韓水会」を組織して配船を調整するようになった．当時，韓国の主な港に出入する外国船の70％が日本船舶だった．

これと関連してさらに大きな問題とされたのは，日本の船舶が韓国の沿岸輸送にまで進出したことであった．具体的には，小型の木造貨物船（機帆船）と曳船を合わせて200隻，船員1,500人，その他国連軍所属船舶に乗船していた日本人船員500人，国連軍施設で海上救助作業に従事する日本人技術者400人の存在が問題とされた．国連軍の指揮によるものとはいえ，日章旗を掲げた船舶と日本人船員が韓国沿岸の小さな港に頻繁に出入りすることは，韓国の世論を大きく刺激し，日本船舶の追放運動が引き起こされた[20]．

このような状況は，52年1月の李承晩ラインの設定後，強硬な対日姿勢をとっていた同政権の立場から見ると，困惑することであった．戦局が一定の小康状態に入った52年，韓国政府は国連軍に日本船舶及び人員の退去を求める一方で，日本船舶を置き換える船舶の拡充に乗り出すことになる．その方法は，三つであった．まず，日本に対しては，日本人の引揚などに使用されたのち，日本から帰還していない船舶の返還を要請した．これは，日韓会談が始まるきっかけにもなった．次に，援助および財政資金による海外からの船舶の導入であった．そして，船舶拡充のための三つ目の方法が国内の造船業の育成であった．韓国政府は，育成のために財政投融資と援助を利用して計画造船を推進した．計画造船とは，政府が資金を動員して朝鮮重工業をはじめとする国内造船所で船舶を建造する一方で，建造された船舶を買収する船主にも船価の70％程度の融資を行う政策であった．韓国政府は遠洋用の大型鋼船の場合，国営の大韓造船公社に造船

20　裵錫満，2013年，前掲書，p. 184.

表2　海務庁の5ヵ年計画造船の概要　　　　（単位：トン）

		1957	1958	1959	1960	1961	合計
船舶建造能力		28,000	33,000	40,000	45,000	56,000	
造船5ヵ年計画	沿岸用	18,000	18,000	22,000	28,000	30,000	116,000
	外航船	0	0	8,000	10,000	19,000	37,000
老朽船代替			13,000	8,000	7,000	7,000	35,000
合計		18,000	31,000	38,000	45,000	56,000	188,000
外航船輸入		31,000	35,000	27,000	25,000	0	118,000

資料：裵錫満「計画造船と大韓造船公社」『韓国経済発展への経路：解放・戦争・復興』，日本経済評論社，2013年，p. 186.

を独占させ，他の必要な小型船，漁船等は，中小造船所に割り当てられた．中小造船所も大半は，植民地期の日本人が経営した敵産企業（帰属企業）で，戦後米軍政の管理を経て，韓国政府に移管された．韓国政府は，これらの造船所を可能な限り速やかに民間に払い下げて，計画造船に動員する方針であった[21]．

　計画造船は，52年に最初の計画が樹立されて，50年代後半までに，数回に渡って計画の変更等が行われつつ展開した．55年には，計画造船をより強化するため，海事問題を専門とする海務庁を設立し，行政上の措置も強化した．海務庁によって最終的に整理された5ヵ年計画造船の内容は，5年間188,000トンの船舶を建造することだったが，計画内容を整理すると，表2の通りである．さらに，58年には「造船奨励法」を制定した．これは戦後，韓国最初の工業育成法であった．

　しかし，日本船舶の追放という目的で，強力に推進された計画造船は，

---

[21] 主に木船を建造していた旧日本人経営の造船所に対する払下げは1951年から進められたが，米軍政から韓国政府に移管された41の造船所のうち，1950年代末までに33ヵ所が民間に払下げられ，1ヶ所は国営（朝鮮重工業），1ヶ所は解散された．残り6ヵ所は確認できない（裵錫満，2013年，前掲書，p. 194）．

表3　船舶建造実績の推移

	旅客船		貨物船		漁船		その他		合計	
	隻	トン	隻	トン	隻	トン	隻	トン	隻	トン
1955					127	1,257	29	839	156	2,096
1956	1	141	4	240	173	2,175	54	1,547	232	4,103
1957	2	312	9	1,137	121	1,834	11	526	143	3,809
1958	9	571	8	1,187	167	1,701	24	1,131	208	4,590
1959	6	479	7	975	142	2,936	7	135	162	4,525
1960	5	318	5	318	129	3,003	30	585	169	4,224
1961	7	343	7	773	259	3,096	30	362	303	4,574
合計	30	2,164	40	4,630	1,118	16,002	185	5,125	1,373	27,921

資料：裵錫満「計画造船と大韓造船公社」『韓国経済発展への経路：解放・戦争・復興』，日本経済評論社，2013年，p. 197.

所期の成果を上げられずに失敗で終わった．表3は，1950年代の韓国で建造された船舶実績であるが，表2と比較すると，その成果がほとんどなかったことを示している．

　韓国政府が強力に推進した計画造船が失敗した理由は，いくつかであった．まず，計画造船に必要な資金を予定通り確保することに失敗したこと，日本人の引揚で生じた技術の空白を埋めることができなかったこと．韓国政府は，計画造船の必要資金の多くを援助資金に依存する予定であったが，米国は計画造船に援助資金を使用することに非常に否定的であった．米国の対韓経済政策の基調は，均衡財政の確立を通じた経済安定を達成することにあったからである．米国は韓国政府の重化学工業分野への財政投融資をなるべく抑えるように圧力を行使した．民間資本の未成熟により国営体制で出発した大韓造船公社について，米国が民営化を強く求めたのもこのような米国の対韓経済政策の基調によるものであった．

　一方，不足していた技術は，海外の先進造船国からの導入に依存する必要があった．しかし，50年代にはそのような動きはほとんどなかった．技術導入は，すでにこの時期に世界の造船大国として再浮上した日本に依

存するのが経費や言語的な問題などを考慮すると，現実的に有利であったが，日本に対し強硬な姿勢をとっていた李承晩政権にとっては，これは不可能なことであった．

しかし，韓国政府の強力な意志にもかかわらず，計画造船が失敗したより根本的な理由は，国内的要因にあった．市場要因としては，民間海運業の未成熟による狭隘な国内造船市場では計画造船に対応する余力がほとんどなかった．船主は，政府が提供する船価の70％の融資で，新しい船舶を国内で建造するより，日本とアメリカから中古船を輸入する方が利益は大きいと考えた．当時，韓国で最大の海運会社であり同じ国営会社だった大韓海運会社でさえ，船舶の修理を日本で行なうような状況であった[22]．

50年代の韓国は，事実上の国家経営体制で日本人が残した造船所を基盤として造船業の育成を図ったが，所期の成果を達成することができず，造船業界は混迷の状態が続いた．大韓造船公社の当時の経営実態は，このような状況を象徴的に示していた．国内造船市場の未成熟により基本的に受注量がなかった大韓造船公社は，さらに政府政策による計画造船という人為的な造船市場の形成に失敗することで，50年代を通じて経営難から脱することはできなかった．57年には米国の圧力を背景に大韓造船公社法が廃止され，それに伴い大韓造船公社は国営体制が解体され，株式会社に転換した．こうした措置は，民営化を目的にしたものであるが，政府株の払下げが失敗し，政府が筆頭株主の株式会社体制になっただけであった．経営難が続く巨大な造船所を莫大な資金を投資して引き受ける民間資本はなかったためである．公社法の廃止によって国営企業の特権がなくなったうえに，民営化に失敗し，依然国営の非効率性が残っている状態で，大韓造船公社の経営難はさらに悪化した．

所期の成果は出せなかったものの，李承晩政権期の造船業育成の試みは

---

22 これは，援助資金を増額させるために自国通貨の対ドルレートを高く維持しようとしていた韓国政府の為替政策に起因する構造的な問題でもあった．

全く意味がなかったわけではない．最も重要な意味として指摘できるのは，人的資本の形成という側面である．計画造船実施の一環として，造船技術者や技能工の育成が活発に展開されていたためである．まず，植民地期末に設立された朝鮮重工業の社内技能工養成所が解放後の混乱で解体されたが，この時期に再び大韓造船公社に技能工養成所が設立された．そして，幾つかの大学には造船工学科が設置され，技術者の育成が本格的に行われることになった．

大韓造船公社は52年に大韓造船公社附設高等技術学校を設置し，54年度に造船と造機の各25人ずつの卒業者を輩出した．また54年には高等技術学校と別に初級技術過程である‛大韓造船技術学校’を設立した．これら二つの社内技術学校は1961年5月に閉校されるまで245人の技能工を輩出した[23]．大韓造船公社の社内技能工養成所は，朴正熙軍事政権が成立された直後の61年10月に大韓造船公社附設実業技術員養成所になって，より拡大した形で再整備され，1960年代造船技能工養成の「士官学校」の役割を果たした[24]．

一方，大学では60年代初頭にソウル大学校工科大学，仁荷大学校工科大学，釜山水産大学校，群山初級水産大学校，浦項初級水産大学校の5つの大学に造船工学科が存在し，定員は163人であった．ところで，これらの大卒造船技術者の輩出規模は，米国（4つの大学の約80人），英国（2つの大学の約30人）よりも多い数字であり，朴正熙政権ではこれを「無計画な教育行政の方針」として検討されるべき問題として認識していた[25]．造船業の長期的不況が続いている状況であったため，これらの大卒技術者の受け皿がなかったためであった．興味深いのは，造船産業の混迷で造船会社への就職が難しかった大卒造船技術者が技術官僚として政府内で継続的

---

23 申源澈,『企業內部勞動市場의 形成과 展開：韓國 造船産業에 관한 事例研究』，ソウル大学校社會學科博士論文，2001年，p. 115-116．
24 経済企画院『科学技術年鑑』，1966年，p. 56．
25 経済企画院，1966年，前掲書，p. 321-322．

に造船業育成の必要性を提唱したことである．代表的な人物としては，60年代大韓造船公社の技術顧問，大統領秘書官を務めた申東植（シンドンシク），商工部造船課長を歴任した具滋英（グジャヨン）などがいた．これら大学造船工学科出身の技術官僚は，朴正熙政権期の産業化過程で造船業が重点育成対象産業にいつも名前があがるよう世論を造成することに重要な役割をはたした．

　最後にもう一つ指摘したいのは，50年代の韓国造船業の展開過程が日本と国交が断絶した状況でも，ある意味では緊密に関連を持っていた側面である．韓国政府は，日本が残した造船所をもとに日本の戦時船舶量産システムである計画造船を利用して，造船業の育成を図った．また，その契機となったのも，朝鮮戦争期における日本船舶の日韓航路および韓国沿岸海運への浸透，造船および海運関連の日本人技術者や労働力の投入に対する反発だったからである．また，国連軍の名で韓国へ入ってきた日本の造船技術者は，限定的ではあるものの技術伝授の役割を果たした．

　米国が韓国政府の造船業の育成に否定的だった点を勘案すれば，植民地期に源流を持っていた韓国の造船業の現実的な育成方法は，日本の造船業に協力を求めることであった．しかし，当時の政治・社会的基調で，韓国政府がそのような選択を行う余地はなかった．これは50年代の韓国造船業の育成が所期の成果を出せなかったもう一つの理由とも見ることができる．しかし，50年代に韓国政府が試行錯誤を続けながら行った学習は，60年代において日本とのより積極的な協力のもとで，造船業の育成が行われる際の土台となったことは確かである．

（2）台湾

　戦後，韓国より有利な位置にあった台湾の造船業も50年代は，韓国と同様に国営化が行われた．その理由も韓国と似ており，巨大な造船所をになえる民間資本の未成熟と三民主義の影響が強く作用したと見ることができる．米軍政統治期間がなかった台湾は，韓国より早く国営化が進められ

た．46年台湾船渠は台湾鉄工所，東光興業株式会社と合併され，台湾機械造船公司になったことがその始まりであった．台湾船渠は48年に分離独立し，台湾造船公司となった[26]．

　台湾造船公司は，日本人技術者からの技術伝授，大陸技術者の流入に加え，すでに50年代初頭から積極的に日本造船技術の導入に乗り出した．これは，50年代韓国の造船業と最大の相違点であった．具体的にみると，54年日本の石川島重工業と5ヵ年技術協力契約を結び，大型遠洋汽船の建造技術を導入しようとしたのがその出発点であった．そのほかにも同じ年に日本の新潟鉄工所と10ヵ年技術協力契約を結び，350トン級マグロ漁船建造技術を導入した[27]．

　また，57年に米国インガルス造船所へ台湾造船公司の経営が委託されたことも海外技術の積極的な導入の一環として評価することができる．インガルス造船所に経営を委託したのは，事実上の国営解体と民営体制への転換を意味するものであった．ところで，台湾造船公司が米国インガルス造船所に経営委託されたのは，偶然にも韓国の造船公社の民営化推進と同じ年に実施されたものであった．この点に着目すると，台湾も韓国と同様に米国の圧力があった可能性もある．台湾経済も米国の援助に強く依存している状況では，経済安定のための均衡財政と，そのための財政投融資の抑制，重工業系国営企業の民営化を要求していた米国の政策が台湾にも適用されたと考えられるからである．

　しかし，韓国より積極的に日本とアメリカを中心に技術と資本，経営の海外依存を通じて造船業の育成を図った台湾でも計画どうりの成果を上げることはできなかった．まず，日本の石川島重工業との技術提携が本格化していない状況で，米国インガルス造船所への委託経営がうまくいかなかったためである．インガルス造船所は，台湾造船公司を既存の修理中心

26　台湾機械造船公司から台湾造船公司が分離した後，残り機械部門は台湾機械公司となった（洪紹洋，2011年，前掲書．p. 53）．
27　洪紹洋，2011年，前掲書，p. 82-86．

から造船中心に転換して経営の安定化と育成を試みた．しかし，インガルス造船所の野心的な計画は，台湾造船業の現実的な問題を無視したものであった．

　戦後，台湾造船業では引揚げる日本人技術者からの技術移転と大陸造船技術者の移入，日本の石川島重工業と新潟鉄工所からの技術伝授があったが，国内外の造船市場で造船先進国と競争するにはまだ無理があった．さらに，造船関連産業も未成熟で，ほとんどの機資材を輸入に依存している状況であった．技術的未成熟と機資材の海外依存から生じた適期調達の困難などは，船舶の建造期間を引き延ばした．これは，生産コストの上昇につながり，競争力の低下に帰結した．造船資金の安定的調達が難しかったことも修理中心から造船中心に転換した台湾造船公司の生産活動を一層難しくしており，こうした生産不振は経営難に直結した．

　結局，インガルス造船所への委託経営から始まった造船中心の生産活動の展開は失敗に終わった．造船資金の円滑な調達が難しい状況であったため，その不足分を借入金で埋める資金構造となったが，生産の中心だった造船が利益を上げることができず，借入金が蓄積され，これにより，利子負担が急激に拡大していく状況が続き，経営難を加速させた．以前から行ってきた船舶修理の部門では，利益をあげていたものの，造船部門の欠損を埋めるまでには，いたらなかった[28]．

　50年代の台湾造船業の育成は，韓国と同じように，所期の成果を達成したと評価するのは難しい．しかし，韓国と比べると，より大きな意味を持っていた．何よりも重要なことは，日本，米国から積極的に技術を導入し，先進造船技術を蓄積したという点である．その中で台湾造船公司が36,000トン級のタンカー2隻を建造する経験を得たのは，最も大きな成果であった．韓国の造船業は，50年代には，1隻も1,000トン級以上の船

28　「当時の台湾工業化の発展レベルからして，造船部門は利益を得ることが難しく，修理と機械製造部門が低廉な労働力によってようやく利潤を獲得できる程度であった」（洪紹洋，2011年，前掲書，p. 114）．

舶建造もできなかった．60年代に入っても64年の4,000トン級の貨物船が解放後建造した最初の大型船舶で，1万トン級の船舶建造が60年代末までの政府の重要な目標となっていたレベルであった（具滋英インタビュー 2005年12月13日）．台湾の積極的な海外技術導入によって，韓国との技術格差がすでに50年代に著しくなっていたことがわかる．台湾が戦後早くから日本の造船業界との連携が可能だったのは，韓国と比較して相対的に反日イデオロギーが強くなかったことも作用したと思われる．

台湾造船公司は米国インガルス造船所への委託経営過程で36,000トン級のタンカー建造の経験を蓄積したことは，もう一つの重要な意味があった．この機会を通じて，台湾の造船技術者は，戦後急速に拡大していたタンカー市場での大型船舶建造のプロセスを理解することができたと思われる．インガルス造船所による造船中心の経営が台湾の造船業界の現実からかけ離れたものであり，最終的にその試みは失敗に終わった．しかし，こうした委託経営の時代は，植民地期の船舶修理の学習のみを受けた台湾造船業が造船への転換を経験し，それが今後の台湾造船業の発展の方向であることを確認する期間であった．さらに，造船技術者を養成するため，大学内の造船関連の専攻の設置もこの時期から開始されたことも注目すべきである．台湾大学機械工程学系と協力して，大学4年生向けに造船課程を設置し，50年代末には海事専科学校が独立科として造船科を設置した[29]．

50年代の韓国とは対照的に，台湾造船業は，日本，米国などから活発に海外の先進造船技術の導入することによって，韓国に比べて造船業の成長レベルがはるかに上にあった．同時に，技術を導入し，既存の植民地遺産である修理中心から造船中心に転換しようとしたが，関連産業の未発達，技術不足などに起因する低生産性のため，造船部門から利益を上げることができなかったことは，50年代台湾造船業の一定の限界でもあった．

29　洪紹洋，2011年，前掲書86-87，p. 156.

第3節　1960年代　国営復帰と日本造船企業の協力

（1）　韓国

　61年に軍事クーデターで成立した朴正熙政権は，50年代の試行錯誤にもかかわらず李承晩政権の国営体制下の造船業の育成という政策基調をむしろ強化した．そして，50年代の失敗の原因となった資本と技術の不足を米国の援助に依存し，解決しようとしていた李承晩政権の経験に基づき，米国にかわり日本の資本と技術への依存を積極的に推進した．これは，50年代に比べて反日感情が政治・社会的に鎮静化したということよりは，経済開発を通じて軍事クーデターの合理化がもっと重要であった朴正熙政権において日本との「歴史清算」より「現実的な関係」が重視された結果だと考えられる．50年代の長期間にわたり日韓関係の障害物だった植民地支配に対する謝罪や請求権問題を棚上げした状況で，国交正常化を通じた日本の支援を強く求めた朴正熙政権の外交姿勢からこのように推測することができる．

　朴正熙政権の造船業の育成は，長期間にわたり経営難が続いていた大韓造船公社の国営復帰から開始された．62年4月30日に法律第1064号「大韓造船公社法」を再制定し，大韓造船公社を既存の株式会社体制から国営企業にもどした．そして，政府出資を通じて，資本金を既存の1000万ウォンから10億ウォンとする大規模な増資を行った．増資資金は，運営資金の供給を通じた経営安定と老朽施設の改良など設備投資のためのものであった．政府出資金は，63年初頭まで韓国銀行が買取る産業復興国債の発行などを財源として，7億ウォン以上が投入された[30]．

30　財務部財務政策局資金市場課（1963）「大韓造船公社　出資」『出資関係』, 韓国国家記録院（文書番号：BA1045647）．

増資と同時に，政府は 12 項目の「大韓造船公社の再建方針」を決定した．再建方針の内容を見ると，政府出資金は，経営難で蓄積された負債を清算し，財務構造を改善することに優先的に投入された．設備投資は，必要な施設拡充に限定し，既存施設を最大限に活用することにした．本格的な設備拡充と技術確保，必要な資材の導入は，外資，特に日本に依存した．再建方針は，政府出資金を財務構造の改善と運転資金の充当など，主に経営正常化に投入し，生産活動のための施設と技術の拡充，機資材の導入は，日本を中心とする外国に依存するという基本方針を明確にしたものであった[31]．

　大韓造船公社は，62 年から施設拡充や造船用資機材の導入のために，本格的に日本との接触に入った．大韓造船公社は木下産商を介して住友造船所，呉造船所などと連携を試みた．大韓造船公社と日本企業の橋渡しになった木下産商は，以前から大韓造船公社が日本で造船用鋼材などの資材を購入する際の窓口としての役割をはたしていた企業であった．木下産商を通じた日本との接触は 63 年に入って成果を出し始めて，3 月からは，日本の造船所との間に労働者や技術者の実習と見学，招待，派遣などの具体的な協力が推進された[32]．

　大韓造船公社と日本企業との提携努力が，最初の大規模な結果として現れたのは，63 年夏頃であった．日本からの民間商業借款 300 万ドルにより，資本財や造船用資材を導入することが計画された．計画の内訳は，まず，300 万ドルのうち 78 万ドルは，設備導入によって最大 7,500 トン級の船舶建造能力と，12,000 トンの鋼材処理能力を保有し，それによって年間建造能力を従来の 6,000 トンから 30,000 トンに拡大するものであった．残りの 222 万ドルは，造船用資材の導入にあてられ，各種船舶 31 隻 12,255 トンを 1964 年までに建造する計画であった．また，一部の導入資

31　裵錫満「朴正煕政権期　造船工業　育成政策과　日本—1960 年代大韓造船公社 222 万弗 造船機資材　導入問題를　中心으로—」『経営史学』，2010 年，25-3.
32　裵錫満，2010 年，前掲書．

材は，68隻分の船舶修理に充当するというものであった．一方で，65年には大韓造船公社の既存の3,000トン級船台3基をそれぞれ10,000トン級で，7,500トン級の船渠を20,000トンに拡張する計画を立てた．必要な資金は，政府保証で305万ドルの商業借款を日本から導入し，それによる施設拡張は，植民地期の親会社であった三菱重工業が担当することになった[33]．

技術面でも大韓造船公社の技術者派遣や外国からの技術者の招聘は，すべて日本で行われた．それにかかわった主な日本の造船会社は，呉造船所，住友造船所，三菱重工業であり，船舶用大型ディーゼルエンジン（300～1,000馬力）の国産化と関連しては，新潟鉄工所が技術協力を行った．政府は，大韓造船公社の経営正常化の最大のカギである工事量を確保するために財政による国内市場の形成にも積極的に乗り出した．政府が国内の主要海運会社に船舶建造と関連した補助金を支払う代わりに，大韓造船公社に船舶を発注するようにしたのである．財政支援による造船は，ある程度成果をあげ，大韓造船公社は64年に高麗海運が発注した1,600トン級の貨物船2隻を建造することができた．解放後初めての1,000トン以上の鋼船建造であった．さらに66年には2,600トン級の船舶2隻を建造し，太平洋戦争期に建造された2D型戦時標準船の2,200トン級の最大船舶建造の記録を更新した．政府は財政資金による1万トン級の船舶の建造も試みた．一方，大韓造船公社は，造船所の稼働率を向上させるために，日本の造船所の下請け生産を推進しており，そのために日本の関税率を引き下げるように政府が圧力をかけることを要求していた[34]．

このように60年代の韓国政府は，財政資金によって直接に大韓造船公社を経営しながら，日本に依存して造船業の育成を図った．しかし，その結果は概ね失敗したと評価される．62年から推進された222万ドルの機

33　裵錫満，2010年，前掲書．
34　大韓造船公社『大韓造船公社三十年史』，1968年，p. 192, p. 335-336, p. 348.

資材の導入は，長期間にわたって計画が遅滞し，68年になってようやく導入を完了したが，船舶建造には使用されなかった．また，65年から推進された三菱重工業による造船施設の拡張も計画通りに行われなかった．外資導入に伴って必要であった内資20億ウォンの調達に失敗したためであった．結局，造船施設の拡張工事は中断された[35]．また，財政を通じて人為的に需要を創出するという方法で，前述したように，いくつかの船舶を建造したが，それだけで大韓造船公社の経営を正常化するには力不足であった．このような事実は，70年10月の大統領秘書室が作成した大統領への報告文書である「造公の整備対策の推進状況と今後の対策報告」で明確に確認することができる．秘書室は大韓造船公社が直面している当面の問題について大きく分けて次の二つに要約している[36]．

1．当社は，工事量の不足のほか，造船業界自体の与件不利化で70年6月末現在，欠損の累積額が24億ウォンに達し，延滞利子はもちろん，約定利子すら返済することが困難な状態にある．
2．70年7月末現在，当社の銀行借入金37億ウォンのうち27億ウォンが延滞して金利負担が過重するだけでなく，正常な金融取引が不可能で業務の推進に多大な支障がある．

結局，60年代に至るまで，歴代韓国政権の継続的な正常化の努力にもかかわらず，大韓造船公社を中心とした輸入代替的な造船業育成の努力は，期待した成果をあげることができなかった．そして，その間に大韓造船公社が経営難から脱することはできなかった．新たな模索が必要となってお

---

35 内資20億ウォンの調達は，大韓造船公社の資本金を従来の10億ウォンから30億ウォンに増資して調達する計画だった．もちろん，その財源は，政府の財政によるものであった．しかし，68年の大韓造船公社が民営化されるまで，政府が払込んだ資金は，6億ウォンに過ぎなかった（『毎日経済新聞』1969年8月18日）．
36 大統領秘書室長「造公整備対策推進状況및今後의対策報告」，韓国国家記録院（文書番号：EA00006047），1970年．

第7章　韓国・台湾の造船産業 | 333

り，また政府の重化学工業化政策と連動して，70年代の造船業は，これまでとは全く別の局面を迎えることになる．

60年代朴正熙政権による造船業の育成過程も試行錯誤の連続だったが，重要な意味を持つ時期であった．まず，造船業の育成のために，再び日本との協力が本格的に行われた時期であり，これにより，計画通りには行われなかったが，ある程度大韓造船公社の施設拡張と技術蓄積が可能となったからである．また，政府の財政資金による人為的な造船市場形成とも連動し，1万トン未満の造船を行い，この過程で技術が蓄積された．しかし，何よりも重要な60年代の育成政策の意義は，韓国政府が国家主導で輸入代替的な造船業育成の限界を認識するようになったという点である．これは，70年代に，国家安全保障問題——いわゆる「安保危機」（ニクソンドクトリンによる在韓米軍の削減）という突発的な状況での緊急対応として計画された現代重工業株式会社の建設局面で重要な資産となった．現代重工業建設の主体であった民間財閥，現代グループも造船所の建設を推進する過程で，60年代に国営大韓造船公社の試行錯誤を重要な学習教材として活用した．すなわち大韓造船公社の試行錯誤は，現代重工業が解放後20年間変わらなかった輸入代替的な造船業育成政策から脱して，最初から国際市場をターゲットにした大型船の建造を目的とした輸出専門造船所の建設を図る重要な契機となった．

（2）　台湾

60年代の台湾造船業の育成も韓国造船業と同様に中核企業である台湾造船公司の国営復帰とともに，日本に資本と技術を依存しながら推進された．62年に台湾政府は，台湾造船公司の米国インガルス造船所への経営委託を廃止し，国営企業にもどした．台湾造船公司は，50年代初頭に技術協力を結んでいたことがある石川島播磨重工業（IHI）と65年に全面的な技術と資金協力を通じて，施設拡張とこれを土台にした大型船舶の建造に乗り出した[37]．台湾造船公司と石川島播磨重工業との提携の主な内容を

みると，まず，施設の拡張があった．既存の15,200トン級の船台を66年までに32,000トン級に拡張し，さらに70年までの4ヵ年拡張計画によって10万トンにまで拡張するというものであった．10万トン級の造船施設は，当時としては台湾最大規模の施設となるものであった．また，それに伴って25,000トン級貨物船と10万トン級タンカーの造船技術が台湾造船公司に提供された．それに関連して必要な機資材は，石川島播磨重工業と，いわゆる「Package Deal」契約を結び，石川島播磨重工業から安定的に調達ができるようにした．これは，50年代米国インガルス造船所の委託経営時代の重大な経営失敗の原因となった資材調達難の学習効果であったということができる．さらに，円滑な技術移転のために石川島播磨重工業から技術者の派遣が行われた一方で，台湾造船公司の研修生を石川島播磨重工業が受入れて訓練した[38]．

必要な造船資金も50年代失敗を教訓として，様々な経路を通じた安定的な資金調達構造を構築しようとした．つまり財政資金と銀行の長期借入金のほか，日本政府の借款，米国の援助資金，石川島播磨重工業の融資などが行われた．60年代における台湾造船産業の国営体制への復帰と日本に全面的に依存した造船業の育成は，一定の成果を出した．台湾造船公司は，10万トン級のタンカーや28,000トン級の貨物船など，70年まで大型船11隻の建造を成した．この過程で，輸入代替的に造船市場を国内に依存することから脱却し，海外市場からの船舶の受注することの意味を学習することになった．

日本の石川島播磨重工業との全面的な資本，技術提携を通じて造船施設を拡張し，活発な生産活動を展開した結果として，台湾造船公司の経営も徐々に安定するようになった．表4は，1960年代の台湾造船公司の総収支と損益をまとめたもので，石川島播磨重工業と全面的に提携を開始した

37　石川島重工業は造船部門の強化のため，1960年播磨重工業と合併し，石川島播磨重工業となった．
38　洪紹洋，2011年，前掲書．

65年以降の売上高も上昇して損益構造も安定し，利益金を創出していることを確認できる．

しかし，日本との連携は肯定的な側面だけであったわけではない．まだ主要な収入は，石川島播磨重工業との協力で始めた造船部門ではなく，従来と同様に，船舶修理によるもので，造船は，まだ低生産性で利益をあげることができなかった．また，当然の話であるが，造船業の日本への依存性も深化された．

まだ試行錯誤を重ねていた韓国とは異なり，60年代台湾の造船業は，日本との本格的な資本と技術提携をもとに安定的成長の道に入っていた．石川島播磨重工業の技術移転によって1万トン級以上の貨物船はもちろん，10万トン級のタンカー建造が可能な技術的土台を備えるようになった．これは，台湾造船業において重要な意味を持つものと評価できる．まず，植民地期の遺産でもある船舶修理を中心の造船業を船舶建造（造船）中心に転換する時期であったことである．ただし，まだ技術的な問題で，生産コストが高く，期待どおりの利益をあげることはできなかったが，少なくとも2～3万トン規模の貨物船の連続建造と10万トン級のタンカー建造のための基盤が構築されたことは重要な意味を持った．当時，韓国は先に述べたように，政府の財政によって1万トン級の船舶の建造を試みている時だった．60年代の韓国と台湾の造船業の産業規模と技術経差はより広がったといえることができる．特に大型タンカー建造のための基礎を築いたのは，当時急速に拡大されていた世界のタンカー市場を考えると，この分野に参入するための最小限の武器を得たことを意味する．もちろん，これは70年代に輸出用の大型タンカー専門の造船所として建設された中国造船股份有限公司の物的土台ともなった．

表4　1960年代台湾造船公司の経営収支と損益構造

単位：新台幣千元

年度	総収入	総支出	損益
1962	26,058	26,081	－23
1963	81,817	83,029	－1,212
1964	93,802	93,069	733
1965	126,337	122,680	3,657
1966	145,090	139,874	5,216
1967	432,256	419,225	13,031
1968	438,342	427,775	10,567
1969	611,491	598,218	13,273
1970	977,663	959,810	17,853

資料：洪紹洋（2011）『台湾造船公司の研究――植民地工業と技術移転（1919－1977）』，御茶の水書房，p.138から作成．

第4節　1970年代における輸出産業化の試み

（1）韓国

　韓国政府は解放後から60年代までの20年以上の長期間をかけて国営体制の下の輸入代替な造船業の成長を推進した．しかし，前述したようにその成果は，期待したものではなかったし，その間韓国造船業の担い手だった大韓造船公社は長期にわたり経営難を脱することができない状況であった．ところで70年代に入って韓国造船業は，既存の国営大韓造船公社を中心とする輸入代替産業の育成から民間財閥の大型造船所設立と輸出向け大型油槽船建造を中心にする輸出産業化への根本的な転換を図ることになる．そのきっかけは造船業内部で触発されたのではなく，突発的な外部の

政治経済的な要因によるものであった．すなわち，それは，ニクソンドクトリンによる朴正熙政権の安保危機意識による軍需工場建設――いわゆる「四大核心工場建設計画」――と，浦項製鉄建設による鉄鋼消費先の創出の必要性からであった．このような背景で当時韓国の有力民間財閥の一つであった現代グループが100万トン級規模の現代重工業を建設し，この造船所が輸出向け大型油槽船を専門的に建造することに成功したことをきっかけとして，韓国造船業の担い手は大韓造船公社から現代重工業に変わるようになった．そして，国営下の輸入代替産業だった造船業は，民間主導の輸出専門産業に転換し，政府の役割はこれをバックアップすることに変わった．

　現代重工業の誕生に必要な資本と技術は海外へ全面的に依存した．必要資金はヨーロッパ4カ国からの商業借款であった．造船所建設及び25万トン級前後の大型油槽船の建造技術はイギリス，デンマーク，日本から得た．これを通じて，現代重工業は78年まで12隻の大型油槽船を建造して，世界造船市場に進出するようになった．韓国の新生造船所に油槽船を発注した船主は，日本6隻，香港4隻，ギリシア2隻で，大部分が東アジア市場からのものであり，特に日本が半分を占有した[39]．

　輸出産業としての造船業の規模拡大は，73年朴正熙政権の重化学公業化政策推進でさらにエスカレートした．重化学工業化宣言があった2ヶ月後の73年3月，商工部が計画した『長期造船工業振興計画―大造船地域設定案―』は，その頂点にあたる．80年までが第一段階で施設拡充により現代重工業と同一規模の大型造船所5個を建設し，次に85年までの第二段階の拡充で現代重工業の1.5倍に達する150万トン級の超大型造船所3個を追加建設するという計画を発表した．そして，これとは別に25万トン級の中型造船所2カ所，1万5千トン級の遠洋漁船専門造船所2カ所が80年までに建設され，また85年までは中型造船所2カ所が追加に建設

39　裵錫満，2007年，前掲書．

される計画も含まれた．新設造船所は，大韓造船公社が大型造船所を建設していた朝鮮半島の南海岸に位置する巨済島を中心とした地域に「大忠武造船地域」という名称の造船基地を開発し，そこで集中的に建設する計画であった．商工部の計画どおりに生産能力が拡張されると，第一段階の施設拡充によって全体545万トンの造船能力を保有するようになり，第二段階建設が完了する85年には，920万トンの造船能力を持つようになった[40]．年間920万トンの造船能力は，73年当時世界2位の造船国であるスウェーデンの250万トンの約4倍に迫る巨大な施設であり，世界1位の造船国であった日本の全体施設能力1,500万トンにも匹敵することを意味した[41]．その方法は，現代重工業の建設過程と同一の方式で，民間が主体になって海外で資本と技術を取り入れて，政府が後からこれを支援する体制であった．

しかし，石油危機とそれに伴う長期造船不況で造船業育成政策は，調整に調整を重ねなければならなかった．施設の拡張は，当初計画の半分にも満たない400万トン体制に縮小され，にもかかわらず政府は莫大な財政投融資の負担を負うことになってしまった．また，長期造船工業振興計画に参加した民間企業も巨大な赤字と経営危機を耐えなければならなかった．しかし，このような試行錯誤とそれに伴う大きな代価を払ったにもかかわらず，政府の最終的な調整であった年間造船能力400万トン体制は，81年に完成し，韓国造船業は日本に次いで世界第2位の造船能力を備えることになった．このような造船能力の拡大の推移を見ると，表5の通りである．

400万トン体制の大部分を占めるのは，255万トンの建造能力の現代重工業を筆頭に，大宇造船，大韓造船公社，三星造船の「ビック4」が保有している施設能力であった．もちろん，これらはすべて，朴正熙政権期に

40　商工部『長期造船工業振興計画―大造船地域設定案―』，1973年，p. 20, p. 31, p. 66-68.
41　韓國船舶研究所『우리나라　造船工業發達史』，1978年，p. 177.

表5 造船施設能力の拡張推移

年度		1973	1974	1975	1976	1977	1978	1979	1980	1981	1982
施設能力 (千 G/T)		250	1,100	2,390	2,600	2,670	2,700	2,700	2,800	4,000	4,035
造船 所数	大型	2	3	3	3	3	3	4	4	4	4
	中型	5	5	6	6	6	6	6	6	6	7
	小型	136	134	129	108	120	132	142	142	146	154
	合計	143	142	138	117	129	141	152	152	156	165

資料:韓国産業経済技術研究院 (1984)『韓国・日本・台湾・中共의 造船工業 比較分析』,p. 31.

計画されたものであった．これら4つの造船所の施設能力の現況を見ると，表6のとおりである．大韓造船公社の施設拡張は70年代初頭，商工部の主導でドイツから導入した財政借款によって釜山造船所の既存のドック施設を拡張する一方，15万トン級ドックを新たに建設したものであった．

80年代初頭に構築された造船能力400万トン体制は，80年代にも継続した長期不況の中で，大宇造船合理化の問題，大韓造船公社の倒産などの危機があったものの，維持された．一方，400万トン体制を維持するためには，韓国政府の計画造船の実施が大きな役割を果たした．この時期の計画造船は，政府融資をもって人為的に船舶の需要を創出することであった．融資条件は全体の船舶価格の85％を年利7.5～8％で貸すことで，返済条件は8～13年分割返済であった．表7および表8で分かるように全体の実績は75年から実行され，主には外航船として10万トン以下の中小貨物船を建造した．80年まで112.5万トンを計画し，111.5万トンが実際に発注された．

(2) 台湾

70年代の台湾も造船業の輸出産業化を模索する．台湾造船公司は60年代から行われた日本の石川島播磨重工業との技術提携に基づき，70年代

表6　4つの大型造船所の施設現況（1982年現在）

(単位：DWT)

	造船施設			施設能力
	種類	最大船	建造能力	
現代重工業	B.D		700,000	2,550,000
	B.D		800,000	
	B.D		1,000,000	
	B		50,000	
大宇造船	B.D		1,000,000	1,000,000
大韓造船公社	B.D		60,000	235,000
	B.D		150,000	
	B		25,000	
三星造船	B.D		65,000	215,000
	B.D		150,000	
合計				4,000,000

註：B.D は Building Dock, B は Berth.
資料：韓国産業経済技術研究院（1984）『韓国・日本・台湾・中共의 造船工業 比較分析』，p. 32.

に入ると，すでに13万トン級ドックが完成し，73年には，中国石油公司が発注した10万トン級のタンカーを建造した[42]．また，現代重工業と同じ規模である100万トン級の大型造船所として中国造船股份有限公司の建設も開始された．その目的は，大型タンカーを建造して輸出することを専門とするものであった．これは，73年蒋経国政権の登場を契機に，政府主導のもとで産業基盤の整備および重化学工業の振興を中心とする10項目の国家プロジェクト投資が発足したことを背景としていた．いわゆる「十

---

[42] 日本中型造船工業会『中小型鋼船の海外動向の調査研究事業報告書——エリア1（香港・台湾・韓国）』，1977年，p. 81.

表7　韓国計画造船の推進実態（1980年末現在）　総トン（隻）

区分	船舶用途	計画	発注
1次	外航船	74,000	67,569(8)
	内航船	0	0
2次	外航船	175,000	169,700(17)
	内航船	10,000	7,900(14)
3次	外航船	200,000	246,200(18)
	内航船	10,000	6,800(18)
4次	外航船	226,000	171,300(15)
	内航船	10,000	22,755(46)
5次	外航船	200,000	174,590(13)
	内航船	10,000	23,868(49)
6次	外航船	200,000	212,100(10)
	内航船	10,000	12,458(18)
合計		1,125,000	1,115,240(226)

資料：海事問題研究所（1981），『海洋韓国』1981-4, p. 99.

表8　計画造船の船種別発注量（1980年末現在）　総トン（隻）

区分	船種			
	コンテナー	バルクキャリアー	タンカー	その他
1次		57,240(4)		
2次	61,000(3)	83,000(5)		
3次	61,000(3)	102,000(9)	11,500(1)	
4次	46,200(2)	55,000(3)	9,990(1)	
5次	54,500(2)	99,500(4)		
6次		205,800(8)		
合計	222,700(10)	602,540(33)	21,490(2)	194,792(36)

資料：海事問題研究所（1981），『海洋韓国』1981-4, p. 101.

大建設」である．投資される金額は，総額2千94億元で79年段階の評価額では，約58億ドルに達する巨大なプロジェクトであった．その内訳は，

大まかに産業基盤整備として，交通運輸，空港，港湾，電子力発電など7項目のプロジェクトが63％，重化学工業投資として，鉄鋼，石油化学，造船の3項目のプロジェクトが37％を占めた[43]。

中国造船股分有限公司は，半官半民の経営体制で，資本金は政府45％，中央投資公司10％，外国資本45％で構成された．造船所の建設や大型タンカー建造技術は，また日本の石川島播磨重工業の協力に依存した．石川島播磨重工業は，造船所のレイアウト（lay-out）からタンカー建造技術の移転まですべてを行った．造船所は，76年に完工し，造船所建設の過程で既に大型タンカーの受注に成功し，最終的には米国から4隻（44.5万トン級），海外の華僑資本から6隻を受注した．そして，44.5万トンの大型タンカー2隻は，77年まで建造した．76年の中国造船股分有限公司の100万トン級造船所の完工で，台湾造船業は，台湾造船公司の13万トン級ドックと3万2千トン級船台を合わせて180万トンの建造能力体制を備えることになった[44]。

しかし，オイルショックの影響に伴う景気後退は，台湾造船業も避けて通ることができなかった．中国造船股份有限公司はアメリカから受注した4隻のタンカーのうち残りの2隻を解約された．本格的な経営を開始してすぐに直面することになった世界的な造船不況で中国造船股分有限公司は，経営当初から巨額の赤字累積となった．経営1年目の77年に6.7億元，翌年には6.4億元の赤字が発生した．79年5月までに，計19.9億元あまりの欠損となり，そのうち利息支出が11億元に上がった．累積欠損額は33億余元であり，すでに同社の資本金である56億元の半分を超えていた[45]．

造船業の長期不況とそれによる中国造船股份有限公司の経営危機に対する台湾政府の対策は，国営体制の強化であった．半官半民体制だった中国

---

43 隅谷三喜男・劉進慶・涂照彦『台湾の経済―典型NIESの光と影』，東京大学出版会，1992年，p. 125-126．
44 石原勝利「台湾の造船事情」『造船と情報』，1983年．
45 洪紹洋，2011年，前掲書，p. 133．

造船股份有限公司を77年7月に国営化し，78年には台湾造船公司と合併した．台湾造船業の国営強化は，同じような状況で，民間財閥の経営体制が維持された韓国の造船業界と対照的であった．台湾政府が造船業の国営体制の復帰を決めた背景には，避けられない現実的な問題があった．オイルショックに伴う不況で，中国造船股份有限公司に投資した民間資本が全面的に撤退したことである[46]．資本金の25％を出資していた米国資本は，保有株式を無償譲渡して撤退してしまった[47]．一方，台湾造船公司を中国造船股份有限公司と合併させた措置は，造船市場が急激に萎縮している状況で，両造船所が船舶受注のために不必要な競争をすることを防止するためのものであった．不要の競争を回避し，相互補完を計って台湾造船業全体の体質強化のうえ将来の国際競争に対処すべきとの台湾政府の考えだった[48]．

　77年に国営に改組された後，78年に台湾造船公司と合併することにより新たに発足した中国造船股份有限公司は，国内船主からの優先発注に加え，香港船主からの受注も相次ぎ，日本や韓国の造船産業界が市場混迷で仕事量確保に苦闘を続けていた状況と比較すると，順調な出発を見せた．また，台湾経済の順調な発展と政府の重工業，海運産業強化施策もあり，以前から建造実績を持っていたタンカー，バルクキャリアーに加えてコンテナ船，多目的貨物船を77年から開始された計画造船ベースで多数建造した．

　台湾の計画造船は，全体の船舶価格の40％を政府が融資するというものであった．融資条件は年利11〜13％，5年分割返済の条件であった．この融資条件は，先述した韓国計画造船の融資条件より非常に不利な条件で関連業界の批判の的になった．計画造船は韓国より2年あとの77年の「交通部六年経建第一期（1977-79年）造船計画実施弁法」に基づいて実行

46　隅谷三喜男・劉進慶・涂照彦，1992年，前掲書，p. 128.
47　服部民夫・佐藤幸人『韓国・台湾の発展メカニズム』アジア経済研究所，1996年，p. 99.
48　石原，1983年，前掲書.

表9 台湾交通部6年経建造船計画（1977-82年）造船計画の推移

船種		多目的船		container		bulk carrier		タンカー		その他		合計	
		隻数	DWT	隻数	DWT	隻数	DWT	隻数	DWT	隻数	DWT	隻数	DWT
第1期	計画	9	256,000	6	168,000	6	168,000	0	0	3		21	568,500
	実績	6	171,000	8	207,500	0	0	0	0	3	36,000	17	414,500
第2期	計画	0	0	28	358,000	10	630,000	2	230,000	0	0	40	1,218,000
	実績	2	44,500	4	103,200	9	594,000	4	327,000	9	675,000	28	1,765,700

＊第2期のその他は，鉱石船 13万DWT級4隻が含まれている．
資料：韓国海運技術院（1984）『台湾의海運造船政策』p. 31, 34から作成．

され，主には外航船として10万トン以下の中小貨物船を建造した．全体実績を見ると，表9に示すように1982年の第2期計画まで178.7万DWTを計画して，218万DWTを建造した．

しかし，これだけでは，主に輸出用の大型タンカー建造のために拡大された180万トンの造船設備を安定的に稼動させることができなかった．経営難は続き，80年代に入っても続いた長い造船不況の中で，難局打開のために台湾造船業は，一層強化された経営合理化が必要な状況に直面することになる．

おわりに

韓国と台湾の近代造船業の出発点は，同時期に同じ日本企業からの資本と技術の移植が契機であった．そして解放後50年代は，両国とも植民地遺産を国営化し（大韓造船公社と台湾造船公司），それを担い手として輸入代替をはかったが，いずれも失敗に終わった．狭隘な船舶市場，低生産性，造船機資材産業の未成熟などの問題を財政と援助によって埋めるには限界があったからである．50年代後半には，両国ともに民営体制への転換によって造船業の育成を図ったが，壁を乗り越えることはできなかった．しかし，この時期に両国の造船レベルを比べれば，台湾がはるかに高度であっ

た．台湾は，36,000トン級のタンカーの建造が可能であったが，それは日本の造船企業との技術協力や米国造船企業への経営委託など，海外からの積極的な技術輸入の成果であった．それに対して，韓国は，先進造船国との協力の動きはなく，政策の失敗によって，混迷の状態が続いた．大韓造船公社は，植民地遺産として3,000トン級の船舶3隻と500トン級の船舶2隻を同時に造船する施設を持っていたが，50年代には1,000トン級以上の船舶は1隻も建造できなかった．

60年代は両国とも担い手であった大韓造船公社と台湾造船公司を再度国営化し，日本の技術と資金協力によって発展を図る．育成方法は同じであったが，結果は違う様相を呈した．台湾は，60年代末には，10万トン級のタンカーを建造する技術を蓄積したが，韓国は，施設拡張もうまくできない状況で混迷を続けていた．台湾の成果は，石川島播磨重工業との密接な関係の中，系統的技術移転による技術力の確保と国内外からの受注(市場確保)に成功したことが大きかった．一方，韓国は，三菱との協力がうまくできなかったこともあったが，根本的には50年代と同じく輸入代替の観点から狭隘な国内市場だけに依存したのが混迷を続けた大きな原因であったと考えられる．68年，韓国政府は大韓造船公社の造船需要を確保するために，台湾が発注したマグロ漁船20隻の建造を614万ドルで受注した[49]．これは韓国造船産業においては最初の輸出船であったが，大幅な赤字を出したことで大韓造船公社の経営難をさらに悪化させた．赤字の原因はダンピング入札であった．約9億ウォンの大きな赤字は，財政によって埋められることになった[50]．60年代には，韓国と台湾の格差がもっと大きくなったことが分かる．

70年代は両国ともに重化学工業化政策と大型タンカーの需要による世界造船市場の急拡張に対応して大型造船所を新設し，大型タンカー建造を

49　台湾マグロ漁船事業は，建造の財源が国際復興開発銀行（IBRD）の借款であったので台湾が自ら建造することができず，国際入札にかけることになった．
50　裵錫満，2007年，前掲書．

始めた．その過程で，両国は日本の造船技術を積極的に取り入れて輸出船として大型タンカーの建造に成功する．特に台湾は，石川島播磨重工業からさらに全面的な技術移転を受けている．韓国は，台湾ほどではないが，川崎重工業と深い関係があり，受注した大型タンカーの半分は，川崎の周旋による日本からの受注であった．勿論日本造船企業が当時としては最先端の大型タンカー建造技術を移転した理由は，殺到する造船需要に対応して両国の新設造船所を下請け造船所（follow yard）として活用しようとする経営戦略をとったからであった[51]．

　戦前，三菱重工業の系列会社として出発した両国の造船業は，戦後も類似した道を歩んできたと考える．また同じく日本造船業と密接な関係にあった．特に台湾は，すでに50年代前半から石川島重工業と協力し，その関係は70年代まで長い期間続いた．韓国も60年代から日本との協力を本格的に行うことになる．

　しかし，70年代の2回のオイルショックから80年代までの長期間の不況下で，両国造船業は違う道を歩むことになった．韓国は，政府の主導のもと試行錯誤の過程を経て民間財閥系造船業のビッグ4体制が構築され，台湾は民営体制の中国造船公司が設立された．しかし，後に台湾造船公司を合併して国営体制へと復帰した．この展開過程と結果についての比較分析は，今後の課題としたいが，幾つかの展望を述べておく．

　世界造船業界の巨視的な流れから見ると，世界造船市場の長い不況の時期（70年代中半から90年代中半まで）に，日本は政府主導の強い合理化政策（35％の施設削減），台湾は育成放棄，韓国は赤字を政府資金で埋めながら400万トン規模の造船施設維持し，90年代中半から2000年代の好況期を迎えることになった．

　両国造船業の展開をわけた要因をみると，先行研究では経営形態としての国営と民営，市場戦略としての輸入代替と輸出指向政策に焦点を合わせ

51　裵錫滿，2011年，前掲書．

ている．初期の台湾関連の研究では，①官業形態を取った台湾の官僚経営の非効率，②市場，技術，資材の対外依存性，③台湾産業の官民二重構造の問題などを挙げている[52]．最近の研究も国営事業体制の限界を取り上げながら，政府の支援は弱い一方，経営に対する過度な制限と介入が迅速かつ効率的な経営判断や意思決定を困難にした点を挙げている．一方，韓国の場合は，政府支援を背景に初期段階から国際市場に目を向けた経営戦略を成功の要因として注目している[53]．

韓国の造船業に関する先行研究も，主に政府の強力な支援と財閥が主体となった民営体制の優越性を成功要因として指摘している．さらに産業育成のための政府の強力なリーダーシップと将来に対する政策的予測を強調したり[54]，自ら積極的にリスクを甘受する財閥総帥の企業家精神をたたえるものもある[55]．

しかし，20世紀における韓国と台湾の造船業の具体的な展開過程を見ると，その先行研究の分析に一定の疑問をいだかざるをえない．民営体制に優越性があった例として，68年に民営化された大韓造船公社は，リスクを甘受する起業家精神があったにもかかわらず80年代に没落し，政府の公的資金を注入しなければならなかった．韓国政府によって強制的に大韓造船公社の巨済島造船所を引き受けさせられた財閥グループ大宇は，造船所ドックを埋め，その敷地に総合機械工場を建設しようとした．80年代の「造船産業合理化」と大宇造船の処理問題は，最も代表的な政府の政策失敗事例として挙げられた．実際に韓国造船業が劇的によみがえったのは，90年代以降，世界経済の景気回復とそれに連動した海運業の活況，そして環境問題によるタンカーの全世界的な交換ブーム，新エネルギーと

52　隅谷三喜男・劉進慶・涂照彦，1992年，前掲書．
53　洪紹洋，2011年，前掲書．
54　Alice Amsden, 1989, *Asia's Next Giant : South Korea and Late Industrialization*, New York : Oxford University Press.
55　高承禧　外『峨山鄭周永研究』，韓國經營史學會，1999年．

してLNGの登場などの外的要因に起因したと言える．よって，韓国の造船産業が赤字経営を政府資金（公的資金）で埋めるパターンから脱することができたのは，90年代中半からであった．こうした状況からみると，韓国造船業に対する評価，ひいては韓国と台湾の造船産業の成否に対する比較史的分析はもっと緻密な歴史的実証を通じた見直しが求められるといえる．

結論と展望

　本書が提示した見解を時代ごとに整理して，今後の研究の展望を示すことにする．

　第1は，東アジアにおける日本帝国の歴史的な意味である．本書に対するあり得る誤読は，本書名をもって東アジアの高度成長を日本帝国の支配と開発による「成果」だと見なすことである．これは，「植民地近代化論」とよばれ，植民地期の資本蓄積や制度導入，総督府の経済政策を解放後の高度成長をつくり出した直接的な要因だとみなす認識で，かなり一般に普及している．しかし，本書をよく読めば明らかなように，いずれの章にもそのような短絡的な見解は提示されていない．そもそも如何なる社会も前の時代に規定されないはずはないし，後の時代に影響を及ぼさないこともあり得ない．どのような大変革でも無からつくりだすことはできないのであるから，そこには連続性と断絶性が必ずともにある．その意味では，植民地からの解放・独立を単純な連続論や断絶論としてまとめることは不可能である．

　東アジア近代の特徴は，それぞれが国民経済をつくり個別に世界経済と接したのではなく，短くはないある一時代に，日本と朝鮮，台湾や周辺社会が日本帝国に組み込まれ，一つの権力の下に同質の経済制度が作られ，一体的な経済運営がおこなわれたことである．そのような疑似国民経済的な日本帝国の体制のもとで，市場経済化や工業化が進められた．そのために，これらの社会には前近代から現代にいたるまでの過程を，一国単位の歴史としては十分に把握できないため，本書のように東アジア地域レベルでの歴史認識が必要なわけである．本書は，植民地期朝鮮と台湾で起こっ

た事態を，すべて日本側の要因や意図で説明できるとは考えていない．朝鮮時代や清朝時代からの歴史的条件もあったし，2つの大戦や大恐慌という世界的共時的な条件も作用した．序章では，それらを踏まえたうえで日本帝国末期の経済状態を分析の出発点にしている．第2章，第5章，第6章，第7章は，植民地期朝鮮(韓国)・台湾における各産業のあり方と1950年代における当該産業の復興発展の初期条件との関連について，単純なプラス・マイナスではない構造的な規定関係と新しい転換とを総合的に明らかにした．第4章は日本台湾間の貿易を対象として，貿易内容，制度，日台米の政策等の相互関係を分析したうえで，なおも前後の時代を通じた日台間の強固な貿易関係の存在を強調している．総じて，一国単位での産業の通時的な連続・断絶のみではなく，日本，韓国，台湾の共時的な分業関係を視野に入れて，初期条件とその後の変化を把握しなければならないことを明らかにした．

　しかし，日本帝国の崩壊の意義や，1945年前後における東アジア社会の関連性を総合的に明らかにするためには，中国や北朝鮮が西側世界経済と切り離されたことを含めて研究しなければならない．戦前に緊密に結ばれていた東アジアの各社会が，約30年間ほとんど分断されたことは，米国と強く結びついたのと同様に大きな影響を与えたからである．

　第2は，米国主導の下で東アジアに形成された国際的な経済・産業関係の特徴である．戦後東アジア経済における米国のプレゼンスとその役割の解明は，本書の主眼の一つであった．序章は，この地域における米国の経済的な台頭が，両大戦間期に既に進行していたことを明らかにした．戦後米国の東アジア政策に関する既存の研究は，米国の諸政策構想の発掘とそれが東西対決によって変質したことを強調してきた．しかし，米国の政策転換をもたらしたのはソ連との対抗や中国革命の勃発だけに限定されるものではない．第1章は，その米国の態度を変えたものとして，1950年代を通じた社会主義国の平和攻勢，とりわけ東側の援助が大きく伸びたことが，米国に新しい国際政策や旧植民地諸国の開発政策，援助・借款政策に

取り組ませる圧力になったとしている．

　米国援助が東アジアの政治経済にあたえた影響の大きさに異論はないであろう．しかし，その政策は，社会主義との対抗関係だけが規定要因であったわけではない．援助の実施過程を具体的に見れば，米国援助当局と，援助受入国である韓国，台湾の政府官僚と企業担当者との議論と交渉，対抗と妥協等のなかで実施形態が決まっていく．第2章は台湾電力という電力会社を，第3章は第一次経済建設計画を対象にして，援助と経済建設の関係を分析した．その過程では米国の政策が一方的に押しつけられるのではなく，台湾の官僚や企業が独自の経済建設・運営構想を持って米国側に対峙し，かなりの場合現地側の条件を組み込んだ意見が通る場合が多かったことを示している．この東アジア側の主体的対応の発掘は本書の強い主張である．

　米国の戦後構想における最大の誤算は，高度成長によって東アジア諸国の工業が急速に発展し，その製品が洪水のように米国市場を席巻するようになったことであろう．序章はそのメカニズムをマクロ的に解明し，第5章は繊維産業で，第6章は電機・機械産業でどのようにしてそのような事態が進行したのかを詳細に明らかにした．パクス・アメリカーナの下における東アジアの国際経済関係は，決して米国の構想だけによって成立したものではなく，東アジア地域側の歴史的展開によって規定されたところが多かった．

　本書では，東アジアの日本，台湾，韓国と米国との経済関係の緊密化について，もっぱら東アジア側の条件のみを検討したが，これはいまだ国際分業の片側だけの分析に止まっているといわざるを得ない．1950・60年代東アジアの工業製品を大量に吸収した米国内の経済産業事情の分析が進まないと，東アジアの経済発展を十分に把握したとはいえない．さらには，東アジアの直接的な競争相手であった西ヨーロッパ産業との比較研究が必要である．

　第3に，東アジア内の産業発展の特徴である．本書所収論文は，いずれ

も東アジア各国経済・産業の比較に留意している．大局的にいえば，韓国と台湾の産業は，日本と米国との関係において類似した様相が多く，それぞれ密接な関係があったこと．そして，韓国と台湾相互間の直接的な貿易や産業的な連関がほとんどないことは，このことを証明しているともいえる．しかし，序章にあるように朝鮮と台湾はすでに植民地時代の経済において社会的分業や産業のあり方でかなり相違があり，そのことが解放後の韓国と台湾の産業をかなり特徴付けていることは第5章，第6章が明らかにしている．

　さらに，第7章が明らかにしたように，韓国と台湾は植民地期の巨大船渠施設を，自国の機械工業の基礎に据えようとして，同じように造船業に対してさまざまな育成政策をとった．日本の造船企業は，両国の造船業を自己の下部施設に位置づけようと投資や技術移転をおこなった．そして，一時は台湾の造船業の発展が産業的に韓国の同事業より先行したこともあった．しかし，結果から見ると，1970年代以後韓国の民営造船業は世界市場に進出することで急速に発展し，最終的には日本造船業を凌駕して世界最大の造船大国になった．それに対して，同じような経過を歩んできた台湾の造船業は，その後国営主義を維持する中で台湾の軍用船の建設しかできないまでに衰退した．政府と企業の戦略と選択によって，類似の産業基盤の下から全く異なった結果がうまれる，という興味深い事例が提示された．

　これまで，東アジアの産業連関や技術移転については，プロダクトサイクル論，雁行型経済発展論，組立型産業論等，さまざまな発展モデルが提案され，適用されてきた．いずれも特定の産業の移転・創始については妥当する面を持っているが，全体として国の枠を超える経済発展や関係の変化を説明するには未だ十分ではない．かつて，日本が投資や技術供与した関係にあった韓国・台湾の産業から，日本企業を上回る規模や技術をもつ企業が生まれている現状からすると，東アジアの経験は新しい産業発展の理論構築に，多くの材料を提供しているといえよう．

第4は，これらの高度成長の終焉と1990年代以後の東アジアの経済発展との関連の問題である．序章と第6章で言及したように，日本・台湾・韓国の高度成長は，起点は1950年代後半から60年代半ばまで接近しているが，その終了は日本が1974年であるのに対して，韓国や台湾では1990年代まで延びることになる．それはそれぞれの国内経済のあり方が異なっていたためであり，東アジアの高度成長の本質を本書のように「農業社会の解体をともなう資本主義の全面化」だととらえると，その趨勢は台湾と韓国でもあきらかに1980年代に沈静化していた．日本の安定成長の終焉，台湾と韓国の工業化の減速は，3国の社会経済の急激な変革を推進していた内外の諸条件が変化したことを意味している．つまり，1950年代後半から東アジア3国（部分的には香港も）を巻き込んで進んだ本格的な社会経済の工業化は，1980年代に転換期をむかえたのである．

　この新しい時代への移行自体は本書の扱う範囲から外れるが，展望的に概括すれば，資本主義の成熟ということであろう．世界的な次元でいえば，先進国における資本の累積的な蓄積は国内消費市場の拡大速度を凌駕していたので，やがて有利な投資先がなくなり，1980年代から利子率・利潤率さらにはGDPの成長率までもが低下し始めた．IT技術や国際資金移動を促進する制度が整備されてきたことによって，先進国から後進地域への投資や資金移動が劇的に加速した．貿易やサービスという実体経済の数百倍規模の資金が，瞬時に移動するようなグローバル経済化が進行したわけである．それらに加えた東アジアの特徴は，同時期に中国が改革開放によって世界経済に門戸を開いたことである．社会主義時代にすでに工業化の諸条件を整えていた中国は，日本，台湾，韓国の後を継ぎ，またそれらと強い関係を取り結びながら，急激な工業化と高度成長を推し進めた．それまで西側世界との関係が希薄であった巨大な中国経済が，市場としても工業製品輸出地としても，世界史で前例のない巨大な規模のニューフロンティアを提供した．すでに20年間を超える高度成長によって国内農業を消尽していた日本・台湾・韓国は，このような欧米と中国の巨大な経済変革に

巻き込まれ，新しい国際関係に移行していく．

　現在我々が目の前にしている日本・台湾・韓国は，欧米先進地域と中国および周辺東南アジア地域との関係の中で，自己の立ち位置を見いだそうと経済発展の方向性を模索し苦闘している．中国経済の規模とそのインパクトがあまりにも大きいために，あたかもアジア経済の研究とは，中国と周辺新興国経済の現状を分析解釈することであるかのように理解されているふしがある．そこでは，利子率・利潤率や労賃の国際的な差額や巨大な資本移動等の動態的なフローの動きがきわめて重視されている．しかし，東アジア経済の現状を深く認識するためには，そのようなグローバル化による共時的変動のみではなく，それらとは相対的に別な，当該社会の基底にある構造的変化を把握する必要がある．そして，そのためには，中国や東南アジア等に先行して起こった日本・台湾・韓国の短期間での大規模な工業化，1950～70年代高度成長のメカニズムを正確に理解しておく必要がある．「中国の時代」「大東アジアの時代」において，あえて日本・台湾・韓国の高度成長期の経済発展に焦点をあてて研究する意義はここにある．

年表

	日本	韓国	台湾
45	11 GHQ、「持株会社の解体に関する覚書」の発表。「財閥解体」 12 労働組合法公布。 12 農地調整法改正公布。	9 米極東軍司令部、南朝鮮へ軍政布告。 9 米軍政庁、国公有の日本財産を接収。 10 米軍政庁、糧穀市場の自由化。	10 台湾行政長官公署成立。 11 日本資産などの接収開始。
46	2 金融緊急措置令・日銀券預入令公布。 10 戦時保障特別措置法など公布(軍需補償打ち切り)。 12 閣議、第4四半期物資需給計画を決定(傾斜生産方式の開始)。	1 米軍政庁、対外貿易規則に関する法令を発表。 2 米穀収集令発動、1 かます120ウォンで強制集貨。 10 大邱暴動事件の発生。	5 行政長官公署、台湾銀行を接収し、台幣を発行。 6 国共内戦の本格化。 彰化、商工、華南の3銀行の接収改組化となる。
47	4 「独占禁止法」公布。 7 「1,800円ベース」新物価体系第一次発表。 12 過度経済力集中排除法公布。	3 行政示「小規模事業体の払下に関する件」が発表。 4 朝鮮紡績協会が創立総会。GARIOA 資金による原棉導入・分配が開始。 6 輸出入許可制が実施。	2 二二八事件。 4 行政長官公署を廃止(改組)し、台湾省政府成立。
48	1 財閥同族支配力排除法公布。 11 GHQ、「賃金3原則」の発表。 12 GHQ、「経済安定9原則」の発表。	3 帰属農地を農民に払下げる法令73号の公布。 5 制憲国会議員選挙。 8 大韓民国の誕生。	2 日本への砂糖輸出再開。
49	3 GHQ 経済顧問ドッジ公使、「ドッジ・ライン」を発表。 4 公式為替レート(1ドル=360円)設定。 9 GHQ、「シャウプ勧告」を発表。	4 日韓通商暫定協定の発効。 6 農地改革法の公布。 12 帰属財産処理法の公布。	4 土地改革の「三七五減租」開始。 6 「新台幣発行弁法」公布。新台湾ドル。 12 国民党政府、中央政府(首都)を台北に移転。
50	4 日本製鉄、4分割されて八幡製鉄・富士製鉄などが発足。 7 トヨタ自動車工業、会社再建案に端を発する労働争議が終結、社長退任。 9 第2次シャウプ勧告案発表。	4 農地改革の実施。 6 韓国銀行の設立。 6 朝鮮戦争の勃発。	2 稲穀換肥奨励弁法(米穀・肥料バーター制)。 6 米国大統領トルーマン、「台湾海峡の中立化」宣言。 9 「台日通商協定」調印。

年			
51	2 川崎製鉄千葉製鉄所開業（臨海銑鋼一貫製鉄所の開始）．3 開発銀行法公布（復興金融公庫の成立）．日本発送電解体，9 電力休制の廃止．	7 開城で休戦会談の開始．10 米韓経済財政協定調印．第一次日韓会談が開始．	1 米国の国民政府援助再開（経済援助〜65年，軍事援助〜74年）．2 米国と共同防衛相互援助協定調印．6 土地改革の「公地放領（公有地払い下げ）」開始．
52	4 GHQ，外資管理権を政府に完全に返還．IMF・世界銀行への日本の加盟が承認される．12 日本長期信用銀行設立．	2 第二次日韓会談，請求権・漁業問題で対立．5 米韓経済調整協定の調印．12 米韓経済協定調印	4 日華平和条約調印．8月に発効．
53	8 労働金庫法公布．9 独占禁止法改正公布（合理化カルテル，輸入金融優遇措置全廃．12 原材料リンク制の拡大（輸出振興策）．12 旧三菱銀行4商社，合併正式調印，新生三菱商事の発足．	2 緊急通貨措置，ウォンからファンへ．7 休戦協定が成立．	1 第一次経済「四カ年計画」発足．1 土地改革の「耕者有其田」実施．「公営事業移転民営条例．四大公営企業（工鉱，農林，紙業（製紙），水泥（セメント））の払下げを決定．7 「外国人投資条例」公布．9 第一次台湾海峡危機（〜55年）．12 「中美共同防禦条約」（米華相互防衛条約）調印．
54	1 通産省，駆油輸出に粗糖リンク制採用を決定．3 輸入金融優遇措置の開始．3 原材料リンク制廃止（輸出振興策）．	4 韓国産業銀行の設立．5 政府，国連韓国再健団と経済援助計画に関する協約を締結．10 政府，帰属銀行株払下要綱を発表．	7 「外銷品退税措施弁法」公布．11 「華僑回国投資条例」公布．11 国際糖業条約から脱退．
55	6 GATTへの日本加盟が承認される．12 通産省，米国向け綿製品輸出制限を決定．12 政府，「経済自立5か年計画」を決定．	1 輸出奨励保証交付制度の実施．5 米韓余剰農産物援助協定の実施．8 IMFとIBRDへ加盟．	5 「日華貿易協定（日華貿易協定）」調印．1億5000万ドルのバーター貿易．
56	5 百貨店法公布（百貨店規制）．6 機械工業振興臨時措置法公布．7 閣議，経済白書の発表（"もはや戦後ではない"）	1 産業復興5カ年計画の立案．1 大韓造船公社が設備投資（ICA援助資金200万ドル）．6 経済復興6カ年計画の立案．2 農業協同組合法制定．10 大韓造船公社が合法営化	
57	3 租税特別措置法公布．11 日本原子力発電設立．12 閣議，「新長期経済計画」を決定．	10 米，対韓借款を564万ドルと決定．11 農業協同組合中央会が発足	
58	6 鉄鋼の公開販売制度の実施，鉄鋼業不況対策．		4 「外貨貿易改革方針案」公布．輸出振興のため為替制度改革に着手．11月

年			
59	7 日本貿易振興会（JETRO）設立． 7 通産省，電子工業振興5か年計画を決定．	12 大韓造船ストライキ	に単一為替レートの実施． 8 第二次台湾海峡危機（八二三砲戦）． 12 台湾銀行が綿紡織業への割引業務を許可．
	2 旧三井物産系商社の大合同完了，新生三井物産の発足． 4 最低賃金法公布． 9 八幡製鉄，戸畑工場1500トン高炉稼働（日本最大．高炉大型化時代の開始）．	6 政府，在日北送問題で対日交易の中断を日本政府へ通告． 10 全国労働組合協議会が結成． 12 経済改革7か年計画前半3カ年計画が実施．	1 彰化・華南・第一・台湾・土地銀行，合作金庫が貯蓄預金業務を開始．「八七水災」． 10 蔣介石・ダレス共同声明，武力による大陸反攻を放棄．
60	1 閣議，貿易為替自由化を促進すること（貿易為替自由化の開始）を決定． 11 三池争議終結，労働側の敗北に終わる．エネルギー革命の進展． 12 閣議，国民所得倍増計画を決定．	1 外資導入促進法の制定． 4 政府，日韓貿易の再開を通告． 4 四月革命，27日に李承晩辞任．	5 東西横貫公路（中部横貫公路）線開通． 7 「貨品管制進口準則」公布． 9 「奨励投資条例」（投資奨励条例）公布．
61	6 農業基本法公布． 7 国土総合開発審，「全国総合開発計画」を決定． 1959年公布の国民健康保険法，全国に拡大する形で国民皆保険体制が成立．	5 軍事クーデタが発生．軍事革命委員会を組織． 9 経済開発5ヶ年計画の立案． 12 外資導入促進委員会の設立．	3 華僑商業銀行設立，営業開始． 6 日華貿易新協定調印． 7 中央銀行が台湾で復業（営業再開）．
62	5 新産業都市建設促進法公布． 11 日中総合貿易に関する覚書に調印（LT貿易の開始）．	1 第一次経済5ヶ年計画が発表． 6 第二次通貨改革，ファンからウォンへ． 12 対日請求権問題，無償供与3億ドル，借款3億ドルで妥結．	2 台湾証券取引所（1961年10月設立）が正式営業開始． 8 「技術合作条例」公布． 10 台湾電視公司が商業テレビ放送開始．
63	2 日本，GATT 11条国移行の政府案を通告． 3 閣議，特定産業振興臨時措置法案を決定（後に審議未了で廃案）． 10 旧三菱重工業3社，新生三菱重工業に合併． 64.6 に新生三菱重工業発足．	1 商工部，輸出入リンク制を発表． 3 中央情報部，四大疑獄事件を公表． 10 朴正熙，大統領へ当選．	
64	4 日本，IMF 8条国に移行． 4 日本，OECDに加盟．	5 為替レートの引き下げ，変動相場制が実施．	

年			
65	7 工業整備特別地域促進法公布．鹿島臨海地域など指定		5 蔚山精油工場竣工． 9 国会，輸出産業工業団地造成法（案）が通過．	
66	3 山陽特殊製鋼，会社更生法適用を申請（戦後最大の倒産．粉飾決算の問題化）．田中蔵相，一九の日銀特別融資を発表（山一証券事件）． 5 閣議，財政処理のため戦後初の赤字国債発行を決定．	1 「加工出口区設置管理条例」公布． 4 日本政府と1億5000万米ドルの円借款協定． 6 米国，経済援助を打ち切り．	1 第二次経済開発5ヶ年計画． 6 日韓条約へ調印． 8 外資導入法が制定	
67	4 日産自動車・プリンス自動車合併契約．自動車産業再編はじまる． 8 アジア開発銀行設立協定発効．	「高雄加工出口区」完成．	2 第二次経済開発5ヶ年計画の最終案が成案． 7 米韓行政協定の締結 11 中小企業基本法が国会を通過	
68	5 ケネディ・ラウンド主要国間で妥結． 6 閣議，資本取引自由化基本方針を決定．		1 韓国外換銀行の設立． 4 政府，GATTへ加盟． 10 浦項製鉄，起工（1973.7.3に竣工）．	
69	1 日米綿製品貿易取決め改定交渉妥結（日本の輸出自主規制の継続）． 3 主要先進7か国中央銀行総裁会議，金価格維持声明を発表（金の二重価格制）．国民総生産（GNP）1428億ドル．米国に次ぎ第2位．	1 「九年国民教育実施条例」公布（9月より九年制義務教育実施）． 4 「証券交易法」公布．	2 京釜高速道路，着工． 3 機械工業振興法の公布． 7 電子工業振興5ヶ年計画を発表．	
70	4 国土総合開発審「新全国総合開発計画」を答申． 5 閣議，自主流通米制度を決定．	9 高雄港拡張工事完了（1958年9月～）．	1 政府，電子工業振興法公布． 6 第一次不実企業整理，断行． 9 政府，馬山～輸出自由地域設置を決定．	
	1 日銀，国際決済銀行（BIS）に正式参加調印． 3 八幡製鉄・富士製鉄，正式に合併，新日本製鉄発足． 6 日米繊維交渉合意せず，双方が遺憾の意を表した共同声明を発表．		7 京釜高速道路が開通． 10 国土総合開発10カ年計画が確定． この年，輸出10億ドルを達成．	

年	日本	韓国	台湾・中国
71	8 ドル・ショック発生、ブレトンウッズ体制が動揺. 10 第一銀行と日本勧業銀行が合併、第一勧業銀行発足. 12 基準外国為替相場を1ドル=308円に変更(スミソニアン・レート).	2 第三次5ヶ年計画の発表. 4 在韓米軍2万撤退が完了. 4 第7代大統領選挙、朴正熙が当選. 12. 6には国家非常事態を宣布.	8 中山高速公路(南北高速道路)着工. 10 国民政府、国際連合から脱退. 12 中国銀行が「中国国際商業銀行」として民営化.
72	10 日米繊維協定、ワシントンで調印. 通産相、「日本列島改造論」を発表.	7 7・4 南北共同宣言. 8 8・3措置、大統領緊急命令による社債の凍結や金利引き下げ. 10 朴正熙大統領、10月維新(戒厳令宣告)、国会解散、大学休校を宣布.	6 蒋経国、行政院長に就任. 9 日中国交正常化、日本と国民政府断交. 11 中国農村復興委員会(農復会)が「肥料換穀(米肥)」制度を廃止.
73	1 政府、大型財政拡張を盛り込んだ73年度予算案を決定. 2 大蔵省、外国為替相場の変動幅制限を停止.(変動相場制へ移行) 10 OPEC原油価格引き上げ、第1次石油危機始まる.	6 6.23平和宣言. 8 金大中拉致事件. 11 湖南高速道路、南海高速道路が開通.	「十大建設計画」発表.
74	1 消費者物価の暴騰続く、狂乱物価の開始. 3 大規模小売店舗での小売事業活動調整法施行、スーパーマーケットも規制.高度経済成長期以降、初めてのマイナス成長、スタグフレーションも進む.	1 緊急措置1号を宣布、維新憲法への反対や改憲議論を禁止. 8 8・15狙撃事件、大統領夫人、陸英修が撃たれる. 9 現代造船の労働者、警察と衝突.	6 中小企業保証基金会成立.
75	4 雇用保険法施行(1947年に制度化された失業保険法の改変、1974年に公布). 11 75年度一般会計補正予算案成立、赤字国債の本格化.	2 維新憲法に反対か賛成かの国民投票が実施. 5 緊急措置9号を宣布、反維新を一切禁止. 12 国産自動車ポニーを生産.	4 蒋介石死去.蒋経国、国民党主席就任.
76	1 政府、戦後初めて赤字国債に組み込んだ76年度予算案を決定.	6 第四次経済開発5ヶ年計画を発表. 10 栄山江下流域農業開発工事、第一段階竣工.	7 台湾中小企業銀行設立. 10 台中港開港.
77	2 日本・アメリカ、繊維輸出規制枠全廃.	3 カーター米大統領、駐韓米軍撤退の段階	7 中国造船、中国鋼鉄の国営化.

年			
78	3 で合意（事実上完全な自由化）。米国際貿易委、日本製カラーテレビの輸入急増は国内産業に被害と裁定（集中豪雨的輸出）。 11 閣議、「第3次全国総合開発計画」を決定。	12 的撤収を発表。輸出100億ドルを達成。	3 蒋経国、総統に就任。 10 中山高速公路（南北高速道路）開通。 12 台湾電力第一原子力発電所操業開始。
79	1 日米経済交渉、79年度の経常収支均衡への拡大などを約束した共同声明を発表。 5 特定不況産業安定臨時措置法公布。 12 日米農産物交渉妥結（オレンジ・牛肉等の輸入枠拡大）。	7 統一主体国民会議、第9代大統領へ朴正熙を選出。 8 政府、不動産投機の抑制を発表。 12 第10代国会議員選挙。	1 日米繊維協定改定交渉妥結。 1 イラン革命による第2次石油危機始まる。 7 東京ラウンドのジュネーブ議定書調印（多角的貿易交渉、関税率の引き下げ）。
80	5 日米通商協議、自動車等の経済摩擦議題に開催。 12 新外為法施行（外債投資の自由化）。	4 経済安定化総合施策を発表。 10 朴正熙大統領、殺害。 12 崔圭夏総理、大統領を選出。	1 米中国交樹立。 1 中国全人代常務委員会、台湾に「三通」と「国復帰」を呼びかけ／ 4 米国議会「台湾関係法」制定。
81	3 臨時行政調査会初会合（小さな政府、増税なき改革を志向）。 5 日米自動車協議、対米輸出自主規制実施で決着。 6 大蔵省、銀行行政の弾力化の実施細目を発表（国際業務規制の緩和）。	5 非常戒厳令を全国に拡大。 5 光州民主化運動。 10 第5共和国憲法の公布。	
		1 非常戒厳令の解除。 2 全斗煥が大統領へ選出。 9 88年オリンピック、ソウル開催決定。	2 台湾鉄路管理局の北迴線（北回り鉄道）（蘇澳−花蓮）開通。 4 国際通貨基金（IMF）を脱退。 12 ハイテク産業の「新竹科学園区（新竹科学工業園区）」操業開始。

あとがき

　本書は，日本学術振興会科学研究費基盤研究（B）プロジェクトである「東アジア高度成長の歴史的起源——連続・断絶論から東アジア経済圏論へ——」（2011〜2013年度）（代表者　堀和生）の研究成果をまとめたものである．研究費を助成していただいた日本学術振興会（ならびに国民のみなさま）に感謝申し上げる．

　この研究プロジェクトは，2003年に設立された東アジア経済史研究会を母体として始まった．研究会の設立については，堀和生編著『東アジア資本主義史論II　構造と特質』（ミネルヴァ書房，2008年）のあとがきに述べてあるので省略するが，成果は上記のもの以外に堀和生『東アジア資本主義史論I　形成・構造・展開』（ミネルヴァ書房，2009年），2009年度社会経済史学会全国大会パネルディスカッション「東アジアにおける資本主義の形成―帝国に依存した経済発展」として発表されている．
　これらの成果は，日本・台湾・韓国（戦前は朝鮮）の三国間の経済的関係について，東アジア資本主義の形成と発展という視点から分析したものであった．しかしながら，次の二つの点において，分析はいまだ不充分であったため，学会に大きなインパクトを与えたようには見えなかった．第一に，東アジアにおける資本主義の形成期に焦点を当てたため，高度経済成長期に関しては展望の水準に留まっていたこと．第二に，米国との経済関係についてほとんど分析されていないことであった．これらの弱点を克服し，歴史認識を発展させるためには，対象を戦後の高度経済成長期までひろげ，実証的研究を行うことが不可欠であると認識し，本書の研究プロジェクトが始まった．余談であるが，堀は，学会にインパクトを与えられ

なかったことがよほど不満だったらしく，2010年と2011年の社会経済史学会全国大会の自由論題報告で立て続けに報告をしている．

　研究プロジェクトのメンバーについては，今後の日本・台湾・韓国の研究者の交流を活発にするために，堀の弟子という範囲を超えて，より長期的に研究生活を行う3カ国の中堅研究者で構成した．しかし，台湾の研究者とは深いつながりがなかったため，台湾中央研究院の林満紅氏にお願いして，許世融と趙祐志の二人を紹介していただいた．

　本研究プロジェクトでは，3回の全体研究会および社会経済史学会近畿部会夏季シンポジウム，東アジア資本主義史に関するシンポジウムと二度のシンポジウムを行った．その詳細は，下記の通りである．なお，報告者の所属は当時のものである．

　　第1回全体研究会（2011年8月6日〜7日　於　京都大学）
　　林采成「東アジアにおける「日本帝国圏」鉄道の形成と戦後再編—1940年代を中心として—」
　　許世融「20世紀前半期中国の排日運動とその対中台貿易の影響—台湾の観点と日本の観点の比較研究—」
　　堀和生「1940・50年代東アジア経済史研究の視角」
　　堀内義隆「戦前・戦後の台湾工業—商工業調査を手がかりに—」
　　湊照宏「1940年代後半台湾の悪性インフレ収束策」
　　裴錫満「李承晩政権期国家主導下の造船業育成政策の展開—計画造船の実施と造船業育成の試み—」
　　趙祐志「日本植民地時代台湾の五大家族と商会活動」
　　圖左篤樹（京都大学大学院）「1950年代台湾の人絹織物業」
　　福岡正章「韓国人絹織物業の復興と再編」

　　第2回全体研究会（2012年8月22日〜23日　於　京都大学）
　　堀和生「戦後東アジアの高度成長」
　　福岡正章「韓国・台湾の繊維産業」
　　圖左篤樹「1950年代の台湾紡織業の資本形成—日本との関係を中心に—」
　　林采成「米国の戦後東アジア経済政策」

許世融「終戦前後の対日貿易（1940年代～1960年代）」
堀内義隆「台湾・韓国の機械産業」
裴錫満「韓国・台湾の造船産業」
湊照宏「台湾の第1期経済建設計画と米国援助の運用」
趙祐志「米国援助顧問と台湾初期の経済建設計画」

社会経済史学会近畿部会夏季シンポジウム（2012年8月24日　於　大阪市立大学文化交流センター）
「東アジアにおける復興から高度成長―日本，韓国，台湾の経済的変容―」
司会　金子文夫（横浜市立大学）
第1セッション
堀和生「東アジアにおける戦後高度経済成長」
林采成「米国戦後構想と東アジア」
福岡正章「韓国・台湾の繊維産業」
第2セッション
堀内義隆「台湾・韓国の機械産業」
裴錫満「韓国・台湾の造船産業」
第3セッション
コメント　武田晴人（東京大学）
コメント　李栄薫（ソウル大学（韓国））
コメント　黄紹恆（交通大学（台湾））

第3回全体研究会（2013年8月22日～23日　於　京都大学）
堀和生「東アジア資本主義の成立」
福岡正章「韓国衣類産業の輸出産業化」
圖左篤樹「1950年代台湾紡織産業の発展におけるアメリカ経済援助の役割」
林采成「戦後東アジアの経済発展とアメリカ」
許世融「終戦前後の対日貿易（1940～1960）」
堀内義隆「台湾の高度経済成長と資本財供給」
裴錫満「韓国・台湾の造船産業」
湊照宏「米国援助と台湾電力業」
趙祐志「懐徳公司と戦後台湾の経済計画」

東アジアの資本主義史に関するシンポジウム―認識の長いスパンと広い視

野(2013年8月24日　於　京都大学)
司会　松本俊郎(岡山大学)
堀和生「東アジア資本主義は設定できるか」
林采成「戦後東アジアの経済発展とアメリカ」
金子文夫(横浜市立大学)「東アジアにおける商品と資本の移動」
原朗(東京大学名誉教授)「東アジア資本主義と欧米帝国主義」

　シンポジウムで司会やコメンテーターを引き受けてくださった方々,討論に参加してくださった方々にお礼申し上げる.とくに東アジア資本主義史に関するシンポジムは,共同の呼びかけ人になってくださった原朗氏,ならびに堀の私的な呼びかけに集まってくださった多くの方々に感謝を申し上げたい.またこれも余談になるが,2012年8月のシンポジウムは,堀和生に大学院で指導を受けた弟子たちが還暦祝いを提案したところ,堀が形式的な祝宴よりも学術的に意味のあることをしたいと言い出したため,堀内・福岡を含む弟子一同引くに引けなくなり,取り組まざるを得なくなったものである.

　全体研究会は毎年1回開かれたが,毎回丸2日間をかけて行われ,研究会後の懇親会も含めメンバー一同へとへとになりながらも楽しく充実したものであった.全体研究会は,日本,台湾,韓国と場所を移して行う予定であったが,台湾人研究者が韓国で研究会を行うメリットを感じなかったため,すべて日本で行うこととなった.3国比較といってもそれぞれの問題関心の強弱の差がかなり大きいことを実感した.

　また,これらの全体研究会やシンポジウム以外にも外部から研究者を招いた個別研究会を行った.その詳細は下記の通りである.

(1) 韓国・台湾造船業史に関する研究会 (2012年1月7日　於　京都大学)
裴錫満「韓国造船業史に関する研究」
堀内義隆・堀和生・裴錫満「書評　洪紹洋『台湾造船公司の研究』(御茶の水書房,2011年)」
祖父江利衛(関東学院大学)「裴錫満・洪紹洋氏の研究に関するコメント」

(2) 繊維産業史研究会（2012年3月24日　於　京都大学）
柳尚潤（ＬＧ経済研究院）「1950年代後半の韓国における『安定化』政策の背景―アメリカ援助機関の文書を読む―」
福岡正章「日本からみた韓国繊維産業の輸出産業化」
コメント（台湾繊維産業の視点から）　圖左篤樹
コメント（戦後繊維貿易史の視点から）　堀和生

(3) 米国の戦後構想・政策と東アジアに関する研究会（2012年6月16日　於　京都大学）
林采成「米国の東アジア経済政策」
趙祐志「米国の対台湾経済政策」
コメント　堀和生

(4) 企業成長の3国比較に関する研究会（2013年3月2日　於　京都大学）
朴二澤（高麗大学）「20世紀前半日本，朝鮮，台湾の企業成長に対する比較的考察―内外地および県レベルでの変移割当分析を中心に」
コメント　堀和生

(5) 戦後韓国・台湾における金融・資本市場の形成に関する研究会（2013年10月27日　於　京都大学）
李明輝（梨花女子大学）「1950年代農村金融市場の構造―農漁村高利債整理事業を中心に―」
湊照宏「戦後台湾における資本市場の形成」
両報告へのコメント　堀和生

　史料調査に関して，本プロジェクトでは，研究会以外でも米国国立公文書館所蔵の日本，台湾，韓国に対する経済援助や国務省の各国大使館ファイルなどの調査を行った．また，台湾の台湾省文献委員会や中央研究院，韓国の国家記録院などでも調査を行った．こうした調査は，林，湊，福岡，圖左の研究成果に反映されている．なお，たびたび研究会で報告を行った圖左篤樹は，体調の悪化のため，本書の執筆には参加していない．米国と台湾で精力的に調査を行い，興味深い史料を発掘していただけに，彼の不参加はプロジェクトにも相当の痛手であった．

年表の作成に際しては京都大学大学院生の臼井崇氏に日本の部分を担当していただいた．記して感謝する．

　本書の刊行については，科学研究費補助金の研究成果公開促進費の助成を申請したが，採択されなかった．不採択理由として「既に公表されている論文を集成して刊行するものと思われる」という納得しがたい審査所見があり，どうしたものかと困惑していたところ，京都大学学術出版会が救いの手を差し伸べてくださった．本書を京都大学学術出版会が刊行してくださったことに感謝申し上げると同時に，助成金を受けていない本書が1冊でも多く売れることを願う次第である．

　本研究プロジェクトでは，日本，韓国，台湾の戦前・戦後経済史について，比較と相互関係を念頭に，通時性と共時性の分析を通じて，各国史の束ではなく東アジア地域としての歴史像を構築していくことをめざした．こうした作業は，一個人の能力をはるかに超えているため，東アジアの各分野の研究者の協力が不可欠である．今後もこうした共同研究が活発に組織されることを願う．

（文責：福岡正章・堀内義隆）

索　引

近年，固有名詞については，当該社会の言語の発音で表記する習慣が普及している．ただ，本書では対象とする社会が異なる言語であること，および本書が日本語による論文集であることから，便宜的な方法として日本語読みで統一して作成することにした．

人名

あ
アイゼンハワー，D.D.　87, 142, 144
愛知揆一　233
尹仲容　147, 151, 155-157, 177, 179, 182, 205, 206, 209, 220, 229, 234
王永慶　180
王作栄　151, 165, 167, 182-184
王昭明　147, 149, 151, 184

か
岸信介　39, 233
魏道明　199, 201
瞿荊州　220, 221
具滋英（グジャヨン）　326
厳演存　151, 166, 167, 178, 179, 186
厳家淦　202
呉国楨　202

さ
シェンク，H.G.　153, 156, 160, 168, 173, 182
謝森中　151, 183, 184
蒋介石　28, 153, 156-158, 185
徐有庠　151, 177, 186
申東植（シンドンシク）　326

た
孫運璿　151, 163
孫越崎　201

た
趙既昌　151
陳儀　196
陳誠　151-153, 156, 160, 164, 167, 172, 184, 185, 201
陳廷岳　232
トルーマン，H.　62, 106, 111, 121

は
花村信平　234
ビューセット，V.S. de　149, 166
朴正煕　45

や
兪鴻鈞　156, 157, 158, 207
吉田茂　39

ら
李国鼎　149-151, 155, 159, 166, 167, 173, 183, 184
李承晩　28

事項

1-，A-Z
1948年対外援助法　106, 109, 121
DLF　→　開発借款基金
ECA　→　経済協力局
ECA援助　72, 82, 108, 110, 114, 116, 117, 120, 122, 143
FOA　87
GATT　40
ICA　→　国際協力局
IMF　40
JGホワイト　113, 114, 139, 142, 149, 152, 153, 163-167, 169, 170, 180-182, 184
MSA　→　相互安全保障庁，相互安全保障法
MSA援助　108, 120, 122, 125, 136, 141, 142
NICS（新興工業国群）　46, 273, 281
NSC　109

あ
亜洲セメント公司　177
圧縮された経済発展（工業化）　281, 311
池田・ケネディ共同声明　102
インガルス造船所　327
ウェスティングハウス　108, 109, 113, 130
援助原棉の代替比率　245

369

か

外貨貿易審議委員会　205, 206
開発借款基金　106, 145
韓一合繊　247
韓国統一復興団　84
関税政策　30
韓米経済調整協定　85
韓米相互防衛条約　74
韓水会　321
機械を使用する社会　293
帰属財産　27
帰属財産処分　28, 29
行政院　139, 141, 142
強力で，統一された，民主的中国　62
経済安定委員会　82, 125, 147, 149, 154, 156, 157, 159－162, 168, 171, 173, 177, 179, 181, 182, 185, 187, 202, 207
経済協力局　72, 82, 106, 109, 110, 112-114, 167
経済部　141
経済復興五ヶ年計画　86
現代重工業　338
工業委員会　147, 148, 154, 155, 156, 158, 159, 161-163, 165, 166, 178, 179, 180, 182-184, 186, 187
合同経済委員会　85, 99, 100
高度（経済）成長（期）　50, 279, 282
国際協力局　87, 142
国連韓国再建局　84
国連駐韓民事援助司令部　84
国家総動員法　194
国共内戦　26
五年開発電源暨整理財務方案　122, 125, 135, 143, 144

さ

財政経済小組　202
産業金融小組　205
産業経済五ヵ年計画　72
三都物産　269
サンフランシスコ講和（平和）条約　210, 221
自給圏構想　17
資源委員会　201
資本主義　3, 49
重化学工業化宣言　338
従属理論　54
十大建設　285, 287, 341
準戦時体制　191, 192
ジョンストン報告　71
新国際分業　277
新台湾ドル　219

た

スムート・ホーレイ法　15
世界システム論　54
相互安全保障庁（Mutual Security Agency）　121
相互安全保障法（Mutual Security Act）　106, 121, 136, 141－144, 153, 156, 160, 164, 165, 168, 173, 180, 182, 185
双十協定　63
造船産業合理化　348
造船奨励法　322
第一期（台湾）経済建設四年計画（期）　105, 108, 125, 131, 144, 149, 151-160, 162, 163, 167, 169-171, 174-177, 179, 181, 184-187
大韓造船公社　320, 330
大韓造船公社附設実業技術員養成所　325
大韓造船公社法　330
大東亜共栄圏　19, 25, 39, 49, 52
第二期（経済建設）四年計画　105, 145, 181
第二次ストライク報告　71
太平洋トライアングル　46
第4項目（PointFour）　121
台湾缶詰共販株式会社　194
台湾銀行　117, 138, 208
台湾区生産事業管理委員会　117, 159, 201
台湾経済四年自給自足方案　125, 153, 154, 168, 170, 171, 181
台湾重要物資営団　195
台湾省物資調節委員会　199
台湾省貿易局　197
台湾船渠㈱　317, 318
台湾造船公司　327, 344
台湾大学機械工程学系　329
台湾電力公司（台電公司）　107, 108, 110, 111, 113, 114, 116, 120, 122, 125, 130, 131, 133, 135, 136, 138, 139, 141-145
台湾肥料公司（台肥公司）　112, 131, 133, 166, 180
台湾プラスチック公司　179, 180
台湾貿易　194
台湾貿易振興株式会社　192, 194
中国造船股份有限公司　341, 343
中小零細企業　275
中進資本主義（国）　13, 52
「中」日貿易協定　220
中日貿易弁法　210, 222
調整委員会　85
朝鮮重工業㈱　317, 318
朝鮮戦争（後）　26, 34, 111, 113, 143, 163

直接軍事援助（Direct ForceSupport，略称
　　DFS）　122
東南アジア　39
東洋棉花　268
土地改革　28, 63

な
日米相互防衛援助協定（MSA 協定）　38
二・二八事件　199
ニュールック戦略　87
農業復興委員会（農復会）　156, 157, 182, 183

は
パクス・アメリカーナ　7, 41, 51-53
美援運用委員会（美援会）　→　米国援助運
　　用委員会（米援会）
東アジア経済圏　51
東アジアの奇跡　50
物資動員計画　20
米華相互防衛条約　84
米国（の）援助　35, 237
米国援助運用委員会(米援会)　64, 97, 98, 112,
　　113, 136, 141, 142, 144, 147, 148, 150, 153,
　　161, 164, 166, 172, 173, 180, 185
米肥バーター制　133, 144
防衛支持（Defense Support）　121, 122
貿易統制令　194

ま
マーシャル・プラン　109
マッカンバー関税法　15
見返り資金　122
ミッション　185
綿製品貿易に関する長期取極　253

や
輸出向け大型油槽船（建造）　337, 338
輸入代替工業化　299, 305

ら
李承晩ライン　321
立法院　135, 139, 141, 143, 150
糧食局　133
盧溝橋事件　16

索引 | 371

執筆者一覧（＊は編者，執筆順）

＊堀　和生（ほり　かずお）京都大学大学院経済学研究科教授．
　1951年生．京都大学大学院文学研究科博士課程．主著『東アジア資本主義史論Ｉ』ミネルヴァ書房，2009年．「東アジアにおける資本主義の形成：日本帝国の歴史的性格」『社会経済史学』第76巻第3号，2011年．専攻　東アジア経済史．

林　采成（イム　チェソン）立教大学経済学部教授．
　1969年生．東京大学経済学研究科博士課程．主著『戦時経済と鉄道運営：「植民地」朝鮮から「分断」韓国への歴史的経路を探る』東京大学出版会，2005年．「1950年代韓国経済の復興と安定化：合同経営委員会を中心に」『歴史と経済』58巻3号，2016年．専攻　日本経済史・東アジア経済史．

湊　照宏（みなと　てるひろ）大阪産業大学経済学部准教授．
　1974年生．東京大学大学院経済学研究科博士課程．主著『近代台湾の電力産業：植民地工業化と資本市場』御茶の水書房，2011年．専攻　台湾経済史．

趙　祐志（ジャオ　ヨウズー）真理大学人文情報科学系助理教授，台湾清華大学歴史研究所兼任助理教授．
　1968年生．台湾師範大学歴史系博士．主著『日拠時期台湾商工会的発展』稲郷出版社，1998年（中国語）．『日治時期日人在台企業菁英的社会網絡』花木蘭出版社，2013年（中国語）．専攻　台湾社会経済史．

許　世融（シュー　スーロン）国立台中教育大学区域社会発展学系副教授．
　1966年生．国立台湾師範大学歴史学博士課程．主著「戦時体制下的両岸貿易(1941～1945)」，『国史館館刊』第25期，2010年（中国語）．専攻　台湾経済史．

福岡正章（ふくおか　まさあき）同志社大学経済学部教授．
　1973年生．京都大学大学院経済学研究科博士課程．主著「植民地期朝鮮における繊維製品消費の拡大とその特徴」編集委員会『朝鮮半島のことばと社会』明石書店，2009年．「帝国内分業の形成と都市―仁川の事例を中心に―」『経済学論叢』（同志社大学）第63巻第4号，2012年．専攻　韓国経済史・東アジア経済史．

堀内義隆（ほりうち　よしたか）三重大学人文学部准教授
　1973年生．京都大学大学院経済学研究科博士課程。主著「植民地期台湾における中小零細工業の発展」『〔経済論叢別冊〕調査と研究』第30号，2005年．「植民地台湾における民族工業の形成―製帽業を事例として―」『日本史研究』556号，2008年．専攻　台湾経済史・東アジア経済史

裵　錫満（ベ　ソクマン）高麗大学校民族文化研究院ＨＫ研究教授．
　1968年生．釜山大学校大学院史学科．主著「日中戦争期朝鮮重工業株式会社の設立と経営」『朝鮮史研究会論文集』第44集，2006年．『韓国造船産業史：日帝時期編』図書出版先人，2014年（韓国語）．専攻　韓国近現代史（経済史）．

東アジア高度成長の歴史的起源

2016年11月5日　初版第一刷発行

編　者　　堀　　　　　和　　生
発行人　　末　　原　　達　　郎
発行所　　**京都大学学術出版会**
　　　　　京都市左京区吉田近衛町69
　　　　　京都大学吉田南構内（〒606-8315）
　　　　　電話 075(761)6182
　　　　　FAX 075(761)6190
　　　　　URL http://www.kyoto-up.or.jp
印刷・製本　亜細亜印刷株式会社

ⓒ Kazuo Hori 2016　　　　　　　　　　　Printed in Japan
ISBN978-4-8140-0054-8　　　定価はカバーに表示してあります

本書のコピー，スキャン，デジタル化等の無断複製は著作権法上での例外を除き禁じられています。本書を代行業者等の第三者に依頼してスキャンやデジタル化することは，たとえ個人や家庭内での利用でも著作権法違反です。